东北文化丛书

总主编　邵汉明　刘信君

东北渔猎文化

佟大群　著

社会科学文献出版社
SOCIAL SCIENCES ACADEMIC PRESS (CHINA)

《东北文化丛书》编委会

关于边疆民族文化特色化发展的思考

——《东北文化丛书》序

马大正

吉林省哲学社会科学基金重大委托项目《东北文化丛书》皇皇十二卷，付梓在即，丛书总主编之一邵汉明院长嘱我书序。想到吉林省社会科学院多年来对我研究工作的支持，汉明院长也是与我相知多年的研友，因此为丛书出版盛事写几句感悟也在情理之中。思之再三，斗胆妄论陋见如下。

文化是民族的血脉，是人民的精神家园。文化价值集中表现在民族素质的形成和国家形象的塑造上。文化具有超越时空的稳定性和极强的凝聚力，一个民族的文化模式一旦形成，必然会持久地影响社会成员的思想和行为。在人类历史发展进程中，同一民族通常具有共同的精神信仰、价值取向、心理特征和行为模式。人们正是通过这种共同的文化，获得了认同感和归属感。因此，文化始终是维系社会秩序的精神“黏合剂”，是培育社会成员国家统一意识的深层基础。国家统一固然取决于强大的政治、经济、军事实力，但文化却是物质力量无法替代的“软实力”，是一种更为基础性、稳定性、深层次的战略要素。

中华文化因环境多样性而呈现丰富多元状态。自春秋至战国，各具特色的区域文化已经大体形成。秦汉以后，华夏族群继续与周边民族文化交往、交流、交融，经唐、宋、元、明、清历代发展，终于奠定中国辽阔领土，为中华民族及其文化的繁衍生息提供了广阔天地。历史上，在中原和周边多种经济文化之间，不断通过迁徙、聚合、战争、和亲、互市等进行经济文化互补和民族融合。不同类型经济文化的交流、交往、交融，最终形成气象恢宏的中华文化。由于地理差异和区域经济文化发展不平衡，中华文化内部呈现南北、东西差异。在中国五千多年文明发展史上，中华各族共同创造了悠久的中国历史和灿烂的中华文化。秦汉雄风、盛唐气象、康乾盛世，是各民族共同铸就的辉煌。多民族文化是中国的一大特色，也是中国发展的一个重要动力。

在当前文化大发展大繁荣的形势下，边疆民族文化的特色化发展面临极好的机遇，也面临形色各异的挑战。为抓住机遇，应对挑战，我认为正确处理好如下三个辩证关系，对边疆民族文化的特色发展极为必要。

1. 正确处理整体与局部的关系

我们这里讲的整体，首先是指由统一多民族的中国和多元一体的中华民族所创造的中华文化，也就是说中华文化是由 56 个民族共同创造的；其次是指构筑在中国文化版图上的各个地域文化共同组成了中华文化这一个文化共同体的概念和实体。相对于上述中华文化的整体和全局，边疆民族文化则是一个局部。今天中华人民共和国各民族文化和各地域文化，包括边疆民族文化，都是中华文化的有机组成部分。各民族文化和各地域文化，包括边疆民族文化，在长期历史发展过程中，互相学习、互相交流、互相促进、互相补充，造就了中华文化源远流长、博大精深、多姿多彩的宏大气象，显示了中华文化多样性、包容性、互补性和创新性的特色。

作为中华文化重要组成部分的边疆民族文化，除了上述多样性、包容性、互补性和创新性特色外，还具有鲜明的地域性和鲜活的民族性。边疆民族文化的存在和补充，使中华文化出现争奇斗艳、绵绵不绝的奇观，让每一位中华儿女增添了无限的文化自信和文化豪情。

如果在现实生活中忘却整体，或将整体和局部倒置，必然造成将因存在地域性和民族性而产生的差异性置于中华文化主体之上。若如此，在政治上是有害的，对文化发展本身也是无益的。

2. 正确处理传承与创新的关系

生活在边疆地区的诸多民族，在长期的历史发展进程中形成了自身的文化传统、文化特色。对此，今人面临如何传承和如何创新的任务。所谓传承，即继承和发扬边疆民族文化的优良传统。所谓创新，一是对传统文化不能墨守成规，要与时俱进；二是对传统文化的糟粕要摈弃、要改造。须知尊重文化传统的最高境界，是使文化传统有活力、不断创新。

在创新时，要注意如下两个问题。其一，对任何文化，包括边疆民族文化的价值不能只说好，而要指出其不足。对民族文化价值的讨论也是这样。美国著名学者塞缪尔·亨廷顿曾说："尽管种族主义和种族歧视的一些现象继续存在，但在半个世纪后，再利用种族主义和种族歧视来解释黑人的成就不足，已经说不过去了。"其二，对边疆民族文化的改进与创新，必须依靠本民族群体的共同努力，自下而上地有序推进，切忌迷信行政权力的强制推行和非本民族力量的介入，若此，效果必然适得其反，甚至出现强烈反弹。当然国家的指导、相关政策的引导和现代文化的引领是必不可少的，是十分重要的。

3. 正确处理文化认同与国家认同的关系

文化认同是国家认同的基础，文化认同对维护国家统一具有以下几个特殊功能。

一是标识民族特性，塑造认同心理。文化是一个民族和国家区别于其他民族和国家的基本特质和身份象征。在一定民族地域内形成和发展起来的共同文化传统，塑造了该民族成员的共同个性、行为模式、心理倾向和精神结构，并表现为一定的民族心理或我们通常所说的国民性。中华文化是中华民族身份认同的基本依据，"崇尚统一"是这个文化价值体系中最显著的特征之一。数千年来，国家统一一直被视为国家的最高政治目标和民族的最高利益，一切政治活动通常都以国家统一作为核心价值和行为准则。这种民族心理沉积于中国社会和价值系统的最深处，主导着中国的政治法律制度、经济生活方式和主流价值观念。中国历史上虽然有分有合，但不论是割据时期还是统一时期，中华民族都有一个共同的思想意识，这就是国家统一的意识。中华文化这种强烈的国家认同意识，为遏制割据倾向、凝聚统一意志、消除政治歧见提供了最坚固的精神堤防。

二是规范社会行为，培育统一意识。在社会通行的准则规范和行为模式中，通常总是潜隐着一整套价值观念体系，这一系统始终居于民族文化体系的核心部位，自觉或不自觉地支配着人们的思想和行为。每个民族成员都生活在特定的文化背景之中，世代相传地承受着同一文化传统，个人的价值观念就是在这种文化传统的耳濡目染中构建起来的。不仅如此，人们在文化的内化过程中，还会把民族共同的价值观转化为自己的内在信念，从而在特定的民族文化传统中获得认同感和依赖感。“大一统”是中华文化的主流意识之一，是中华民族世代相承的基本社会理念和普遍的价值取向。正是这种追求统一的价值取向，使中华民族的文化认同始终如一，从未出现过文明断层的历史悲剧。在中国历史进程中，统一的文化理念主导着统一的实践，“大一统”的政治实践反过来又强化着人们追求统一的信念。因此，历代统治者无不高度重视“大一统”政治秩序的巩固与维护，无不致力于探索天下分合聚散的规律与对策。在这种文化背景下，军事战略最重要的价值取向就是维护国家安全统一，文化认同不仅为维护国家安全统一提供了强有力的精神支撑，而且为军事等物质力量发挥作用奠定了坚实平台。

三是凝聚民族精神，强化统一意志。中华文化的价值意识具有强烈的感情色彩，内聚性、亲和性和排异性的特征十分明显。这一特性决定了每当国家存亡、民族兴衰的关键时刻，民众都会激发出强大的国家意识和民族精神。“天下兴亡，匹夫有责”，这正是中华民族大多数成员所认同的道德规范。民族精神是民族文化的精华，也是国家认同心理的深层源泉。爱国主义就是这一精神的集中反映。中国历经治乱分合而始终以统一为主流，正是得益于以国家统一为核心价值追求的民族精神。数千年来，无论是庙堂之上的统治者，还是江湖山野间的老百姓，都普遍认为唯有实现“大一统”，国家才能获得最大的安全，民族才能得到应有的尊严，天下才可能实现长治久安。正因为如此，中国历史上虽然多次出现过割据局面，但是在古代典籍中几乎找不到任何一个主张割据分治的学派，反而都把“天下一统”作为政治斗争的原则与旨归。尤其是每次统一战争爆发之前，社会上总会出现一股势不可挡的统一潮流，每当国家遭受外敌入侵的时刻，社会内部总会产生一种捐弃前嫌、同仇敌忾的强大意志。中华文化所拥有的这种统一意志，为维护国家统一奠定了坚韧无比的精神国防。离开这种精神的支撑，政治、军事上的统一是难以持久的。

文化认同的上述功能，在由多民族构成的国家内显得异常重要。中国是一个多民族的大国，文化认同始终是政治家维护国家统一的战略主题。《周易》早就有“观乎人文，以化成天下”的认知，南朝萧统提出过“文化内辑，武功外悠”的治国方略，龚自珍发出了“灭人之国，必先去其史”的警告。所有这些都体现了中国政治注重“文化立国”的历史传统。正是这种将文化认同作为民族认同、国家认同和政治认同基础的价值取向，为中国数千年来的政治统一奠定了坚实的信念和基础。纵观历史，当统一形成共识然而阻力重重时，文化认同的力量更能显示出“硬实力”不可替代的特殊作用。可以说，文化认同就是政治，文化认同就是国防，政治上、军事上的统一只有有文化认同的基础，才能更加稳固与持久。归之为一就是文化认同是国家认同的基础，没有牢固的文化认同，国家认同便是脆弱的；只有将文化认同的基础工作做扎实，国家认同才能经得住风浪的考验。

无须讳言，在边疆地区，特别是在一些与中华文化存在较大差异的边疆民族文化地区，实际上存在着如下四个值得警示的倾向：第一，地缘政治方面带有孤悬外逸的特征；第二，社会历史方面带有离合漂动的特征；第三，现实发展方面带有积滞成疾的特征；第四，文化心理方面带有多重取向的特征。

一旦认识不正确，随之处理不当，这些倾向就将对国家的向心力、民族凝聚力产生消极影响。历史上是如此，现实生活中何尝不是如此！

国家、民族、文化是三个相互联系的领域，也是国家社会构成的三个基本层面。

国家的统一取决于国民的凝聚力、向心力，归根到底取决于国民对国家的“高度认同”；或者说，没有国民对国家的认同，就没有国家的统一，也就没有一个国家立足于世界的基础。国家的认同，从根本上体现在民族的认同上。这里的“民族”，不是单一族裔的“族群”，而是整合于一体的国家民族，在中国就是中华民族。中华民族的认同，归根到底是56个民族对中华文化的认同。从中国稳定社会主义建设大局和高度出发，还应包括全民对社会主义道路的高度认同。新疆维吾尔自治区提出“四个高度认同”，即统一多民族中国的高度认同、中华民族的高度认同、中国文化的高度认同、社会主义道路的高度认同，并开展“四个高度认同”思想工程是具有战略意义的。

回顾这些年我们走过的历程，如果说“三个离不开”活动致力于杂居一地的不同族群感情上的融合，如果说“五观”教育引导各族人民对民族大团结的理性认识，那么，这种感情和理性的升华经过“高度认同”思想工程，将最终导入更深层次即心理上的认同，使边疆各族人民正确认识民族和国家的关系，自觉维护国家最高利益，自觉维护祖国统一、民族团结和社会稳定，不断增加国家意识、法律意识和现代意识，尊重各民族的文化和风俗习惯，推动各民族和睦相处、和衷共济、和谐发展。

在任何国家，国家认同的建设都是一个长期艰苦的事业，中国也不例外。我们还是需要两方面的努力。一方面是体制上的。国家认同、国家制度的建设、国家制度与人民的相关性，这其中存在着很大关联。国家制度必须能够向人民提供各种形式的公共福利，使人民在感受到国家权力存在的同时，获取国家政权所带来的利益。同时，人民参与国家政权的机制也必须加紧建设。如果人民不能成为国家政权或者政治过程的有机部分，人民的国家认同感就会缺少机制的保障。另一方面就是“软件”建设，即国家认同建设。没有一种强有力的国家认同感，中国就很难崛起。

应当指出的是，国家认同建设与民族主义相关，但它并不等于狭隘的民族主义。狭隘的民族主义反而会阻碍中国真正崛起。中国是一个多民族国家，民族的融合是大趋势，容不得任何一个民族走狭隘民族主义路线。再者，在全球化的今天，各国的依赖性越来越强。狭隘的民族主义最终会是一条孤立路线，它已经被证明是失败的。

如何在推进全球化的同时避免狭隘的民族主义？如何在加紧民族国家建设的同时迎合全球化的大趋势？如何在强调人民参与政治的同时维持中央政府的权威？这是中国在走向现代化过程中，必须认真对待的问题。

《东北文化丛书》以东北农耕、渔猎、游牧、宗教、服饰、饮食、建筑、民俗、文学、流人、移民、域外文化诸题立卷，对独具地域特色与民族特色的东北地域文化，运用历史学、人类学、民族学、文化学、地理学等多学科的理论与研究方法，从源流、内涵到形成演变的历史过程，以及历史地位、社会价值，进行了全方位、多维度、深入系统的阐论，充分展现了东北地域文化在东北边疆，乃至东北亚历史发展进程中的作用，充分体现了东北地域文化之于中华文化的统一性和共同性，及其自身的多元性和独特性。

综观丛书各卷，其特色有如下五端。

一是体例上的正确选择。丛书选择了中国传统志书的体例，采用“横排竖写、事以类从”，“以时为经、以事为纬”的形式展开。从不同文化横向和纵向视角观察中，选择了横向的视角，即对每一选题分立若干子项目、子选题，每一个层面构成每一卷的章和节，坚持了传统志书的体例，避免写成不同类别的诸如东北宗教史、东北服饰史、东北移民史、东北流人史、专门文化等等，体现了主编的意图、丛书的特色。

二是宏观与微观的结合。宏观把握起到引领作用，通过微观叙论以印证。宏观是对各类别文化整体的把握和宏观的概括，同时又将整体的把握、宏观的概括和评议，建立在微观的论述、微观的阐释基础上，二者之间的关系是以宏观为统领，以微观阐释为重心。

三是共性与个性的结合。东北地域文化是东北多民族共同创造的，地域性和民族性既有交融，又有不同。研究东北地域文化，共性和个性问题不容回避。这里的所谓共性是指中华民族文化，所谓个性是指东北地域文化，包括东北各民族的民族文化。丛书在强化共性、同一性的阐论基础上，正确阐释个性的特色，做到了突出共性、阐释个性。

四是自然地理与人文历史的结合。“一方水土养一方人”，东北的黑土地养育了东北人。人文历史的演进、东北地域文化的形成和演变，离不开地理环境的因素，但东北地域文化的形成还是人的因素是第一位，精神文明的创造人的因素才是第一位的。这个主次关系必须把握好。

五是学术性与知识性相结合，以学术性为主。丛书立足学术，坚持学术性、知识性兼具的原则，并在大众化上颇下功力。丛书做到了叙事通畅，雅俗共赏，还根据各卷内容特色，将具有地域特色的服饰、饮食、建筑、民俗诸卷配发彩色图版，在图文并茂上做到精益求精。

拉杂写来，自感所言诸项仅仅是有感而发，错谬之处，还望专家和读者大众指正。

权充序，愧甚矣！

2018 年 2 月 25 日　草成于北京自乐斋

总前言

广义的文化是人类在社会历史发展过程中所创造的物质财富和精神财富的总和。狭义的文化是在历史上一定的物质生产方式的基础上发生和发展的社会精神生活形式的总和，包括能够被传承的一个国家或民族的历史、地理、价值观念、思维方式、行为规范、文学艺术、生活方式、风土人情、传统习俗等，是人类之间进行交流的普遍认可的一种能够传承的意识形态。

地域文化是在一定自然地理范围内，经过长期历史过程形成的，为当地人民所熟知、所认同，带有地方文化符号特点的物质文化与非物质文化。其包括历史遗存、文化形态、生产生活方式、社会习俗等诸方面。地域文化首先在于它具有明显的地域性。由于地理环境不同、古代交通不便和行政区域的相对独立性，各地的文化形态具有各自不同的风格和特点，从而使中华民族的文化呈现丰富多彩的多样化。地域文化划分的标准具有多重性，如以地理相对方位为标准划分，则分为东方文化、西方文化、南方文化、北方文化、东北文化、西北文化等；如以地理环境特点为标准划分，则分为黄河文化、长江文化、珠江文化、松辽文化、运河文化、大陆文化、高原文化、草原文化、绿洲文化、岭南文化、海疆文化、长城文化、丝路文化、红山文化等；如以行政区划或古国疆域为标准划分，则分为齐鲁文化、中原文化、三秦文化、三晋文化、燕赵文化、关东文化、巴蜀文化、湖湘文化、荆楚文化、吴越文化、闽台文化、八桂文化、黔贵文化、青藏文化、西域文化、徽文化、赣文化等。正因为有丰富多彩、独具特色的地域文化，中华民族才拥有了光辉灿烂的优秀文化，从而屹于世界民族之林。

中国地域文化研究的历史非常悠久，特别是改革开放以来，随着地域史研究和文化研究热潮的兴起，地域文化的研究也逐渐展开。主要体现在以下三个方面。

一是成立了众多地域文化研究的专门机构。如燕赵文化研究中心（河北省社会科学院）、华夏文明研究中心（山西省委宣传部）、晋学研究中心（山西师范大学）、西北民族研究中心（陕西师范大学）、西北少数民族研究中心（兰州大学）、西夏学研究中心（宁夏大学）、草原文化研究所（内蒙古社会科学院）、草原文化遗产研究中心（内蒙古大学）、西域文化研究院（塔里木大学）、齐鲁文化研究院（山东师范大学）、河南省河洛文化研究中心（河南省社会科学院）、殷商文化研究所（郑州大学）、楚文化研究所（湖北省社会科学院）、荆楚文化研究中心（长江大学、荆州博物馆）、中国地域文化研究所（武汉大学）、湖湘文化研究中心（湖南省社会科学院）、湖南省湖湘文化研究基地（湖南大学岳麓书院）、徽学研究中心（安徽大学）、江淮文化研究所（合肥学院）、赣鄱文化研究所（江西省社会科学院）、赣学研究院（南昌大学）、江南文化研究中心（浙江师范大学）、浙江省越文化研究中心（绍兴文理学院）、岭南文化研究中心（华南师范大学）、巴蜀文化研究中心（四川师范大学）、中国藏学研究所（四川大学）、茶马古道文化研究所（云南大学）等。

二是开展了对各地域文化发展史和文化现象、文化特征的梳理工作，出版了一大批地域文化研究成果。出版的全国性地域文化丛书有：《中国地域文化丛书》24 卷（辽宁教育出版社，1995～1998），《中国地域文化大系》6 种（上海远东出版社，1998），《中华地域文化研究丛书》5 种

（学林出版社，1999），《中国地域文化通览》34卷（中华书局，2013），《客家区域文化丛书》12卷（广西师范大学出版社，2005），《中国北方地域文化》（吉林文史出版社，2014），《中国南方地域文化》（吉林文史出版社，2014），《中国海洋文化丛书》14卷（海洋出版社，2016）；出版的某一省市或某一地域文化丛书有：《浙江文化史话丛书》4种（宁波出版社，1999），《楚文化知识丛书》20种（湖北教育出版社，2001），《荆楚文化研究丛书》8种（湖北人民出版社，2003），《徽州文化全书》20卷（安徽人民出版社，2005），《巴蜀文化研究丛书》（巴蜀书社，2002），《齐文化丛书》22卷（齐鲁书社，1997），《魅力长治文化丛书》10卷（北京燕山出版社，2005），《东港文化丛书》6卷（中国文联出版社，2006），《山西历史文化丛书》20册（山西出版集团、山西人民出版社，2009），《中原文化记忆丛书》18卷（河南科学技术出版社，2011），《人文肇庆系列丛书》9册（广东旅游出版社，2012），《湖湘文库》702册（岳麓书社，2017），《沅陵历史文化丛书》10册（中国文史出版社，2014），《陕西历史文化遗产丛书》3册（陕西旅游出版社，2015），《邵阳文库》201种218册（首批41种）（光明日报出版社，2016），《代县人文丛书》4种16卷（三晋出版社，2016），《佛山历史文化丛书》第一辑10种（广东人民出版社，2016），《佛山历史文化丛书》第二辑10种（广东人民出版社，2017）。此外，《岭南文库》350种、《岭南文化知识书系》300种，《闽南文化研究丛书》14册、《闽南文化百科全书》14卷也在陆续出版。此外，还出版了数百种专著、专书。

三是创办了一批专门发表地域文化研究方面文章的刊物，发表了数以千计的学术论文。如《地域研究与开发》（河南省科学院地理研究所1982年创办）、《东南文化》（南京博物院1985年创办）、《西域研究》（新疆社会科学院1991年创办）、《中国文化研究》（教育部、北京语言文化大学1993年创办）、《中华文化论坛》（四川省社科院1994年创办）、《地方文化研究》（江西科技师范大学2013年创办）、《中原文化研究》

（河南省社科院2013年创办）、《地域文化研究》（吉林省社科院2017年创办）。此外，《社会科学战线》《学习与探索》《北方论丛》《边疆经济与文化》《学术月刊》《江海学刊》《江汉论坛》《广东社会科学》《福建论坛》《齐鲁学刊》《东岳论丛》等刊物也设有研究地域文化的专栏，发表了大量的学术论文。

就东北地区而言，成果亦十分丰硕，主要体现在三个方面。一是成立了地域文化研究方面的机构：东北文化研究院（吉林师范大学）、萨满文化与东北民族研究中心（长春师范大学）、东北建筑文化研究中心（吉林建筑大学）、萨满文化研究中心（长春大学）、满族语言文化研究中心（黑龙江大学）、东北历史文化研究中心（哈尔滨师范大学）、东北少数民族历史与文化研究中心（大连民族大学）等。这些研究机构，对于深入研究东北文化起到重要作用。二是出版了一批有关整个东北地域文化研究的丛书或专著。有关整个东北地域文化的代表作有：《东北各民族文化交流史》（春风文艺出版社，1992），《满族民俗文化论》（吉林人民出版社，1993），《关东文化》（辽宁教育出版社，1998），《东北文学文化新论》（吉林文史出版社，2000），《中国古代北方民族文化史》（黑龙江人民出版社，2001），《松辽文化》（内蒙古教育出版社，2006），《东北三省革命文化史》（黑龙江人民出版社，2003），《中国东北草原文化丛书》第一辑、第二辑（长春出版社，2015）等；分省、市文化丛书或专书的代表作有吉林省的《松原蒙满文化系列丛书》（吉林人民出版社，2011），《中国地域文化通览》吉林卷（中华书局，2013），《吉林文学通史》（吉林人民出版社，2013），《松原历史文化研究》（人民出版社，2013），《吉林历史与文化研究丛书》17卷（吉林人民出版社，2015～2017），《通化历史文化研究》（人民出版社，2018）。辽宁省的《中国地域文化通览》辽宁卷（中华书局，2013），《沈阳地域文化通览》（沈阳出版社，2013），《鞍山文化丛书》18册（春风文艺出版社，2015），《沈阳历史文化丛书》10册（沈阳出版社，2017）。黑龙江省的《中国地域文化通览》黑龙江卷（中华书局，2014），《黑龙江历史与文化研究》首批66种（黑龙江人民出版社，2015～2017）。《辽河地域文化系列丛书》《牡丹江地域文化丛书》正在陆续出版中。此外，出版了一批资料性很强的书籍和工具书，如《长白丛书》百余卷（吉林文史出版社，1987～2018），《东北历史与文化论丛》（吉林文史出版社，2007），《满族口头遗产传统说部丛书》（吉林人民出版社，2007），《关东文化大辞典》（辽宁教育出版社，1993），《吉林百科全书》（吉林人民出版社，1998）等。三是发表了数以百计的学术论文。

综上可知，全国包括东北在地域文化研究方面，已经有了较深入的研究，研究领域不断拓展，成果丰硕。但也存在许多不足，如研究力量分散，各自为战，自说自话，缺乏整合；地域文化之间的互动、交融明显滞后，缺乏比较研究；研究成果粗线条的较多，高质量的精品力作较少。

就东北地域文化而言，也有许多问题值得深入研究、思考。首先，就研究机构而言，成立的专门研究东北文化的机构并不多，许多有实力的大学，如吉林大学、东北师范大学、辽宁大学等没有设立专门的研究机构，东北三省社会科学院也见不到相关机构。至于创办的研究文化的专门刊物，也只有吉林省社会科学院的《地域文化研究》，这不能不说是一个很大的缺憾。

其次，关于东北地域文化的命名问题，很不统一。最常见的有“东北区域文化”“东北文化”“关东文化”“松辽文化”“松漠文化”“辽海文化”“辽河文化”“长白山文化”“龙江文化”等。东北地区文化名称的不统一，反映了学者们认识上的差异，实则是存在分歧。鉴于后五种称谓地域狭小，有以偏概全之嫌，故舍弃不论。前四种称谓中，“东北区域文化”“东北文化”是以地理相对方位为标准命名的，“关东文化”是以古代行政区划和历史沿革为标准命名的，“松辽文化”是以地理环境特点为标准命名的。我们采用了“东北文化”之名称，主要考虑当代人们对“东北”的习惯性称呼，且比“东北区域文化”之称更简捷。

再次，关于东北文化研究，还存在许多薄弱之处。如东北文化理论阐释长期得不到重视，既缺乏研究，也很少讨论；研究的方法比较单一，很少运用新的研究方法——计量、比较、社会、心态等史学、文学或文化学方法；档案资料的挖掘与利用远远不够，确切地说只是冰山之一角；断代文化研究还有空白之处，关于夫余文化、高句丽文化、渤海文化、辽金文化、元明清文化还没有进行深入研究，缺乏高质量的精品力作；当代东北文化的研究还没有广泛开展，尤其是为现实经济社会发展服务的当代文化缺乏系统的研究。东北老工业基地要振兴，文化软实力不可缺少，东北的曲艺文化、影视文化、大学文化、冰雪文化、会展文化、汽车文化都亟须加强研究。

最后，目前还没有一套比较全面地反映东北文化的丛书，只有宏观的相关论述，缺乏系统研究，尤其是缺乏专题性的研究。

有鉴于此，我们决定编写《东北文化丛书》（下简称“丛书”）。

丛书最早设定 19 个专题，后经过反复酝酿、科学论证，最后确定为 12 个专题，即《东北农耕文化》《东北渔猎文化》《东北游牧文化》《东北文学文化》《东北宗教文化》《东北流人文化》《东北移民文化》《东北服饰文化》《东北饮食文化》《东北建筑文化》《东北民俗文化》《东北域外文化》。这些专题已经基本涵盖东北文化中的主要方面，同时可为今后丛书的续编留有余地。

丛书的编写宗旨在于从 12 个侧面，对独具地域、民族与历史特色的东北地域文化的源流、内涵、发展及历史地位、社会价值进行全方位、深入系统的研究。值得高度重视的是，在研究、继承东北优秀地域文化的同时，也应注意阐释其时代价值。正如习近平同志所阐释的那样：“培育和弘扬社会主义核心价值观必须立足中华优秀传统文化。牢固的核心价值观，都有其固有的根本。抛弃传统、丢掉根本，就等于割断了自己的精神命脉。”习近平的讲话高屋建瓴，充分肯定了中华优秀传统文化的价值。我们在具体落实中，结合东北优秀文化不同的地域、不同的民族传统和风俗习惯，充分展示东北文化在中国乃至东北亚历史进程中的地位与作用，满足人们日益增长的物质与精神文化生活的需要，增强东北优秀文化的软实力，并为东北老工业基地振兴和全面建成小康社会服务。这也是东北地域文化研究方兴未艾、持续发展的重要前提和基础。

丛书编写总体要求：一是自然地理与人文意识兼顾，侧重人文历史。“一方水土养一方人。”东北的水土养育了东北人，东北文化与黑土地是息息相关的，离不开自然地理。但是我们不主张地理环境决定论，而是将自然地理与人文历史相结合，尤其侧重人文历史，以人文历史为重心。二是共性与个性兼顾，阐明共性，突出个性。东北文化是东北多民族共同创造的，从地域性和民族性上既有交融又有不同。在研究东北文化时，共性和个性问题不容回避，要把共性和个性阐释清楚，既要阐明共性，又要突出个性，重心放在突出个性、差异性上。三是宏观与微观兼顾，侧重微观。宏观是从整体和专题上都应该有整体的把握和宏观的概括。整体的把握、宏观的概括和评价，一定要建立在微观的论述、微观的阐释基础上。二者之间的关系应该是以宏观为统领，以微观阐释为重心。四是纵向和横向兼顾，以横向为主。丛书不是编写文化史。每一个专题都可以写一部史，比如东北服饰史、东北饮食史、东北宗教史、东北建筑史等。我们要摈弃写成文化史，而要从文化的角度，在每一个选题中分出若干子专题，每一个重要的层面构成选题的每一章、每一节，将重心放在子专题上，围绕子专题展开研究。纵向要对历史的脉络和发展做出初步的、粗线条的勾勒。因此在横向和纵向的问题上，横向是重心。五是学术性与知识性兼顾，侧重学术性。丛书编写的效果最好能达到雅俗共赏，即对专家而言具有学术借鉴作用，对普通读者来说也能受益。二者的重心放在学术性上，不能倒向知识性，做成通俗的作品。六是图文并茂，以文为主。丛书要求图文并茂，每一部书、每一个专题都要选一些代表性的图作为辅助，阐释文意，以增强视觉效果，但总体上以文字（论述）为主。六是篇幅适中，不宜太长。每部书的篇幅 30 万字左右，这样的篇幅可以增加读者面，社会影响力能广一点。

丛书最早策划于 2010 年，真正启动于 2016 年 3 月，至 2018 年 9 月完成出版，历时两年半。就作者队伍而言，集中了辽宁、吉林、黑龙江三省研究东北文化方面的学者。他们专业功底深厚，知识积累广博，治学态度严谨，研究成果丰硕，是名副其实的“专业队”。就写作过程而言，其间召开了一次组委会，具体讨论了编写体例与编写大纲；召开了四次作者会，及时解决撰写过程中出现的问题，督促写作进度，检查学术质量，为丛书的按时保质出版打下了坚实的基础。

为了保证良好的学风，丛书进行了严格的学术不端检测。凡是重复率高的著作，一律进行修改，直至达到学术标准为止。为了保证学术质量，我们聘请了学术专家进行外审，按丛书书序他们分别是：衣保中、程妮娜、武玉环、张福贵、杨军、李治亭、赵英兰、郑春颖、曹保明、曲晓范、赵永春、郑毅先生。他们以严谨治学的态度、一丝不苟的精神，在百忙之中审阅了书稿，提出了许多宝贵意见。在此，我们表示诚挚的谢意！

本丛书为吉林省哲学社会科学基金重大委托项目。在课题立项过程中，吉林省社科规划办领导给予了大力支持；在出版经费方面，省财政厅鼎力相助；在项目管理方面，丛书编写办公室的同志们，包括吉林省社会科学院科研处、财务处的同志，付出了艰苦的劳动；在出版方面，社会科学文献出版社的领导和编辑高度重视，兢兢业业，体现了良好的专业素质。对此，我们致以崇高的敬意！

丛书是一个卷帙浩大、洋洋 400 万言的大项目。由于时间紧迫，水平有限，错漏之处在所难免，敬请广大读者批评指正。

编　者

2018 年 5 月

目　录

绪 论

东北渔猎文化自远古走来，意蕴隽永，特色鲜明。进入 21 世纪，在对现代文明的深刻反思中，东北渔猎文化的丰富遗产和宝贵经验开始为世人所关注，有关探寻，方兴未艾。

一 研究综述

东北渔猎文化是该区域内民众在生产、生活实践中所创造的，与渔猎有关的物质文化和精神文化的总称。由于采参、割蜜等属于采集经济或采集文化研究的范畴，故而本书略而不论。作为一个内涵丰富、外延宽泛、资料庞杂、视角多元、起步较晚的论题，东北渔猎文化研究方兴未艾，尚有巨大的拓展空间。

渔猎文化是中国东北年代久远的文化形态之一。近代以来的开山之作，应是著名人类学家凌纯声先生的《松花江下游的赫哲族》。这部早在 20 世纪 30 年代付梓的民族志报告，详细记叙了该流域赫哲族的渔猎生活、渔猎文化的方方面面，在民族学、民俗学等领域均有重要影响和地位。尔后推出的调查报告及论著，无一可以与之比肩。20 世纪 80 年代以后，东北渔猎文化研究呈现复兴的态势，一系列论著次第推出，颇为可观。除了诸如刘金明《论赫哲族的渔业文化》（《黑龙江民族丛刊》1988 年第 3 期）、于学斌《东北柯尔克孜族的渔猎文化》（《黑龙江民族丛刊》

1991年第4期)、谷文双《达斡尔族传统狩猎文化考述》(《内蒙古社会科学》1998年第6期)等以某一少数民族为对象的个案研究外，还有诸如李宇峰《略述东北古代少数民族的农牧与渔猎经济》(《古今农业》1990年第2期)等以多个少数民族为对象的综合研究。甲元真之(姚义田译)的《东北亚先史时代的渔捞业》(《东北亚历史与考古信息》1997年第1期)对东北亚地区的渔业经济进行了概览式讨论。此外，诸如佟冬主编的《中国东北史》(吉林文史出版社，2006)、林干的《东胡史》(内蒙古人民出版社，1989)、张佳生主编的《满族文化史》(辽宁民族出版社，1999)等论著，均不同程度地述及东北渔猎文化诸要素。

进入21世纪，纵论东北渔猎文化的文章，较之以前又有所增加。其中如张丽梅《论东北渔猎民族的皮服文化》[《北华大学学报》(社会科学版)2003年第4期]、唐戈《东北地区渔猎文化略论》(《黑龙江民族丛刊》2003年第6期)、于学斌《北方渔猎民族养狗使狗的文化阐释》(《北方文物》2004年第1期)、曲轶莉《东北亚古代鱼形器研究》(《北方文物》2008年第3期)、牛清臣《北方渔猎民族的狩猎文化探索》(《学理论》2011年第15期)，以及曲鹏飞《北方渔猎民族桦皮文化述论》(《哈尔滨学院学报》2014年第5期)等，在同类问题研究中较有代表性。此外，梁玉多和黄巍《渤海渔业考》(《北方文物》2013年第3期)、王玺明《从渤海遗址遗物看渤海国的社会经济》(黑龙江省社科院硕士学位论文，2014)，先后利用考古及传世文献资料，对渤海国时期的渔业经济等进行了深入探讨。

近年来，受查干湖冬捕文化宣传等因素影响，辽代渔猎文化研究一时兴起。其中如穆鸿利《关于契丹四时捺钵文化模式的思索》[《内蒙古社会科学》(汉文版)2005年第6期]、孙立梅《辽金时期的查干湖、月亮泡渔猎文化探析》(《白城师范学院学报》2010年第2期)及《辽金时期的月亮泡与渔猎文化传承》(《兰台世界》2013年第33期)等相继刊发。此外，赫哲族渔猎文化依然是各界关注的热点。如满懿等《赫哲族鱼皮服饰的价值与传播》［《沈阳师范大学学报》（社会科学版）2004 年第 4 期］、秋然《赫哲族的渔猎文化及其现状》［《赤峰学院学报》（汉文哲学社会科学版）2006 年第 4 期］等文章，在既有成果的基础上又有所深入。

在东北渔猎文化研究方面，值得关注的著作还有以下三部。第一，张璇如等著的《北方民族渔猎经济文化研究》（吉林人民出版社，1999）。该书是国家社科基金结项成果，是一部提纲挈领的北方民族渔猎文化通志。第二，邵汉明等主编的《松原历史文化研究》（人民出版社，2013），该书专辟一章，系统探讨了今松原地区的渔猎文化。其中的有关表述，反映了作者在该问题研究中的理论自觉。第三，董濮、韩新君编著的《兴凯湖新开流肃慎文化研究》（黑龙江人民出版社，2014），该书有关“新开流渔业文化”的探讨尤为详尽，值得参阅。

此外，尤其值得注意的是，在几代考古学工作者的不懈努力下，一系列“闻所未闻”的资料和素材相继被披露。这对深入探究工具、观念、信仰、族属等东北渔猎文化研究中的具体问题，有不可或缺的价值和意义。由于本书撰写以上述考古资料为支撑，具体篇目已随文出注，故而兹不赘述。

就整体而言，东北渔猎文化研究水平不高，至少存在以下五点局限。第一，队伍规模小。以东北渔猎文化为方向的专业研究者寥寥无几。绝大多数论著的发表者，均是民族史、区域经济史等领域的专家，东北渔猎文化研究只是“副业”。第二，成果数量少。百余年间，较有价值的专业论著，不足百余篇（部）。其中，以东北渔猎文化为论题的成果屈指可数。第三，论题较偏狭。在本就寥寥的论著中，以赫哲族为研究对象的占去大半。较为系统、深入的研究成果迄今不见推出。第四，方法较片面。缺乏对多学科、多领域研究方法的综合运用，考古资料与传世文献彼此疏离的现象较为普遍。离开文献佐证的考古探究好似无源之水，没有考古支撑的文献解读也如雾里看花。第五，理论欠完善。渔猎文化研究不是对渔猎生产的简单描述，更非渔猎民俗的一味条陈。就目前所见成果而论，尚未有人对东北渔猎文化的概念、内涵、特征等理论问题进行科学、准确的界定和表述。

总而言之，东北渔猎文化研究方兴未艾，大有可为。本书综合既有研究成果，从文化研究的角度切入，依托文史，纵论古今，系统探究东北渔猎文化中诸如物质载体、精神实质等命题，尝试诠释时人对“天人之际”等文化伦理的体认和感知，进而为辨析东北历史文化中的“孰优孰劣”、东北渔猎文化的“何去何从”等复杂问题，提供一个较为切实的历史文化坐标。

二　文化环境

东北渔猎文化形成、发展的外部环境，大致可以分为自然、人文两部分。

（一）自然环境

“东北”既是一个地理空间，也是一个文化单元，在个别历史时期，还是一个特殊行政区划。[①] 今内蒙古东部地区，一般划归“东北”的范畴。需要说明的是，东北疆域自清初以后不断缩减[②]，这些地区的渔猎文化，本为中国东北渔猎文化的重要构成，但考虑丛书体例等因素，在行文中或有涉及，但不做重点论述。

1. 区位

东北生态构成多元，有千里江河，有丰茂山林，也有丘陵草场，自

① 1945～1954 年，中共中央曾设东北局、东北人民政府，管辖辽东、辽西、热河、吉林、松江省、黑龙江、内蒙古自治区 7 个省区。

② 如清康熙年间签订的《中俄尼布楚条约》，规定将外兴安岭以西、以北划给俄国，以南、以东之地仍归中国。清咸丰年间相继签订的《瑷珲条约》、《天津条约》及《北京条约》，又先后将外兴安岭以南、黑龙江以北、乌苏里江以东至库页岛割让给俄国。至此，今东宁、绥芬河、穆棱、虎林、饶河、抚远等地区，由边疆内陆而成为边境市县。

然资源丰富，动植物种类繁多，为渔猎文化的形成、发展提供了得天独厚的自然环境。在东北范围内，依据山川等自然阻隔，将东北划分为不同地理区域，如松嫩平原、长白山区、三江平原、辽东半岛等。这种区划的意义在于其所孕育的渔猎资源，是渔猎文化形成、发展的物质基础。东北渔猎文化在数千年的形成、发展过程中，大致形成了较为鲜明的区域性特征。我们根据渔猎文化的基本要素构成，将其分为不同的地域空间。

2. 气候

第四纪冰河晚期结束以后，东北气候转暖，大致形成地跨中温带、寒温带，属温带季风气候的基本格局。就整体而言，东北地区夏季温热多雨，冬季寒冷干燥，四季比较分明。受地形及降水等影响，自东南而西北，有湿润、半湿润、半干旱三个生态区域次第分布。

3. 水体

东北有大凌河、辽河、嫩江、松花江、黑龙江诸大水系，江河泡泽遍布。

大凌河是东北一条独流入海的大河，有北、西、南三源，分东、西两支。北源出于辽宁省凌源市，西源出自河北省平泉市，两河在凌源汇合后，称大凌河西支。南源出自建昌县黑山（古白狼山），相继汇入白塔子河、渗津河等余脉后，称大凌河东支。东、西两支在喀左县汇合后，向东北流，途经朝阳县、朝阳市、北票市，复折转走向，循医巫闾山西麓向南流，于凌海市注入辽东湾。河口三角洲河汊交错，以湿地景观著称。

辽河流经地区的地理环境十分复杂，包括丘陵、平原、沙漠、湿地。辽河流域有西辽河（包括南源老哈河，北源西拉木伦河）、东辽河两大水源，东、西辽河汇成干流后向南流，其间又有秀水河、养息牧河、柳河、苏台河、清河、柴河等支流汇入。因此，依空间布局，又可以分为西辽河、东辽河、下辽河三大区域。辽河流域的渔猎文化，对当地悠久、成熟的文明形态的形成具有重大意义，并深刻影响了整个东北和朝鲜半岛的地域文明。辽河及其所构成的辽河水系，与黑龙江水系南北呼应，是东北地区两条最大的水系。

松花江由松花江干流、嫩江和第二松花江三部分构成，是黑龙江右岸的最大支流，是东北最大的内河，是我国七大江河之一。松花江有南、北两源。北源嫩江，发源于大兴安岭支脉；南源第二松花江，发源于长白山。嫩江与第二松花江在吉林省松原附近汇合，形成松花江干流，在同江市附近注入黑龙江。此外，拉林河、呼兰河、蚂蚁河、牡丹江和汤旺河等都是松花江较大的支流。松花江本属黑龙江水系，但由于在渔猎文化史上的特殊地位，故单列说明。

黑龙江是东亚地区流域面积最广阔的水系，因水色发黑，故而得名。满语称“萨哈连乌拉”（“萨哈连”意为“黑”，“乌拉”意为“水”），蒙语称“哈拉穆连”，俄文称“阿穆尔”。黑龙江自旧石器时代起，便是中国北方少数民族先祖的栖息地，是我国诸大内河之一，19 世纪 60 年代成为中俄两国的界河，乌苏里江口到入海口的江段悉数落入沙俄之手。黑龙江干流有南、北两源：南源额尔古纳河，北源石勒喀河（该河以鄂敏河为源，古称斡难河）。南、北两源在黑龙江省的漠河镇洛古河村汇合后始称黑龙江。黑龙江先向东南流，至萝北县附近折向东北，先后接纳松花江、乌苏里江等大支流，最后在俄罗斯境内入海。流域内山地连绵，森林茂密，沼泽广阔，动植物资源丰富。黑龙江江宽水深，水量丰沛，是世界上渔业资源最丰富、鱼的种类最多的河流之一。其中如大马哈鱼（即鲑鱼）、鳌花鱼、鲟、鳇等都是知名鱼种。特别是每逢夏秋之交，大马哈鱼群从海沿江，逆流而上，至黑龙江中游、乌苏里江中游等地区排卵，景象非常壮观，此时也是当地的捕鱼旺季。

其他诸如鸭绿江、浑江、嫩江、乌苏里江、漠河、呼玛河等江河，在后面章节会随文标注，故不赘述。此外，东北地区还分布着一些较大的湖泊、泡沼，其中诸如镜泊湖[①]、兴凯湖[②]、月亮泡、查干湖等都是历史悠久的著名渔场。至于位于五大连池市的五大连池，本是清中期火山爆发后形成的堰塞湖，水体较为年轻，文化积淀不厚。上述各水域，蕴藏各种浮游生物资源，它们是鱼类的天然饵料，奠定了东北鱼类资源的水域环境和饵料来源。

4. 山林

东北有长白山、小兴安岭、大兴安岭等山脉，林木丰茂。大兴安岭山脉，位于内蒙古东北部、黑龙江省北部，南起热河高地（承德平原），北迄黑龙江边，是松辽平原与蒙古高原的天然界线，也是辽河水系、松花江、嫩江水系与黑龙江源头诸水系及各支流的分水岭。小兴安岭山脉，山势低缓，西北接伊勒呼里山，东南达松花江畔，纵贯黑龙江省中北部，与大兴安岭东西对峙，是松花江以北丘陵、山地的总称。长白山山脉，是辽宁、吉林、黑龙江三省东部山地的总称。北起三江平原南侧，南延至辽东半岛与千山相接，包括长白山、完达山、老爷岭、张广才岭、哈达岭等平行山脉，以中段长白山为最高，向南、向北逐渐降低。其中的长白山为松花江、图们江、鸭绿江的发源地。千山山脉，位于辽东半岛，东北接长白山，西南至老铁山，大致呈东北—西南走向，是辽东半岛的屋脊。由于岩体分割破碎，峭壁陡崖偏多，高峰陡立，直上云霄，如千朵莲花，故有“千山”之名。

除了上述山林、江河，辽河平原、松嫩平原、三江平原以及科尔沁草原、呼伦贝尔草原等也是东北渔猎文化的重要舞台。由于上述地区的农业、牧业发展水平较高，本丛书也有《东北农业文化》《东北游牧文化》等专论，故不再详述。

---

① 镜泊湖位于牡丹江上游，是黑龙江省东南边陲的一个山地淡水湖。唐代称“忽汗海”“呼沱湖”，元代改称“必尔腾湖”。明末清初始称镜泊湖。

② 兴凯湖，金代名“北琴海”，又作“兴喀”或“恨克”，均为满语音转。

（二）人文环境

渔猎文化的形成、发展，既塑造了人文环境，同时也为人文环境所塑造。有关渔猎文化人文环境的讨论，主要涉及以下几个问题。

1. 工具革新

镞、矛、网等渔猎工具的变革，是生产力发展的重要标志，也是生产力与生产关系互动的物质基础，可以归入广义的人文环境考察的范畴。渔猎工具的几次重大变革，对东北渔猎文化的影响可谓至为深远。首先，磨制石器的出现，推动了渔猎时代的到来。其次，弓箭、网坠的发明，推动了渔猎文化的形成。再次，金属器具的引入，促成了渔猎文化的繁荣。最后，近代科技的传播，颠覆了渔猎经济的地位，宣布了渔猎时代的终结。

2. 族系演进

先秦以后，东北逐渐形成华夏、肃慎、东胡、秽貊四大族系共存的局面。渔猎经济在东北四大族系形成、发展的过程中，均发挥了不可或缺的重要作用。与此同时，这些部族也在长期生产生活实践中创造了丰富多彩的渔猎文化。从民族与民族文化的角度考量，东北四大族系的演进，从根本上塑造了东北渔猎文化的风格和特色，在东北渔猎文化形成、发展的过程中发挥了最积极、最深刻的作用。

3. 政权变更

自有文字时起，东北作为一个地区，就已载入典籍。《尚书·禹贡》最早把东北载入典籍，把远古中国划分“九州”，其中“冀州”已涵盖今辽宁省西部地区；“青州”则把今辽宁南部，主要是辽东半岛置于州的辖境之内。相传“九州”为禹治水后所设，而舜又析“九州”为“十二州”，其中分冀州东北为幽州，即辽宁北镇以西地区，简称辽西；分青州东北为营州，即今北镇以东地区，称辽东。燕、秦以降，中原王朝开始加强对东北的经略。随着政治文化、工具文明、文化观念、审美风格的传播，东北的渔猎文化开始注入新的元素。这种发展态势，随着渤海、辽、金等民族政权的次第建立而得到不断强化。其间的东北渔猎文化，汲取农业、游牧、宗教等文化的营养，不断积淀、充实、提高，从而创造了前所未有的辉煌。清代东北的渔猎文化发展，大致经历了封禁前、封禁中、解禁后三个发展阶段。

19 世纪中叶以后，满怀憧憬的关内移民来到东北，开始了极为粗犷的农业开发，特别是 20 世纪 30 ~ 40 年代，日本殖民者毫无忌惮地进行资源掠夺和工业拓展，东北的渔猎资源被空前消耗，渔猎生态被严重破坏，中国东北璀璨辉煌的渔猎文化命悬一线。中华人民共和国成立以后，人民当家做主。但是，在特殊的时代和社会背景下，东北的渔猎生态并未得到有效修复。改革开放以后，特别是新一代国家领导人提出“绿色发展”的科学理念以后，东北渔猎文化的历史、渔猎文化的前途开始为社会各界所广泛关注。

当文化积淀远远赶不上资源消耗的步伐，当文化生产远远赶不上文化消费的节奏，其所面临的就是无法挣脱的困厄。19 世纪中叶到 20 世纪中叶的一百年，东北渔猎文化就遭遇这等困厄。

三　文化特征

东北渔猎文化内涵丰富，其中既包括渔猎资源、渔猎工具、渔猎方法等器物层面的内容，也包括渔猎习俗、渔猎艺术、渔猎思想等观念层面的内容。本书基本围绕渔猎历史、渔猎资源、渔猎工具、渔猎方法、渔猎习俗、渔猎思想等内容展开。在发掘器物传承的同时，深入剖析观念文化的“隐喻”。这是本书的研究重点，同时也是本书的研究特色。此前较少有人系统论述该主题。

东北渔猎文化历史悠久，其发展可分为原始、传统和现代三个主要阶段。其中前两个阶段可统称为古代渔猎文化，这是东北渔猎文化中内容最精彩的部分，也是本书的重点。

就类型划分而言，东北渔猎资源大致包括鱼、兽、鸟三类。鱼类如“三花五罗十八子七十二杂鱼”，兽类如虎、熊、鹿、貂，鸟类如“飞龙”、海东青，都是不可多得之珍品；就资源消长而言，受气候变迁、过度捕猎等因素影响，东北渔猎资源几度出现盛衰，整体枯竭的态势愈演愈烈。

渔猎是中国东北地区最早出现的生产方式，是原始农业、畜牧业产生之前支撑东北发展的中流砥柱，是近代以前东北地区最基本的生产方式之一。渔猎文化在塑造东北的人文精神的同时，也为东北的人文精神所塑造，是东北历史文化中特色尤其鲜明的构成。

有人认为，史前时代渔猎经济为农业经济所替代，是落后文化让位于先进文化的必然结果。实际上，这种“必然结果”在东北地区并未出现。

东北地区，几乎在整个石器时代，甚至在进入夏代纪年以后的相当长的历史时期，渔猎经济不但长期居于主导地位，而且渔猎文化渗透到“所谓”农耕或游牧社会的诸多领域，并表现出某些独特优势。正如有学者所言，东北地区自青铜时代起，就形成了“农、牧、渔猎在南、西、东部各有侧重的格局”①。我们对古代东北生产力发展水平及社会性质，特别是对古代东北农业经济和农业文化，要给予系统、全面、科学、正确的评估。

苏秉琦曾提出，渔猎文化有三大特点或优势。② 其一，它是对旧石器时代上百万年文化经验的直接延续；其二，在相对流动的生活方式中培养出开放、包容的文化心态，少墨守成规而擅长创造性活动③；其

① 郭大顺：《东北文化区的提出及意义》，载吉林大学边疆考古研究中心等主编《边疆考古研究》（第1辑），科学出版社，2002，第173页。

② 苏秉琦：《中国文明起源新探》，商务印书馆（香港）有限公司，1997，第149页。

③ 诸如C. 恩伯等学者，也有类似表述。参见〔美〕C. 恩伯、M. 恩伯《文化的变异——现代文化人类学通论》，杜杉杉译，辽宁人民出版社，1988，第65页。

三，通过发达的宗教祭祀活动实现以人与神的沟通，易于与自然和谐共处，善于处理民族关系等。上述特点或优势在东北渔猎文化中已基本具备。

有研究者曾指出："渔猎文化是否也存在文明，又是以什么样的方式怎样的途径步入文明的？"[①] 实际上，纵观东北渔猎文化发展史，上述问题不至于令人太过困扰。有学者也提出，渔猎经济可以实现由旧石器向新石器时代的转变[②]；更有人以为，渔猎文化也可以产生上古文明[③]。

18 世纪中叶，法国启蒙思想家伏尔泰在《哲学辞典》中写道："4000 年以前，当我们还不会阅读的时候，中国人就已经知道了所有我们今天引以为豪的有用的东西。"

借用伏尔泰对古代中国文化成就的赞叹，我们认为：早在五千年以前，当中国文化晨曦初露的时候，东北先民就开始在渔猎实践中燃起冷山远野的篝火，密切人人关联的纽带，参悟天人感应的奥义，开启其对人生意义的伟大探索，并创造了不可多得的文化财富。

---

① 朱永刚：《从肇源白金宝遗址看松嫩平原的青铜时代》，《吉林大学社会科学学报》2008 年第 1 期。

② 张忠培：《中国考古学的昨天、今天和明天》，载许倬云、张忠培主编《中国考古学的跨世纪反思》（上册），商务印书馆（香港）有限公司，1999，第 5 页。

③ 叶启晓、干志耿、殷德明、孙长庆：《东域访古——鉴定文物纪行》，《北方文物》1992 年第 4 期。

第一章

文化源流

东北渔猎文化源远流长，上溯远古，下延当代，前后以万年计。在中国乃至世界文化版图中，有如这般传承有序的文化板块，可谓寥寥无几。东北渔猎文化大致经历了格局初创、鼎盛发展、拓展转型、步入衰微四个主要发展阶段，积淀下了较为丰厚的物质及精神财富。

第一节　格局初创

东北渔猎文化渊源有自。东北渔猎文化在史前时代的酝酿与形成，是东北先民在特殊的自然环境、资源禀赋、生产力水平下的伟大成就之一。东北渔猎文化在史前时代的萌生，意义重大，影响深远，为东北“文明时代”之揭橥。

一　生产方式

（一）渔猎生产的出现

东北渔猎文化，在史前时代经历了一段较为漫长的酝酿过程。该过程从数十万年前一直持续到距今一万年前后，大致相当于整个旧石器时代。[①]

① 人们一般将文字发明前的人类历史称为“史前史”，又以生产工具为标准，将（转下页注）

其间，东北先民基本以采集、渔猎为生，并经历由“采集渔猎”向“渔猎采集”的模式转换。

第一，采集主导的模式。旧石器时代早期，相对简单的采集活动普遍存在。与此同时，捕鱼、狩猎也是获取食物的重要途径。以庙后山遗存为例，其中的所有骨器，均由哺乳动物的肢骨制成。这说明，上述野生动物，已是庙后山人的狩猎对象及食物来源。此外，金牛山遗址发现的灰堆中，有烧土、炭屑以及烧过的动物骨骼。灰堆近旁还散布着大量动物管状骨碎片，并有人工敲击印记。[①]上述骨骼残存表明，金牛山人已经在一定范围内从事狩猎活动。

第二，渔猎地位的提升。庙后山人时代，渔猎带有一定的偶然性，但作为一种生产方式，它依然发挥了不可或缺的重要作用。到了金牛山人时代，狩猎已是一种较为重要的食物来源，狩猎技术及能力也有显著提高。至于鸽子洞人，则表现出以狩猎为主，以采集、捕鱼为辅的迹象。这在该洞穴遗址的动物化石构成中可见端倪。[②]

第三，渔猎文化的萌芽。小孤山遗址出土多件骨角器，其中如鱼镖、骨标枪头、骨针等，不仅是东北渔猎文化萌生的重要标志，也是旧石器时代中国文化发展水平的重要代表。

火塘遗址及炭化动物碎骨表明，庙后山人、鸽子洞人已熟悉并掌握了用火加工肉食的办法。[③]在茹毛饮血的时代，用“火”的意义，不亚于骨镖等渔猎工具的发明和使用，它们共同催发了东北渔猎文化的萌生。

（接上页注①）“史前史”分为旧石器、新石器两个时代。旧石器时代，距今250万年至1万年。

① 吕遵谔：《金牛山猿人的发现和意义》，《北京大学学报》（哲学社会科学版）1985年第2期。

② 鸽子洞发掘队：《辽宁鸽子洞旧石器遗址发掘报告》，《古脊椎动物与古人类》1975年第2期。

③ 为系统介绍史前东北较重要的渔猎文化遗存。本书特辟一章，名“遗址撷珍”。凡所涉及的考古信息，在彼章中均已标注出处，可详见后文。

（二）东北渔猎文化在新石器时代的三个发展阶段

东北渔猎文化经过数万年酝酿，随着“小孤山时代”的到来而拉开帷幕。进入新石器时代[①]以后，东北渔猎文化又有了新发展。新石器时代是东北渔猎文化生成史上的一个特别关键的时期，大致可分为三个发展阶段或类型。

1. 新石器前期生产模式

新石器时代前期的东北渔猎，当以兴隆洼文化、新开流文化为代表。该时期的渔猎文化，无论地理分布还是要素构成，均呈现出一枝独秀的特征。

第一，狩猎主导。兴隆洼文化是目前东北出现最早的新石器文化遗存，是新石器时代东北渔猎文化发展的里程碑。兴隆洼文化因兴隆洼遗址而命名，该遗址位于内蒙古赤峰市敖汉旗兴隆洼村。经过多年调查发掘，我们发现该文化遗址数量颇多，在今内蒙古东南部、辽宁、河北、天津、吉林等地都有分布。通过对兴隆洼文化出土遗物的分析，我们发现该文化区的生产模式基本以狩猎为主，以采集、捕捞为辅。农业尚属原始，在整个经济生活中所占比重不大[②]，或者说尚未从采集中独立出来。兴隆洼遗址出土了大量动物骨骼，其中以鹿类、野猪为主。这说明了鹿、野猪在兴隆洼先民狩猎生活中的重要地位。

第二，渔捞主导。新开流文化是牡丹江流域一支重要考古学文化，是当时东北东部地区渔猎文化的重要代表。新开流文化的渔业生产比较发达，鱼窖为东北史前遗址所仅见，是东北渔猎文化中的一朵奇葩。出土渔具数量丰富，涵盖镖、叉、钩、卡、矛、网坠等多个类型，包含石、陶、骨、角、牙等多种材质，而且形制规整，加工精细，反映了当时的

---

① 中国的“新石器时代”，大致始于距今1万年前后，终于夏王朝的建立，先后持续约6000年。

② 韩英：《兴隆洼文化的生产工具与经济形态》，《赤峰学院学报》（汉文哲学社会科学版）2013年第8期。

渔猎生产已达到一个相当高的水准。出土的大量动物骨骸，除了部分野生动物外，均为各类鱼骨，不见家畜遗骸。新开流遗址中发现的鱼类，有青鱼、鲤鱼、鲇鱼、鲑鱼等种属，至今仍为黑龙江流域的常见鱼类。这表明当时渔猎资源丰富，渔捞成为主业。

2. 新石器中期生产模式

新石器时代中期，东北渔猎文化中开始出现狩猎、采集、渔捞、农业共存互补的生产模式，其中以赵宝沟文化、富河文化、新乐下层文化等尤为典型。

有关新石器中期东北生产模式及经济形态，学术界的讨论较多，分歧也很大。问题主要集中在“农业”的地位及其与“渔猎”的关系上。文繁不具。我们认为，若综合分析既有考古发掘及研究资料，其定性问题不难解决。

首先，动物骨骼比重较大。以赵宝沟遗址为例。据统计，目前已出土可鉴定的动物骨骼标本538件，其中以野猪、马鹿、斑鹿、狍等易猎取动物的骨骼居多，此外还有狗、貉、獾、熊、天鹅、雉、鱼等总计14个种类。据测算，这些动物体重约计4.6吨，可提供肉食2.3吨。[①] 相较于区区2枚胡桃楸果核[②]和迄今未发现的粮食遗存，狩猎经济的比重是绝对的。此外还出土可鉴定的软体动物标本215件，其中包括蚌科、蓝蚬科、蛤蜊科等水产。[③]

再如富河沟门遗址。有学者曾对该遗址出土的动物骨骼进行量化分析，统计结果显示，这些动物骨骼中，主要包括野猪、麝麇、黄羊、狗獾、犬科、鸟、狐、洞角类等，约10个种类。其中，鹿类骨骼占50%，

① 中国社会科学院考古研究所编著《敖汉赵宝沟——新石器时代聚落》，中国大百科全书出版社，1997，第182~198页。

② 中国社会科学院考古研究所、内蒙古工作队：《内蒙古敖汉旗小山遗址》，《考古》1987年第6期。

③ 中国社会科学院考古研究所编著《敖汉赵宝沟——新石器时代聚落》，中国大百科全书出版社，1997，第180~181页。

野猪占17%，狗獾占9%，洞角类占2%。未见草原奇蹄类，也未见大型猛兽。据此可以判断，该动物群属于东北动物区系中较为典型的山地森林类型。在当时，从事真正意义上的农作，似乎条件不很成熟。

其次，家猪饲养证据不充分。有研究者曾以猪骨的发现来判断农业发展水平。实际上，赵宝沟等遗址发现的猪骨，一直存在家猪、野猪的分歧。刘国祥先生经过数据对比，提出“无疑应为野猪”[①] 的结论。笔者认为比较可信。而且即便有圈养的迹象，也是野性未泯、驯化未成，与“家猪”差别较大。此外，通过动物骨骸有被狗啃咬的痕迹判断，狗在当时可能已经被驯养。[②] 但是，狗的驯养与农耕的发展之间没有必然联系。

最后，渔猎器具的普遍存在。赵宝沟文化出土石器中，诸如石球、石镞、石叶等均为渔猎工具。出土的骨器、蚌器也是渔猎物的副产品。此外，富河文化遗址[③]中出土了较为丰富的细石器，其中除了镞、锥、刮削器、石叶等狩猎工具外，还有骨鱼钩、骨鱼镖等用来捕鱼的器具。[④]

当然，我们也注意到了赵宝沟文化中石斧（斧形器）、石耜的普遍性[⑤]，以及用于农作的可能性。但是，综合以上考古资料，尚不足以得出“耜耕农业为主”的结论。正如有的研究者所言，赵宝沟文化的经济结构依然以狩猎为主导，以采集、捕捞为补充；至于“农业经济”，则尚处于“相当原始的阶段”[⑥]。我们认为，若联想到同期河姆渡等文化遗址中动辄以米计的谷物堆积，不难得出孰为主次的判断。

---

① 刘国祥：《关于赵宝沟文化的几个问题》，《北方文物》2000年第2期。

② 中国社会科学院考古研究所编著《敖汉赵宝沟——新石器时代聚落》，中国大百科全书出版社，1997，第182~201页。

③ 富河文化，因首先发掘地——巴林左旗富河沟门而命名。富河文化年代及文化传承，学界议论纷纷。综合各方面信息，富河文化年代距今7500~5000年。详见李婉瑛、索秀芬、马晓丽、李铁军《关于富河文化几个问题》，《华夏考古》2017年第1期。

④ 李婉瑛、索秀芬、马晓丽、李铁军：《关于富河文化几个问题》，《华夏考古》2017年第1期。

⑤ 中国社会科学院考古研究所编著《敖汉赵宝沟——新石器时代聚落》，中国大百科全书出版社，1997，第211页。

⑥ 刘国祥：《关于赵宝沟文化的几个问题》，《北方文物》2000年第2期。

总而言之，大量野生动物骨骼以及功能鲜明的渔猎工具，说明新石器中期的东北，应当属于以狩猎为主、渔捞为辅，间有采集、农作的生产模式，渔猎是该时期社会生产的主体和基础。至于其与生态环境、气候变迁之间的关系，竺可桢等先生已有较深入的探讨，兹不详述。

3. 新石器晚期经济模式

新石器中晚期，东北步入深刻变革的时代。由南而北，自西而东，均有重要考古学文化分布。其中的红山文化，在跨进“文明时代”的过程中先知先行，成为新石器中晚期东北渔猎文化的引领者。

科学定性新石器晚期东北地区的经济模式，是渔猎文化研究的前提和基础。目前，学界的讨论基本围绕农业之有无、多少而展开。其中，“乐观估计”的观点较为普遍。甚至有学者坚持这样的观点：红山农业经济已彻底取代狩猎、采集经济，成为经济发展的主导。[①] 当然，也有学者对此提出商榷，并充分肯定采集、渔猎在当时社会生产中的地位和作用。[②]

综合各家观点和最新考古数据，我们发现以下三个问题。

第一，浮选数据不支持“农业高度发展”的判断。

有学者通过对魏家窝铺、兴隆沟第二地点、哈民忙哈三处遗址（分别处于红山文化早、中、晚期）的浮选[③]样品进行了认真分析，同时还对具有相对普遍性的杜力营子、七家南梁、敖包山、小洼子、大窝铺五处遗址进行了取样与浮选。研究结果显示，当时的农业生产依然处于发展

---

① 刘国祥：《赵宝沟文化聚落形态及相关问题研究》，《文物》2001 年第 9 期；刘国祥：《论红山文化建筑与手工业技术进步》，载刘国祥《东北文物考古论集》，科学出版社，2004，第 144 页。

② 田广林：《中国东北西辽河地区的文明起源》，中华书局，2004，第 93 ~ 94 页；孙永刚、赵志军：《魏家窝铺红山文化遗址出土植物遗存综合研究》，《农业考古》2013 年第 3 期。

③ “浮选”是一种新兴植物考古学方法。详见赵志军《植物考古学的田野工作方法浮选法》，载赵志军《植物考古学：理论、方法和实践》，科学出版社，2010，第 2943 页；赵志军《植物考古学的田野工作方法——浮选法》，《考古》2004 年第 3 期。

的早期阶段。[①] 特别是魏家窝铺遗址，经浮选法确认的炭化谷物，可以说是“微乎其微”。

若以谷物遗存数量论高低，魏家窝铺、兴隆沟等遗址中少则数粒、多则盈百的炭化谷物残存，显然与良渚等遗址中动辄数尺的谷物遗存根本不成比例。又有发掘报告称，河北磁山遗址发现粮食窖穴数十个，有丰厚的腐朽粮食堆积。[②] 此外，河姆渡遗址也发现大量稻谷遗存，有的堆积厚度超过半米。[③] 显而易见，浮选检测数据大幅压缩了有关农业发展水平的遐想空间。

第二，迄今尚未发现用于精耕细作的农具。

有学者提出，早在新石器时代，东北就已出现用于“精耕细作”的农具。这是值得探讨的问题。以所谓农业生产已达到“相当水平”的红山文化为例。我们发现，红山文化中与农业有关的工具，多为石耜等翻土工具、大型砍伐器，鲜见所谓的用于精耕细作的农具。这说明当时的农作方式依然非常粗犷。与此形成鲜明对比的是用于切割兽类骨肉的刀具、用于射猎的石镞，不但大量出现，并且加工细腻、类型丰富、功能多元。

再如东北其他新石器时代晚期遗址中出土的渔猎工具，不但数量可观，而且功能齐备。如小河沿文化[④]遗存。骨梗石刃刀是该文化类型的代表性器物。据研究，这类复合骨梗石刃刀具，为我国农业文化所不见。

---

① 孙永刚：《西辽河上游地区新石器时代至早期青铜时代植物遗存研究》，博士学位论文，内蒙古师范大学，2014，第121页。

② 安志敏：《裴李岗、磁山和仰韶——试论中原新石器文化的渊源及发展》，《考古》1979年第4期。

③ 浙江省文物管理委员会、浙江省博物馆：《河姆渡遗址第一期发掘报告》，《考古学报》1978年第1期。

④ 小河沿文化是西辽河上游地区新石器时代晚期文化，分布范围与红山文化大体相同，表现出由新石器时代向早期青铜时代过渡的许多特征。小河沿文化突然消失以后，其与夏家店下层文化之间有一段比较大的时间缺环。赵宾福：《关于小河沿文化的几点认识》，《文物》2005年第7期；索秀芬、李少兵：《小河沿文化年代和源流》，载吉林大学边疆考古研究中心等主编《边疆考古研究》（第7辑），科学出版社，2008，第60页。

从锋利程度来看，其应该是剥离兽皮、切割兽肉的主要工具，在很大程度上已成为渔猎经济的标识。[①] 综合以上分析，我们认为，在小河沿文化时期，农业应该是存在的，但居于主导性地位的还是采集、渔捞和狩猎传统。[②]

第三，动物骨骸大量存在与谷物残存对比鲜明。

红山文化遗址中发现了牛、羊、猪等家畜的骨骼，以及野生的鹿、獐、狍等动物的骨骼。[③] 在对魏家窝铺等遗址的浮选过程中还发现大量鱼骨、软体动物甲壳及部分动物骨骼遗存。其中，鱼骨的数量很大。[④] 兴隆沟遗址第二地点的 17 号灰坑中，目前已发现 290 余枚蚶类贝壳，“这是迄今所知红山文化遗址中出土海贝类最多的一个地点”[⑤]。这说明近海水产可能也是红山先民的食材来源。显而易见，红山文化诸遗址发现的“有限”谷物残存，与上述动物残骸的“相当丰富”之间，已然形成鲜明对比。若以绝对数量衡量，其中的农作物残存可以说是“微乎其微”。既然都是较为随机的发掘和筛选，自然不必特意强调某类样品之是否易得或偶然。

综上所述，我们倾向于这样的观点：新石器晚期的东北，经济模式依然以渔猎为主、采集为辅。至于农业，即便是相对发达的红山文化，其农作的比重与地位，依然需要客观看待，不宜过高估量。

---

① 赵宾福：《嫩江流域新石器时代生业方式研究》，载许倬云、张忠培主编《新世纪的考古学——文化、区位、生态的多元互动》，紫禁城出版社，2006，第 21 页。

② 孙永刚：《西辽河上游地区与中原地区史前生业方式比较研究》，《辽宁师范大学学报》（社会科学版）2015 年第 2 期。

③ 郭大顺：《红山文化》，文物出版社，2005，第 16～17 页。

④ 孙永刚、赵志军：《魏家窝铺红山文化遗址出土植物遗存综合研究》，《农业考古》2013 年第 3 期；成璟瑭、塔拉、曹建恩、熊增珑：《内蒙古赤峰魏家窝铺新石器时代遗址的发现与认识》，《文物》2014 年第 11 期。

⑤ 刘国祥、贾笑冰、赵明辉、邵国田：《赤峰兴隆沟遗址发掘可望解决多项学术课题》，《中国文物报》2001 年 11 月 16 日，第 1 版。

二　观念信仰

（一）图腾崇拜

新石器时代前期，兴隆洼、新开流等遗址中已然发现偶像崇拜的迹象，这或许是原始宗教信仰的萌芽。

在兴隆洼118号居室墓中，墓主右侧葬有一雌一雄2头野猪。这两头野猪均呈仰卧状，在墓穴中占了近一半的位置。这种人猪共葬、同祭的现象，蕴含着较为丰富的文化信息。有研究者指出，这可能具有图腾崇拜的意义。①

新开流遗址出土的骨雕鹰、角雕鱼，是不可多得的艺术珍品。该骨雕鹰首，残长7.3厘米，系兽骨磨制而成，今见鹰头和颈部。鹰嘴的上下及左右两侧，均刻有平行短纹。鹰眼和鹰嘴十分逼真。整个骨雕，作引颈腾空寻觅猎物状。据称，该骨雕鹰首应为海东青。这件圆雕鹰首，比例恰当，刀法流畅，堪称史前东北的艺术精品。②

新开流遗址还出土1件鱼形角雕。该角雕系鹿角纵劈磨制而成。前端斜收，似鱼头形；后段上翘，两侧削窄，末端稍宽，且有缺口，肖似尾鳍。整体犹如一条无拘无束的游鱼。③ 或被称为鱼神图，现藏于黑龙江省博物馆。

围绕上述动物形骨角雕件，有研究者从图腾崇拜等角度讨论，也是一家之言。

---

① 杨虎、刘国祥：《兴隆洼文化居室葬俗及相关问题探讨》，《考古》1997年第1期。

② 同样，2014年8~10月，吉林大学、吉林省文物考古研究所、长春市文物考古研究所、农安县文物管理所组成联合考古队，在左家山遗址再次发现新石器时代陶器、石器，以及动物骨骼若干，其中包括2件鸟形器物雕刻。见张源珊《左家山考古发掘取得重要发现》，《长春日报》2015年11月5日，第1版。

③ 黑龙江省文物考古工作队：《密山县新开流遗址》，《考古学报》1979年第4期。

此外，在兴隆洼文化白音长汗遗址的一处房址中还发现人形石雕、蛙形石雕各1具。居住面还散落骨针、骨镞各1枚。据推测，该房屋应当作祭祀之用。[①] 而且，人、蛙造像、骨质器具的组合模式呈现的是兴隆洼文化圈内的狩猎经济、狩猎文化的地位和意义。

（二）巫卜文化

1. 卜骨的发现

富河文化中一个特别值得注意的文化元素，是“卜骨”的发现。这些卜骨利用鹿或羊的肩胛骨制成，有灼痕而无钻孔。[②] 卜骨上面有阴刻符号，印记简单，而且未经修整。

据研究，卜骨习俗最早见于仰韶文化时代。如在河南淅川下王岗的仰韶文化三期遗存中，就发现了有烧灼痕迹的羊肩胛骨。与之年代相当的甘肃马家窑文化石岭下类型遗址[③]，据称也有类似卜骨的发现。富河文化卜骨，较之上述遗址卜骨，年代略晚。但是，占卜的文化符号，“竟然”出现在以渔猎为主体的史前东北，无论是对当时的社会生活，还是对当下的文化研究，都有“开风气之先”的意义。

2. 陶石人面像

兴隆洼文化等遗址中还发现了“人面像”，分为蚌制、石制两种，应为当时的一种特殊饰品。其中的人面蚌饰（见图1－1，兴隆洼文化人面饰：左），主要用凹槽线表示口、眼，又钻出圆孔3个，以便佩戴。其中的人面石饰（见图1－1，右），正面外凸，背面内凹，石饰背面的下部

① 索秀芬、李少兵：《兴隆洼文化聚落形态》，载吉林大学边疆考古研究中心等主编《边疆考古研究》（第8辑），科学出版社，2009，第23页。

② 李婉瑛、索秀芬、马晓丽、李铁军：《关于富河文化几个问题》，《华夏考古》2017年第1期。

③ 马家窑文化是黄河上游新石器时代晚期文化，大致包括4个主要亚型，即石岭下类型、马家窑类型、半山类型、马厂类型。在石岭下类型遗址中发现了卜骨。详见中国社会科学院考古研究所甘青工作队《甘肃武山傅家门史前文化遗址发掘简报》，《考古》1995年第4期。

有两个凹坑。正面上部则磨成月牙形凹槽，代表双眼。石饰的正面下部，复磨成一道凹槽，表示嘴。此外，在嘴部凹槽处，镶嵌 2 枚蚌壳，表示牙齿；而且在牙齿两侧，又斜向背面钻孔，以便穿绳佩戴。①

同样，考古工作者在新开流遗址附近也曾采集到 1 件夹砂灰陶人首像。该灰陶人首像，尖头宽颔，眉目清晰，口鼻端直，笑意盈盈。造型虽然简陋，而且略显笨拙，但给人以神秘而敬畏之感。据称，这件陶人首与赫哲人敬奉的“爱米”神像或有渊源。② 姑存是说，以待详考。

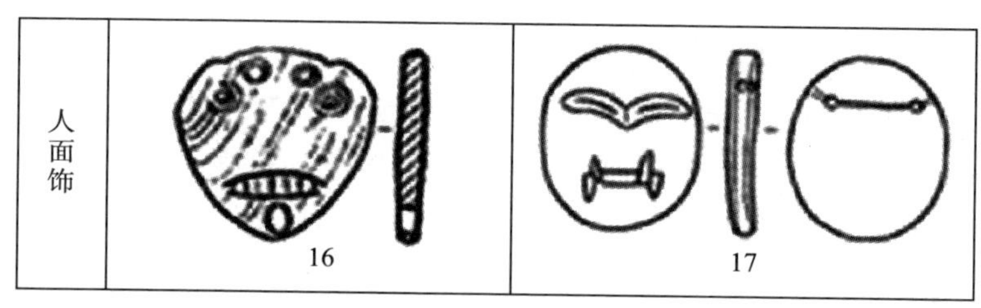

图 1－1　兴隆洼文化人面饰

图片来源：陈国庆、张大鹏《刍议兴隆洼文化蚌器》，《北方文物》2012 年第 3 期，图二。

上述文化遗存，都是东北旧石器时代不曾发现的文化元素。这表明，兴隆洼、新开流的先民们在乞食果腹之外，似乎还有更高层次的人文追求，或许属于原始宗教信仰的范畴。也有学者对上述文化遗存进行种种解说，大致可分为祈求猎物繁盛、狩猎成功、护身符箓、祖先崇拜 4 种观点。无论如何，它们都为我们窥视新石器前期东北渔猎文化之隐秘，提供了难得一遇的素材和视角。

赵宝沟、小山遗址出土的人面石斧、陶质人面像，显然是为了表达某种特殊观念，姑且视之为“巫文化”。小山人面石斧，制作精良，刃部

① 陈国庆、张大鹏：《刍议兴隆洼文化蚌器》，《北方文物》2012 年第 3 期。

② 董濮、韩新君编著《兴凯湖新开流肃慎文化研究》，黑龙江人民出版社，2014，第 28 页。

平钝，非实用器具。该石斧表面灰色，杂以黑斑；钻有圆孔，刻以人面；纹路浅细。[①] 赵宝沟总共发现 2 件陶质人面像。参考其他类似遗存，这两件陶质人面像似乎也是某种信仰的信物，或者用于某种巫术活动。左家山上层文化[②]遗存中也曾出土 4 件陶质雕塑。其中，似熊首陶塑 1 件，似人头陶塑 1 件。这两件陶塑，器型都不大，长、宽、厚均为 1.6 ~ 3.2 厘米。

（三）祭祀文化

新石器晚期的东北，祭祀文化颇为兴盛，以红山文化尤为典型。实际上，以渔猎为支撑的“祀”文化，值得给予格外的关注。

三十余年来，在西台、东山嘴、牛河梁、马架子等红山文化遗址中，相继出土多件女性陶塑像残件、小型孕妇陶塑像残件、整身陶塑人像等（见图 1 - 2）。这些珍贵的出土文物，每每引起社会各界的高度关注，研究成果也相继推出。学者们多从祈求生育、保氏族繁衍、女性祖先崇拜、史前巫觋活动等角度进行阐释，有重要参考价值。[③]

我们不妨从“偶像独尊”现象探寻史前东北“祀”文化之隐喻。简单来说，红山墓葬文化中的“一人独尊”，与红山神庙文化中的“一神独尊”，在形式和理念上都存在密切关联。在渔猎经济主导下的社会生产中能够形成上述“神 · 人独尊”的文化格局，绝对是史前文化研究中一个不可多得的案例。

---

① 崔岩勤：《赵宝沟文化生产工具初析》，《赤峰学院学报》（汉文哲学社会科学版）2008 年第 1 期。

② 该文化层年代，在公元前 4000 ~ 公元前 3000 年。参见赵宾福、于怀石《左家山下层文化新探》，载吉林大学边疆考古研究中心等主编《边疆考古研究》（第 19 辑），科学出版社，2016，第 122 页。

③ 有学者提出，红山文化东山嘴祭坛的裸女神主，应是源于祖神的天神，与生育女神或地母等无关。参见田广林《论东山嘴祭坛与中国古代的郊社之礼》，《辽宁师范大学学报》（社会科学版）2008 年第 1 期。

图 1-2　东山嘴陶孕妇像

注：该陶像，残高 7.8 厘米。

图片来源：国家博物馆网站。

三　饰品器乐

史前时代的东北先民，在渔猎生产、生活的过程中，创造了丰富多彩的器物文化。其中，特色尤其鲜明的有玉石饰品、骨质器乐以及纹饰陶器等。

（一）玉质饰品

兴隆洼遗址出土了 2 件白玉玦，均距今约 8200 年，是目前世界上发现最早的真玉制品。玉玦是兴隆洼文化中最典型的玉器之一，应是墓主生前的耳饰。其他玉质饰品，还有匕形器、弯条形器、玉管，以及斧、锛、凿等“神器”。

迄今为止，在兴隆洼、兴隆沟、白音长汗、洪格力图、辽宁阜新查海等遗址中，发掘和清理出土的兴隆洼文化玉器已有近百件，“这是我国境内发现的年代最早、工艺水准最高的一批真玉制品”①。红山玉文化是史前东北渔猎文化的精华，也是东北渔猎文化中的玉文化的巅峰。红山玉文化的内涵非常丰富，这里仅从渔猎文化的角度展示几种动物造型的玉器。

在红山玉器中，动物类造型较为常见，除了闻名遐迩的玉龙、玉猪龙，还有玉鸟、玉蝉、玉龟、玉鱼等。其中的玉鸟，出土于辽宁朝阳市半拉山的一处红山文化时期的墓地。该玉鸟长 4 厘米，宽 2.8 厘米，厚 0.6 厘米。通体绿色，微泛白。形制规整，制作精致，表面光滑、润泽，腹部横向对钻一牛鼻孔（见图 1－3）。

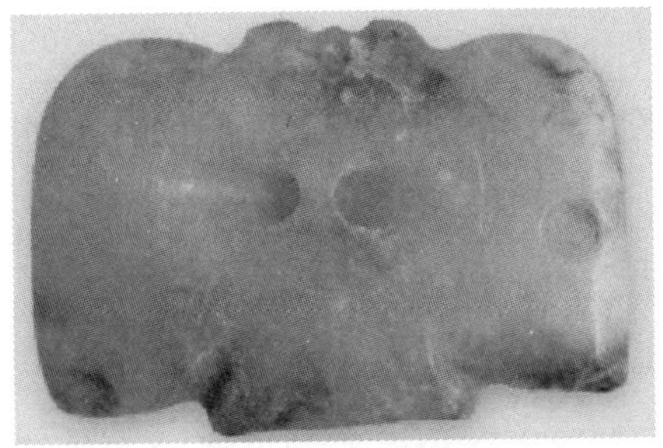

图 1－3　半拉山红山文化墓地玉鸟形坠：(左）正面、(右）背面

图片来源：辽宁省文物考古研究所、朝阳市龙城区博物馆《辽宁朝阳市半拉山红山文化墓地的发掘》，《考古》2017 年第 2 期，图六一、六二。

玉制品在东北史前时代文化考古中，屡有发现。但是，无论材质之优、工艺之精、器型之大还是类型之全、数量之多，未有超迈其上者，

① 刘赫东、田广林：《兴隆洼文化查海遗址出土玉器发微》，《赤峰学院学报》（汉文哲学社会科学版）2014 年第 1 期。

对比牛河梁、左家山出土的两件玉猪龙，优劣上下，一目了然。[①]

以玉为饰的文化，在红山文化中有淋漓尽致的表现。笔者认为，兴隆洼玉器的发现，其重大意义在于，玉饰的生产加工、玉饰文化的产生传播，均发生在狩猎经济主导社会生产的时代，或者说，东北“玉文化”的开山鼻祖，竟然生活在以渔猎为生、“看似蛮荒”的史前时代。由于农作生产在东北各地的发展程度始终有限，所以，我们必须正视这个史实，即东北玉文化是渔猎经济滋养下的花朵，是东北渔猎文化的瑰宝。

（二）石质饰品

新石器前期的东北先民，已形成佩戴各种饰品的风气。白音长汗遗址中出土的饰品，大致有以下四类。(1) 臂钏。材质有蚌、石两种，形制有半环形、长条弧形两种。臂钏上往往有钻孔，当为捆绑之用。(2) 石珠、蚌珠。其中石珠较为多见，这类珠形物，大致呈圆形，两面对钻，形成一个圆孔。(3) 亚腰形饰品。基本分为蚌、石两种材质。出土数量较多，其中，仅白音长汗遗址 M7 即出土了 100 余件。(4) 坠饰。也有石、蚌两种材质。大致呈长条形，一端钻有圆孔，便于穿绳佩戴。上述饰品的加工相对精细，形制较丰富。

新石器晚期，东北先民对容饰的追求更加普遍，饰品的种类、制作工艺都有所丰富和提高。小河沿文化遗存中发现很多饰品，其中以项环、臂环、蚌制发夹的数量为最多。部分项环、臂环由彩色石料磨制而成。有的黑色臂环上还镶嵌白色蚌珠，颜色对比分明，非常美观（见图 1-4）。

---

① 牛河梁玉龙高 7.2 厘米，宽 5.2 厘米。左家山玉龙，于左家山遗址下层出土，高 4.4 厘米，宽 3.8 厘米，背有 1 孔；通体呈蜷曲状，首尾衔接似璧，五官凸起，周身光滑，这件玉器应归入红山玉系统，但与牛河梁玉猪龙比较，显然略欠精致。这两件玉龙，国家博物馆网站有文物图片。有关该件玉器的规格，考古发掘报告记作：长 4.1 厘米，宽 3.9 厘米，厚 1.4 厘米，大孔径 1 厘米。详见吉林大学考古教研室《农安左家山新石器时代遗址》，《考古学报》1989 年第 2 期。有关左家山文化的年代推定，参见赵宾福、于怀石《左家山下层文化新探》，载吉林大学边疆考古研究中心等主编《边疆考古研究》（第 19 辑），科学出版社，2016，第 122 页。

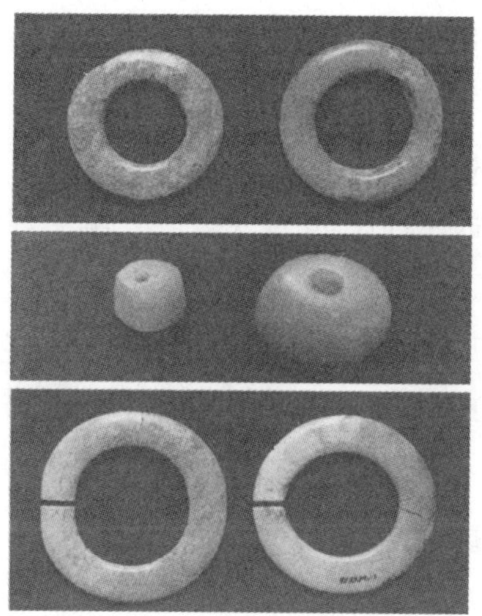

图 1-4 饶河小南山墓葬玉环（上）；玉珠（中）；玉玦（下）

图片来源：佳木斯市文物管理站饶河县文物管理所《黑龙江饶河县小南山新石器时代墓葬》，《考古》1996 年第 2 期，图版一。

此外，缝纫水平已达到一定高度。小河沿遗址曾出土一枚骨针。该骨针的针尖十分锋利，针鼻处磨成扁平状，针孔只有 0.2 毫米。可见当时的缝纫用线已经十分精细。缝制的衣物，自然益发“考究”。

上述配饰生动展现了新石器时代东北先民的容饰习俗和审美倾向。这些穿越时空的珍贵文化遗存，是探究史前东北的生产和生活实践的难得素材，是破译史前东北的习俗和人文精神的宝贵样本，非常值得进行深入系统的研究。篇幅所限，兹不详述。

（三）骨质乐器

兴隆洼骨笛是我国北方地区发现最早的骨质笛乐器，而且是目前所见音律最准、音孔最多的笛乐器。由此可以管窥 8000 年前兴隆洼先民卓越的音乐天赋和丰富的精神生活。①

① 石琳、张国强：《兴隆洼文化、骨笛及巫文化研究》，《赤峰学院学报》（汉文哲学社会科学版）2016 年第 12 期。

1986年，考古工作者在兴隆洼遗址的F166号房址堆积内清理出土了一只骨笛。经化验研究，确认该骨笛由猫头鹰的翅膀骨琢制而成。该骨笛两端朽坏，中间完好，残长170毫米（修复后，骨笛长180毫米）。器身轻薄，一端呈喇叭状，直径60毫米；另一端呈扁圆状，直径35毫米；中部直径最小处19毫米；骨笛壁厚2.3毫米（见图1－5）。

该骨笛采用竖笛吹法，有5个单钻圆孔，孔径2.8毫米至3.8毫米不等，可分为两部分。其中，4个等距气孔为一部分，另1个气孔为另一部分。经测音研究发现，该笛能准确地奏出一个八度音域内七个基本音级，并能发出四种音列，能演奏完整的乐曲；而且音调、音色纯正，并能与其他乐器合奏。

这支骨笛的发现，把中国音乐和乐器制作史提前了约三千年。①

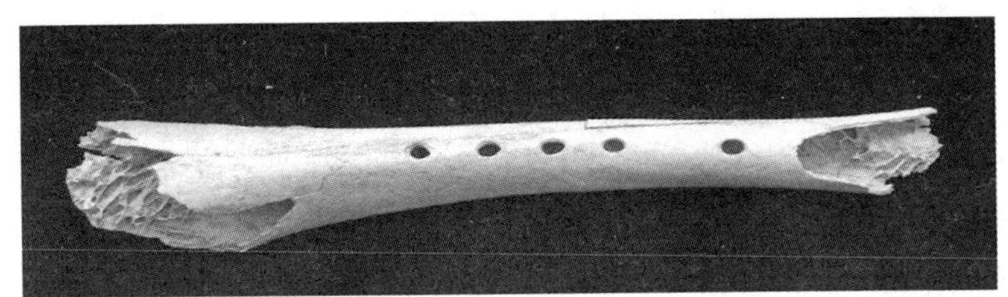

图1－5　兴隆洼遗址出土骨笛

图片来源：席永杰、张国强、杨国庆《内蒙古敖汉旗兴隆洼文化八千前年骨笛研究》，《北方文物》2011年第1期，图一。

（四）动物纹饰

陶器动物纹饰是新石器中期东北渔猎文化的另一个鲜明特色。

赵宝沟、小山、南台地遗址出土及采集的尊形器，或以鹿的形象为主，或集鹿、猪、鸟、蟒于一体，特色极为鲜明。

以小山遗址出土的陶尊为例。该陶尊的腹部采用写实的艺术手法，

---

① 以上参见席永杰、张国强、杨国庆《内蒙古敖汉旗兴隆洼文化八千前年骨笛研究》，《北方文物》2011年第1期。

表现出鹿、猪、鸟三种动物的头部图像。此外还有类似蟒蛇缠绕的纹饰（见图1－6）。南台出土的陶尊的纹饰，与小山陶尊纹饰的风格类似，表现的是蟒蛇吞鹿的分解图案。也有研究者就上述图案做出另一种解释，也是一家之说。详见后文。

图1－6　小山遗址尊形器

图片来源：中国社会科学院考古研究所内蒙古工作队《内蒙古敖汉旗小山遗址》，《考古》1987年第6期，图版一：1（F2②：30）。

东北渔猎文化在史前时代的萌生，是中国地域文化发展进程中一个非常值得关注的现象，同时也是一个方兴未艾的论题。东北渔猎文化的发展，是多种因素共同促进的结果。这也是东北渔猎文化的繁荣较早地出现在史前时代的根本原因。从这个意义上来说，渔猎文化堪称东北文明时代之揭橥、北方古代文明之基石。

早在史前时代，特别是在新石器中晚期，东北渔猎文化格局粗创，而且成就斐然。受多种因素影响，史前东北地区的渔猎文化，大致集中分布在辽东、辽西地区，虽然吉林、黑龙江地区的渔猎文化也很有特色，但规模和影响都略显局促。

一般来说，距今6500年左右，中原地区已完成由采集、狩猎向旱作农业的转化。[①] 但是，当时的东北，狩猎、渔捞依然并长期占据重要地位。大致来说，新石器时代中晚期，原始农业融入东北渔猎文化之中。战国中晚期，畜牧业融入东北渔猎文化。在上述生产方式、文化要素的影响和干预下，东北渔猎文化以何种姿态呈现，确实是一个饶有趣味的话题。

第二节　鼎盛发展

夏、商、周三代是东北渔猎文化发展史上的鼎盛时期。在这2000余年间，不论辽西、辽东还是海北山南，虽然渔猎生产在社会生产中的地位有所下降，但渔猎文化在新的时代和社会环境中继续发展的势头不减，而且出现了如族系文化等影响甚为深远的新元素。在这2000余年间，东北渔猎文化的维度和空间不断拓展，在诸如巫卜礼乐、骨板金石等领域，都为世人积淀了极为精彩的文化遗存。

一　生产方式

夏、商时期，东北各地的生产方式略有差别。辽西、辽东、辽南[②]等地，农业与渔猎经历了较为显著的此消彼长。商末周初以后，受民族迁徙等因素影响，东北多地的生产方式都发生幅度较大的变更。以西拉木伦河流域为例，这里就曾经历了由狩猎为主兼农牧，到农业为主兼有畜牧，再

① 孙永刚：《西辽河上游地区与中原地区史前生业方式比较研究》，《辽宁师范大学学报》（社会科学版）2015年第2期。

② 以太子河流域为纽带，辽东大致分为东北部低山地区、南部丘陵区。南部丘陵区，以千山山脉为骨干，北起本溪连山关，南至旅顺的老铁山，构成辽东半岛的脊梁。

到牧业为主兼营渔猎的阶段性变化。[①] 但就整体而言，两周时期的东北，基本呈现出以农业为依托、以游猎为特色，整体进步、起伏发展的格局。

（一）农业生产起伏发展

1. 夏商时期显著发展

以其间最有影响力的夏家店遗址下层文化[②]为例。它的经济结构，当以农业为主，兼营畜牧和狩猎[③]。再如高台山文化[④]，也有较为发达的农业生产工具，其中平安堡遗址第三期文化层出土的石斧、石刀、石锄、石镰等农具，占全部石器的一半以上，说明农作已占有重要地位[⑤]。至于以渔业见长的辽东半岛南部地区，在大嘴子遗址[⑥]的陶壶内也发现了

---

① 汤卓炜：《中国东北地区西南部旧石器时代至青铜时代人地关系发展阶段的量化研究》，博士学位论文，吉林大学，2004，第 108 页。

② 夏家店遗址下层文化，是中国北方地区的早期青铜文化。以赤峰、朝阳为核心，广泛分布于西辽河、大凌河、滦河、海河等流域。文化年代大致处于夏朝建立之前到殷商末年。参见田广林《关于夏家店下层文化燕北类型的年代及相关问题》，《内蒙古大学学报》（人文社会科学版）2003 年第 2 期。林沄则认为介于夏代至商代早期。见林沄《夏代的中国北方系青铜器》，载吉林大学边疆考古研究中心等主编《边疆考古研究》（第 1 辑），科学出版社，2002，第 2 页。赵宾福认为，夏家店下层文化的晚期相当于中原的商代早期，详见赵宾福《从并立到互动——辽宁青铜时代的文化格局》，《辽宁大学学报》（哲学社会科学版）2015 年第 1 期。

③ 在这一点上，李恭笃、何贤武、李宇峰、王立新等学者的意见大致相同，只在“狩猎”或“渔猎”的比重问题上略有差别。参见李恭笃《夏家店下层文化若干问题研究》，《辽宁大学学报》（哲学社会科学版）1984 年第 5 期；何贤武《试论夏家店下层文化的社会经济与社会性质》，《辽宁大学学报》（哲学社会科学版）1986 年第 2 期；王立新《大山前遗址发掘资料所反映的夏家店下层文化的经济形态与环境背景》，载吉林大学边疆考古研究中心等主编《边疆考古研究》（第 6 辑），科学出版社，2007，第 350 ~ 357 页。

④ 高台山文化是辽北地区的一支早期青铜文化，主要分布在今新民、彰武即以柳河流域为中心的辽北地区，此外，法库、阜新以及敖汉旗部分地区也有分布。陈平：《高台山文化研究综述》，载北京市文物研究所编《北京文物与考古》（第 6 辑），民族出版社，2004，第 99 页。目前学界对高台山文化的上限年代尚有分歧，但对于其下限年代已经基本达成一致。赵宾福推断高台山文化的早期应相当于夏代中晚期至商代早期。赵宾福：《高台山文化再论》，《华夏考古》2012 年第 3 期。

⑤ 辽宁省文物考古研究所、吉林大学考古学系：《辽宁彰武平安堡遗址》，《考古学报》1992 年第 4 期。

⑥ 大嘴子遗址，位于大连市甘井子区李家村东北约 2 公里处的一块台地上，属于双砣子文化范畴。参见辽宁省文物考古研究所、吉林大学考古学系、大连市文物管理委员会《辽宁大连市大嘴子青铜时代遗址的发掘》，《考古》1996 年第 2 期。

稻米、高粱以及炭化谷物[①]，说明当地也有农作经济的存在。虽然总体格局如此，但渔猎的地位不容忽视，大致保持着东北地区渔猎、采集的传统[②]。

2. 两周时期普遍衰退

考古发掘结果显示，西周初年直至战国中期，以辽西、辽东为代表的东北地区，农业发展呈普遍衰退的态势，农业不在社会生产中居于主要地位。战国早中期以后，随着个别地区畜牧族群的迁离，农作经济又有复苏迹象。以夏家店上层文化[③]的南山根类型[④]为例，随着该文化类型发展重心的南移，其农、牧、渔猎兼营生产模式，逐渐转向对土地依赖程度的不断提高[⑤]。在此过程中，西辽河流域的农业生产又有所复苏。以建平的水泉遗址[⑥]为例。考古工作者在此发现三座直径 2 米左右的窖穴，窖穴底部的陈积物是厚达 0.8 米的炭化谷粒。据估算，三窖谷物总计 2.3 万斤。[⑦] 这是一个颇为可观的储量，反映了当时的农业生产已有较为显著的恢复和发展。战国晚期以降，辽西地区多为燕文化所覆盖，当地的农耕经济迎来新的发展时期。

---

① 辽宁省文物考古所、吉林大学考古学系、大连市文物管理委员会：《辽宁大连市大嘴子青铜时代遗址的发掘》，《考古》1996 年第 2 期。

② 郭大顺、张星德：《早期中国文明：东北文化与幽燕文明》，江苏教育出版社，2005，第 301 ~ 302 页；孙永刚：《试论夏家店下层文化生业方式——以植物考古学为中心》，《内蒙古社会科学》（汉文版）2013 年第 5 期。

③ 夏家店上层文化，是中国北方一个重要的青铜文化类型，分布在燕山南北麓到西辽河一带，老哈河上游与大凌河中上游之间，这也是早中期阶段遗存分布最稠密的地区。有关文化年代、类型、阶段的探讨较多，意见歧出。详见席永杰、滕海键、季静《夏家店上层文化研究述论》，《赤峰学院学报》（汉文哲学社会科学版）2011 年第 5 期。

④ 南山根类型，分布于中部老哈河流域，年代范围在西周晚期至春秋早期或春秋中期前后，时间晚于龙头山类型。

⑤ 汤卓炜：《中国东北地区西南部旧石器时代至青铜时代人地关系发展阶段的量化研究》，博士学位论文，吉林大学，2004，第 108 页。

⑥ 详见内蒙古文物考古研究所《内蒙古林西县水泉遗址发掘简报》，《考古》2005 年第 11 期。

⑦ 李恭笃、高美璇：《夏家店下层文化若干问题研究》，《辽宁大学学报》（哲学社会科学版）1984 年第 5 期。

（二）渔猎生产普遍存在

1. 渔猎产品较为丰富

赤峰二道井子遗址①浮选结果显示，虽然当时的农业经济较为发达，但尚未进入精耕细作的阶段。大量存在的兽骨遗存，说明家畜饲养与狩猎，在二道井子先民的经济结构中依然占有重要地位②。再如渔猎资源较为丰富的库伦三家子遗址③，浮选结果显示，植物遗存不多，而家畜野兽多见。此外还发现了鱼类椎骨、软体动物壳体碎片。这说明家畜及渔猎都是三家子居民的主要食物来源。至于濒海的辽东南部诸遗址，鱼骨、滩涂贝类、软体动物的残骸尤其多见④，反映了渔捞在当地社会生产中的优势地位。

2. 渔猎工具大量出土

夏商时期的东北，诸如赤峰夏家店、药王庙、宁城南山根、新乐上层文化⑤等遗址，骨锥、石镞、骨镞等狩猎工具，以及骨匕、鹿角器、石片、刮削器等狩猎或肉食加工工具较为常见。⑥ 与此同时，辽东南部地区

---

① 该遗址位于赤峰红山区文钟镇二道井子村打粮沟门自然村北的山坡上，是一处夏家店下层文化聚落遗址。曹建恩：《内蒙古赤峰市二道井子遗址的发掘》，《考古》2010 年第 8 期。

② 孙永刚、赵志军、曹建恩、孙金松、党郁：《内蒙古二道井子遗址 2009 年度浮选结果分析报告》，《农业考古》2014 年第 6 期。

③ 库伦三家子遗址是一处高台山文化晚期的遗址。

④ 刘玮、赵志军、霍东峰、朱永刚：《内蒙古库伦旗三家子遗址浮选结果分析报告》，《农业考古》2016 年第 3 期。

⑤ 新乐上层文化（或称马城子文化），是夏商时期一种较有特点的青铜文化，较为集中地分布在以沈阳市为中心的下辽河地区。由于科学发掘的遗址少，学界讨论的分歧多，目前主要有以下主张。第一，新乐遗址上层文化年代的上限大致在殷周之交，下限在燕秦之间。见沈阳市文物管理办公室《沈阳新乐遗址试掘报告》，《考古学报》1978 年第 4 期。第二，新乐上层文化的年代，早期相当于夏至早商，晚期相当于商代晚期。见赵宾福《马城子文化新论——辽东北部地区夏商时期遗存的整合研究》，载吉林大学边疆考古研究中心等主编《边疆考古研究》（第 6 辑），科学出版社，2007，第 143 ~ 166 页；赵宾福《从并立到互动——辽宁青铜时代的文化格局》，《辽宁大学学报》（哲学社会科学版）2015 年第 1 期。后者是目前的主流观点。

⑥ 沈阳市文物管理办公室：《沈阳新乐遗址试掘报告》，《考古学报》1978 年第 4 期；内蒙古文物工作队：《敖汉旗范仗子古墓群发掘简报》，《内蒙古文物考古》1984 年第 00 期。

广泛分布的双坨子文化①中，诸如骨钩、骨钓针、骨鱼卡、陶网坠、石网坠等渔捞工具大量存在，而且诸如网坠等，不但器型丰富，而且制作工艺成熟②。尤其值得注意的是，此处还发现一定数量的巨型石网坠③。很明显，这类大型石网坠是当时已从事深水捕捞的重要佐证。这不仅说明当时航海工具的先进，同时也说明了当地渔业经济的繁荣，已表现出较为鲜明的贝丘经济的特征④。

至于夏商时期的嫩江、图们江、第二松花江流域，则发展普遍滞后。以较为闭塞的图们江流域为例，虽然发现了兴城文化、柳庭洞文化等重要文化类型，但在文化堆积中始终未见青铜器、三足器等青铜时代的“标志性”遗存。因此，其文化面貌依然基本停留在新石器文化的阶段⑤。不难想见，渔猎在当地的生产和生活中，势必依然居于主导地位。

两周时期，辽东半岛南部、第二松花江流域等，一仍前代以渔猎为主的生产方式。即便是生产方式起伏发展的西辽河及嫩江流域部分地区，渔猎经济依旧普遍存在。在大井遗址等文化遗存中，均发现大量野生动物残骸（种类有鹿、野马、野牛、狐狸、熊、兔）以及骨镞等狩猎工具⑥。在宁城南山根 M3、铁匠沟遗址⑦等一批西周晚期至春秋早期的墓葬

---

① 双砣子文化，因大连双砣子遗址而得名，广泛分布在辽东半岛，上承小珠山五期文化而来，文化年代大致处于新石器晚期至商晚期之间。赵宾福：《中国东北地区夏至战国时期的考古学文化研究》，科学出版社，2009，第 89～91 页。

② 辽宁省文物考古所、吉林大学考古学系、大连市文物管理委员会：《辽宁大连市大嘴子青铜时代遗址的发掘》，《考古》1996 年第 2 期。

③ 刘俊勇：《史前辽东半岛经济形态研究》，《辽宁师范大学学报》2009 年第 11 期。

④ 中国社会科学院考古研究所：《双砣子与岗上——辽东史前文化的发现和研究》，科学出版社，1996，第 56 页。

⑤ 详见赵宾福《图们江流域的青铜时代文化研究》，《考古》2008 年第 6 期。

⑥ 吉林大学边疆考古研究中心等主编《克什克腾旗关东车遗址考古调查与试掘》，《边疆考古研究》（第 2 辑），科学出版社，2003，第 28 页。

⑦ 铁匠沟遗址，位于敖汉旗新惠西南约 6 公里的铁匠沟村。文化年代，在春秋末至战国初之间。

中，相继出土了多件带有鹿、鸟、虎、野猪等动物纹饰的铜剑、牌饰等。[①]再如魏营子文化[②]的喜鹊沟遗址[③]，不但发现兽骨，还发现大量鱼骨残骸。[④]显而易见，包括农业、畜牧较为普遍的西拉木伦河流域在内，狩猎始终是一种较为普遍的生产方式，渔猎依然是时人谋生的一项重要手段。

（三）畜牧经济异军突起

西周末年以后，特别是春秋晚期到战国前期，今西辽河、嫩江等多地都出现了畜牧经济异军突起的局面。

以井沟子墓地为例（见图 1 - 7）。发掘报告显示，当时殉葬的马、牛、羊较为普遍，未见任何与农业有关的工具或产品。畜牧业在当时经济生活中应居于主导地位。[⑤]尤其值得关注的是，井沟子类型居民在人种特征上表现出不同于当地先民的特征，可能是一支来自北方的游牧族群。[⑥]考古资料显示，以辽西为代表的东北西部及西南部地区，马的数量显著增多[⑦]，马具及车类配件也较为常见。这些草原游牧文化因素的出现，是东北游猎文化兴起的重要标志。

（四）科学评估发展水平

正确认识夏商时期东北地区的社会生产，是探究当时东北渔猎文化

---

① 详见邵会秋、杨建华《从夏家店上层文化青铜器看草原金属之路》，《考古》2015 年第 10 期。该文主要从草原文化的角度阐释夏家店上层文化中的青铜器及其动物造型纹饰等问题。本书侧重于游猎文化中“猎”的元素。

② 魏营子文化，以辽宁朝阳魏营子遗址为代表，主要分布于燕山以北的大凌河流域南部、小凌河流域直到锦州地区的渤海沿岸一带。该文化年代上限约在商代中期晚段，下限约在西周早期。

③ 喜鹊沟遗址位于赤峰市克什克腾旗达来诺日镇官地嘎查喜鹊沟沟口处。2011 年组织发掘，清理古矿坑 1 座、房址 2 座。出土遗物较为丰富。

④ 吉林大学边疆考古研究中心、内蒙古自治区文物考古研究所：《内蒙古克什克腾旗喜鹊沟遗址发掘简报》，《考古》2014 年第 9 期。

⑤ 内蒙古自治区文物考古研究所、吉林大学边疆考古研究中心：《林西井沟子——晚期青铜时代墓地的发掘与综合研究》，科学出版社，2010，第 29 页。

⑥ 王立新：《关于东胡遗存的考古学新探索》，《草原文物》2012 年第 2 期。

⑦ 宋蓉、陈全家：《赤峰地区汉代以前动物遗存初探》，《内蒙古文物考古》2004 年第 2 期。

图 1-7　井沟子遗址远景

图片来源：内蒙古自治区文物考古研究所、吉林大学边疆考古研究中心《林西井沟子——晚期青铜时代墓地的发掘与综合研究》，科学出版社，2010，图版一。

的前提和基础。

夏商时期的中原地区，主食是谷类（称“根食”），但对肉类（称“鲜食”）的需求量也极大。几乎所有夏商文化遗址都有大量动物遗骨及骨制品出土。除了食用，丧葬祭奠、毛皮制革等也需要大量禽兽供给。这其中除了部分家畜、家禽，就是大量野生的走兽飞禽以及水族鱼鳖。再如位于山东的岳石文化（夏代至周初），遗址发掘显示，该文化遗存中不但发现大量动物残骸，还发现数量可观的渔猎工具以及其他骨蚌类制品。[①] 这说明，不论中原还是海岱，除农业以外，狩猎、渔捞在经济生活中仍占一定地位，这是夏商时期中国社会的普遍现象。这在《诗经·魏风》之《伐檀》篇中有较为生动的展示。

不稼不穑，

① 张国硕：《岳石文化研究综述》，《郑州大学学报》1996 年第 1 期。

胡取禾三百廛兮？
不狩不猎，
胡瞻尔庭有县貆兮？
彼君子兮，
不素餐兮。[①]

艺术固然要高于生活，但从这篇对不劳而获者的质疑中，不难发现西周年间的中原地区，依然保持着农耕与狩猎共存的生产模式。比较而言，农业素来“后进”的东北地区，刻意夸大农业的地位和影响，不但缺少坚实的考古资料支撑，也违背经济发展的一般规律。夏、商、周三代，东北地区的生产方式依然较为多元。东北地区的渔猎资源相当丰富，狩猎、渔捞等活动十分活跃，与农业、畜牧同为生产模式的重要构成。

总而言之，西周初年至战国末年，东北地区存在渔、猎、农、畜、牧五种主要生产方式。虽然整体呈现游猎凸显的态势，但基本处于因地制宜、取长补短、融合发展的状态。

二　多元族系

两周时期，东北地区开始形成多元共存的族系文化[②]。这对当时及以后的东北渔猎文化发展产生了特别深刻的影响，是东北渔猎文化中特色生成的机制之一。

（一）华夏族系

人类体质学研究显示，诸如夏家店上层文化的古代居民，可以归入

---

① 周振甫译注《诗经译注》卷3《魏风·伐檀》，中华书局，2012，第154～155页。

② 如吉林省双辽市的后太平遗址，在生产模式上表现出草原经济的形态，在文化面貌上表现出白金宝文化、双房文化、夏家店上层文化等不同族系文化融合发展的特征。参见梁会丽《后太平遗址夏家店上层文化因素辨析》，《草原文物》2014年第1期。

“古华北类型”的范畴。“古华北类型”的显著特征是高颅狭面。

值得注意的是，夏家店上层文化居民的“东胡说”，一度是广为流传的观点①。但是，自20世纪90年代林沄先生提出商榷后②，复经朱永刚、赵宾福等学者讨论，高台山文化是夏家店上层文化之源的观点③，渐而为学界所接受。言下之意，“东胡说”的观点已为考古学研究所否定。

如何追寻华夏族系的考古学、人类学踪迹？如何打通“人种类型”与“族系类别”之间的界限？这是非常有魅力，同时也是颇有争议的论题。

综合既有的传世文献与考古发掘资料，我们姑且这样推测：以夏家店上层文化居民为代表的“古华北类型”人种，应当是先夏、东夷两大部落集团融合发展的结果，可以视为华夏族系的范畴。

此外，考古发掘资料显示，战国末年前后已有“新”族群迁入第二松花江流域的迹象。杨屯大海猛中层文化与西团山文化内涵的迥然有别，可作为剖析该动向的重要样本。考虑到战国中期以后燕秦文化强势崛起的历史背景，以及辽西、辽东各族群分布的基本格局，我们推测，这些“迥然有别”的文化遗存，应该是华夏族系文化介入的结果。④

---

① 朱贵：《辽宁朝阳十二台营子青铜短剑墓》，《考古学报》1960年第1期；靳枫毅：《夏家店上层文化及其族属问题》，《考古学报》1987年第2期。

② 林沄：《东胡与山戎的考古探索》，载河北省文物研究所编《环渤海考古国际学术讨论会论文集》，知识出版社，1995，第174～181页。

③ 朱永刚：《论高台山文化及其与辽西青铜文化的关系》，载中国考古学会编《中国考古学会第八次年会论文集（1991）》，文物出版社，1996，第154页；朱永刚《东北青铜文化的发展阶段与文化关系》，《考古学报》1998年第2期；赵宾福：《辽西山地夏至战国时期考古学文化时空框架研究的再检讨》，载吉林大学边疆考古研究中心等主编《边疆考古研究》（第5辑），科学出版社，2006，第32页。

④ 吉林省文物工作队等：《吉林永吉杨屯遗址第三次发掘》，载《考古》编辑部编《考古学集刊》（第7期），科学出版社，1991，第49页。

（二）东胡族系

人类体质学研究成果显示，今天所见的井沟子类型[①]、平洋文化，甚至白金宝文化的创造者，都表现出低颅阔面的“西伯利亚蒙古人”特征，应属于东胡族系的范畴。

首先，人类体质学、分子生物学和稳定同位素分析研究表明，井沟子居民的人种类型与已知的鲜卑人、契丹人、蒙古人的种族特征颇为接近。其线粒体 DNA 的遗传特征，与现代北亚人群、古代拓跋鲜卑人均有较近的亲缘关系。[②] 结合传世文献中有关东胡族活动时间、地域的记载，并参照既有出土文物反映的经济形态及生活习俗，可以确认其为“东胡”的族属特征。[③]

其次，小拉哈、白金宝、平洋等嫩江流域的青铜文化，也应属于东胡族系的鲜卑族文化遗存。人类体质学研究表明，平洋文化居民的体质特征，与内蒙古陈巴尔虎旗的完工组最接近[④]，应当是拓跋鲜卑的先人，同属于“西伯利亚蒙古人”人种的范畴。

又有学者综合器物类型学、历史文献学等理论方法，认为小拉哈文化[⑤]、

① 井沟子遗址，位于林西县林西镇东南约 40 公里的井沟子村。2002～2003 年曾对遗址的西区墓地进行发掘，除了夏家店上层文化，还发现一种新的文化面貌，称“井沟子类型”。内蒙古自治区文物考古研究所、吉林大学边疆考古研究中心：《林西井沟子——晚期青铜时代墓地的发掘与综合研究》，科学出版社，2010，第 30 页。

② 朱泓、张全超、常娥：《探寻东胡遗存——来自生物考古学的新线索》，《吉林大学社会科学学报》2009 年第 1 期。

③ 内蒙古自治区文物考古研究所、吉林大学边疆考古研究中心：《林西井沟子——晚期青铜时代墓地的发掘与综合研究》，科学出版社，2010，第 30 页。

④ 潘其风：《平洋墓葬人骨的研究》，载黑龙江省文物考古研究所编《平洋墓葬》，文物出版社，1990，第 209、216 页。

⑤ 小拉哈文化的发现，既填补了当地早期青铜文化研究的空白，也解决了昂昂溪文化的去向、白金宝文化的起源问题。详见赵宾福《松嫩平原早期青铜文化的发现与认识》，载吉林大学边疆考古研究中心等主编《边疆考古研究》（第 1 辑），科学出版社，2002，第 189 页。

古城类型、白金宝文化、汉书二期文化①是一脉相承的考古学文化，同属于一个文化系统②；平洋文化与早前的白金宝文化、晚后的汉书二期文化，在性质、族属等方面都存在同一性的特征③。

综上可知，两周时期，东胡族系在东北部分地区已有一定分布，并创造了民族特征较为浓郁的游猎文化。此外，考古发掘资料证明，汉书二期文化的影响已波及早期拓跋鲜卑分布的大兴安岭西侧，并与之存在较为紧密的互动关系。那么，在早期拓跋鲜卑最初的向南拓展中，极有可能吸纳这类文化，甚至将部分人群吸纳过来。可以推断，松嫩平原的青铜文化也是汉代拓跋鲜卑先世文化的构成要素之一。④

（三）肃慎族系

莺歌岭遗址的上层文化，是商周时期一处较有代表性的肃慎族文化遗存。其中出土的渔猎工具、野猪形陶器等，与文献中有关肃慎人习俗的记叙基本吻合。

（四）秽貊族系

西团山文化是第二松花江流域一支年代较早、影响较大的考古学文化。现已查明，西团山文化主要分布在吉林省吉林地区和长春地区，四平等县（市）区也有分布。遗址最为密集的是吉林市郊及永吉县。⑤

---

① 汉书二期文化，因吉林省大安县汉书遗址第二期遗存而得名，以嫩江下游、哈尔滨沿松花江干流地带为中心区。它是松嫩平原较晚形成的青铜文化，年代跨度为战国至西汉早期。参见朱永刚《肇源白金宝遗址第三次发掘与松嫩平原汉代以前古文化遗存的年代序列》，《吉林大学社会科学学报》1998 年第 2 期；朱永刚《从肇源白金宝遗址看松嫩平原的青铜时代》，《吉林大学社会科学学报》2008 年第 1 期；赵宾福《汉书二期文化研究——遗址材料和墓葬材料的分析与整合》，载吉林大学边疆考古研究中心等主编《边疆考古研究》（第 8 辑），科学出版社，2009，第 98～116 页。

② 详见赵宾福《东北青铜时代考古学文化谱系格局的研究》，载吉林大学边疆考古研究中心等主编《边疆考古研究》（第 12 辑），科学出版社，2012，第 113～153 页。

③ 黑龙江省文物考古研究所编《平洋墓葬》，文物出版社，1990，第 170 页。

④ 朱永刚：《东北青铜时代的发展进程及特点》，《吉林大学社会科学学报》2004 年第 3 期。

⑤ 董学增：《吉林西团山文化六十年研究成果概述》，《博物馆研究》2009 年第 1 期。

西团山文化的年代下限，或者认为在秦汉之际[①]，或者主张截至战国中晚期[②]，当以后一种说法为准。西团山文化与新乐上层文化之间，不仅承继关系清楚，而且连接较为紧密。[③] 学界普遍认为，该文化族属为“濊”，是夫余族文化的先声。与夫余等族属于同一族系。人类体质学研究表明，夫余族属于高颅阔面的“古东北类型”。据此反推，西团山文化及两周之际的第二松花江流域，当为“古东北类型”即秽貊族系的活动范围。

三 巫卜礼乐

（一）卜文化

先进的卜筮文化，在夏商时期的东北非常值得关注。

灼骨问卜，反映了人们对超自然力量的敬重和崇拜。新乐上层文化的法库湾柳遗址发现 4 块刻纹兽骨，有火烧痕迹，兽骨上有刻划痕迹。[④] 顺山屯遗址出土的 8 件卜骨，均有灼而无钻，也无文字。[⑤] 考古资料显示，夏家店下层文化的卜骨，一般由骨密质厚的牛、鹿、猪的肩胛骨制成，多数先钻后灼[⑥]（见图 1 -8）。

---

① 董学增提出西团山文化上限在西周初年，下限抵秦汉之交，可分为早、中、晚三期。详见董学增《西团山文化研究》，吉林文史出版社，1993，第 235 ~249 页。

② 陈雍：《西团山文化陶器的类型学与年代学研究》，载吉林大学考古学系编《青果集》，知识出版社，1993，第 294 ~295 页。朱永刚：《东北青铜时代的发展进程及特点》，《吉林大学社会科学学报》2004 年第 3 期。

③ 赵宾福：《从并立到互动——辽宁青铜时代的文化格局》，《辽宁大学学报》（哲学社会科学版）2015 年第 1 期；孙守道、郭大顺《辽宁环渤海地区的考古发现与研究课题》（概要），载孙进己等主编《中国考古集成・东北卷・综述 2》，北京出版社，1997，第 827 ~831 页；董学增《吉林西团山文化六十年研究成果概述》，《博物馆研究》2009 年第 1 期。

④ 辽宁大学历史系考古教研室、铁岭市博物馆：《辽宁法库县湾柳遗址发掘》，《考古》1989 年第 12 期。

⑤ 辛占山：《康平顺山屯青铜时代遗址试掘报告》，载孙进己等主编《中国考古集成・东北卷・青铜时代 3》，北京出版社，1997，第 1046 ~1056 页。

⑥ 中国科学院考古研究所内蒙古发掘队：《赤峰药王庙——夏家店遗址试掘报告》，《考古学报》1974 年第 1 期。

上述卜骨，同早前红山文化卜骨的有灼无钻，区别较为显著。此外，通过比较研究发现，夏家店下层文化卜骨的整治和钻灼技术，在同时期考古学文化中年代最久，发展程度最高。商文化系统中的卜骨文化，主要是在吸收夏家店下层文化的基础上发展起来的。[①] 东北的“卜筮”文化，在商周时期的中国居于重要地位。

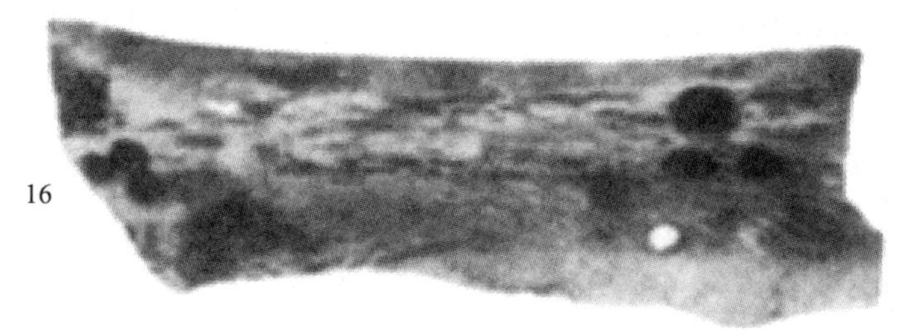

图 1－8　夏家店卜骨

注：该卜骨，一面有钻有灼，另一面有兆。

图片来源：中国科学院考古研究所内蒙古发掘队《赤峰药王庙——夏家店遗址试掘报告》，《考古学报》1974 年第 1 期，图版八：16。

（二）巫文化

近年来，在辽西赤峰，相继发现与巫、祀有关的陶、石雕塑，非常引人关注。

2000 年，中国社科院考古所内蒙古考古队与敖汉旗博物馆一道，对城子山夏家店下层文化遗址[②]开展联合调查。结果在南区南侧外围主墙中部，发现一个巨型石雕猪首形象。[③] 该猪首由晶屑熔岩独石雕琢而成，通长 9.3 米，额头宽 7.5 米，吻部宽 2.1 米，额头顶部距地面 5 米左右。大嘴张开，双眼圆睁，棱线分明，简洁流畅，神态逼真。该石雕是中国目前发现的最大的猪首形象，也是中国古代石雕艺术宝库的珍品。

---

① 徐昭峰：《夏家店下层文化卜骨的初步研究》，《文物春秋》2010 年第 4 期。

② 城子山遗址，位于敖汉旗萨力巴乡与玛尼罕乡交界处，规模宏大，布局规整，层次分明，是夏家店下层文化中心性祭祀遗址。

③ 《夏家店下层文化发现超大规模祭祀遗址群》，《中国文物报》2001 年 1 月 3 日，第 1 版。

2006 年，在赤峰市的康家湾遗址[①]中发现一件泥质红陶人头像，属于夏家店下层文化遗存。该人头像残高 4.1 厘米，宽 4 厘米，厚 2.6 厘米，面部扁平，呈倒三角形。鼻梁隆起，双目细长，嘴巴微凹，下颌微翘[②]（见图 1 －9）。

此外，如药王庙遗址中的石砌高台，想必也兼具祭祀等特殊功能。[③]这与红山文化时代的祭台文化颇有渊源。

图 1 －9　康家湾陶人头像

图片来源：陈国庆《内蒙古赤峰市康家湾遗址 2006 年发掘简报》，《考古》2008 年第 11 期，图版六：6。

---

① 康家湾遗址，位于内蒙古赤峰市松山区初头朗镇康家湾村北的山坡上，东南距赤峰市区 50 余公里，南距阴河约 1 公里。2006 年进行抢救性发掘，除了部分夏家店上层文化遗存，基本属于夏家店下层文化遗存。

② 该陶人头像的“倒三角”特征，属于“高颅狭面”的“古华北类型”的范畴。

③ 杨虎、孙祖初、邵国田：《夏家店下层文化药王庙类型城址发现与探索》，《昭乌达蒙族师专学报》（汉文哲学社会科学版）1999 年第 5 期。

（三）礼乐文化

夏家店下层文化的器物群中发现多件石磬。① 石磬是一种古代乐器，悬挂于架上，捶击而鸣，虽为石质，但发金属之声。此前，石磬仅发现于中原地区，具有“礼器”的功能。②

东北出土的石磬的形状，与河南偃师二里头遗址、山西夏县东下冯遗址的石磬大致相同，时代也基本一致。③ 其中最大的一件，宽 54.4 厘米，高 34.5 厘米，厚 3.2 厘米，重达 12.25 公斤。发音清脆，余韵绵长（见图 1－10）。

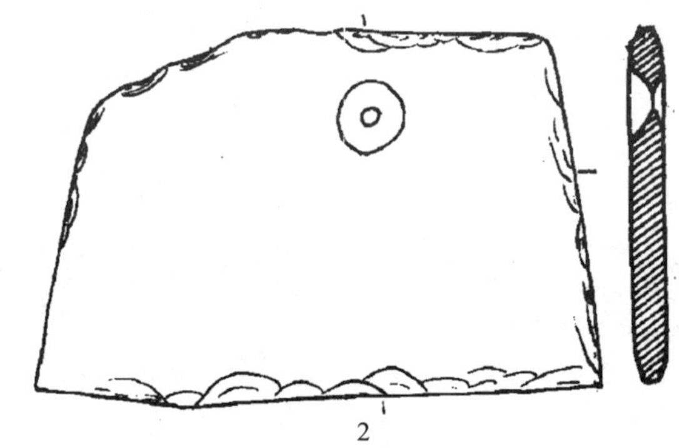

图 1－10　王家营子石磬

注：此系赤峰市博物馆藏品。

图片来源：李凤举《喀喇沁旗出土的夏家店下层文化石磬》，《内蒙古文物考古》2007 年第 1 期，图一：2。

夏家店下层文化的墓葬排列密集且有规律。其中，赤峰大甸子墓地④

---

① 李凤举：《喀喇沁旗出土的夏家店下层文化石磬》，《内蒙古文物考古》2007 年第 1 期。

② 郑瑞丰：《喀喇沁旗发现夏家店下层文化石磬》，《文物》1983 年第 8 期。

③ 李恭笃、高美璇：《夏家店下层文化若干问题研究》，《辽宁大学学报》（哲学社会科学版）1984 年第 5 期。

④ 大甸子遗址，位于敖汉旗宝国吐乡大甸子村东 1 公里的二级台地上。面积为 7 万平方米，1974～1983 年，社科院、考古所进行 4 次考古发掘，发掘面积达 1 万余平方米。清理墓葬 804 座，出土了大量随葬品，1200 余件精彩无比的陶器、玉器、漆器、骨器、铜器、金器等，其中包括中国最早的金属贝币。详见中国社会科学院考古研究所编著《大甸子——夏家店下层文化遗址与墓葬发掘报告》，科学出版社，1996，第 66～191 页。

出土的铜手杖、精美玉器、仿中原铜器的彩陶等，既是当时社会结构的反映①，也是当时礼制文化的写照。在夏家店下层文化的墓葬及遗址中，还经常发现一种内外施彩的彩绘陶。器形有鬲、塔式瓶、带盖罐、盂和鼎等类型（见图1－11）。一般来说，彩绘易褪色，没有实用价值，显然是用于某些礼仪或祭祀活动。② 有学者曾对上述彩绘的“巫”意进行深入解读③，颇令人耳目一新。

图1－11　敖汉大甸子彩绘陶罐

注：该彩绘陶罐通高27.5厘米。

图片来源：中国科学院考古研究所辽宁工作队《敖汉旗大甸子遗址1974年试掘简报》，《考古》1975年第2期，图版六（M5：7）。

---

① 朱永刚：《东北青铜时代的发展进程及特点》，《吉林大学社会科学学报》2004年第3期。

② 李恭笃、高美璇：《夏家店下层文化若干问题研究》，《辽宁大学学报》（哲学社会科学版）1984年第5期。

③ 陆思贤：《夏家店下层文化彩绘陶器纹饰研究》，《内蒙古文物考古》2002年第1期。

四　器物文化

（一）动物形陶器

白金宝文化遗存中的陶鸟头，较有特色。鸟头由扁泥条捏塑而成，长5.3厘米，头微昂，长颈，喙残，造型粗犷，气息古朴。今藏于黑龙江省博物馆。

平洋文化中，除了五颜六色的装饰品外，最有特点的是一只纹饰鸭形壶。该壶自平洋墓葬出土，通高28.8厘米，口径11厘米，腹长30.4厘米，宽24.4厘米，足高2.8厘米。鸭形壶在东北多地均有发现，但数量极少。该壶是唯一带蓖点纹，也是最精致的一只（见图1－12）。

图1－12　平洋陶鸭形壶

图片来源：黑龙江省文物考古研究所编《平洋墓葬》，文物出版社，1990，彩板二（M170：1）。

（二）刻纹骨板

南山根102号墓，是一处夏家店上层文化遗存。该墓随葬品数量不多，但出土的刻纹骨板是难得一见的艺术珍品。

该骨板长34厘米，一侧钻有四孔；一侧稍残，原来可能也有钻孔。图案分三部分：第一部分，分别刻画鹿两只，持弓人一名；第二部分，中间位置是一前一后两辆马车，每车各驾两匹马，而且后车的两马之前还各有一条狗；第三部分则为两排三角纹饰（见图1－13、图1－14）。

该骨板刻画的各类图像，线条颇为流畅，造像生动朴实。其中的持弓人，五官清晰，两臂张开，右手持弓，袒露下体，寓意神秘。持弓人上方的两鹿，尖吻、顶角，或为马鹿，当系狩猎对象。车马图均为单辕、双轮、双马。双马背部相对，两轮呈同心圆状。后一辆车的双马之前有两只小兽，当为猎犬。双马驾辕的两轮车形象，在安阳殷墟等遗址中也有发现，不知有何关联。

类似的骨板在扎赉诺尔的墓葬中也有发现，但年代略晚，刻画也不如这片精细。至于骨板用途，仍有待商榷。

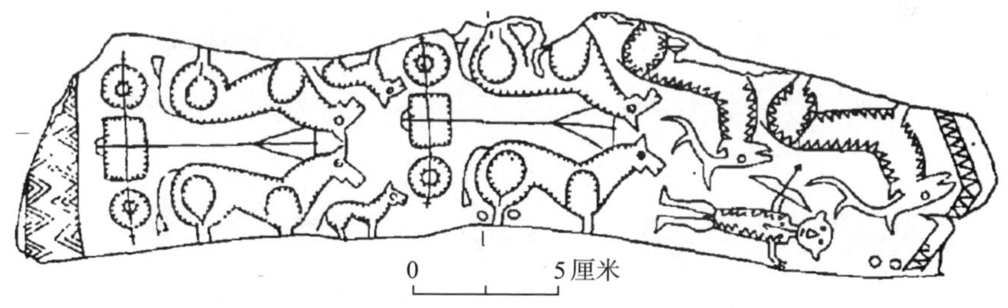

图1－13　南山根102号石椁墓刻纹骨板线描图

图片来源：中国社会科学院考古研究所东北工作队《内蒙古宁城县南山根102号石椁墓》，《考古》1981年第4期，图六。

（三）动物形配饰

宁城南山根M3中还出土一件表现“双人骑马猎兔”图案的器物。井沟子遗址则出土多件青铜饰品，其中的圆形铜泡多达435枚，各类坠

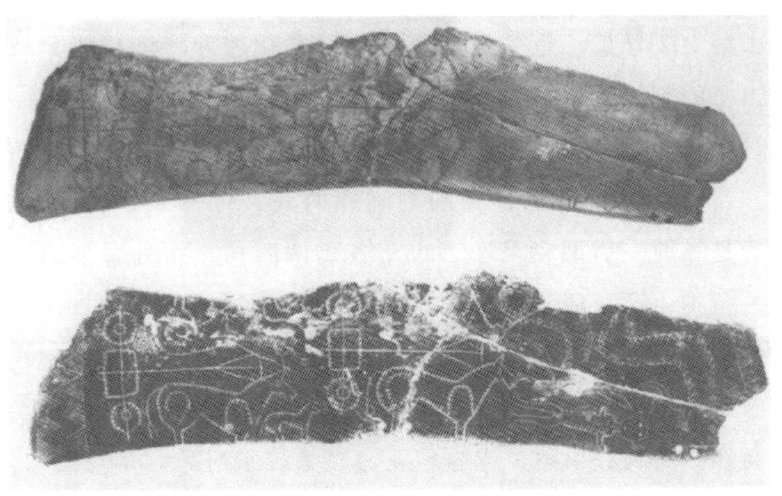

图 1－14　南山根 102 号石椁墓刻纹骨板

图片来源：中国社会科学院考古研究所东北工作队《内蒙古宁城县南山根 102 号石椁墓》，《考古》1981 年第 4 期，图版七（M102：18）。

饰累计 57 件。[①] 在这些饰品中，有变体鸟形饰、狐首形饰等，颇能表现该民族的游猎生活特征。其中的变体鸟形饰，呈反“S”形，背有双桥状钮，长 3.6 厘米。其中的狐首形饰，耳上有孔，颌下有钮，便于缝缀在衣物上，一般约高 2 厘米（见图 1－15）。

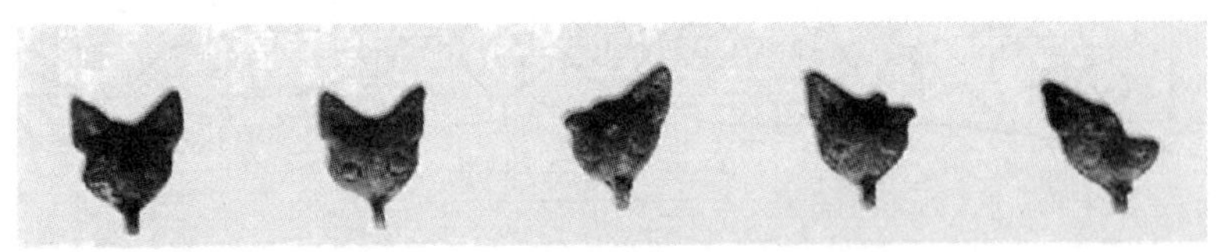

图 1－15　井沟子狐首形饰

图片来源：内蒙古自治区文物考古研究所、吉林大学边疆考古研究中心《林西井沟子——晚期青铜时代墓地的发掘与综合研究》，科学出版社，2010，图版十九：2。

① 内蒙古自治区文物考古研究所、吉林大学边疆考古研究中心：《林西井沟子——晚期青铜时代墓地的发掘与综合研究》，科学出版社，2010，第 16、17 页。

铁匠沟战国墓地[①]出土的野猪形、虎形铜饰件，反映了山地森林民族狩猎业的文化特征。（见图1－16）上述牌饰的文化内涵，有别于夏家店上层文化，但两者又有相同的因素。[②]

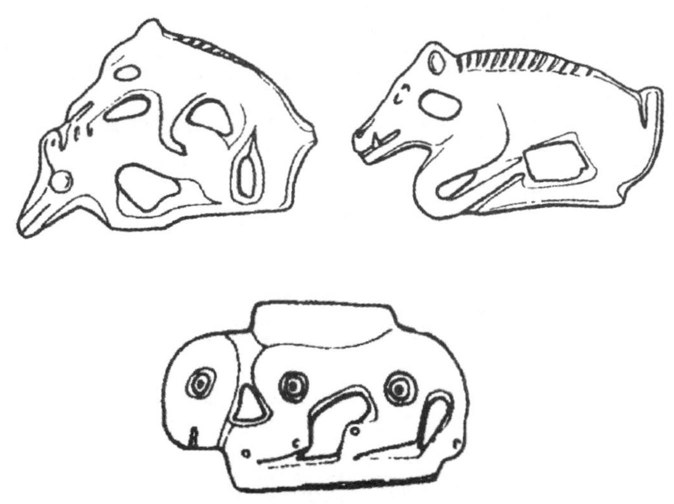

图1－16　野猪及虎形牌饰：野猪交媾（上左），野猪（上右），虎形（下）

图片来源：邵国田《敖汉旗铁匠沟战国墓地调查简报》，《内蒙古文物考古》1992年第Z1期，图七：1、2、4。

令人振奋的是，辽宁凌源三官甸子遗址出土一件蛙蛇形铜马饰，年代在战国前后。该马饰长20厘米，宽5.7厘米。马饰上的蛙体肥胖，双目突起，前足踞地，后足衔于互相纠结的双蛇之口。这件铜饰品造型生动，反映了东胡游牧生活的特点，与红山文化中的蟒蛇吞噬神鹿等纹饰颇有异曲同工之妙。

夏商时期东北出土的各类饰品，不但反映了时人的容饰审美观念，也体现了当时的族群构成情况。

以平安堡遗址第三期遗存为例，出土饰品中有白玛瑙石制璧、白玛

① 该遗址位于敖汉旗新惠西南约6公里的铁匠沟村。文化年代在春秋末至战国初之间。

② 邵国田：《敖汉旗铁匠沟战国墓地调查简报》，《内蒙古文物考古》1992年第Z1期。

瑙石制半环形玦、骨笄、骨玦等器形及类别。[①] 新乐上层文化遗址出土的饰品，有陶珠、骨珠、骨笄、白石管、玉玦、玉坠、青铜环等器形及类别。辽东半岛南端的于家砣头积石墓地出土的饰品，则有石珠串、玛瑙坠、铜环、陶珠串、松石坠等器形及类别。[②]

可以发现，夏商时期东北诸遗址出土的饰品，无论器型还是材质，同早前并无显著变化。这种容饰及审美习俗的相对稳定，也是当地族群构成较为稳定的体现。

综上所述，夏商千余年间，以夏家店下层文化为代表的东北地区，虽然也有新的文化要素出现，但综合考量，无论创新程度，还是发展水平，既滞后于同时的中原，也逊色于昔日的东北。[③] 这种文明的失落，在两周时期表现得益发明显。

第三节　拓展转型

汉唐至明清的两千年间，是东北渔猎文化的拓展转型阶段。在农业、畜牧、商业等因素的共同影响下，东北渔猎生产经历了一段委曲婉转的传承演绎，留下了诸如诗赋文学、野史传奇、壁画造像、金石镌刻、骨雕陶塑等多姿多彩的文化印记。

一　生产方式

（一）渔猎长期主导

汉唐至明清的两千年间，东北经济及社会发展几度起伏，但渔猎活

① 辽宁省文物考古研究所、吉林大学考古学系：《辽宁彰武平安堡遗址》，《考古学报》1992年第4期。

② 许明纲、刘俊勇：《大连于家村砣头积石墓地》，《文物》1983年第9期。

③ 田广林：《论史前东北西辽河地区古文化发展特征及其历史分期》，《辽宁师范大学学报》2004年第1期。

动始终活跃。尤其是在黑龙江流域、东部山林等相对僻远的地区，渔猎经济的存在尤为普遍，所占比重尤其显著。

1. 渔猎工具

这两千年间，东北出土的渔猎工具数不胜数。除了日渐普及的铁质箭镞等，其他渔猎工具依然承继传统。以海林河口遗址出土的渔猎工具而论，其中一件“人”字形骨锥尤其引人关注。该角锥利用狍子角制成，长 12 厘米。整体呈“人”字形，上端将角干削平，其下向内削出凹槽，使端部形成圆饼状。下端复分出双叉，一长一短，角尖经磨制，较圆钝。[①] 该骨锥制作工艺较古朴，刀法较随意，削痕不工整（见图 1－17）。

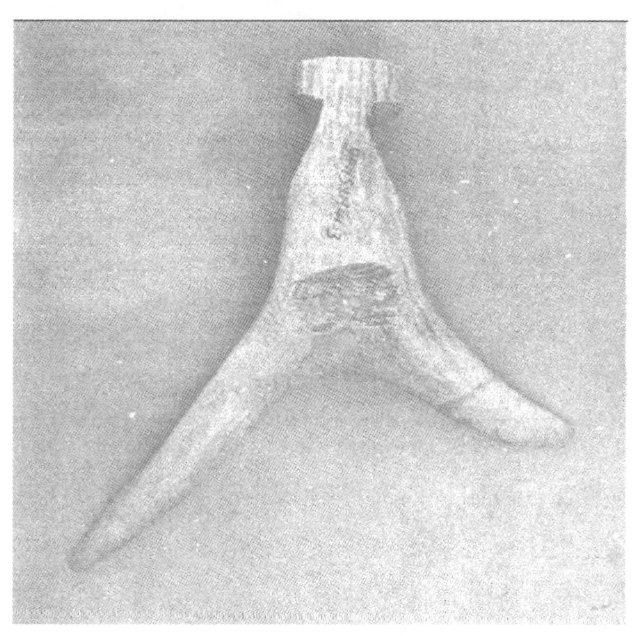

图 1－17 海林河口人字形角锥

图片来源：黑龙江省文物考古研究所、吉林大学考古学系《黑龙江省海林市河口遗址发掘简报》，《考古》1996 年第 2 期，图 7（H41：3）。

① 黑龙江省文物考古研究所、吉林大学考古学系：《黑龙江省海林市河口遗址发掘简报》，《考古》1996 年第 2 期。

海林振兴遗址又出土1件骨哨，年代或在渤海国建立前后。该骨哨长3.1厘米，用动物的短肢骨制成，在中部钻有椭圆形哨孔。[①] 或为哨鹿之用。白山市永安遗址，形成于渤海建国以前，存续于整个渤海时期[②]，也出土了部分骨角器。其中，有骨镖1件，较有特色。该骨镖由鹿角制成，长9.8厘米，呈三叉形。三叉交汇处磨有圆窝，长叉前端磨出两个倒钩，一短叉前端有孔（见图1－18）。

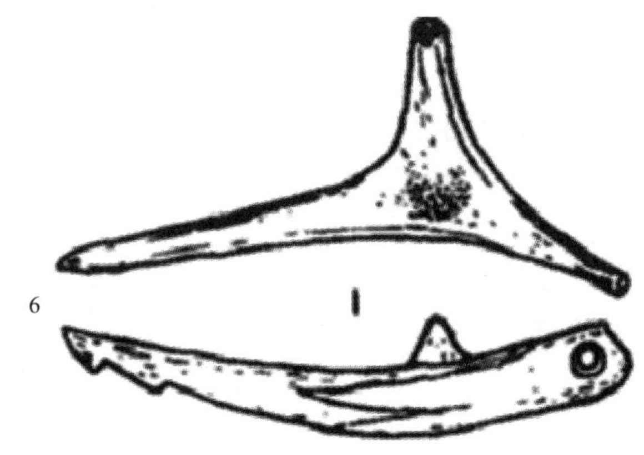

图1－18　永安遗址骨镖

图片来源：吉林省文物考古研究所《吉林浑江永安遗址发掘报告》，《考古学报》1997年第2期，图十五：6。

史书上有渤海国敬献鲸鱼睛的记载。捕捉大型海洋哺乳动物，绝非一般渔具所能实现。鱼镖、渔叉等器具的出土，为我们提供了渤海国捕捉大型鱼类的重要证据。蒙古东部地区的赤峰巴林左旗、满洲里的扎赉诺尔地区，均有矛、刀、弓箭等狩猎工具随葬。[③] 这说明了游猎生产在当

① 黑龙江省文物考古研究所、吉林大学考古系编著《河口与振兴：牡丹江莲花水库发掘报告（一）》，科学出版社，2001，第128页。

② 吉林省文物考古研究所：《吉林浑江永安遗址发掘报告》，《考古学报》1997年第2期。

③ 详见内蒙古文物工作队《内蒙古扎赉诺尔古墓群发掘简报》，《考古》1961年第12期；内蒙古自治区文物工作队《内蒙古陈巴尔虎旗完工古墓清理简报》，《考古》1965年第6期；中国科学院考古研究所内蒙古工作队《内蒙古巴林左旗南杨家营子的遗址和墓葬》，《考古》1964年第1期。

时当地的重要地位。

就整体而言，虽然上述渔猎工具创新不多，但已然日趋精致。如振兴遗址出土的一批渤海国时期的陶网坠，多为夹砂褐陶磨制，有圆柱状、圆棱柱体、橄榄形三个类型，制作极为规整（见图 1－19）。

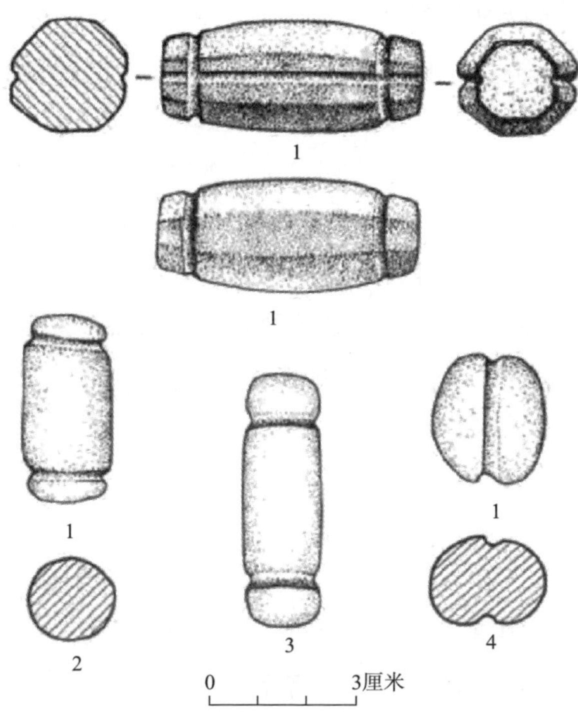

图 1－19　振兴遗址陶网坠：B 型陶网坠（1）；陶网坠 A 型（2，3）；C 型陶网坠（4）

图片来源：黑龙江省文物考古研究所、吉林大学考古系编著《河口与振兴：牡丹江莲花水库发掘报告（一）》，科学出版社，2001，第 146 页，图一三八《振兴第五期遗存陶制工具（1－4）》。

2. 渔猎产品

中华人民共和国成立以来发掘清理的各期文化遗址（遗存）中，诸如兽骨、鱼骨、蚌壳等堆积物极为常见，不胜枚举。除此之外，也能说明渔猎生产之地位的还有文献中关于东北特色渔猎资源的各种记载。

早在汉晋时期，东北的渔猎特产就开始享誉海内。南朝时著名学者裴松之在为《三国志》作注时，曾引晋人王沈所著《魏书》中言：鲜卑人“其兽异于中国者，野马、羱羊、端牛。端牛角为弓，世谓之角端者也。又有貂、豽、鼲（hún）子，皮毛柔蠕，故天下以为名裘”[①]。上述特产，或有人居之以为奇货。

北宋欧阳修、宋祁《新唐书》有以下一段文字：“俗所贵者，太白山之菟，南海之昆布，栅城之豉，扶余（笔者按，原著如此）之鹿，鄚颉之豕，率宾之马，显州之布，沃州之绵，龙州之紬，位城之铁，卢城之稻，湄沱湖之鲫。果有丸都之李，乐游之梨。”[②] 以上均为渤海国特产，其中就包括菟、鹿、鲫三种特色渔猎资源。此外，渤海国向大唐进献的贡品中，还有鲸鱼睛、海豹皮等特色海产品。辽金至明清，文献中有关头鱼（鲟鳇鱼）、头雁、海东青、打牲乌拉赏乌绫的记叙较多，它们也是当时广为人知的渔猎产品。详见后文。

3. 特色料理

由于长期以各类野味为食材，古代东北人发明了一些料理肉食的特殊办法。汉晋时期，诸如“貊盘”“貊炙”开始在中原地区流行开来。

如《搜神记》中言：“胡床、貊槃，翟之器也；羌煮、貊炙，翟之食也。自太始以来，中国尚之。贵人富室，必畜其器，吉享嘉宾，皆以为先。”[③] 东汉刘熙著《释名》，称所谓“貊炙”即“全体炙之，各自以刀割，出于胡貊之为也”[④]。有人将其解释为东胡族的“烤全羊”[⑤]，虽然不很确切，但大致如此。

① 《三国志》卷30《魏书·乌丸鲜卑东夷传第三十·鲜卑》，中华书局，1964，第836页。
② 《新唐书》卷219《列传第一百四十四·北狄·渤海》，中华书局，1975，第6183页。
③ （晋）干宝著，汪绍楹校注《搜神记》卷7，中华书局，1979，第94页。
④ （汉）刘熙：《释名》卷4《释饮食第十三》，中华书局，1985，第64页。
⑤ 林乃燊：《中国饮食文化》，上海人民出版社，1989，第98页。

（二）农业不断拓展

汉唐以来，农业在东北的发展并非一帆风顺。虽然屡经反复，但始终生生不息。

燕秦以降，自南而北，自西而东，农业生产在东北地区不断拓展。汉唐至明清时期的东北农业，在特定地域、特定时段都有比较显著的发展。

以位于三江平原的滚兔岭遗址为例。据推测，该遗址的绝对年代相当于两汉时期。[①] 今天所见的文化遗存表明，除了渔猎和采集经济，当时已出现一定的农业生产。[②] 再以牡丹江流域的大牡丹屯遗址为例。研究表明，当地挹娄人的社会生产，以农耕为主，同时兼事渔猎，而且粮食储备相对充分，可以满足畜养家猪的需要。[③] 至于渤海国，则大力效仿盛唐，积极推进农业发展，成效较为显著。

辽金元三朝，受战乱等因素影响，东北多地农业萎靡。明朝确立了对东北的统治后，辽东都司管辖下的辽东（相当于今辽宁大部分地区），农业、手工业恢复发展。特别是辽阳等地，"岁有羡余"，号称"数千里阡陌相连，屯堡相望"[④]。清代中后期，随着汉人的大量涌入、解禁放垦，大片原野被拓成耕田，农业经济又有了长足发展。作为农业生产的调剂和补充，东北的渔猎经济又出现繁荣景象。

19 世纪中后期，伴随着近代化序幕的徐徐开启，农业生产以史无前

---

① 黑龙江省文物考古研究所：《黑龙江省双鸭山市滚兔岭遗址发掘报告》，《北方文物》1997 年第 2 期。

② 赵永军：《试论滚兔岭文化》，《北方文物》2006 年第 1 期。

③ 黑龙江省博物馆：《黑龙江宁安大牡丹屯发掘报告》，《考古》1961 年第 10 期。该《报告》将遗址下层界定为"新石器时代"，并不正确，当为汉代。"由于黑龙江省汉代的社会发展水平相对于同时期汉文化分布区具有很大滞后性，考古学文化中习见有土坑竖穴无葬具墓，半地穴式房址，砂质褐色手制生活用具及石骨角质等生产工具，造成了黑龙江省早期的许多考古报告将汉代的考古学文化断定为新石器时代，属于原始社会的。"转引自张伟《黑龙江省汉代考古学文化及相关问题研究》，《北方文物》2014 年第 4 期。

④ （明）李辅等修《全辽志》卷 6《外志·史考》，辽沈书社，1985，第 688 页。

例的规模和速度在东北地区蔓延开来。其激进之态势，一直持续到20世纪中后期。在这场史无前例的剧烈变革中，东北渔猎文化中最本质的特征、最核心的构成渐渐解构。在此过程中，无论是渔猎文化的创造者，还是被创造的渔猎文化，都打上了鲜明的时代烙印。

（三）游猎盛极一时

在汉唐至明清的两千年间，内蒙古东部以草原生态景观为基本特征，是东胡族系的传统游牧区。

如契丹，四时逐水草而行，“射猎居处无常”[①]，奚族亦“逐水草畜牧”[②]。至于纵横欧亚大陆的蒙古族，尤以牧放为生，“其居穹庐，无城壁栋宇，迁就水草，无常。鞑王日徒帐以从猎校，凡伪官属从行”。[③] 元朝统一宇内，不断加强对东北的经略。始则分封，继而设省。尔后，直至清末，今东北西部草原，虽然经历北元、三卫、盟旗等政体变换，但始终一仍蒙古旧俗，遍行游牧。

游牧与狩猎相辅相成，本书从渔猎文化研究的角度，姑且将其称作“游猎”。首先，狩猎可以补充畜牧之不足。蒙古人游猎区，“地饶水草，宜羊、马”，出兵打仗，若肉食供给不足，“则射兔、鹿、野豕为食”[④]。南宋使臣亦称，蒙古人“凡打猎时，常食所猎之物，则少杀羊”[⑤]。欧洲传教士亦言：蒙古人“通过打猎获得他们食物的一大部分”[⑥]。其次，狩猎是保护草场牧群的重要手段。以猎狼为例，据称，今白城、松原本为

① 《新唐书》卷219《列传第一百四十四·北狄·契丹》，中华书局，1975，第6167页。

② 《新唐书》卷219《列传第一百四十四·北狄·奚》，中华书局，1975，第6173页。

③ （南宋）彭大雅著，徐霆疏证《黑鞑事略》，载《中国野史集成》编委会、四川大学图书馆编《中国野史集成》（第12册），巴蜀书社，2000，第5~6页。

④ （南宋）赵珙：《蒙鞑备录》，载《中国野史集成》编委会、四川大学图书馆编《中国野史集成》（第12册），巴蜀书社，2000，第3页。

⑤ （南宋）彭大雅著，徐霆疏证《黑鞑事略》，载《中国野史集成》编委会、四川大学图书馆编《中国野史集成》（第12册），巴蜀书社，2000，第6页。

⑥ 《鲁不鲁乞东游记》，载〔英〕道森编《出使蒙古记》，吕浦译，中国社会科学出版社，1983，第118页。

蒙地。昔年野狼成群，滋扰牧民甚剧，因此，防狼、猎狼是牧民日课，经年不能懈怠。[①] 最后，游牧可以提升狩猎之效率。据称，蒙古人孩提时，便被“络之马上，随母出入”，三岁“从众驰骋”，四五岁则“挟小弓短矢”[②]。由于自幼训练骑射，四时畋猎自然得心应手。

可以想见，当时的蒙古壮士，挎雕弓，骑骏马，纵横驰骋，逐鹿追虎，战马萧萧，胡哨悠悠，也为一时之盛况。

二　绘画艺术

（一）袁台子墓

袁台子墓，位于今辽宁朝阳县十二台营子的袁台子村，是一处东晋贵族墓葬，绝对年代在4世纪初至4世纪中叶。

墓室东壁前部绘制一幅狩猎图。画面高112厘米，宽106厘米。内容亦分上、下两部分。上部为狩猎图景。图中墓主人骑在昂首奔驰的黑马上，马鞍勒俱全。墓主人头裹黑帻，身着方领红袖口浅绿色短衣，束腰系带，着黄色长裤，足登黑靴。身背黑色箭囊，囊中装箭四支，箭尾端黑羽、红缨。左手执弓，右手拉弦，瞄准待射。马前方有黄羊、群鹿，正飞驰奔逃。马后一人，着黑帻，衣方领黄色短衣，穿黑裤、黑鞋。该人步行，左手扬鞭催马，右手似提物。壁画下方是群山及树木图案（见图1-20）。

该墓室壁画还有墓主图、夫妇图、侍女图、奉食图、庭院图、牛耕图、屠宰图等，与狩猎图一道，展现了墓主人生前各种生活场景。

实际上，这类墓室壁画所要表达的是“死即再生”或者“灵魂不死”的观念。唯有如此，才会通过壁画等方式，憧憬或展示另一种生活

---

① 苏博：《历史上蒙族》之《蒙地的狼》，载《郭尔罗斯文史》编委会编《郭尔罗斯文史》（第4辑），内部资料，1986，第40~42页。

② （南宋）彭大雅著，徐霆疏证《黑鞑事略》，载《中国野史集成》编委会、四川大学图书馆编《中国野史集成》（第12册），巴蜀书社，2000，第8页。

的场景。这种观念，与夏、商、周三代和史前的牺牲殉葬之俗，以及汉代的厚葬习俗之间，均颇有渊源。

图 1-20　袁台子东晋墓室壁画

图片来源：辽宁省博物馆文物队、朝阳地区博物馆文物队、朝阳县文化馆《朝阳袁台子东晋壁画墓》，《考古》1984 年第 6 期，图版五。

（二）元狩猎图

据文献记载，乌桓、鲜卑“俗骑射”，以“弋猎禽兽为事”[①]。契丹旧俗，亦“挽强射生，以给日用”，所谓“糗粮刍茭（jiāo），道在是矣”[②]。除了生产方面的需求，东北渔猎文化的另一个显著特征，就是将渔猎作为一种消遣，不仅在民间普遍存在，而且为帝王将相所热衷。

辽、金、蒙古、清代诸君王，大都酷爱狩猎，并为此划定区域、增设机构、规范管理，其渔猎消遣之场景蔚为壮观。以蒙古为例。蒙古人自古以来颇有在游牧之余兼行射猎之嗜好。据文献记载，成吉思汗曾问他的部将：

① 《后汉书》卷 90《乌桓鲜卑传第八十》，中华书局，1965，第 2979 页。

② 《辽史》卷 59《志第二十八·食货志上》，中华书局，1974，第 923 页。

> 对男子汉来说什么是最大的快乐。孛斡儿出说："男子汉带着冬季羽毛脱掉、［现在重新］长满羽毛的灰鹰，骑着养肥的好马，穿着好衣服，在初春时出去猎取灰头鸟，这就是最大的乐趣"。
>
> 成吉思汗对孛罗忽勒说："你也说吧。"
>
> 孛罗忽勒说道："放出鹰鹘，看它从空中用爪子击落灰鹤抓走，这是男子汉的［最大］乐趣。"
>
> 接着［成吉思汗］又问忽必来的儿子们。他们说："打猎时放鹰，是人生［最大的］乐趣。"[①]

元代大画家刘贯道所绘《元世祖出猎图》，非常直观地展现了蒙古皇帝携骏马鹰犬弯弓射猎的场景（见图 1－21）。

（三）群力崖画

海林群力崖画为我们了解唐宋时期东北部族的网捕生活，提供了不可多得的珍贵素材。

群力崖画距离渤海上京城百余公里。有学者曾就岩画创作年代进行过深入探讨。他们认为，无论内容还是技法，群力崖画既无史前崖画的特征，也无明清时期的迹象，综合考量，当为唐宋时期当地靺鞨人或女真人的作品。[②] 我们认为，这个判断离事实不远。

岩画的左半部分刻画的是一只有茸雄鹿。右半部分是两个人坐在树下观望，也有人认为他们是坐在杆子下，杆子上挂着渔网。

岩画中部左侧是一只幼鹿，幼鹿前方站立一人。该人弓步，张臂，似抱，又似攫，显然是在与该幼鹿互动。中部右侧应为一只怀孕待产的母鹿。该母鹿驻足伸颈，正在观望，神态迟疑。

---

① 〔波斯〕拉施特主编《史集》（第二分册）第 1 卷，余大钧、周建奇译，商务印书馆，1983，第 362 页。

② 陶刚、王清民：《海林群力崖画再研究》，《北方文物》1990 年第 3 期。

图 1－21　刘贯道作元世祖出猎图

注：元画家刘贯道绘，绢本，长 182.9 厘米，宽 104.1 厘米，今藏台北故宫博物院。

图片来源：中国古代书画鉴定组编《中国绘画全集·元代·第 1 卷》，文物出版社，1999，第 19 页。

岩画下部左侧似站立一人，披发垂臂，默然不语，或为萨满。下部右侧表现的是一幅扁舟网捕图。船上一人掌舵，一人布网。撒网人旁边站立一只鱼鹰。鱼鹰背对渔夫，曲颈仰视，颇有几分滑稽。

上述岩画由六个相对独立的单元构成，反映了当地部族在牡丹江沿岸猎鹿、捕鱼的生活场景（见图 1－22）。

图 1－22　海林群力崖画

图片来源：陶刚、王清民《海林群力崖画再研究》，《北方文物》1990 年第 3 期，图二。

三　器物文化

（一）鱼形器具

赤峰等地出土多件精美文物，其中鱼、鹿的形象较为多见。上述器具中的鱼、鹿形象，既是时人对福禄吉祥的憧憬向往，也是时人对渔猎生活的艺术展现。

1. 鎏金双鱼银壶

赤峰出土，今藏内蒙古博物馆。该壶为茶酒盛器，口径 5 厘米，高 28.5 厘米。壶体呈双鱼（当为鲤鱼）形，线条流畅，錾刻精细。壶嘴处双鱼合为一口。壶肩部刻画鱼眼、鱼鳃。腹身则通体鱼鳞，另有鱼鳍呈双鱼纽带状。壶底鱼尾挺立。这类鱼形壶在唐代颇为流行。

2. 双鱼纹大铜镜

东北已出土多枚金代双鱼铜镜，其中以阿城出土的一枚尤为精致。这枚铜镜重达 4.3 公斤，直径约 36.7 厘米。镜面平滑，仍可照人。铜镜背部以穿孔鼻钮为中心，同向环绕两条锦鲤，栩栩如生。锦鲤周边有波纹、水草衬托，整个画面灵动而富于变化，是一件不可多得的艺术珍品。

3. 鎏金鹿纹鸡冠壶

鸡冠壶是契丹等游牧民族的经典器物之一。这件鎏金鹿纹鸡冠壶自赤峰出土，今藏国家博物馆。通高 26.3 厘米，底径 21.2 厘米，口径 5.5 厘米。尤为惹人注目的是壶身两面均錾刻一只梅花鹿。梅花鹿呈跪卧状，鹿身前后环绕山石、芝草、水波等纹饰，是当时当地自然生态诸要素的艺术呈现。

（二）陶塑动物

绥滨四十连遗址年代处于西汉至东汉时期[①]，出土遗物较少。其中 1 件动物形陶塑较有特色。该陶塑系夹砂黄褐陶，扬颈昂首，伸腿垂尾，其形似狗。器形较小，头及四肢残，残长约 5.6 厘米（见图 1－23）。这只陶塑的出土，是两汉时期当地部族养犬史的生动写照。

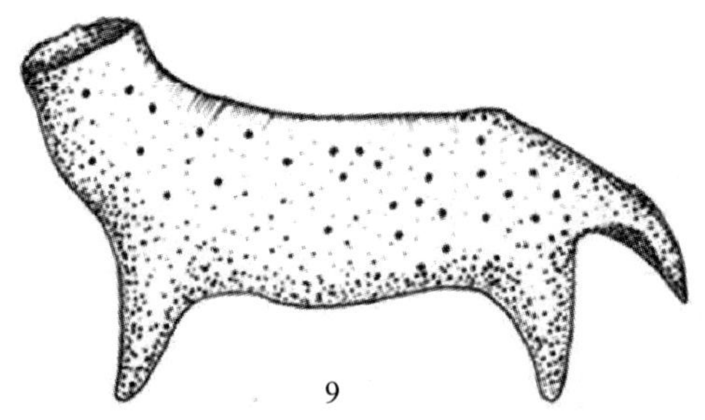

图 1－23　绥滨四十连遗址陶犬

图片来源：黑龙江省文物考古研究所《黑龙江省绥滨县四十连遗址发掘报告》，《北方文物》2010 年第 2 期，图六：9。

① 该遗址 3 座房址的测年数据如下：F1 距今 1720 ± 80 年，树轮校正 1660 ± 90 年；F2 距今 2075 ± 85 年，树轮校正 2050 ± 100 年；F3 距今 2115 ± 80 年，树轮校正 2090 ± 95 年。F1 的测年数值过晚，F2 和 F3 的年代较为接近。据此可以推断，该遗址年代大致处于西汉至东汉之间。参见黑龙江省文物考古研究所《黑龙江省绥滨县四十连遗址发掘报告》，《北方文物》2010 年第 2 期。

（三）各类饰品

汉唐至明清的前后两千余年间，东北各地出土的饰品非常丰富，除了较为常见的簪、钏、带扣、牌饰、耳环、坠饰、玛瑙珠等①（见图1－24），最能体现东边渔猎文化特征的是出土的各类角骨器及动物形牌饰。

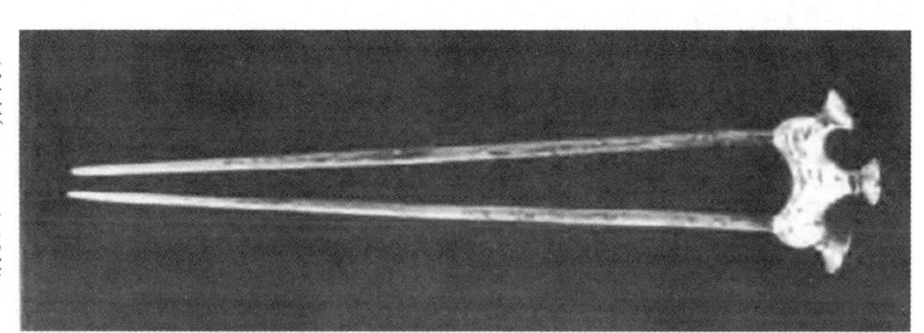

3.铜钗（M15：1,靺鞨）

6.铜牌饰（采：6，靺鞨）

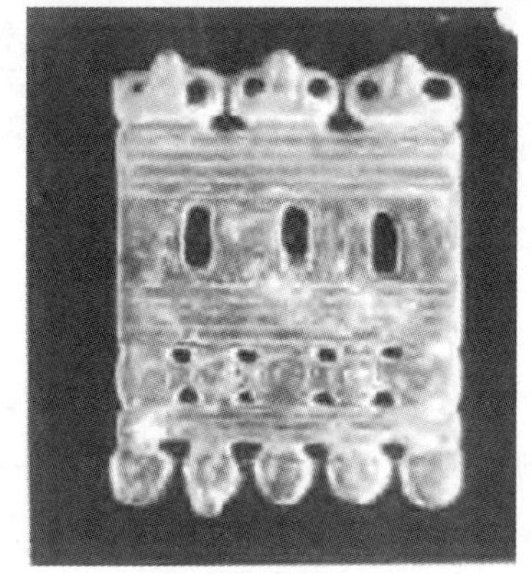

7.铜牌饰（采：7，靺鞨）

图1－24 杨屯大海猛铜饰品：铜钗（上）、铜牌（下左、下右）

图片来源：吉林省文物工作队等《吉林永吉杨屯遗址第三次发掘》，载《考古》编辑部编《考古学集刊》（第7期），科学出版社，1991，第49页，图版四：3，6，7。

海林河口第四期遗存的年代，相当于南北朝至隋唐之交。该遗存是

① 白山永安遗址出土的饰品有银簪、铜带扣、牌饰、耳环、坠饰、钏、玛瑙珠等。其中的玛瑙珠色彩丰富，有红、深红、淡红、黄、褐五种颜色，形制有球、橄榄、瓜棱、六棱四种款式。多有透孔，孔径在0.1厘米左右。吉林省文物考古研究所：《吉林浑江永安遗址发掘报告》，《考古学报》1997年第2期。

一处凝聚靺鞨人平民生活诸元素的重要遗址①。该处遗存出土的骨饰品，以2件骨簪最有特色。其中一件为双齿骨簪，通长12.6厘米，宽1.2厘米，齿长6.8厘米，孔径0.5厘米。表面光滑，顶端扁平，有1圆孔，上薄下厚，一面隆起，一面保留骨骼原貌；下端为双齿，齿尖锋利（见图1－25）。

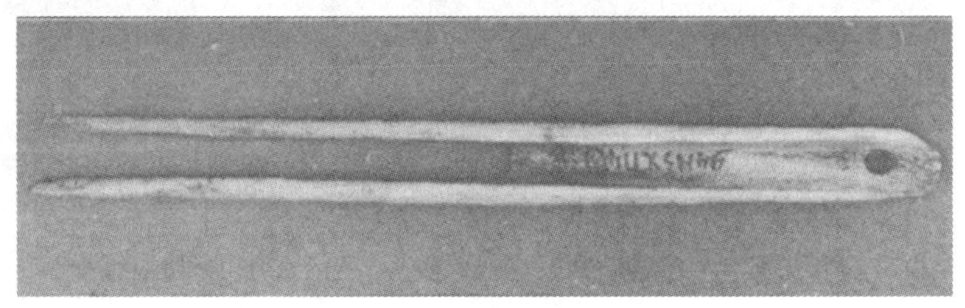

图1－25　海林河口双齿骨簪

图片来源：黑龙江省文物考古研究所、吉林大学考古学系《黑龙江省海林市河口遗址发掘简报》，《考古》1996年第2期，（T14③：8）。

另一件为人字形骨簪（T25③：9），也非常引人关注。该骨簪整体似“人”形，通长13.8厘米，齿长7.6厘米，簪头圆饼直径2.8厘米。正面研磨光滑，反面略加修整，较粗糙。顶端为圆饼状，反面挖空内陷。圆饼下两侧向外突出，呈三角形，下分双齿，齿尖尖锐②（见图1－26）。

振兴遗址（第四期，渤海国时期）出土了1枚动物形铜牌饰。图片显示，该牌饰高4.8厘米，宽7.8厘米，造型当为两匹连体马，又酷似一羊头。器身有对称2圆孔③（见图1－27）。

上述饰品反映了东北各民族对服饰、容饰等方面的审美品位，具有

---

① 黑龙江省文物考古研究所、吉林大学考古学系编著《河口与振兴：牡丹江莲花水库发掘报告（一）》，科学出版社，2001，第60页。

② 黑龙江省文物考古研究所、吉林大学考古学系编著《河口与振兴：牡丹江莲花水库发掘报告（一）》，科学出版社，2001，第33～44页。

③ 黑龙江省文物考古研究所、吉林大学考古学系编著《河口与振兴：牡丹江莲花水库发掘报告（一）》，科学出版社，2001，第128页。

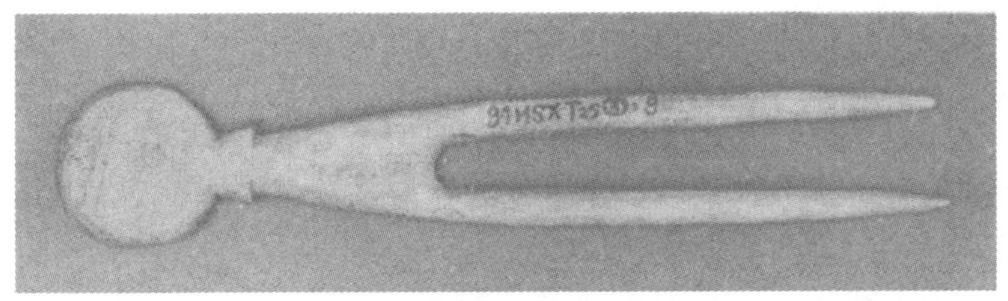

图 1 – 26　海林河口人字形骨簪

图片来源：黑龙江省文物考古研究所、吉林大学考古学系《黑龙江省海林市河口遗址发掘简报》，《考古》1996 年第 2 期，（T25③：9）。

较为鲜明的渔猎文化色彩。

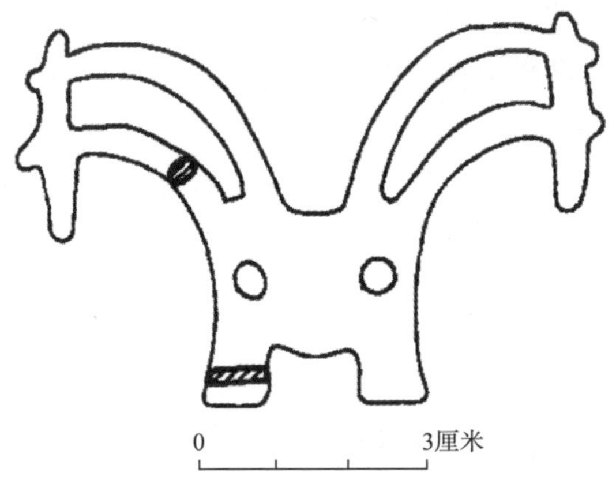

图 1 – 27　振兴第四期动物形铜牌饰

图片来源：黑龙江省文物考古研究所、吉林大学考古学系编著《河口与振兴：牡丹江莲花水库发掘报告（一）》，科学出版社，2001，图一一七（T1003②：11）。

四　风俗习惯

汉唐至明清的两千余年间，东北地区基本形成大杂居、小聚居、次第更迭的民族分布格局。上述民族之风俗习惯林林总总，多姿多彩，不胜枚举。这里仅择选与渔猎相关的部分内容，略述梗概如下。

（一）殉葬习俗

上述两千余年间，东北地区较为普遍的安葬方式，大致可分为土葬、风葬、火葬三种。由于受环境、民族等因素影响，各地葬俗不尽相同，情况较为复杂。其中以猎物殉葬的做法，一仍此前的传统，为诸多部族所普遍采用。

如萝北团结墓地，考古发掘资料显示，该墓地以野猪头随葬的现象比较普遍，个别墓葬（如 M7）发现的野猪头竟然多达 9 具。有个别墓葬（如 M1），还在墓穴土壁上掏挖半圆形小龛，内置野猪头 1 具。这种葬俗前所未有。① 虽为目前仅见之"特例"，但联系当时东北，特别是中原地区的宗教仪式，或许能找到其间的内在关联。

在永吉查里巴靺鞨墓地，所谓"二次葬"的葬法较为普遍，而且火葬颇为盛行。目前所见的火葬墓，出土了数量可观的铁镞、铁矛，种类较为繁多。由此可以推断，狩猎与畜牧业经济在当时的靺鞨社会依然占有比较重要的地位。

另外，在该墓葬中还发现殉马头的迹象。这与靺鞨人"杀所乘马于尸前设祭"（《旧唐书·靺鞨传》）的文献记载高度吻合。② 清代鄂伦春族仍有殉马习俗，有关民俗调查资料记叙如下：

有人将亡人坐骑四蹄绑在树上，马头眉心处插花一朵。夜幕降临，萨满盛装出场。手持利刃，默默祷告。祷词中，有劝该马死后，莫念故地，不可回家等语。然后，出其不备，将其砍毙。复将马皮剥下，将马头、五脏包裹起来，悬挂树上，任其腐败。若家中无马可杀，可将亡人

① 黑龙江省文物考古研究所、黑龙江省冶金研究所冶金室：《黑龙江萝北县团结墓葬发掘》，《考古》1989 年第 8 期。有关遗址清理情况，也可参见李英魁《黑龙江省萝北县团结墓葬清理简报》，《北方文物》1989 年第 1 期。

② 吉林省文物考古研究所：《吉林永吉查里巴靺鞨墓地》，《文物》1995 年第 9 期。

生前衣物驮在马上，绕走棺墓数匝。[①]

由上述资料可知，殉马是鄂伦春族葬礼中最隆重、烦琐的环节，是该族游猎风俗的重要构成。就现象之类似而言，该风俗可以上溯至靺鞨人较为活跃的隋唐时期。

（二）佛教文化

古代东北渔猎文化中的佛教因素，是一个非常值得深入探讨的命题。在汉唐至明清的两千余年间，佛教文化在东北的渔猎生产和生活中，均留下了鲜明的印记。其中如冯素弗墓出土冠饰中的佛菩萨造像、唐宋时期金银器具的摩羯鱼造型等，都是非常值得玩味的文化元素。

冯素弗墓，位于辽宁省北票市西官营镇的馒头沟村，是十六国时期北燕贵族冯素弗及其妻子的墓葬。

据《晋书》记载，冯素弗为北燕天王冯跋之弟，是北燕国的缔造者之一，同时也是鲜卑化的汉人。冯素弗死于东晋义熙十一年（北燕太平七年，415）。该墓出土一件金步摇冠饰，非常精美。这类饰品在鲜卑等北方少数民族贵族当中非常流行（见图1－28）。

尤其值得注意的是，该步摇的冠前饰片上有一尊锤拓佛像。这说明佛教在东晋就已在辽西贵族上层之中流传。再如宁安三陵（灵）坟的二号墓，这是一处渤海国贵族墓葬。该墓室的四壁、藻井、甬道上，均绘有色泽艳丽的壁画。虽然这些壁画剥落严重，但依旧可见人物、花卉等形象，具有明显的佛教文化因素，颇具盛唐风韵。

（三）萨满信仰

东北萨满信仰较为流行，尤其以东胡、肃慎两大族系为甚。其中如蒙古、女真、鄂伦春等族群，都有人笃信不疑。

---

① 《“中国龙志网”之“神秘的鄂伦春族风葬”》，http://www.zglz.gov.cn/contents/51/1151.html。

图 1－28　鲜卑族牛头鹿角形金步摇

注：该金步摇，1981 年出土于内蒙古自治区乌盟达茂旗，长 19.4 厘米，重 87.37 克。

图片来源：国家博物馆网站。

萨满信仰基于朴素的万物有灵论（或称“万物有神论”），因此，日月星辰、雷电雨虹、怪石古木、鸟兽鳞虫，都可能是“神”的化身，成为萨满崇拜的对象。20 世纪，在呼伦贝尔市陈巴尔虎旗征集到一袭鸟羽式对襟萨满服，由布、绸、铜等多种材料制成，衣长 145 厘米，两袖宽 177 厘米，当为清代遗物。今藏内蒙古博物馆。文物图片可参看该馆网站。

这件萨满服充分展示了当时以鸟为崇拜对象的萨满信仰。萨满之于蒙古、女真、鄂伦春等民族，有多重意义。其中，既包括治病驱邪，还包括祈请丰收、部众平安等。有关萨满的研究较为丰富，仅略述如上。

（四）民间禁忌

东北各民族在长达两千余年的生产实践中形成了若干渔猎禁忌。有的载于青史，有的散布坊间。我们选择有代表的几种，略述如下。

1. 狩猎时节

一般选在初冬，这种约定俗成反映了东北古人的“爱惜生长之道”。明人《夷俗记》中言：“夫射猎，虽夷人之常业哉，然亦颇知爱惜生长之道。故春不合围，夏不群蒐，惟三五为朋，十数为党，小小袭取，以充饥虚而已。”[①] 鄂伦春族不捕杀正在交配的野兽。此外，不论契丹、蒙古还是女真，对怀胎母兽都网开一面，而且对这种做法多加提倡鼓励。

据称，道光帝选择储君时，一度在奕䜣与奕詝之间犹豫不决。因为奕詝虽为嫡子，但庶出的奕䜣文武双全，出类拔萃，尤为道光帝所欣赏。后来，在一场南苑春围中，奕詝刻意表现出“春生万物，爱惜生长”之意[②]。道光帝方下定决心，将看似仁慈的奕詝秘密立储，并放弃了锋芒毕露的奕䜣。这段轶史说明，满洲贵族受中原传统文化影响，对时刻保持与自然万物的息息相通之心，有了更深刻的感知与体认。

2. 狩猎时机

狩猎时机的正确把握，对于成功与否的意义非常大。就草原狩猎而言，野兔、黄羊、狼是东胡族系特别是蒙古人的主要狩猎对象。以猎狼为例。狼性凶猾，对牧群威胁最大，因此常年都是牧民“关照”的重点。在长期狩猎实践中，人们积累了丰富的猎狼经验。其中如清明掏狼窝，五月撵（追赶）狼崽，十月打狼围等，都屡试不爽。

就打狼围而言，之所以选择十月，是因为这个时节，母狼发情，每只母狼后面，往往有十几头公狼尾随。此时行猎，易于得手。据说，十月猎狼，必须从尾随公狼开始。否则，一旦母狼毙命，将引起尾随公狼

① （明）萧大亨：《夷俗记》之《耕猎》，载北京图书馆古籍出版社编辑组编《北京图书馆古籍珍本丛刊》（第 11 册），书目文献出版社，1998，第 629 页。

② 据文献记载，道光帝曾命诸皇子至南苑射猎。奕詝自知不敌奕䜣，向杜受田问计。杜受田密授机宜：“阿哥至围场中，但坐观他人骑射，万勿发一枪一矢，并当约束从人不得捕一生物。复命时，上若问及，但对以时方春和，鸟兽孕育，不忍伤生命以干天和；且不欲以弓马一日之长与诸弟竞争之。”道光帝果真问起缘故，奕詝如是答复，道光帝称赞道：“此真帝者之言也。”见小横香室主人《清朝野史大观·清人逸事》卷 7，上海书店，1981，第 46 页。

合力围攻。总之，通过人与狼之间的“斗智斗勇”，草原上建立起了微妙而持久的平衡。

除此之外，诸如鄂伦春等族，还有许多针对女性的规定。如妇女不得擅动男人的狩猎工具；不许吃熊上半身的肉；不准铺熊皮褥子，否则有流产之虞；猎人不进产房（包括妻子产房）等。

汉唐至明清是东北渔猎文化中的又一个两千余年，这是一个承前启后的两千余年，更是一个转型发展的两千余年。东北蓬勃发展的渔猎文化在这两千余年间，以新的节奏、面貌呈现。有的萎缩褪色，隐没无闻；有的推陈出新，生生不息。其中如帝君王公的畋猎文化，特征尤其鲜明，本书有专门叙述。这两千余年的末段（明清时期），本应是一个古今调和、继往开来的时代。但由于列强侵略，俄日殖民，移民输入，东北自然生态遭到严重破坏之后，东北渔猎文化“元气大伤”，日渐衰微。

第四节　步入衰微

清末以来的东北，渔猎资源持续萎缩，渔猎社会基本解体，渔猎文化迅速衰微。这是一段需要痛定思痛的文化，是一段需要深刻反思的文化，同时也是一段承前启后、继往开来的文化。

一　生产方式

清末以来，东北渔猎文化之殇，始于生产方式变革，成于渔猎资源透支。其间受人口基数大、肉食需求高、赢利动力强等多种因素影响，东北的渔猎生产发生了根本性变革，突出表现为高效工具推广和持续资源透支两方面。

（一）人口基数大

20 世纪的东北，出现了几次较大的移民潮，东北人口持续增长，人口基数不断扩大。此类研究成果较多，不一一引述。

人口基数扩大，资源消耗也大，这是东北渔猎资源出现供需紧张的客观原因。但是，东北渔猎资源之考验的“前所未有”，与人口规模膨胀的“前所未有”之间，并非简单的一一对应的关系。纵观东北渔猎文化发展史，不难发现，如果这些外来移民能够顺应中国旧有的文化传统，或者能够秉承东北旧有的渔猎习俗，纵然会给渔猎资源供给带来巨大压力，但尚不足以造成野生动物近乎绝迹的局面。

因为显而易见，中原地区的人口规模、人口密度，千余年间都维持在较高水平，而且不低于20世纪的东北。但是，东北解禁放垦后不足百年，竟然“追平”中原，由野生动植物的天堂沦为如今景象。个中原因，绝非“人口激增”四字所能解释。

（二）肉食需求高

20世纪东北渔猎资源的过度消耗，与人们激增的肉食需求息息相关。其成因有二：一是人口基数膨胀而产生的“自然消耗”，二是饮食观念转变而产生的“超自然消耗”。二者叠加，迅速扩大了肉食需求规模，彻底“革”了野生渔猎资源之“命”。

历史上，受气候、资源、民族习惯等因素影响，东北地区的饮食结构中始终有野生动植物，特别是野生动物的位置。这个不足为奇。20世纪以来，东北（甚至全国）的饮食习惯发生深刻变化——“肉食欲”极大释放。

追根溯源，其与1840年以来国人所受的“世纪煎熬”息息相关。是它养成了近代以来国人心中“史无前例”的“匮乏感”，从而表现出对财富、饮食的“刻意追求”。此外，西方饮食习惯、文化观念等对20世纪东北“肉食欲”之放纵，也起到了推波助澜的作用。曾经，“肉食”一度被人们视为财富增加、生活改善的象征，或者与西方“发达”文化看齐或对接的标志。于是，毫无忌惮的渔猎、毫无节制的肉食终于成为

“最后一根稻草”，彻底颠覆了东北数万年间始终和谐的“天人关系”。

（三）赢利动力强

20世纪以来，在强烈利益驱动下，东北渔猎资源开发导入了“商品经济”模式。这是一个富有争议的发展道路，也是一个较为开放的论题。我们的观点是，东北渔猎资源“商品化”在所难免，但如何“商品化”非常值得讨论。

以营利为目的的渔猎资源开发，自古有之。东北少数民族的中原朝觐、互市贸易、东北古代丝绸之路等，无一不以渔猎资源为“赢利”（经济或政治利益）手段。20世纪以来，在“利益诉求”问题上出现了一系列新变化，突出表现为“商品”的色彩日渐凸显、“政治”的因素迅速淡出。

具体而言，以沈阳、长春、哈尔滨等城市为中心，周边地区专业化的渔猎生产得到迅速发展。人们为了财富积累，不惮上天入地，全天候“收割”野生动物资源，并热情饱满地经营各种渔猎产品。[①] 以嫩江、松花江渔业捕捞为例，数十年间兴旺不断。其间动辄数万、数十万、数百万尾的淡水鱼产量[②]，一度是当地民众的重要赢利手段，也是地方政府的新增税收来源。

与此同时，过去诸如“赏乌绫、朝贡”等旨在羁縻边疆、融合君民的“赢利”模式，不再属于20世纪东北渔猎文化的范畴。其所带来的重

---

① 据《饶河县志》记载，1960年，国营八五九农场为鼓舞斗志，编排了《战斗在乌苏里江畔》的建厂故事，其中有《风雪夜渔记》一幕。其中说道：“1959年，本县与八五九农场合并时期，每于五月上旬，召开水上生产运动会，集中230只渔船（大多改用挂网船）于挠力河口上下，大战开江红刀。日捕捞一万斤以上者有三只船，持续三日。”由此可以想见，乌苏里江当年的渔业生产是何等热火朝天的场面。转引自饶河县地方志编纂办公室编《饶河县志》，黑龙江人民出版社，1992，第494页。

② 如一份调查数据显示，位于今吉林西部的前郭旗查干泡，20世纪40年代“盛产鱼类，年产量在30万斤左右”。《郭尔罗斯前旗公署关于具体概况（1941年）》档，全宗号12，案卷号6，第5页。

要影响，就是昔日非权贵不能享用的特色产品，成为有财力即可取得的人间富贵。这种由“身份稀缺”到“财富稀缺”的转变，对于紫貂、飞龙、鳇鱼等特色渔猎资源而言，何尝不是一场严峻考验。

在空前高涨的利益驱动下，东北的渔猎生产，无所不用其极。繁荣背后是野生渔猎资源的迅速枯竭。

（四）渔猎工具新

进入 20 世纪，随着化纤、枪械、造船等行业的发展，渔猎工具的更新速度前所未有。20 世纪东北渔猎文化发展路径表明，野生渔猎资源对工具革新的反应极为灵敏。渔猎生产效率的盲目提高，对于脆弱的生态平衡而言，绝非“福音”。

如上文所言，为了保障日益增长的肉食消费、实现永无止境的利欲诉求，人们在渔猎工具革新及推广问题上，毫不吝惜地投入心思和气力。梁漱溟先生曾言，判断“创造”的客观标准，就是“心思”是否注入。借用梁先生的这个标准，我们不难发现，20 世纪的东北，除了工农业生产，狩猎捕捞等领域的“创造”，非但不胜枚举，而且“令人振奋”。

曾经，东北渔猎文化的显著特征之一就是人的主观能动性，既实现了生产发展，也推动了文化创造。但是，进入 20 世纪，这个“定律”几乎被颠覆。众所周知，清末以前，东北地域开发起伏发展、人口规模变动不居，东北始终地旷人稀、山饶水美，渔猎文化亦代有积淀。但是，民国初年以降，东北地区的工农业生产迅猛发展，捕捞、狩猎等工具日益“尖端”，所谓“鸟枪换炮”四字，俗则俗矣，但极为直观形象。

渔猎工具革新之后，其结果如何？这个毋庸讳言。我们都注意到，繁荣过后，渔猎文化非但没有持续发展，反而萎靡不振、命悬一线。这其中所谓的“工具理性”被打了一记响亮的耳光。痛定思痛，这也是一种文化自觉。

二　生态逆转

东北渔猎文化之殇，与20世纪一度恶劣的生态环境密不可分。日俄进行殖民统治期间，东北山林破坏，水体污染，生态失衡。中华人民共和国成立后，受“大跃进、大工业、大农业”发展思路影响，东北渔猎文化的发展空间日益逼仄。

（一）山林破坏

清末中东铁路的修筑、日伪南满铁路的经营，对东北山林资源的破坏极大。日伪殖民统治建立后，随着所谓“五年计划”的开展，不论“南满”还是“北满”，凡是资源优良、便于运输的区域，大片原始森林被相继砍伐。诸如红松、白松、柞木、水曲柳等优质林木，先后损失数百万立方米。日伪调查资料显示，1934年前后，东北森林覆盖率约32%，到处都是天然密林。但到了1945年日本撤退前后，短短十几年间，南满多地已是童山濯濯，满眼破败。

中华人民共和国成立后，东北林业翻开了崭新一页。东北人民政府先后出台若干法令，成立若干机构，不断规范林业管理，有计划地推进森林开采。东北诸林区的开采量一度高于伪满时最高水平的一倍左右，为中华人民共和国建设，特别是“一五”计划实施做出了巨大贡献。从1958年起，受三年困难时期、“大跃进”、“文化大革命”等因素影响，东北山林的采育比例严重失调，林业资源遭到严重破坏。据不完全统计，仅“文革”时期，东北森林面积即减少600万亩以上。

总而言之，20世纪初以后，直到改革开放之初，数十年间的大规模砍伐，对东北山林资源造成了严重破坏。水土流失及自然灾害频繁发生，野生动植栖息空间被不断压缩，许多物种自此消失。一场山林砍伐的“盛宴”过后，留给世人的是无尽的怅惘和遗憾。

（二）水体污染

20世纪东北生态环境恶化，水体污染尤其触目惊心。水是万物之源，是东北野生动植物的生存之本。不足百年，东北诸大水系受污染程度不一而足，其中以松花江最甚。据调查，早在20世纪60年代，松花江个别水域就有“死鱼带”的出现。十年动乱期间，无底线渔猎思想泛滥，“环保”意识缺乏。为了资源获取之便利，有人几乎不择手段，诸如毒鱼、炸鱼等事件屡见不鲜。工业污水肆意排放，无论官民，均对此熟视无睹。改革开放以后，随着国家的整顿治理，东北民众方有“环保”的观念。但是，为了追逐利益，提高产量，不合规、不合法的现象依然时有发生。加上污染治理投入不足，城市人口持续增加，污染物排放规模只增不减。东北水体污染的态势，很难在短期内得到根本性遏制。

据环保部门测定，直至今日，松花江流域仍有不少水域的水质不达标，鱼体中重金属含量较高，不能食用。虽然哲罗鱼、乌苏里白鲑等珍稀冷水鱼在松花江不同江段频频出现，但据江边垂钓者反映，鱼肉均有异味，无法食用。据称，近年江鱼口味大有改观。[①] 但谁来大胆示范，隐患如何评估，均未可知。我想，在较长时期内，东北多地依然要上演“临渊羡鱼”的一幕。

非但野生鱼类如此，鱼塘养殖中难免也会出现水体污染等问题。若不加抉择，毒素富集，固然可以果腹一时，终究也是饮鸩止渴。昔日易得之物，今在冒险求食之列。

人与自然生态，一荣俱荣，一损俱损。他年残破自然、战天斗地之时，可曾料有今日？人说穷奢极欲，必有后殃；饱食终日，难免祸患。看来此言不虚。

（三）人天失衡

山林砍伐、工业排放、农药超标等，严重削弱了东北最宝贵的生态

① 吴殿峰、邱丽娜：《松花江水生态系统初步恢复——哲罗鱼、乌苏里白鲑、黑斑狗鱼、七鳃鳗等7种珍稀冷水鱼在松花江不同江段频频出现》，《黑龙江经济报》2012年11月8日，第A02版。

优势，彻底打破了数万年间持续保持的“人天平衡”，同时也令已然透支的渔猎资源濒临悬崖，稍有不慎便万劫不复。

必须承认，渔猎资源是自然生态的显示器，是可持续发展的试金石。文化之优劣，不以征服力之强弱为标准，而以能否辅助人类健康发展为尺度。西方近代工业思维理解不了中国文化之底蕴，更理解不了东北渔猎文化之真谛。慎重、合理地发展渔猎经济，是每一个决策者必须慎重思考的严肃问题，否则必然引发不可饶恕的严重后果。

盲目推广“大工业、大农业”发展模式，必然以生态失衡为代价。但是，受各种条件限制，不论中外，人们在这种不很恰当的路径选择问题上屡屡爬起，又屡屡跌倒。以“工业化”思维指导渔猎生产，片面追求经济效益最大化，无异于得鱼忘筌，有甚于饮鸩止渴。这是近代以来中国发展道路探索实践中留给世人的最深刻的经验教训之一。20 世纪以来，东北渔猎文化黯淡的发展历程，鲜明印证了“人天失衡”的恶劣影响已然是可持续发展“不可承受之重”。

三　渔业管理

20 世纪东北渔猎文化中，一个非常有趣的社会现象，就是在空前严密的渔猎管理中，渔猎文化非但不能恢复，而且呈加速解体的态势。对此，我们不无好奇：整个 20 世纪，东北都出现了哪些“事与愿违”的渔猎管理？

（一）渔猎管理

在东北渔猎文化发展史上，渔猎管理自古有之，而且经历了一个由无为到有为，从人治到法治的转变。20 世纪以后，“有为”“法治”的色彩极为凸显，但是，愈管愈乱，愈乱愈管。几番反复过后，渔猎资源几乎枯竭，诸多法规形同虚设，若非体制规定，完全可以做到“不管”亦“不乱”了。

古代东北的渔猎文化，较少有人为管理的元素，是一种“无为”而“自治”的文化。我们知道，古代东北，除了辽王捺钵、金主春水、清帝东狩、乌拉打牲、皇家围场、贡山贡河，国家对其他“非特定”区域的寻常渔猎概不干预[①]。但是，纵观东北渔猎文化发展史，我们不难发现，时人的渔猎禁忌颇多，他们万千年来始终近乎虔诚地向天地“乞食”。这应当是“西方文明”中最不能理解的“东方现象”。

进入20世纪，政府对东北渔猎生产的管制日增。如民国初年，吉林省相继（1914、1921）颁布了《狩猎法》及实施细则（见图1－29）。该《狩猎法》规定，所有猎户必须在当地警察局注册备案，领取“狩猎证书”。该证书实行年检制度，每年续签，需要交纳银圆1个。未经警察署核准发证，不得携枪狩猎。（在自家宅地前后不使用猎枪即“铳器”的捕猎者除外）。又规定，凡所行猎，必须将该证书随身携带，以便有关部门随时稽查。还规定，除非警察署核准，否则禁用炸药、毒药、陷阱等方法狩猎。[②] 日伪统治期间规定，垄断东北渔猎资源，封锁河川，凡是下江渔船，必须登记在案，持证上岗。否则一经发现，必定追责。

此外，日伪当局还要求各地渔民成立“渔业组合”。凡有捕捞，一律由“兴农合作社”等统一收购，禁止自由买卖。1944年，败亡在即，日本侵略者加大掠夺力度，实行“水产统制”“水产品出荷”“渔业取缔”等办法，严控渔捞，渔利备战，垂死挣扎。

东北光复后，借鉴日伪统治经验，政府建立或重组多个渔业公司，通过渔具供应、产品统购等手段，扶持渔业生产。中华人民共和国成立初期，较为重视渔猎生产管理。在狩猎管理问题上，针对春秋两季行猎

① 乾隆二十六年（1761），在今松原宁江地区出现了“旗、民、驿站人夫、口外蒙古等，设网打鱼，率多争竞”的问题。乾隆帝下旨，派钦差会同吉林将军、蒙古王公等妥善办理。清末，为申明故事，避免类似争端，特立“贡江碑”一通。详见后文。

② 详见乾安县档案馆藏《乾安县设治局警察所呈为递令实业调查统计表取缔兑换券狩猎法的通令布告由》第11“狩猎法及实行细则的公布”，全宗号1，目录号1，案卷号1333，第36页。

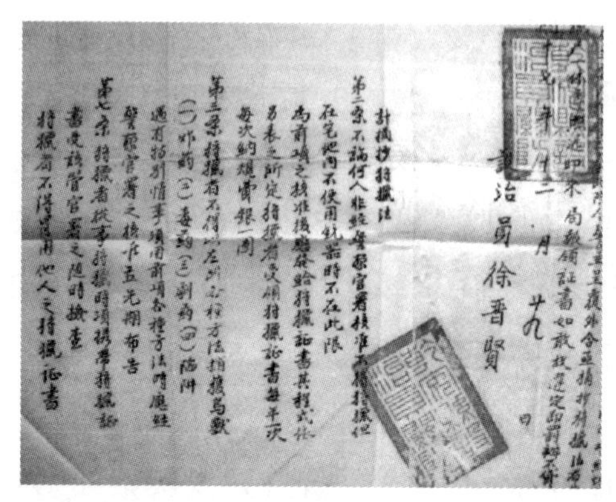

图 1－29　乾安县档案馆藏民国初年《狩猎法（局部）》

易发火灾等问题，吉林省政府特地颁发“禁止春秋两季入山狩猎”等命令。[①] 辽宁、黑龙江等省区也有诸多管理办法和禁令，兹不详述。“文革”期间，东北渔猎一度处于无政府状态，置既有法规于不顾，滥捕滥渔肆意横行，渔猎资源严重衰竭。以捕捞为例，当时用炸药炸鱼盛行一时，各种网具激增，网眼越来越密，大量幼鱼遭捕杀，传统鱼卵场地均遭袭扰，加上工业污水无限制排放，鱼类天然繁殖也受到严重破坏。嗣后，野生渔业资源严重萎缩，鱼产量直线下降，自然捕捞难以为继。市场上鱼类逐渐供不应求，人工养鱼发展起来。

20 世纪 80 年代，黑龙江省通过《黑龙江省水产资源繁殖保护条例》的颁布，进一步规范“渔业许可证”制度，严格禁止私捕乱捞及禁渔期捕鱼。1986 年《中华人民共和国渔业法》颁布后，渔政管理、执法监察有了国家法律依据。渔业管理才进入新阶段。

（二）渔猎税收

民国及日伪期间，渔猎管理的直接动机是为了增加税收。

日伪统治期间，为扩充经费来源，在各县市相继安排专人，专门负

① 乾安县人民政府档案藏《为防止山火禁止春秋两季入山狩猎由》，1949，全宗号 8，目录号 5，案卷号 684。

责渔猎管理。特别是水产管理方面相继设立所谓兴农株式会社水产系等机构，意在垄断渔业生产。

1944 年，随着世界反法西斯战争不断取得胜利，日本政府为掠夺战争物资，开始不择手段，实施“军需紧急出荷法”，进一步推行许可证制，加大税收力度。以松嫩一带的渔业捕捞为例。1944 年，日伪政权推出了《暂行郭尔罗斯前旗有渔场使用规定》，详细规定了渔场租赁方式、租金的征收标准及缴纳办法等①，并颁发《渔场许可书》②。

渔猎税征收，既是对渔猎生产的管理约束，也是对渔猎生产的变相刺激。征收适度，刺激适度，则渔猎生产高企。征收过度，刺激过度，则渔猎生产停滞。这在 20 世纪 30～40 年代都有鲜明体现。日本投降前后，由于渔利之心太重，惩罚措施极严。广大渔民猎户缴纳不起高额税收，东北渔猎生产一度停滞。

中华人民共和国成立后，特别是改革开放以后，渔猎管理的根本考虑是为了生态平衡。税额不高，民众负担不重。这也是中华人民共和国成立后渔猎生产一度高涨的客观原因。

（三）性质分析

必须认识到，以中华人民共和国成立为标志，东北渔猎管理大致经历了截然不同的两个发展阶段。

前一阶段，主要是通过管理的方式攫取资源。后一阶段，基本是通过管理的方式，在资源保护的过程中实现适度开发。特别是在保护珍稀野生动物、鱼类方面，党和政府始终高度重视。尤其是在改革开放以后，随着监管力度的不断加强，保护投入的不断加大，渔猎管理取得较为显著的成效。

---

① 前郭县档案馆藏《郭尔罗斯前旗公署关于具体概况》档，第 6 件“暂行郭尔罗斯前旗有渔场使用规程”，全宗号 12，案卷号 6，第 13～19 页。

② 资料来源：前郭档案馆藏《康德十一年渔场使用许可书》，收在《郭尔罗斯前旗公署档（1944—1945）》，全宗号 12，案卷号 6，第 103～104 页；案卷号 13，第 20 页。

一言以蔽之，前一阶段是“在节制中破坏”，后一阶段是“在节制中建设”。形式或似，初衷有别，性质不同。这是旧政府与新国家的根本区别，也是旧社会与新时代的根本区别。

四　几大转变

20 世纪以来，受移民持续迁入、工农业迅猛拓展等因素冲击，东北经济地理出现重大变迁，渔猎资源不断萎缩，渔猎生产方式发生根本变革，传统渔猎社会迅速解体。由于发展空间逼仄，积淀时间不足，其间渔猎文化非但乏善可陈，而且没落之迅速，也是史无前例。

（一）从吃鱼靠天到吃鱼靠人

20 世纪的东北，出现了从“吃鱼靠天生”到“吃鱼靠人养”的重大转变。

东北沦陷时期，日伪政权设置水产株式会社来进行水产业管理，下设交易市场进行鱼品销售。中华人民共和国成立后，江河水域生态环境尚好，捕鱼工具和捕鱼方法都比较传统，同时设有专门机构进行管理，渔业生产秩序规范，产量比较稳定。20 世纪 60 年代，受三年困难时期影响，为解决粮食歉收而带来的食物缺口，在“以鱼代粮”的口号下，东北开展了一系列高强度捕鱼活动，严重破坏了鱼类生态平衡，鱼产量猛降。

由于植被破坏、水域缩小、工业废水污染，辽河、松花江等流域的鱼类资源严重萎缩，“吃鱼靠天生”的“好日子”成为奢侈的回忆。随着渔业养殖规模的不断扩大，东北人揭开了“吃鱼靠人养”的“新篇章”。

（二）从靠山吃山到护山养山

20 世纪的东北，出现了从“靠山吃山”到“护山养山”的重大转变。

清代京旗移垦之初，榛莽遍地，植被茂盛，野生动物颇多。山边村落时有虎、熊袭扰。清末以后，随着人口增多，开垦日久，垦殖率逐年提高，野生动物日少，部分野生动物几乎绝迹。

清代较为严格地管控乱砍滥伐，除个别地区外，东北的森林资源鲜有严重破坏。清朝末年，沙俄修建中东铁路，沿途山林逐年大减。伪满时期，日本人设立“林产组合”“薪炭组合”等机构，肆意伐木毁林。

东北解放后，地方政府提出“靠山、吃山、养山”的口号，又提出“护林光荣，毁林可耻”的号召，新的社会风气开始形成。与此同时，一系列林场、林业管理站相继设立，加强了看护管理。十几年过后，昔日童山又有林荫覆盖。“文化大革命”中，东北森林又被大批砍伐，森林覆盖率迅速下降。

党的十一届三中全会后，林业政策调整，组织机构不断完善，封山育林工作深入落实。但是，失去的野生动物资源不能短期内恢复，有些珍稀物种已永远从人类的视线中消失。

（三）从波澜壮阔到匿迹息声

进入 20 世纪，东北渔猎文化在短短百年间就完成了从波澜壮阔到匿迹息声的巨大转型。在现象层面上，这是生活、生产的问题；在文化层面上则是思想、观念的问题。非常值得深入思考。

民国初年以后，肃慎、秽貊、东胡、华夏四大族系各显身手的局面一去不复返，东北渔猎文化赖赫哲、鄂伦春等部族传承，诸多习俗、传统或自此蛰伏，或永远逝去。

将文化考察的镜头拉长，不难发现，东北渔猎文化经过数万年酝酿，在距今一万年前后，开启了一段全新的历程。整个新石器时代，东北地区的生产方式，始终保持渔猎为主、农作、采集为辅的发展态势，并在此基础上取得了极其辉煌的发展成就。这在人类文化发展史上堪称异数。

距今四千年前后，直至秦皇一统天下，是中国历史上的夏商周时期。其间，东北渔猎文化经历了一个鼎盛发展的历史阶段。渔猎、农业、畜牧三业，华夏、肃慎、秽貊、东胡四族开始形成“你中有我，我中有你，彼此影响，共同发展”的文化格局。

距今两千年前后，直至清帝逊位、民国肇基，是所谓自然经济占统治地位的封建社会。其间，由于受政权更替、民族迁移等因素影响，东北渔猎文化开始了一段较为漫长曲折的转型发展历程。其中，可圈可点的文化成就并不少见。但相对而言，精彩程度、创新程度、发展水平，与夏商周时期、史前时代相比，都有些许差距。

距今一百年前后，直至改革开放之初，是中国近现代史上一段波澜起伏的岁月。数万年、数千年生生不息的渔猎文化，在空前高涨的时代、社会及文化浪潮的冲击及裹挟下，顿显“老态龙钟”，命悬一线。何去何从，既是学术问题，更是社会问题。

第二章

族系文化

夏商以降，东北大致形成了肃慎、秽貊、东胡、华夏四大族系共处的局面。自此，东北渔猎文化正式步入“四大族系时代”。其间，各族群轮番登场，递嬗更替，开始各显身手，通过其精彩演绎，谱写了东北渔猎文化中最重要，同时也是最精彩的乐章。本章归宗别系、条分缕析，化纷繁为简约，择其精要，略述如下。

第一节　肃慎族系

肃慎族系是肃慎、勿吉、靺鞨、女真、满洲、满族等族群的统称。该族系先人早在石器时代就生活白山黑水之间，是我国东北地区最早的土著。随着历史变迁，进入文明时代以后，该族系不断繁衍生息，相继建立渤海国、大金国、清帝国等影响深远的民族政权，政治文化尤其辉煌，将东北及中国古代文明不断推向新的高度。肃慎族系的渔猎文化同样源远流长，而且承前启后，生机勃勃，绵延至今，在四大族系中一枝独秀，是东北渔猎文化的核心构成。

一　族系始末

（一）肃慎

肃慎，又作“息慎”“稷慎”。[①] 肃慎是先秦古族之一，是肃慎族系的始祖，是中国东北最早的土著。[②] 肃慎族的渔猎文化是肃慎族乃至该族系文化的基石。

对于肃慎人的活动地区，传世文献的记载相对模糊。[③] 东汉末年学者郑玄在述及肃慎时，称肃慎是“东北夷”[④]。其中，“夷”为族属，“东北”为地域。《山海经》言“大荒之中，有山，名曰不咸。有肃慎氏之国”[⑤]，亦言“肃慎之国在白民北”[⑥]。“大荒”泛指今东北及其以北地区，不咸即长白山，白民即亳民、貊民、貊族。根据上述时空坐标，可以推断先秦时代肃慎之分布，大致在长白山以北，即今牡丹江流域及其周边地区。其活动范围，东达日本海，西抵嫩江以东，南临吉长地区，北至黑龙江入海处的辽阔地区，习称“白山黑水之间”。

（二）挹娄、勿吉、靺鞨

挹娄，《三国志》中言，挹娄乃“古之肃慎氏之国也”[⑦]。《后汉书》中亦言：“挹娄，古肃慎之国也。”[⑧]《晋书·东夷传》亦言：“肃慎氏，

① 黄怀信等：《逸周书汇校集注》卷7《王会解第五十九》，上海古籍出版社，1995，第878页。

② 此前有研究者提出多种“迁移说”，参见何光岳《东夷源流史》，江西教育出版社，1992，第288、396～397页；李德山《关于肃慎族几个问题的探讨》，《北方民族》1993年第1期。以上论断，缺少足够扎实的考古学支撑，有待商榷。

③ 也有学者根据既有考古发掘情况，对这类记载的真实性持怀疑态度。参见乔梁《关于靺鞨族源的考古学观察与思考》，《吉林大学社会科学学报》2014年第2期。实际上，我们不当以考古之或有否认文献记载之必无。证伪与证真、立论与驳论均要科学严谨，慎用臆想推断。

④ 郑玄语，转引自《史记》卷1《五帝本纪集解》，中华书局，1959，第43页。

⑤ 袁珂：《山海经校注》卷12《山海经第十七·大荒北经》，上海古籍出版社，1980，第421页。

⑥ 袁珂：《山海经校注》卷2《山海经第七·海外西经》，上海古籍出版社，1980，第226页。

⑦ 《三国志》卷30《魏书·乌丸鲜卑东夷传第三十·挹娄》，中华书局，1964，第848页。

⑧ 《后汉书》卷85《东夷列传七十五·挹娄》，中华书局，1965，第2812页。

一名挹娄。"[①] 据此可以确认由"肃慎"到"挹娄"的发展脉络。综合《晋书》等文献可知，挹娄西与夫余相邻，南与北沃沮接壤，东达日本海，北极黑龙江及以北的广阔地域。挹娄始则臣属夫余，继而向魏晋君王进献楛矢、石砮等方物，臣属中原王朝。[②]

勿吉，始见北齐学者魏收所著《魏书》[③]，是南北朝时期东北重要部族之一。《新唐书·北狄传》言：靺鞨，"元魏时曰勿吉"[④]。清代学者认为，勿吉即"窝集"，系满语"林中人"之意，是肃慎的后裔。北魏太和十七年（493），勿吉人兴兵，灭夫余国，活动范围拓展到松花江（又称"速末水"）流域。结合诸家考证，可以确认，勿吉西部与室韦相邻，东滨日本海，北界东段临鄂霍次克海，西南抵北流松花江下段及洮儿河地区，南隔长白山地与高句丽相接。

靺鞨或作"靺羯"[⑤]，是勿吉在隋唐时期的称谓。自隋文帝建国以降，粟末靺鞨突地稽部与中原交流密切。"靺鞨族""靺鞨人"渐为人所知。初唐以后，"靺鞨"的称谓广为流传。初唐官修《隋书》中为"靺鞨"而非"勿吉"立传，可为一证。[⑥] 靺鞨有粟末、黑水、白山等七部，活动范围较广。一般认为，靺鞨部鼎盛时，南与朝鲜半岛的新罗相接，东临

---

① 《晋书》卷97《列传第六十七·四夷·肃慎氏》，中华书局，1974，第2534页。

② 《晋书》卷97《列传第六十七·四夷·肃慎氏》，中华书局，1974，第2535页。

③ 有学者指出，"勿吉"之名自北魏出现后，可能一直沿用到北朝较晚的阶段。《北史·勿吉传》多本《魏书》及《隋书》，该书有关勿吉的记叙，可能反映的是时人对隋代靺鞨的认知，而非北朝勿吉的情况。见乔梁《关于靺鞨族源的考古学观察与思考》，《吉林大学社会科学学报》2014年第2期。

④ 《新唐书》卷219《列传第一百四十四·北狄·奚》，中华书局，1975，第6177页。

⑤ 《北齐书》中言："是岁（河清二年，563年），室韦、库莫奚、靺羯、契丹并遣使朝贡。"所言"靺羯"即"靺鞨"。《北齐书》卷7《武帝纪》，中华书局，1972，第92页。

⑥ 清人修撰《钦定满洲源流考》时，就"勿吉—靺鞨"称谓关系提出如下判断：或云"勿吉"，或云"靺鞨"，或云"勿吉一名靺鞨"，实际上，或许是南北方语音有别，"译对互异"，"勿吉"即"靺鞨"，"靺鞨"就是"勿吉"，"并不得谓一国而二名也"。大致在唐高祖武德（618～626）以前，"则勿吉与靺鞨互称"，唐武德以后，"勿吉"专指黑水靺鞨。粟末靺鞨部建国后，"无复目为勿吉者矣"。清人所言，可备一说。详见（清）阿桂等撰，孙文良、陆玉华点校《满洲源流考》卷2《国俗·勿吉》，辽宁民族出版社，1988，第20页。

日本海，北抵黑龙江以北，西与室韦、契丹诸部相邻。①

（三）女真及满洲

“女真”称谓的出现，始于“五代十国”。宋元时期文献有明确记载，当无异议。所谓“唐贞观间”就称“女真”的观点，是对清人辑录文献的误读②，不足为据。

“女真”称谓纷繁，有“女直”③“虑真”“诸申”“珠里真”“主儿扯惕”等十几种称谓或写法。清太宗天聪九年（1635），皇太极颁布谕旨，规定：“我国……一切人等，只称我国原名满洲。”④ 自此，“满洲”成为清代女真的官方称谓。

实际上，皇太极谕旨中关于“诸申”的说辞，并不准确。清乾隆年间，在《满洲源流考》一书中，清人就“诸申”由来做了如下阐释：“宋刘忠恕称金之姓为朱里真。夫北音读‘肃’为‘须’，‘须’、‘朱’同韵。‘里真’二字，合呼近‘慎’，盖即‘肃慎’之转音，而不知者遂以为姓。”⑤ 由于《满洲源流考》系钦定官书，因此，“诸申”系“肃慎”音转的观点，也是清朝政府的官方观点。如今看来，结合词源学、历史学、文献学的理论方法，这个“官方观点”是经得起推敲的。

在东北四大族系中，肃慎族系素称彪悍，尽显渔猎民族本色。以南北朝时期的勿吉人为例，史书记载，该族人皆劲悍，“善射猎”，“弓长三

① 改革开放以来，有关论著较为多见，各家看法或有分歧。笔者参考多人意见，提出上述判断，也是一家之言。具体论述，颇费周章，限于篇幅，姑且从略。

② 清人徐松辑录本《宋会要辑稿》中有言：“唐贞观中，靺鞨来朝，中国始闻女真之名。契丹谓之虑真。”（清）徐松辑录，刘琳、刁忠民、舒大刚点校《宋会要辑稿》（第16册），《蕃夷三》，上海古籍出版社，2014，第9763页。实际上，辑稿中的这段文字，是宋人对“女真人”历史的追述。

③ 《三朝北盟会编》中言：“至老（辽）主道宗，避宗真庙讳，改曰女直。”（宋）徐梦梓：《三朝北盟会编》卷3，上海古籍出版社，1987，第19页。

④ 中国第一历史档案馆：《清初内国史院满文档案译编》（上），《天聪朝》，《光明日报》出版社，1989，第205页。

⑤ （清）阿桂等撰，孙文良、陆玉华点校《满洲源流考》卷1，辽宁民族出版社，1988，第5页。

尺，箭长尺二寸，以石为镞”[①]。族中男子往往“头插虎豹尾”，以示威仪。至于女真及满洲，金戈铁马，相继建立金、后金（清）两个强大国家政权，其勇武权谋，自不必多言。

二 生产模式

肃慎族系的生产方式，其传承相对稳定，其构成相对多元。其中，渔猎长期主导社会生产的特征较为突出。

（一）渔猎长期繁荣

如挹娄人的活动范围，大致可以分为南、北两部。其北部，即今乌苏里江、黑龙江下游一带，江河纵横，山多林密，渔猎资源极盛，故而基本以渔猎为生。再如靺鞨的黑水部，由于区内江河纵横，森林茂密，人口鲜稀，衣食之源相对充足，农作畜牧不能充分开展，因而始终以渔猎见长。黑水靺鞨，“尤为劲健”，“矢皆石镞”[②]，仍存古肃慎之风。渔猎经济占绝对优势，渔猎文化持续积淀。

牡丹江流域的海林河口遗址第五期（大体上相当于渤海时期）、振兴遗址第五期（时间跨渤海国的早期及中晚期），都有相当丰富的渔猎工具出土，与此同时还发现了大量兽骨、鱼骨、蚌壳遗存[③]，说明当地渔猎经济的持续发展，并居于相当重要的地位。位于第二松花江流域的吉林省舒兰市黄鱼大队珠山遗址、杨屯大海猛上层墓地，都有鹿角、石镞、蚌刀、铁镞、铁鱼钩等渔猎工具出土[④]，而且加工工艺比较成熟。由此可见，渔猎依然是当地粟末靺鞨社会生产和生活的必要补充。

---

① 《魏书》卷100《列传第八十八·勿吉》，中华书局，1974，第2219页。

② 《隋书》卷81《列传第四十六·东夷·靺鞨》，中华书局，1973，第1821页。

③ 黑龙江省文物考古研究所、吉林大学考古学系编著《河口与振兴：牡丹江莲花水库发掘报告（一）》，科学出版社，2001，第48页，第136页。

④ 吉林省文物工作队：《吉林舒兰黄鱼圈珠山遗址清理简报》，《考古》1985年第4期；吉林省文物工作队等：《吉林永吉杨屯遗址第三次发掘》，载《考古》编辑部编《考古学集刊》（第7期），科学出版社，1991，第49页。

（二）农畜适度发展

肃慎族系的农业、畜牧业、手工业都有一定发展。

宁安石灰场遗址下层文化，有浓厚的农业文化因素。有人将其视为肃慎人文化遗存，值得商榷。[①] 勿吉农业有一定发展，史称“佃则偶耕”[②]，粟、麦、穄[③]都是常见粮食。勿吉人喜肉食，尤其喜食猪肉。这类猪肉来源，除了部分野猪外，当为豢养家猪。家猪的普遍饲养，是反映农业生产发展水平的指标之一。勿吉人的服饰有较大进步。妇女开始穿布裙，而非仅以尺布遮羞。勿吉人所用布料，或为当地土产织布，或为外地舶来品。由于余粮常有，勿吉人也掌握了酿造米酒的办法，即所谓“嚼米醖（同‘酝’）酒”，而且也有一定酒精度，“饮能至醉”[④]。

挹娄人“多勇力”而“善射”[⑤]。据称，挹娄人“弓长四尺，力如弩，矢用楛，长尺八寸，青石为镞”[⑥]。勿吉人则多在箭镞上“施毒”[⑦]，以提高狩猎效率。此外，大牡丹屯、绥滨四十连等遗址出土的陶石制网坠、鱼钩，以及大量鱼骨残骸，说明捕鱼及鱼食在挹娄人的生产生活中也占有重要位置。当时的牡丹江流域，气候稍暖，因而除了渔猎生产，还有原始农业及畜牧业的存在。在诸如滚兔岭、东康、牛场、团结等遗址，已出土石斧、石刀、石镰、铁镰等农具，以及大量炭化粟黍遗存，说明当地的挹娄人已从事农作，并步入早期铁器时代。此外，文献中还

---

① 宁安石灰场遗址位于牡丹江中游，该遗址1988年曾做抢救式发掘。发现有三种文化层叠压，属于新石器晚期。详见牡丹江市文物管理站《黑龙江省宁安县石灰场遗址》，《北方文物》1990年第2期。

② 《魏书》卷100《列传第八十八·勿吉》，中华书局，1974，第2219页。

③ 穄，音“jì”，又名“糜（méi）子”。

④ 《魏书》卷100《列传第八十八·勿吉》，中华书局，1974，第2220页。

⑤ 《后汉书》卷85《东夷列传七十五·挹娄》，中华书局，1965，第2812页。

⑥ 《三国志》卷30《魏书·乌丸鲜卑东夷传第三十·挹娄》，中华书局，1964，第848页。

⑦ 《魏书》卷100《列传第八十八·勿吉》，中华书局，1974，第2220页。

有“挹娄好养豕”[①]，并且“以豕膏涂身”[②] 等记载。牛场遗址的猪骨残骸，可为佐证。

粟末靺鞨、白山靺鞨等部的晚期遗存，特别是渤海国核心区域的文化遗存，也表明当时的农耕、畜牧均有长足发展。以白山市永安遗址为例。该遗址形成于渤海建国以前，并与渤海国相始终。除了野生动物残骸，还有猪、马、牛等大量家畜的骨骼。除了渔猎工具，也有用于农作或反映农业文化的器具。[③] 再如永吉查里巴靺鞨墓地，发现殉马头的葬俗。这与史书中有关靺鞨人杀马设祭的习俗暗合，[④] 同时也说明畜养马匹的相对普遍。

（三）采集经济发达

采集是人类获取衣食的重要途径之一。先秦文献中的“（古者）采树木之实”[⑤]，所指即为此事。采集的范围非常广泛，除了果蔬、籽种，还有禽蛋、蚌贝等。肃慎族系的采集经济，以人参采挖尤为知名（见图 2-1）。尤其到了明朝末年，建州女真首领努尔哈赤能够崛起，与大规模开展人参贸易，积累起必要的物质财富有密不可分的关系。由于人参采挖等不在本书研究的范围，故不详论。

三　文化特色

（一）特产文化

1. *石砮楛矢*

肃慎族系的特产文化，始于“石砮”“楛矢”。石砮，是以当地特色

① 《后汉书》卷 85《东夷列传七十五 · 挹娄》，中华书局，1965，第 2812 页。

② 《晋书》卷 97《列传第六十七 · 四夷 · 肃慎氏》，中华书局，1974，第 2535 页。

③ 吉林省文物考古研究所：《吉林浑江永安遗址发掘报告》，《考古学报》1997 年第 2 期。

④ 吉林省文物考古研究所：《吉林永吉查里巴靺鞨墓地》，《文物》1995 年第 9 期。

⑤ （汉）刘安等撰，张双棣校释《淮南子校释》卷 19《修务训》，北京大学出版社，1997，第 1939 页。

图 2-1　人参

图片来源：吉林省图书馆“打牲乌拉数据库”。

石材磨制的箭镞，《宁古塔纪略》所言“混同江中出石砮”[①]，即是此物。所谓“楛矢”，即以楛木杆制作的箭。楛木，据考证，即茶条槭，今萝北等林区仍产此木。

郭璞曾言，肃慎人“皆工射，弓长四尺，劲强。箭以楛木为之，长尺八寸，青石为镝，此春秋时集陈侯迟所得矢也”[②]。所谓陈侯所得之矢，详见《国语》：

> 仲尼在陈，有隼集于陈侯之庭而死，楛矢贯之，石砮其长尺有咫。陈惠公使人以隼如仲尼之馆问之。仲尼曰：“隼之来也远矣！此肃慎氏

① （清）吴振臣：《宁古塔纪略》，凤凰出版社、上海书店出版社、巴蜀书社，2006，第 712 页。

② 袁珂：《山海经校注》卷 12《山海经第十七·大荒北经》，上海古籍出版社，1980，第 421 页。

> 之矢也。昔武王克商，通道于九夷[①]、百蛮，使各以其方贿来贡，使无忘职业。于是肃慎氏贡楛矢、石砮，其长尺有咫。先王欲昭其令德之致远也，以示后人，使永监焉，故铭其楛曰‘肃慎氏之贡矢’，以分大姬，配虞胡公而封诸陈。……”使求，得之金椟，如之。[②]

这段文字，言简意赅，生动形象。肃慎人的“楛矢石砮”制作精良，每朝周，辄为贡品。周天子将其铭以“肃慎氏之贡矢”六字，分赐虞胡公（又称虞满、陈胡公、胡公满）等异姓诸侯。赖有上述文献，我们才对该事迹始末有了大致了解。也正是基于上述文献，肃慎一系在使用楛矢石砮的东北诸族中得以青史留名。

2. 毛皮水产

东北渔猎资源相当丰富，猎获物地域特色鲜明。《逸周书·王会解》：“西面者正北方，稷慎（孔晁注：稷慎，肃慎也）大麈。”[③] 肃慎人进献的“麈”，或许就是栖居在大兴安岭山林中的驯鹿。肃慎人以狩猎著称，因此，清儒王引之在《经义述闻·毛诗上》中提出，“辰牡”的“辰”字，当读为“慎”。且言，“五岁为慎，兽之最大者”。为证明己论，王氏引述郑玄的一段话，称“一岁为豵，二岁为豝，三岁为特，四岁为肩，五岁为慎”[④]。所以，“辰牡”即慎牡，是五岁兽，兽之最大者。由此可以推测，先秦文献名之“肃慎”，或许是对这个渔猎民族的文化特征的符

---

① 《竹书纪年》：“（帝芬）三年，九夷来御，日畎夷、于夷、方夷、黄夷、白夷、赤夷、玄夷、风夷、阳夷。”又言“（帝发）元年，诸夷宾语王门，诸夷入舞”。皇甫谧等著，陆吉等点校《帝王世纪、世本、逸周书、古本竹书纪年》之《古本竹书纪年·夏纪》，齐鲁书社，2010，第4~5页。《后汉书·东夷传》云：“夷有九种，日畎夷、于夷、方夷、黄夷、白夷、赤夷、玄夷、风夷、阳夷。”《后汉书》卷85《东夷列传第七十五》，中华书局，1965，第2807页。所记载“九夷”与《竹书纪年》同。夏朝的东夷人，指居住在今山东及其周围一带的土著，对应的考古学文化当为“岳石文化”。

② （春秋）左丘明：《国语》卷5《鲁语下》，上海古籍出版社，1978，第214~215页。

③ 黄怀信等：《逸周书汇校集注》卷7《王会解第五十九》，上海古籍出版社，1995，第878页。

④ （清）王引之著，钱文忠等整理《经义述闻》卷5《毛诗上·奉时辰牡》，上海书店出版社，2012，第154页。

号化表达。

肃慎以后，依托朝贡、贸易等手段，该族系以毛皮、水产为代表的特产文化开始驰名海内，并蜚声中外。以水产为例。渤海东临日本海，境内又多大川湖泊，水产资源十分丰富。渤海国向大唐进献的贡品中，还有鲸鱼睛、鲻鱼、乾文鱼、海豹皮等。此外，《新唐书》中又有“湄沱湖之鲫”[①] 的记载。湄沱湖即兴凯湖，所产鲫鱼至今仍为知名土产。又洪皓《松漠纪闻》记载：“渤海螃蟹，红色，大如碗。螯巨而厚，其跪如中国蟹螯。石举、鲍鱼之属皆有之。”[②]

此外，渤海国境内山高林密，盛产貂皮、鹿茸等珍贵皮毛及中药制品。除了多次向唐朝进贡，还与日本等进行海外贸易，为东北渔猎文化增添了新的内涵。

（二）多元信仰

肃慎族系的信仰较为多元，既有本土的原始自然崇拜，也有体系较为成熟的佛教信仰。

1. 巫卜文化

东兴遗址[③]灰坑中（H13）发现的卜骨，系猪骨制成。振兴遗址也出土卜骨2件，均由猪骨制成。其中1枚卜骨（H79：9）上有5处灼痕。另一枚卜骨（F9：5）中部存留一个灼烧圆点[④]（见图2－2）。辽西地区早在兴隆洼时代就曾发现卜骨。但是，黑龙江地区直到东兴、振兴遗址

① 《新唐书》卷219《列传第一百四十四·北狄·奚》，中华书局，1975，第6183页。

② （宋）洪皓著，翟立伟标注《松漠纪闻》，吉林文史出版社，1986，第42页。

③ 东兴遗址，位于莲花水库淹没区，年代为两汉时期。同类文化遗存，命名为东兴文化。参见黑龙江省文物考古研究所、吉林大学考古学系《黑龙江海林市东兴遗址发掘简报》，《考古》1996年第10期；黑龙江省文物考古研究所《黑龙江省海林市东兴遗址1992年试掘简报》，《北方文物》1996年第2期；黑龙江省文物考古研究所、吉林大学考古学系编著《河口与振兴：牡丹江莲花水库发掘报告（一）》，科学出版社，2001，第1页。

④ 黑龙江省文物考古研究所、吉林大学考古学系编著《河口与振兴：牡丹江莲花水库发掘报告（一）》，科学出版社，2001，第99页。

发掘，才有卜骨实物出土。这对研究汉晋时期的挹娄人的宗教意识，具有重要意义。[①]

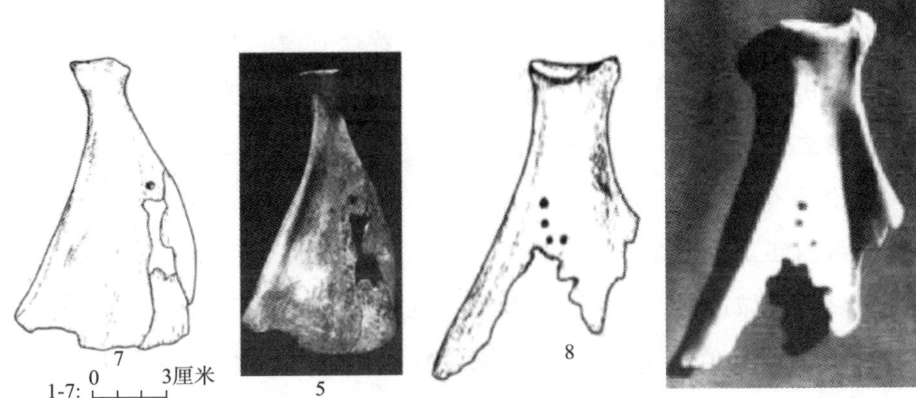

图 2－2　振兴卜骨

图片来源：黑龙江省文物考古研究所、吉林大学考古学系编著《河口与振兴：牡丹江莲花水库发掘报告（一）》，科学出版社，2001，第 99 页，图八五：8；图版三六：2；图八五：7；图版三六：5。

2. 自然崇拜

挹娄相信天地有灵，有朴素的自然崇拜，凡入山采矿“必先祈神”[②]，以求祐护。勿吉人对长白山“甚敬畏”[③]，凡入山者，不得在山上排泄。[④]挹娄流行土葬，亡人当日入土，杀猪殉葬，“以为死者之粮”[⑤]。靺鞨诸部都有贡献牺牲的习俗。除了上文的“杀马设祭”，还有“杀猪设祭”。萝北团结墓地发掘报告显示，在该墓地一处墓穴土壁上发现一个掏挖龛室，

① 黑龙江省文物考古研究所、吉林大学考古学系：《黑龙江海林市东兴遗址发掘简报》，《考古》1996 年第 10 期。

② 《晋书》卷 97《列传第六十七·四夷·肃慎氏》，中华书局，1974，第 2535 页。

③ 《北史》卷 94《列传第八十二·勿吉》，中华书局，1974，第 3124 页。

④ 《魏书》卷 100《列传第八十八·勿吉》，中华书局，1974，第 2220 页。

⑤ 《晋书》卷 97《列传第六十七·四夷·肃慎氏》，中华书局，1974，第 2535 页。

内置野猪头一具。① 在东北渔猎文化中，以野猪头随葬的现象比较普遍，但采用掏挖龛室设祭的做法并不多见。这反映了靺鞨的自然崇拜或称原始宗教观念有了新的发展。

葬俗信仰。勿吉葬俗仍有挹娄遗风。若逢春夏，亡人当日入土，封土上建造房屋，以遮蔽风雨。若遇秋冬，则以亡人尸身捕貂。“貂食其肉，多得之。”②

3. 佛教信仰

渤海国建立后，在保持固有民族文化的基础上，全面效法盛唐文化。在上京城等都城遗址内出土三彩釉陶、琉璃瓦、文字瓦等器物（见图2－3）。其中，尤其值得关注的是佛像等遗物的发现。渤海国诸执政，在文化上崇信佛教，较秽貊族系更加成熟、系统。佛教中有关天人之际、万物众生的理解，必将对包括渔猎文化在内的东北文化和社会产生深刻和持久的影响。这一点，值得给予高度关注。

图2－3 渤海上京龙泉府城遗址出土陶质铭文建材

注：该建材，残长14.5厘米，宽18.8厘米，厚4.3厘米。

图片来源：国家博物馆网站。

---

① 黑龙江省文物考古研究所、黑龙江省冶金研究所冶金室：《黑龙江萝北县团结墓葬发掘》，《考古》1989年第8期。

② 《北史》卷94《列传第八十二·勿吉》，中华书局，1974，第3125页。

（三）丝路文化

肃慎族系与中原王朝的关系尤其密切，为东北及东北亚丝路的形成和发展做出了卓越贡献。肃慎族系对“丝路”的贡献，可以追溯到舜、禹时代。

据文献记载，当时的肃慎族先人一度远赴中原“朝贡”。如《大戴礼记》中言：“昔虞舜以天德嗣尧”，“海外肃慎、北发、渠搜、氐、羌来服。”又载：“舜有禹代兴，禹卒受命”，“海之外，肃慎、北发、渠搜、氐、羌来服。”[①] 其中有关虞舜、大禹时代肃慎“来服”（前来朝贡）的记叙，屡屡为后人所征引。《史记・五帝本纪》亦言“唯禹之功为大”，“息慎”等部族，“咸戴帝舜之功”[②]。

严格来说，“国家文明”开启前后，不当有“族”的称谓，因此，前往中原“朝觐”的，应当是“肃慎族”之“先人”。肃慎与中原关系密切，是西周时期的事情，《竹书纪年》《尚书书序》《史记》等文献都有记载。《竹书纪年》中言，周武王十五年，“肃慎氏来宾”。[③] 周成王九年，肃慎复“来朝，王使荣伯锡《肃慎氏命》”[④]。对于上述史事，孔安国、司马迁、范晔等汉晋学者，均有采纳。[⑤]

汉唐至明清，勿吉、靺鞨、女真等族群荣辱沉浮，既是丝路的参与者，又是丝路的领导者，为东北及东北亚区域经济开发和文明发展做出

---

① （汉）戴德撰，（清）王聘珍解《大戴礼记解诂》卷 11《少间》，中华书局，1983，第 216～219 页。

② 《史记》卷 1《五帝本纪第一・舜》，中华书局，1959，第 43 页。

③ 王国维：《今本竹书纪年疏正》，附方帅铭，载王修龄《古本竹书纪年辑证》，上海古籍出版社，1981，第 236 页。

④ 王国维：《今本竹书纪年疏正》，附方师铭，载王修龄《古本竹书纪年辑证》，上海古籍出版社，1981，第 240 页。《竹书纪年》一书，本出自春秋战国时期，系晋、魏两国史官所作，西晋出土后，颠沛流离，传承至今。有关该书真伪及成书时代，古今学人聚讼纷纭。但综合各方记叙，《竹书纪年》中有关“肃慎”的文字，真实可靠，可视为信史。

⑤ 《后汉书》卷 85《东夷列传七十五・肃慎》，中华书局，1965，第 2808 页；李民、王健：《尚书译注》，上海古籍出版社，2004，第 364 页；《史记》卷 4《周本纪第四・成王》，中华书局，1959，第 133 页。

了卓越贡献。[①]

第二节　秽貊族系

以秽、貊为核心构成的秽貊族系，是东北渔猎文化的重要创造者。该族系由秽、貊融合而成，且有多个分支。

先秦时代，秽、貊别称，如《诗经》中言："王锡韩侯，其追其貊。奄受北国，因以其伯。"[②] 学者都认为"追"与"秽"字通，"其追其貊"即"其秽其貊"。据此可知当时秽、貊有别，分为两族。秦汉以后，"秽貊"合称的实例多见。其所反映的是秽、貊两族融合发展的实际情况。秽貊的含义比较复杂，应具体问题具体分析。本书借用"秽貊"二字，指代该族系。

一　族系始末

秽族以夫余人为代表，该族基本以农作见长，渔猎居次，文化面貌与貊系存在较大差异。学界有关秽族的研究，成果较为丰富，笔者综合多家观点，简述如下。

（一）秽族始末

东北四大族系中，"秽""貊"所指极为复杂，必须正本清源，以明名分。

秽族，是东北地区又一古族。《逸周书》《吕氏春秋》等或作"秽"，汉代及以后文献多作"濊"，或者记作"秽""薉""貜"等。本书通作"秽"。

就字形分析，"濊"当为居于近海或傍水之地的部族，"秽"应为居

① 佟大群：《东北亚丝绸之路发展历程考察》，《学问》2017 年第 1 期。

② 周振甫译注《诗经译注》卷 7《大雅·韩奕》，中华书局，2012，第 481 页。

于内陆或农垦之区的部族。传世文献对该族称谓的不同标记，反映了该族群或居于近水之地，或处内陆原野的生存状态。笔直推测，“濊”是汉代以后中原人对该民族了解加深后的称谓，反映的是该族最初的生存状态。[①] 因此，我们对汉人高诱所言的“东方曰夷，秽，夷国名”，以及晋人孔晁所言的“秽，韩秽，东夷别种”[②]，自然就有了正确的理解。

秽有多个分支，除了夫余[③]，还有韩秽、薉邪头国（临屯郡所辖邪头昧县）、东夷薉（或称“东秽”）、沃沮等。由于上述文献中，“貊”或“濊”多单独出现，因而后人一般认为他们是语言相同、风俗近似的两个民族。直到战国末期或秦汉时期，才有“濊貊”或“秽貊”等称谓出现。这应该是秽貊族系发展到新阶段的标志。

（二）貊族始末

貊，是中国北方包括东北地区的古老民族之一。《诗经》《周礼》《孟子》《荀子》《管子》《战国策》等先秦文献或作“貉”，汉代及以后史书则多作“貊”。本书通作“貊”。西周时期已有关于该族群社会形态的记叙。如上文所述，就字形分析，不论“貊”还是“貉”，都反映了该族群散居山林、以狩猎为业的生存状态。

貊族的历史与肃慎等族一样悠久。据《史记·五帝本纪》《大戴礼记·少闲篇》等传世文献记载，早在舜、禹、成汤、文王之时，发（又称“北发”或“发人”）就曾“来服”。经考，亳、发、貊皆相通，所指均为同一族群。

---

① 有研究者曾发表类似观点，但“秽貊”通论，未加区分。详见许宪范《濊貊迁徙考》，《民族研究》1985 年第 4 期。

② 《逸周书·王会》有言：“秽人前儿，前儿若弥猴，立行，声似小儿。”孔晁注言：“秽，韩秽，东夷别种。”黄怀信等：《逸周书汇校集注》卷 7《王会解第五十九》，上海古籍出版社，1995，第 879 页。实际上，孔晁所言，应为“秽”及“韩秽”，皆“东夷别种”也。这也是《后汉书》和《三国志》虽然分别为“韩、秽”立传，但同置《东夷传》的根本原因。

③ 史籍中言：“夫余国……本秽地也。”见《后汉书》卷 85《东夷列传第七十五·夫余》，中华书局，1965，第 2810 页。

貊族活动范围几经变更。目前可以确认的是，西周初年，其活动范围应在燕国以东、以北某地，否则越过燕王径直参加“成周之会”①，显然于礼制不合。据顾颉刚先生考据，西周初年，燕国封地北境至少已达到今大凌河流域。② 因此，当时貊的活动范围，大致在今大凌河以东、以北某地。

春秋初年，齐桓公北伐，东胡人南下，大、小凌河流域部族的分布格局为之一变。近东胡诸貊，或被同化，或被迫迁离。战国晚期，燕王大败东胡，拓地设郡，辽东貊族发展局面为之一新。到了汉代，开始形成诸如“大水貊”“小水貊”“梁貊”等傍水聚居的貊族集团。

（三）夫余等族群

夫余，又作“夫馀”“扶余”等。“夫余”的字样，最早见诸《史记》，其言：“夫燕……北邻乌桓、夫余，东给秽貉、朝鲜、真番之利。”③ 尔后，《后汉书》在叙述挹娄源流之际有言：“自汉兴以后，臣属夫余。”④ 由此推断，最早在燕王时代，最迟不晚于西汉初年，夫余族就已经存在。

《后汉书》中有这样一段文字：“夫余国，在玄菟北千里。南与高句丽，东与挹娄，西与鲜卑接，北有弱水。地方二千里，本濊地也。”⑤ 夫余强盛时，今吉林中东部、辽宁北部、黑龙江中部，皆其国土，其首王名带素，其末王称余蔚。夫余建国的传说流传甚广，但也存在争议。

王充《论衡·吉验篇》为了阐明“吉人自有天相”的观点，引述了“东明（朱蒙、邹牟）建国”的传说。⑥ 但是，所建之国，是浑江流域的卒本扶余还是长吉地区的汉魏夫余，至今仍有分歧。⑦ 因此，“东明（朱蒙、邹牟）建国”是哪家故事？所建为何国？建国者何人？至今见仁见

---

① 黄怀信等：《逸周书汇校集注》卷7《王会解第五十九》，上海古籍出版社，1995，第851页。

② 顾颉刚：《三监的结局》，《文史》1988年第2期。

③ 《史记》卷129《货殖列传》，中华书局，1959，第3265页。

④ 《后汉书》卷85《东夷列传第七十五·挹娄》，中华书局，1965，第2812页。

⑤ 《后汉书》卷85《东夷列传第七十五·夫余》，中华书局，1965，第2810页。

⑥ （汉）王充著，黄晖校释《论衡校释》卷2《吉验篇》，中华书局，1990，第88~90页。

⑦ 李新全：《高句丽建国传说史料辨析》，《东北史地》2010年第5期。

智。笔者认为，除非文献、史实、考古三者有机结合，否则终究是字面文章、口头功夫。

我们认为，目前可以确认的事实有三：（1）汉魏夫余（又称“北夫余”），在西汉初年即已存在；卒本夫余（“高句丽国”前身，或称“古高句丽”），直到西汉末年方才建立；（2）汉魏夫余、卒本夫余各自的文化序列，以及彼此的文化关联，均有考古资料佐证；（3）“奄利”“掩淲”“施掩”“施褫”“淹滞”“盐难”① 均指今浑江一水。因此，若将王充《论衡》中的“北夷橐（gǎo）”或“橐（tuó）离国”理解为“北夫余国”，把东明（朱蒙、邹牟）所建立的“夫余”理解为“卒本夫余”，则传世文献的抵牾及后世学者的分歧自然敉平。

近来，一些文献学、经学素养较扎实的研究者，就此提出他们的解读和判断。窃以为可信度较高，是值得关注的研究动态。我们认为，文献考据，切忌简单机械。早出与晚见、自述和他说、官方和私人等关系都需要综合考量。

据《后汉书》记载，东汉光武帝建武二十五年（49 年），夫余人始来中原朝贡。尔后时常朝贡，鲜有侵叛。到了三国时期，夫余人依然事公孙氏甚勤。晋太康六年（285），夫余政权为鲜卑慕容廆所破。次年，晋武帝助其复国。到了公元 346 年，夫余迁王城于今农安地区，后遭高句丽攻击而式微。北魏时终于为勿吉所灭，夫余余部流散各地。夫余在汉晋时期的东北历史上留下了较为深刻的文化印记。尔后，金朝的蒲与路之设、明朝的福余卫之置，皆因夫余故事。

豆莫娄，夫余后裔。据称，夫余亡国后，其残余力量在松花江以北、

① 《好太王碑》作“奄利大水”；《论衡·吉验篇》作“掩淲水”；《魏略》作“施掩水”（注曰：“《后汉书》作施褫。”）；《梁书·东夷传》作“淹滞水”；《汉书·地理志》称“盐难水、盐水”。有关考释，参见王充著，黄晖校释《论衡校释》卷 2，中华书局，1990，第 88～89 页。

嫩江中游以东地区继续发展[①]，史称豆莫娄（亦写作豆末娄、大莫卢、达末娄、寇漫汗）。公元 8 世纪初，豆莫娄为黑水靺鞨、室韦诸部肢解吞并。沃沮是夫余分支，语言和习俗则与高句丽人相似[②]，公元 5 世纪初期为高句丽势力吞并。

又有研究者根据王充的记载，提出以下主张："汉魏夫余"之北还有个"索（橐）离国"，今索离沟遗址、庆华古城就是索（橐）离国及其王城遗存。考古发掘表明，索离沟[③]早期遗存的年代，当在战国至西汉时期。[④] 我们认为，该遗址中发现的少量红衣陶、红彩陶、陶塑马，与南邻的"秽"系即西团山文化风格迥异，应该是受位于嫩江流域的白金宝文化影响的结果。当然，该遗址发现的大量陶豆，带有西团山文化的元素。因此，索离沟文化与西团山文化之间的关系，是前者"南下"影响了后者，还是后者"北上"影响了前者，仍有探讨的余地。

为证明索离国之必有，曾有人将庆华古城视为索离国王城。[⑤] 但是，通过地层关系分析，该城建成已晚至东汉初或更晚，显然已超出索离国存在的时间范围。所以，综合考量其与西团山文化、白金宝文化、团结文化的关系，我们认为这是非常值得商榷的假设，尚不足以形成定论。亦言之，到黑龙江省宾县追寻夫余、高句丽缘起，不是可取的研究思路。

高句丽政权在前后七百余年间，积淀了较为丰厚的物质文明和精神文明。高句丽族的渔猎活动较为频繁。除了各类遗址出土的渔猎工具，

---

① 《北史》中言："豆莫娄国在勿吉北千里，旧北夫余地。在室韦之东，东至于海，方二千余里。"《北史》卷 94《列传第八十二・豆莫娄》，中华书局，1974，第 3131 页。

② 《三国志》中言，沃沮人，"其言语与句丽大同，时时小异"。《三国志》卷 30《魏书・乌丸鲜卑东夷传第三十・东沃沮》，中华书局，1964，第 846 页。

③ 索离沟遗存位于宾县满井镇卜家口屯东北约 1 公里处。2003 年，为配合松花江大顶子山航电枢纽工程建设，相关部门曾进行初步考古勘查。从 2006 年开始又进行了抢救性发掘。前后共揭露面积约 450 平方米，发现铁器时代房址 3 座，出土文物标本 200 余件。

④ 李延铁、于建华：《从索离沟的考古发现看古索离国的地望》，《北方文物》2010 年第 2 期。

⑤ 黑龙江省文物考古研究所：《黑龙江宾县庆华遗址发掘简报》，《考古》1988 年第 7 期。有人主张是夫余人遗存，见乔梁《庆华遗存试析》，《北方文物》2014 年第 1 期。

墓室壁画中描绘的狩猎场面也可为佐证。据调查，已发现的集安高句丽壁画墓中，计有 7 座墓室，总共绘有 11 幅狩猎图。这是研究高句丽渔猎文化不可多得的宝贵素材。高句丽民族生活在“大山深谷”之间，特别是迁都后的国内与丸都地区，不但“地宜五谷”，而且“多麋鹿鱼鳖之产”，为渔猎文化发展奠定了必要的物质基础。

二　生产模式

秽貊族系各支生活区域不同，渔猎资源迥异，渐而形成较为固定的生产模式。一般来说，北部各族群农作较为发达，东部及南部各族群渔猎较为兴盛。

（一）北部族群

据文献记载，夫余人及其先世文化，基本以第二松花江流域为中心，农作较为发达，渔猎以为补充。特别是西汉初年以后，长达七百余年间，大致保持这种生产模式。

据此，夫余国境内“土宜五谷，出名马、赤玉、貂豽，大珠如酸枣”[①]，由此可以推测，夫余人当以农业、畜牧业为主，兼营狩猎。

此外，如上文所述，有关该族群的文献，曾出现“秽”“濊”两种记叙。应当说，一字之差既反映了该族群的生产模式，也说明了该族群的历史变迁。夫余先世与水渊源颇深，故而又称“濊人”。考古学研究表明，早在新石器时代末期，即有山东半岛部族经海路迁居东北。夏商周三代即华夏族形成期间，也有“东夷”诸部经胶东海路避乱东北，在辽东半岛立足。后来，为拓展生存空间，该族群有一支逐年北上，直至今吉林、长春地区驻足，并与当地土著融合发展。复经多年集聚，仿中原故事，称王建国。因其先世本为避乱而来，故“国之耆老自说古之亡人”[②]。汉朝赐以印信，

① 《后汉书》卷 85《东夷列传第七十五·夫余》。中华书局，1965，第 2811 页。

② 《三国志》卷 30《魏书·乌丸鲜卑东夷传第三十·夫余》，中华书局，1964，第 841 页。

议定铭文为“濊王之印”。该铭文，一则示以尊卑，再则示以根本。“濊”有两种可能：其一，追本溯源，明其先世为渤海湾土著；其二，述其近世，以近邻之江为文化标记。我们认为，前一种似乎可能性更大一些。

吉林、长春地区在两汉时期是秽即夫余文化的分布区，目前已成为考古学界的共识。除了泡子沿类型[①]等遗迹遗址，吉林市西团山、东团山有关文化遗存都是该族系文化的重要代表[②]。西团山、东团山遗址出土文物所展现的鲜明农业文化特征，与文献中的有关记叙相印证，这或许也是夫余又称“秽人”的主要原因。

（二）南部族群

貊系族群与渔猎的渊源甚深。今浑河、太子河、浑江、鸭绿江流域，渔猎资源较为丰富。高夷、大水貊、小水貊、梁貊、高句丽，先后在上述地区掘地农耕、捕鱼狩猎，为秽貊族系渔猎文化发展做出了不可磨灭的重要贡献。

（三）其他支脉

豆莫娄为夫余后裔。据文献记载，豆莫娄境内山陵广泽，土地平敞，宜于五谷生长，故而以农作为主。君长“皆以六畜名官”[③]，畜牧业占有一定地位。或有渔猎生产及渔猎文化，但特征不很突出。

沃沮人也是夫余分支。目前已经确认，主要分布于绥芬河流域的黑

---

① 吉林市泡子沿遗址上层遗存，年代约在西汉时期。拉林河中游的五常市白旗遗址也发现该类型。有关遗址发掘及研究情况，参见吉林市博物馆《吉林市泡子沿前山遗址和墓葬》，《考古》1985年第6期；张立明《吉林泡子沿遗址及其相关问题》，《北方文物》1986年第2期；乔梁《吉长地区西团山文化后的几种文化遗存》，载孙进己等主编《中国考古集成·东北卷·秦汉至三国一、二》，北京出版社，1997，第1301～1305页；李钟洙《夫余文化研究》，博士学位论文，吉林大学，2004，第110～140页；林沄《夫余史地再探讨》，《北方文物》1999年第4期，以及张伟等《黑龙江省汉代考古学文化及相关问题研究》，《北方文物》2014年第4期。

② 刘景文、张志立：《西团山文化及其族属》，《北方文物》1985年第2期。

③ 《魏书》卷100《列传第八十八·豆莫娄国》，中华书局，1974，第2222页。

龙江东南部地区的团结文化，其族属当为汉代沃沮人[①]。据史载，沃沮居地“土肥美，背山向海，宜五谷，善田种”[②]，渔猎文化特征不突出。就今天所见的团结文化遗存而言，史书所言不虚。

夫余、豆莫娄、高句丽等政权消亡后，秽貊族人基本融入其他民族当中。公元7世纪前后，秽貊族系从东北渔猎文化的舞台上正式谢幕。

三 文化特色

（一）神异传说

高句丽王在讲述祖先创业历程时称，始祖邹牟王之母为“河伯女郎”，在逃亡途中遭遇“奄利大水”。后有夫余追兵，前有滔滔江水，邹牟临江断喝：我乃“皇天之子”，我母本“河伯女郎”，速“为我连葭浮龟!”

话音刚落，江神“即为连葭浮龟”，邹牟“然后造渡”。夫余追兵见状，知邹牟“吉人自有天相”，悻悻而退。邹牟顺利脱险后，于沸流谷之忽本西城山上建都成王[③]。这番讲述不乏灵异色彩。姑且不论邹牟有无神通，就今日浑江水文资料分析，在当年的生态条件下，若逢鱼汛，踏鱼背过江，也非难事。

（二）墓室壁画

秽貊族系的绘画艺术，以高句丽墓室壁画为代表。高句丽墓室壁画，既是该族群渔猎生活的生动写照，也是该族系渔猎文化的重要内容。

据调查，集安壁画墓中，计有7座墓室，绘有11幅狩猎图。这是研究汉唐之际秽貊族系渔猎文化不可多得的宝贵素材[④]（见图2-4）。

---

① 匡瑜：《战国至两汉的北沃沮文化》，《黑龙江文物丛刊》1982年第1期；林沄：《论团结文化》，《北方文物》1985年第1期。又可详见林沄《肃慎、挹娄和沃沮》，载林沄《林沄学术文集》，中国大百科全书出版社，1998，第418~423页。

② 《后汉书》卷85《东夷列传第七十五·东沃沮》，中华书局，1965，第2816页。

③ 耿铁华、李乐营：《通化师范学院藏好太王碑拓本》，吉林大学出版社，2014，第22页。

④ 耿铁华：《高句丽壁画中的社会经济》，《北方文物》1988年第3期。

图 2-4　集安舞踊墓狩猎图

图片来源：耿铁华《高句丽古墓壁画研究》，吉林大学出版社，2008，图版十。

（三）朝觐文化

夫余等秽貊族系，一仍商周之故事，多纷纷前往中原朝觐，贡献异兽珍奇，并传播中原文化。据文献记载，夫余国境内出名马、赤玉、貂豽（nà）。也出产珍珠，大如酸枣。这种珍珠当为清代皇家专用的“东珠”。

夫余人由于屡有贡献，极为恭顺，故而得赐“濊王”印信。至于高夷等貊系族群，每有进步，无不与积极朝觐、效仿汉唐有关。秽貊族系的“朝觐文化”，给该族系的渔猎文化增加了较为鲜明的政治色彩和时代特征，非常值得关注。

第三节　东胡族系

东胡族系是以东胡为主体发展起来的诸部落、民族的统称①。“东

① 春秋时期，“北狄”可以作为北狄、羌、戎等族群的通称。战国末年及以后，北狄特指胡、东胡等部族，不再涵盖羌、戎等族群。参见王钟翰主编《中国民族史》，中国社会科学出版社，1994，第134页。

胡”之谓，始见于《山海经》，其言：“东胡在大泽（笔者按，有学者指出，大泽当为呼伦湖，一说达来诺尔[①]）东”，又称“夷人在东胡东”[②]。东胡破残以后，其后裔以鲜卑、柔然、乌桓、库莫奚、乌洛侯、室韦、契丹、蒙古族等部族尤其知名，自先秦以迄于元末，一直活跃在东北乃至中国的历史舞台上。东胡族系是东北渔猎文化的重要创造者，由于多是“马背上的民族”，因此他们的渔猎文化是游牧文化的重要补充，可以称作以游猎为特征的渔猎文化。

一　族系始末

（一）东胡

东胡本发源于今呼伦贝尔湖以东地区[③]，因为“国在匈奴之东，故云东胡”[④]。尔后一度活跃在辽河上游及大、小凌河流域。战国末年，东胡为燕国所破，北退千余里。继而又为燕长城所阻隔，在辽西、辽东等五郡以外活动。[⑤] 亦有余部南迁与燕人杂居。秦汉之交，东胡复为匈奴所败，[⑥] 被掳部族为匈奴族所同化，余部则逃奔乌桓山（位于今大兴安岭南麓）和鲜卑山（位于今大兴安岭东南坡）。东胡族至此息声，进入乌桓、鲜卑时代。

---

① 陈慧：《两周时期的北燕与山戎、东胡等族的关系》，《社会科学战线》2007 年第 5 期。

② 袁珂：《山海经校注》卷 6《山海经第十一 · 海内西经》，上海古籍出版社，1980，第 293 页。

③ 林幹：《东胡史》，内蒙古人民出版社，1989，第 9 ~ 12 页。

④ 《史记索隐》中言，转引自《史记》卷 102《张释之、冯唐列传第四十二 · 冯唐列传》之“注文 9”，中华书局，1959，第 2759 页。

⑤ 《史记》卷 110《匈奴列传第五十》，中华书局，1959，第 2886 页。苗威先生指出，“造阳、襄平”是新设五郡的两个郡治，而非燕筑长城的起止点。见苗威《山戎、东胡考辨》，《中国边疆史地研究》2008 年第 4 期。

⑥ 《史记集解》：徐广称匈奴冒顿于“秦二世元年壬辰岁立”，东胡乘机袭扰匈奴。冒顿大怒，领兵破东胡，时当楚汉相争之际。详见《史记》卷 110《匈奴列传第五十》，中华书局，1959，第 2890 页。

图 2-5 东胡骑马武士纹青铜牌

注：1956 年出土于辽宁省西丰县西岔沟，长 11.1 厘米、宽 8.4 厘米。

图片来源：国家博物馆网站。

（二）乌桓与鲜卑

乌桓，又作乌丸。公元前 3 世纪末，东胡为匈奴击溃，余部（“东胡余类”）迁居乌桓山，“因以为号”①。西汉武帝时，汉军大败匈奴，乌桓南迁，臣属汉朝。东汉初年，叛降反复的乌桓终于向东汉政府表示臣服。东汉建武二十五年（49），辽西、辽东等地乌桓各部首领前往洛阳朝贡，人数多达 900 之众，盛况空前。光武帝刘秀大喜，封乌桓大小酋长 81 人为侯王、君长，准许内迁，又添设护乌桓校尉，监领乌桓诸部。今和林格尔出土的《护乌桓校尉幕府图》壁画就反映了这段历史。

东汉末年，以蹋顿为首领的乌桓人，时臣时叛，与东汉王朝冲突不断。东汉献帝建安十二年（207）八月，曹操亲率大军，出邺城，兵锋直指乌桓主力驻守的柳城（今辽宁省朝阳市南 15 公里）。曹操出奇制胜，击溃乌桓，阵斩蹋顿，大获全胜。为纪念此役，曹操在回军途中写下了

① 《后汉书》卷 90《乌桓鲜卑列传第八十》，中华书局，1965，第 2979 页。

名传千古的《步出夏门行·观沧海》。曹操从乌桓降部中挑选精骑良卒，编成劲旅，令其从征南北。乌桓为曹操所征服后，从东北历史文化的舞台上淡出。乌桓人以游牧为生，与汉朝往来密切，受中原文化影响颇深。

鲜卑，也为东胡后裔。西汉初年，东胡被匈奴击溃后，一部东迁至鲜卑山（今大兴安岭北段），鲜卑族因而得名。鲜卑分慕容鲜卑和拓跋鲜卑两支，活动范围较广阔。两汉之际，鲜卑诸部先后南迁，始进入乌桓、匈奴故地，继而摆脱对东汉的依附，逐鹿中原。魏晋南北朝时，鲜卑诸部落已遍布大半个北中国，并相继建立起前燕、后燕、北魏、北周等民族政权。今辽西地区先后成为鲜卑各政权的势力范围。鲜卑对东北乃至整个中国的历史进程都产生了深远影响。

乌洛侯人或为鲜卑一部，一度附属北魏，隋唐以后隐没无闻。据文献记载，乌洛侯人“夏则随原阜畜牧。多豕，有谷麦”，“好猎射”[①]。由此可知，乌洛侯人主营游猎，辅以农业种植。

（三）契丹与奚

契丹的称谓始见于《晋书》。东晋建元二年（344），契丹、库莫奚二部从鲜卑宇文部析离，成为独立游牧部落。北魏登国三年（388），契丹又与库莫奚“分背”，在潢水（今内蒙古东部的西拉木伦河）及土河（今内蒙古东部的老哈河）流域游牧，自号“契丹”。[②] 此后数百年间一直处于迁徙游牧之中。隋唐时期，契丹始臣服于突厥，继而归附唐朝。唐朝在契丹驻牧地设置松漠都督府，以契丹首领为都督，封爵赐姓。唐朝末期，契丹与唐朝的关系错综复杂，或战或和，且降且叛。

唐末，中原藩镇割据，契丹贵族乘时而起，建立辽政权，并享国200余年。辽朝是契丹族发展史上一个最辉煌的阶段，也是契丹渔猎文化的

---

① 《魏书》卷100《列传第八十八·乌洛侯传》，中华书局，1974，第2224页。

② 《辽史》中称：“契丹之先，曰奇首可汗。……潢河之西、土河之北，奇首可汗故壤也。”《辽史》卷32《志第二·营卫志中·古八部》，中华书局，1974，第378页。

一个最有代表性的时期。契丹人以“头鱼”“头雁”“捺钵”等青史留名，堪称东胡族系之异数。对此，后文有详细介绍。

奚与契丹原本一体，北魏时别立一部，“居鲜卑故地”[①]。所谓“鲜卑故地”，据考证，即今西拉木伦河（古称饶乐水、弱洛水）一带。[②] 北齐时，奚发展为五部。直到隋唐时，奚仍在西拉木伦河以南一带居住。

（四）室韦及蒙古

室韦又称“失韦”“失围”，是乌桓余脉。“室韦”一词始见于北魏史籍。当时的室韦族，主要分布于今大兴安岭内外及黑龙江两岸。从隋到唐，室韦活动范围不断扩大，东抵精奇里江（今结雅河），西至呼伦湖，南达霍林河，北邻鄂霍次克海。

据文献记载，室韦先后向隋、唐中央政府纳贡。唐朝在室韦驻地添设室韦都督府。辽金之时，室韦诸部复经分化组合，有的衰弱，有的强盛。金朝末年，以“蒙兀室韦”为核心，形成新的民族共同体——蒙古族。此后，室韦之名销声匿迹。

室韦生活地区“饶禽兽”，基本以狩猎为业。由于“尤多貂及青鼠”[③]，故而多有人以“捕貂为业”。亦养牛马，但无羊，就地取材，多食肉衣皮。其中的北室韦也“衣以鱼皮”[④]。室韦也种植麦、粟，即史籍中所称的“颇有粟、麦及穄”[⑤]，但产量不高。

“蒙古”是室韦后裔，《旧唐书》中称“蒙兀室韦”。在宋、辽、金时期的文献中又有“萌古”“蒙古里”“萌古子”“盲古子”等不同音译。13世纪初，该部杰出首领成吉思汗统一漠南、漠北诸部，形成了一个新的民族共同体，史称“蒙古”（见图2－6）。

---

① 《新唐书》卷219《列传第一百四十四·北狄·奚》，中华书局，1975，第6173页。

② 林幹：《东胡史》，内蒙古人民出版社，1989，第10页。

③ 《隋书》卷84《列传第四十九北狄·室韦》，中华书局，1973，第1883页。

④ 《北史》卷94《列传第八十二·室韦》，中华书局，1974，第3130页。

⑤ 以上引文，均出自《北史》卷94《列传第八十二·室韦》，中华书局，1974，第3129页。

图 2－6 成吉思汗半身像

注：明代佚名绘，纸本，画幅 58.3 厘米 × 横 40.8 厘米，右上方题“太祖皇帝即成吉思罕讳帖木真”。

图片来源：国家博物馆网站。

元初至清末，今呼伦贝尔、额尔古纳河、洮儿河、嫩江流域，一直是蒙古诸部落的重要游牧地。区内牧地广布，水草丰美，蒙古人以游牧为生，兼事狩猎。畜牧业是当地蒙古族的基本经济来源，农业经济间或存在。清末放垦以后，特别是中华人民共和国成立以后，东北蒙古族聚居区的农业生产有了长足发展，生产模式及文化面貌均发生重大转变。

（五）其他部族

综合传世文献与现代 DNA 检测成果，可以确认：今鄂伦春、鄂温克、达斡尔、锡伯等族，均与契丹或鲜卑人有较近的亲缘关系，可以划入东胡族系的范畴。

鄂伦春、鄂温克、达斡尔是中华人民共和国成立后相继认定的东北少数民族。在明清时期，上述民族或称“北山野人”（今外兴安岭，史称“北山”），或称“使鹿部”（该部以驯鹿等为交通工具，故而得名），或称“索伦”（清代惯用称谓）。上述民族与属于肃慎族系的赫哲族一样，“不事耕地”[①]，过着典型的渔猎生活。

1. 锡伯族

锡伯有“西伯、席伯、席北”等多种对译及写法。中华人民共和国成立后，定名“锡伯”。有学者通过DNA分析，发现现代锡伯族与古代拓跋鲜卑之间存在尤其密切的亲缘关系，进而推断其为拓跋鲜卑的后裔。[②] 今沈阳锡伯族家庙碑文中，有这样一段碑文：

> 原居（海拉尔东）南扎拉托罗河流域，嗣于齐齐哈尔、墨尔根、伯都讷等处编七十四牛录，历时四十余年。康熙（三十）六年……分为三队，于康熙三十六、七、八年迁入盛京，分驻各地效力。[③]

这是清嘉庆八年七月十六日锡伯族人自述的“家族史”，而且为清政府所认可，可信度较高。而且碑文中有关锡伯地望、迁徙历程的描述，与上述DNA检测结果也彼此呼应，因此，可以确定其为东胡族系的民族归属。锡伯族习俗类似满蒙，农牧渔猎兼营，以渔猎为主，以承办“鳇鱼差”而闻名。

2. 达斡尔族

达斡尔始见于清代文献，有“打虎儿”“达瑚尔”“达瑚里”“达呼里”等多种音译及写法。中华人民共和国成立后，尊重该民族意愿，定名“达斡尔”。

关于达斡尔的族源，曾有肃慎系、东胡系的争论。近年，有科研人

---

① 清太宗皇太极语。清崇德七年（1642）六月，皇太极有言：“自东北海滨，迄西北海滨，其间使犬，使鹿之邦，及产黑狐、黑貂之地，不事耕地，渔猎为生之俗。”

② 详见于长春《拓跋鲜卑线粒体DNA的遗传学分析》，博士学位论文，吉林大学，2007，第63页。

③ 《锡伯族家庙碑文》，转引自赵志强、吴元丰《锡伯家庙碑文考》，载孙进己等主编《中国考古集成·东北卷·元明清》，北京出版社，1997，第359页。

员通过 DNA 提取分析，发现达斡尔族与契丹族的分子生物学特征最为接近。再综合文献学、考古学、民俗学研究成果，我们认为，达斡尔源自契丹即属于东胡族系的观点，其说服力更强。

清代达斡尔族，一开始在黑龙江中上游、精奇里江一带生活，继而由于沙俄入侵，迁居嫩江流域。清政府将其与一起南迁的鄂温克、鄂伦春等族编成组织，统一管理，并习惯上将其与鄂伦春族、鄂温克族统称为“索伦部”。达斡尔族从事农牧，兼营渔猎，发展程度略高于相邻的鄂伦春、鄂温克等部族。

3. 鄂伦春族

此前，鄂伦春与鄂温克等部族统称为“索伦部”或“打牲部”“使鹿部”。直到清代康熙朝上谕等文献中，方有“俄罗（乐）春”“俄（鄂）伦春”乃至“鄂伦春”的称谓[①]。

明末清初，鄂伦春族在石勒喀河、精奇里江（今苏联结雅河）、外兴安岭、大小兴安岭一带生活，后迁往嫩江流域。鄂伦春族人善射，鄂伦春男孩“凡儿童七岁以后，其父兄即教以打猎之技艺，……及十岁左右则得心应手枪无虚发矣”。[②] 即便如鄂伦春族妇女，也都是射箭高手。《龙沙纪略》记载：“鄂伦春妇女，皆勇决善射。客至，腰数矢上马，获雉兔，作炙以饷。载儿于筐，裂布悬项上。射则转筐于背，旋回便捷。儿亦不惊。”[③]

鄂伦春族累世以狩猎为生。康熙时人方式济流放东北时，仍见“鄂伦春人无马，多鹿，乘载与马无异，庐帐所在皆有之。用罢任去，招之

① 《清圣祖实录》中言：“归顺奇勒尔、飞牙喀、库耶、鄂伦春四头目进贡，赏赉如例。”《清圣祖实录》卷 149，康熙二十九年十月壬戌，中华书局，1985，第 645 页。早此，《清太宗实录》中即有“俄尔吞”的记叙。“俄尔吞”当指“鄂伦春”。

② 都永浩：《鄂伦春族游猎·定居·发展》，中央民族大学出版社，1993，第 67 页。

③ （清）方式济著，董慧敏标注《龙沙纪略》，黑龙江人民出版社，1985，第 211 页。

即来"[①]，鄂伦春人"捕貂以犬，非犬则不得貂"[②]。中华人民共和国成立后，鄂伦春人逐渐转变了寻踪捕猎、迁徙不定的生活状态。

图 2-7 驯鹿

图片来源：吉林省图书馆"打牲乌拉数据库"。

二 生产方式

东胡族系"俗善骑射"，以"弋猎禽兽"[③] 为能事。自汉初迄清末，始终保持着以畜牧为主、狩猎为辅，居无常处、间或农作的生产模式，属于较为典型的游猎型。

（一）主营畜牧

东胡族系的活动区域，或为草原，或为草原与平原过渡地带。自然生态易于游牧，而不易于开展农作，因此，早在先秦时期，畜牧业就在东胡族的经济生活中居于主导地位。以该族遗存之井沟子墓地为例。考古发掘表明，该墓地的殉葬动物基本以马、牛、羊为主[④]，游牧文化的特

① （清）方式济著，董慧敏标注《龙沙纪略》，黑龙江人民出版社，1985，第 206 页。
② （清）方式济著，董慧敏标注《龙沙纪略》，黑龙江人民出版社，1985，第 927 页。
③ 《后汉书》中语，见《后汉书》卷 90《乌桓鲜卑列传第八十》，中华书局，1965，第 2979 页。
④ 王立新：《关于东胡遗存的考古学新探索》，《草原文物》2012 年第 2 期。

征非常显著。再以乌桓为例，该族以游牧为生，以肉酪为食，以毛毳为衣，以所乘马匹陪葬，以牛羊为祭品，而且皆烧而化之[①]。以上记叙说明，畜牧在乌桓人的生产及生活中已占有极为突出的地位。

鲜卑族的经济与乌桓大体相类，即基本赖畜牧以营生。尤其引人关注的是，在扎赉诺尔、老河深等处墓葬中[②]，已出土多枚方形神兽（一说飞马纹）鎏金铜牌饰。与此同时还发现了用于殉葬或祭奠的马、牛、羊等家畜的残骸。[③] 由上述出土文物及动物类遗骸可以想见，畜牧经济在当时当地普遍存在。

在今天所见的鲜卑人神兽鎏金铜牌饰中，有2枚特征非常鲜明。这两件神兽鎏金铜牌饰，均长约11厘米，宽约7厘米，厚约0.15厘米。其中，一枚兽首向左，一枚兽首向右。其造型均似骏马，昂首扬尾。但吻有弯角，肋生双翼，四蹄腾云，显然不是寻常的马匹，或者就是《魏书》中所言的神兽——“有神兽，其形似马，其声类牛”[④]（见图2－8）。

图2－8　榆树老河深方形神兽鎏金铜牌饰（2枚）

图片来源：吉林省文物考古研究所《榆树老河深》，文物出版社，1987，图版二三：1，2。

尤其值得关注的是，扎赉诺尔墓群的殉牲也几乎全部使用家畜，野

① 《后汉书》卷90《乌桓鲜卑列传第八十》，中华书局，1965，第2980页。

② 扎赉诺尔墓群与完工墓群相距约60公里，分布在木图那雅河东岸的坡地上，当为拓跋鲜卑早期遗存。老河深中层墓葬，是西汉末至东汉初鲜卑族的公共墓地。

③ 乌恩：《我国北方古代动物纹饰》，《考古学报》1981年第1期。

④ 《魏书》卷112《灵征志八下第十八》，中华书局，1974，第2927页。

生动物难觅踪迹。[①] 这说明，当时的畜牧经济已发展到可以主导社会生产的阶段。

（二）兼营渔猎

东胡族系在游牧之余多兼营渔猎。如发展程度较高的白金宝文化[②]，考古发掘显示，该文化类型的定居程度较高。有的灰坑中堆积的鱼骨、蚌壳，厚度可达 0.1 米。此外，陶器纹饰或图案经常出现青草、草地、圈栏等形象，反映出当时草原养畜的生活场景[③]，以及畜牧、渔猎兼具的游猎文化的特征。再如平洋文化[④]的创造者，也表现出以畜牧业为主，兼营渔猎，食肉衣皮的游牧状态。[⑤]

而且考古发掘资料显示，在诸部的早期阶段，狩猎的比重和影响都非常突出。以拓跋鲜卑为例。该部是鲜卑中居地最东的一支，也是鲜卑诸部中发展滞后的部落。嘎仙洞文化层出土的兽骨，可辨认者均为野生动物，说明当时的拓跋鲜卑仍以狩猎为主。游牧经济地位的上升，是后来的事情。

东胡族系文化遗存中，弓箭较为常见，而且形制丰富，功能多元（见图 2－9）。这些弓箭除了用于战事，还是射猎之利器，因此可以作为射猎经济发展程度的佐证。除此之外，海东青等猎鹰在契丹、蒙古等部族，特别是各部贵族的游猎生活中也占有较为特殊的位置。

---

① 乔梁、杨晶：《早期拓跋鲜卑遗存试析》，《内蒙古文物考古》2003 年第 2 期。

② 白金宝文化以肇源白金宝遗址而命名，是嫩江流域一支重要考古学文化。文化年代大体处于西周至春秋时期。详见赵宾福《白金宝文化的分期与年代》，载吉林大学边疆考古研究中心等主编《边疆考古研究》（第 7 辑），科学出版社，2008 年，第 119～134 页。

③ 朱永刚：《从肇源白金宝遗址看松嫩平原的青铜时代》，《吉林大学社会科学学报》2008 年第 1 期。

④ 平洋墓葬年代大致在春秋晚期到战国晚期之间。平洋文化主要分布在嫩江流域，南越洮儿河可抵通榆县境内，西越兴安岭进入额尔古纳河流域。黑龙江省文物考古研究所编《平洋墓葬》，文物出版社，1990 年，第 165 页。

⑤ 黑龙江省文物考古研究所编《平洋墓葬》，文物出版社，1990，第 171 页。

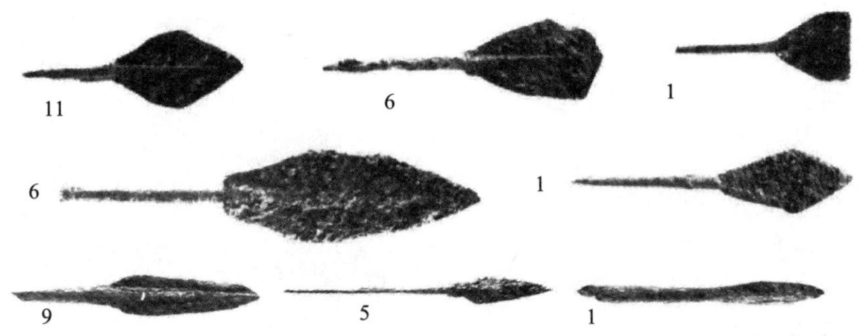

图 2-9 老河深中层遗址鲜卑箭镞

注：老河深中层遗址出土铁镞 138 件，分为六型十二式。该图是其中部分代表。

图片来源：吉林省文物考古研究所《榆树老河深》，文物出版社，1987，图版二三、二四、二五。

东胡族系的狩猎产品，特色突出。据文献记载，乌桓人在东汉初年入洛阳朝觐时，进献贡品中就有“虎豹貂皮”①。鲜卑人的野马、羱羊、端牛等都在中原地区颇有影响。至于貂、豽、鼲（hún）等“皮毛柔蠕”②，尤为名贵，为天下人所中意。扎赉诺尔、完工等地的鲜卑墓葬中，出土的鹿纹牌饰，以及野猪、鹿等骨骼遗存，也可以说明野猪、鹿等野生动物也是当时鲜卑人的主要狩猎对象。

东胡族系也从事渔捞。据文献记载，鲜卑人本不擅渔捞，后来为解决“田畜射猎不足给食”的问题，出兵劫来“善网捕”之倭人，安置在秦水两岸，“令捕鱼以助粮食”。③ 据考证，所谓“秦水”，又称“乌侯秦水”，即今老哈河。此外，辽代契丹人的“头鱼宴”，清代锡伯族的“鳇鱼贡”，都是东胡族系从事渔捞的典型事例。详见后文。

（三）且事农作

东胡族系从事农作的历史，可以追溯到先秦时期，但真正有所发展，

---

① 《后汉书》卷 90《乌桓鲜卑列传第八十》，中华书局，1965，第 2982 页。
② 《后汉书》卷 90《乌桓鲜卑列传第八十》，中华书局，1965，第 2985 页。
③ 《后汉书》卷 90《乌桓鲜卑列传第八十》，中华书局，1965，第 2994 页。

图 2－10　清郎世宁作《蒙人牧猎图》（局部）

图片来源：国家图书馆“数字推广工程・ArtBase 中国艺术图片库”。

当在魏晋以后。特别是前燕政权的慕容廆父子，特别注重学习中原发展经验，一面安抚流民，一面“教以农桑”，而且采用中原社会管理办法，“法制同于上国”①。

晋永和元年（345），前燕统治者慕容皝下令，将牧地猎场悉数改为农田，分给流民耕种。北燕政权由鲜卑化汉人冯跋所建立。冯氏拥据辽西时，“历意农桑，勤于政事”②，社会较为安定。经过前燕、北燕等执政者的调整和引导，辽西的农业生产有了显著发展。

今朝阳地区发现的“牛耕图”，就是当地小农经济发展状况的缩影。③ 此外，鲜卑人文化遗存中发现的农具，也是东胡族系从事农作的证据。老河深遗址发掘报告显示，该遗址鲜卑族文化层中，出土镢、镰、锸、凿等农业工具，其中镢的数量最多，绝大多数都有使用的印记，④ 说

① （清）汤球著，王鲁一、王立华点校《十六国春秋辑补》卷 23《前燕录一・慕容廆》，齐鲁书社，2000，第 175 页。

② （清）汤球著，王鲁一、王立华点校《十六国春秋辑补》卷 98《北燕录一・冯跋》，商务印书馆，1937，第 670 页。

③ 李庆发：《朝阳袁台子东晋壁画墓》，《文物》1984 年第 6 期。

④ 吉林省文物考古研究所：《榆树老河深》，文物出版社，1987，第 39 页。

明鲜卑人在游猎之余，也通过农业种植拓宽食物来源。

契丹、蒙古等族在建立政权之后，也较为重视农作。这方面成果较多，兹不赘述。

三 文化特色

（一）兽纹牌饰

东胡族系亦尚容妆服饰。据称，室韦妇女酷爱“赤珠”，穿挂于颈，“以多为贵”，甚至有“女不得此，乃至不嫁”[①] 的现象（见图 2－11）。东胡族系饰品中，以乌桓、鲜卑人的动物形牌饰最富有渔猎文化的特征。这些牌饰表现的动物形象，除了马、牛、羊等家畜，就是虎、鹿、鹰等野生动物形象。

图 2－11 东胡珠饰

注：该珠饰于 1956 年出土于辽宁省西丰县西岔沟，有东胡部族所特有的装饰风格。

图片来源：国家博物馆网站。

① 《北史》卷 94《列传第八十二・室韦》，中华书局，1974，第 3129 页。

以老河深鲜卑人墓葬出土的虎纹鎏金铜牌饰为例。其中较为完整的1件铜牌，前端为半圆形，后端为圆角长方形。长5.4厘米，前宽3.4厘米，后宽2厘米，厚约0.2厘米。该铜牌上面铸有猛虎一只。该虎昂首挺胸，四足凌空，作捕食状，虎口大张，气势逼人（见图2－12）。

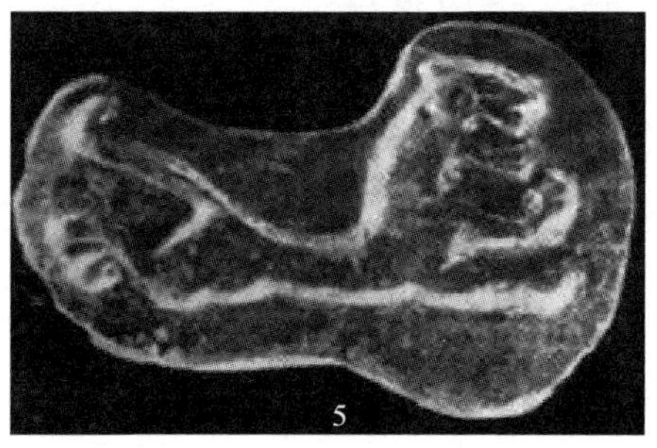

图2－12　虎纹鎏金铜牌饰

图片来源：吉林省文物考古研究所《榆树老河深》，文物出版社，1987，图六〇：2；图版三五：5。

再以该处出土的鹿纹牌饰为例。其中1件鹿纹多片饰尤其生动。该牌饰，残长12.2厘米，宽3.2厘米，厚0.05厘米。上面压制凸起的三只梅花鹿，均作奔跑嬉戏貌（见图2－13）。

图2－13　榆树老河深鹿纹多片饰

图片来源：吉林省文物考古研究所《榆树老河深》，文物出版社，1987，图六一：3，第68页。

东胡族系的其他装饰品，还有金、银、铜、骨角、琉璃、玛瑙等不同材质，分为耳饰、指环、牌饰等多种形制，均颇有民族特色（见图2－

14）。由于不便于区分其中的“渔猎”特征，姑且从略。

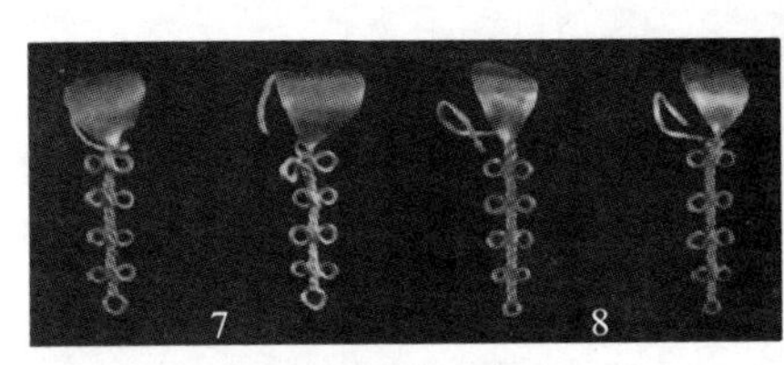

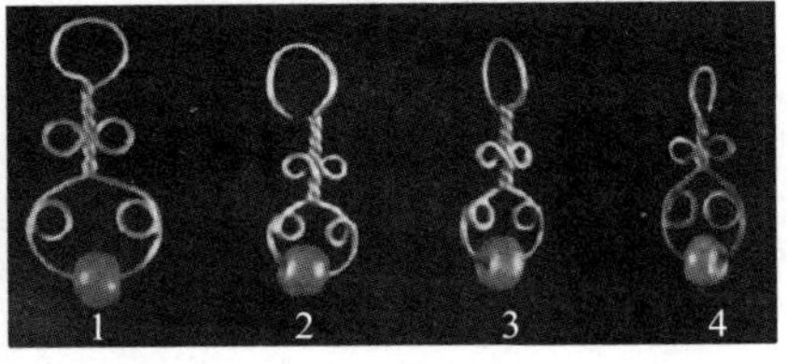

图 2－14　鲜卑金耳饰

图片来源：吉林省文物考古研究所《榆树老河深》，文物出版社，1987，图版四十一：7，8；图版四十二：1－4。

（二）多元信仰

东胡族系受其他文化影响，信仰较为多元。其中除了本土萨满外，中原的道教、佛教在鲜卑、契丹、蒙古等部族中都产生过重要影响。由于道教、佛教对渔猎生产各有理解，因此其对东北渔猎文化的影响非常值得关注。

万物有灵及萨满信仰，在东胡族系中较为普遍。如乌桓人，素敬鬼神，凡天地万物、日月星辰，凡有异象，都有崇拜。契丹族、蒙古族也有萨满信仰，而且在底层民众中较为流行。值得注意的是，蒙古族在狩猎之际往往举行一系列仪式，一则为从猎者祈祷佑护，二则为被猎杀的动物祈祷“净化”。

在与中原王朝的密切接触中，拓跋鲜卑、契丹、蒙古等族，均先后崇信佛教。北魏时期，佛教为拓跋鲜卑统治者所推重，并得到空前发展。由于其统治中心不在东北，故而对当地的影响有限，兹不详述。

辽代统治者提倡佛教，大兴佛事，译刻经典，遍修浮屠，塔庙林立。今辽宁义县仍存辽代奉国寺，它是目前国内保存最好的辽代佛寺。寺内供奉释迦牟尼佛等“过去七佛”，规模宏大，皆为辽朝杰作（见图 2－15）。

金代文人王寂在《辽东行部志》中对辽西等地的寺庙，也有颇多描

图 2－15　义县奉国寺七佛塑像

图片来源：辽宁义县奉国寺管理处主编《慈润山河：义县奉国寺》，天津大学出版社，2017，第 24～25 页。

述。由王寂笔端，可以想见当时信徒之多、香火之盛。[①] 元代佛教尤其兴盛，西藏名僧多为帝师。全国寺院多达数万所，僧众不下数十万。生活在东北地区的蒙古族，大多信奉藏传佛教。这些蒙古族虽不禁猎，但鲜有人捕鱼、食鱼。

此外，鲜卑、契丹等族对道教的墨箓、丹书、仙丹、得道等也颇感兴趣。老河深中层墓葬出土“四神规矩镜”一面，就是当时中原道教文化的符号。该铜镜已残，直径 11.8 厘米，边宽 1.9 厘米，厚 0.45 厘米，圆形，圆钮，四叶座，座外有方栏。栏外有八乳及“L”和“T”形记号。八乳中间有青龙、白虎、朱雀、玄武图案（见图 2－16）。

青龙、白虎、朱雀、玄武，本为四方位神，两汉之际为道教所表彰，成为“四灵神君”。“四神规矩”作为两汉之交的流行纹饰，具有浓郁的道家文化色彩。四神规矩镜是当时中原文化的典型器物，其在东北鲜卑墓葬中的发现，可以作为道教文化在东北传播的文化坐标。

（三）风俗禁忌

东胡族系曾以游猎为生，有诸多颇富民族特色的风俗禁忌。就葬俗而言，据《后汉书》记载，乌桓人出殡之际，要以肥犬一只以及亡人生

---

① 李品清：《徙居白狼水东的契丹及其文化》，《社会科学辑刊》1998 年第 1 期。

图 2-16 老河深四神规矩镜

图片来源：吉林省文物考古研究所《榆树老河深》，文物出版社，1987，图四三：3；图版三十：1。

前所乘马匹等殉葬，并且“皆烧而送之”，令这些犬马伴随亡人魂归“赤山”。赤山无考，据称，“在辽东西北数千里”[①]。

值得注意的是，在与中原汉族的密切接触中，东胡族系的风俗禁忌发生了诸多变化。以契丹人为例，辽建国后，此前置尸山树，三年后“收其骨而焚之”[②] 的习俗逐渐废除，开始仿照汉族，修造坟墓并丰富随葬。由于契丹人的火葬遗风与佛教信仰暗合，故而契丹建国并崇信佛教以后，依然继续保持。

再以拓跋鲜卑为例。这批“北朝”时期的开拓者在进驻中原后，

① 《后汉书》卷 90《乌桓鲜卑列传第八十》，中华书局，1965，第 2980 页。又见《三国志》，该书引王沈《魏书》中言：“肥养犬，以采绳婴牵，并取亡者所乘马、衣物、生时服饰，皆烧以送之。特属累犬，使护死者神灵归乎赤山。赤山在辽东西北数千里，如中国人以死之魂神归泰山也。”见《三国志》卷 30《魏书·乌丸鲜卑东夷传第三十·东沃沮》，中华书局，1964，第 832~833 页。

② 《北史》中称契丹先人，有这样的葬俗：“以其尸置于山树之上，经三年后，乃收其骨而焚之。”见《北史》卷 94《列传第八十二·契丹》，中华书局，1974，第 3128 页。

积极效仿汉俗，持续推行汉化。太平真君四年（443），北魏执政者遣中书侍郎李敞等人至“祖庙石室”（俗称“嘎仙洞”，位于今内蒙古鄂伦春自治旗阿里河镇西北10公里）举行“告祭”仪式，并重温昔日游猎生活，以示不忘先祖之志。此举在东胡族系发展史上具有里程碑式的意义。

东胡族系有较多的游猎习俗及禁忌，有的湮没失传，有的传承至今。传承下来的，在蒙古族中较为多见。民俗调查资料显示，蒙古族在狩猎前往往举行献祭诸神等仪式，以祈祷狩猎丰收。科尔沁部在出猎前要举行一场称作“阿米拉那”（意为“新生”）的仪式，即以血涂猎枪口。如果狩猎无果，空手而归，则要对猎犬、猎人举行“火净化”的仪式，以祛除晦气。蒙古族的狩猎禁忌，在不同部族、不同地域之间略有差别，但诸如忌说出猎日期、忌直呼猎物名称、忌说恶语粗言等，则为该族所共同遵守。①

第四节　华夏族系

华夏族系与东北的渊源，可以追溯到先秦时期。东北华夏族系的渔猎文化，固然发端于周秦时期，但真正意义上的形成和发展，则是在汉人大规模迁居东北以后。华夏族系在不断融合发展的过程中，在东北留下了一系列重要足迹。但是，直至清末民初，东北广大地区始终是肃慎、秽貊、东胡三大族系②主导的舞台。在这种民族格局及历史背景下，东北华夏族系的渔猎文化走出了一条不寻常的发展道路。

① 详见扎格尔《蒙古族狩猎习俗》，《内蒙古师范大学学报》（哲学社会科学版）2002年第1期。

② 夏商周时期的“东夷”，一般指黄淮流域，特别是山东地区的诸部族。秦汉时期的“东夷”，特指中国东北地区的肃慎、秽貊、东胡等族。

一 族系渊源

(一) 燕亳土著

有关东北华夏族系源流的讨论，学界的见解大同小异。金毓黼先生《东北通史》称之为“汉族”，其中包括燕辽东郡汉族、先史汉族、箕子朝鲜。佟冬先生主编的《中国东北史》称“古商族”，包括燕族、孤竹、古朝鲜。其他论著大致不逾上述规矩。在这里，我们重点探讨一下所谓的“燕亳土著”问题。

燕亳释疑。综合近年考古研究和文献考订的成果，我们可以确认，早在西周中期以前，夏家店下层文化的创造者就应该是华夏族系的重要支脉——燕亳[①]。相较于古燕、古商、汉族，“燕亳”的称谓既适应历史叙述习惯，也符合民族生成的实际。

所谓“燕亳”，较早见于《左传》“鲁昭公九年”，即周景王十二年(前533)。当时的周景王使臣詹桓伯在面见晋平公时，发表了一段义正词严的“声明”，意在表达“普天之下莫非王土”的观念，旨在告诫晋平公等人，不得擅自侵犯周王的封疆。在此“声明”中，有“武王克商，肃慎、燕亳，吾北土也”[②] 的说法。这是传世文献中较早出现的“燕亳”字样。

联系上下文，我们认为，“燕亳”是个偏正词语，意在强调：商末周初“亳(貊)”族的聚落，就是尔后“燕王”的封土。这个概念既是对周武王时期“北土”民族分布的历史追溯，也是周景王年间没有异议的辖区格局。正因为如此，在陈璋壶铭文中才有“匽(燕)亳邦”的措辞：“唯王(或释读为“佳主”)五年，奠昜(或释读为“郑阳”)陈得

① 王绵厚：《先秦时期中国东北三大土著族系及考古遗存新论》，《东北史地》2004年第5期。

② (春秋)左丘明撰，杨伯峻编著《春秋左传注》之《昭公九年》，中华书局，1990，第1308页。

再立事，岁孟冬戊辰，大臧鈛孤（或释读为“戈孔”），陈璋内（或释读为“入”）伐匽亳邦之获。”① （见图2－17）

学界有关“匽亳邦”的解读大致可信。但有一点必须强调，就是“唯王（或释读为“佳主”）五年”，即齐宣王五年（前315），此时仍是周慎王的天下。所以，即便如齐宣王这般雄主，依然不便于“明目张胆”地讨伐周王封国——燕。故而称伐“燕”为伐“燕”境之“亳”，即以代行弹压异族的方式塞悠悠众口。

在“燕”与“貊”关系问题上，还有以下两点，需要进一步澄清。

其一，“燕”之来历。

关于“燕”的来历，可以追溯到商王武丁②时期。当时的一则甲骨文卜辞，曾有“卜穷贞……在炎、竹”③ 的记叙。学界公认，“炎”即“燕”，“竹”即“孤竹”。据此，“燕”为商代方国之一，而且发展水平不低。

商王卜辞中述及“炎”“竹”，其与“先商东北说”不无关联。《十六国春秋》记载：“昔高辛氏游于海滨，留少子厌越以君北夷，邑于紫濛之野。”④ 所谓“紫濛”，清儒顾祖禹《读史方舆纪要》认为，紫濛在紫

① 陈璋壶有两件：一件现藏于美国宾夕法尼亚大学，称陈璋方壶；一件现存我国，于1982年在江苏盱眙出土，称陈璋圆壶。这两件铜壶的铭文，在《殷周金文集成》中都有著录。两个铭文基本相同，唯陈璋方壶的“大臧鈛孤”，在陈璋圆壶中作“齐臧鈛孤”。有关上述铭文，释读略有差异。参见周晓陆《盱眙所出重金络𬭚·陈璋圆壶读考》，《考古》1988年第3期；李学勤、祝敏申《盱眙壶铭与齐破燕年代》，《文物春秋》1989年第Z1期；陈晓雪《战国“陈得”“陈璋”考》，载辽宁省博物馆《辽宁省博物馆馆刊》（第3辑），辽海出版社，2008，第621～628页；陈青荣、赵缊《海岱古族古国吉金文集》，齐鲁书社，2010，第1168～1169页。

② 据“夏商周断代工程”研究成果，武丁在位时间为公元前1250～前1192年，为商朝中兴之王。

③ 王襄：《簠室殷契类纂》，转引自李德山、李成《燕族的族称、发展及对东北的开发》，《黑龙江民族丛刊》2000年第1期。

④ （清）汤球著，王鲁一、王立华点校《十六国春秋辑补》卷23《前燕录一·慕容廆》，齐鲁书社，2000，第174页。《万有文库本》的《十六国春秋》，与汤球的《辑补》本略有区别，该本缺少“邑于紫濛之野”六字。见（后魏）崔鸿《十六国春秋》之《前燕录·慕容廆》，商务印书馆，1937，第65页。

09703.1A

事 立(涖) 再 得 陳 易、 立(涖)， 年 五 王 唯

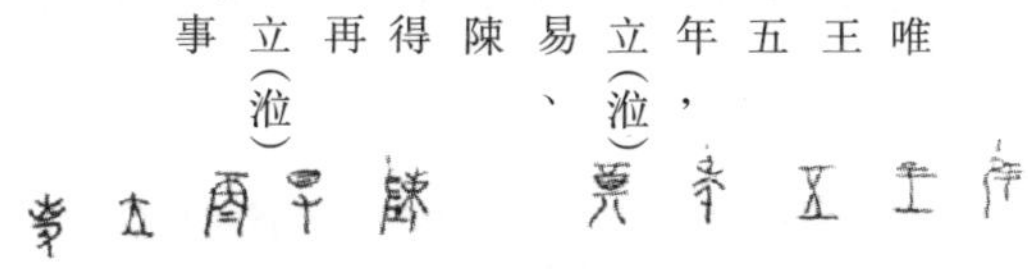

09703.1B

09703.2A

孔、 錢 嬖(將) 大 辰， 戊 冬 孟 歲，

09703.2B

5086

图 2-17　陈璋方壶铭文拓片书影

图片来源：中国社会科学院考古研究所编《殷周金文集成》（修订增补本），中华书局，2015，第 5086 页。另可参见“《殷周金文集成》在线检索数据库”，国学大师网站，http://www.guoxuedashi.com/。

蒙川①。据考，紫蒙川即今老哈河。② 又《荀子》言："契玄王，生昭明，居于砥石迁于商。"③《世本·居篇》亦言："昭明居砥石。"④ 综合《水经注》等传世文献可知，上文屡屡提及的"砥石"，大致位于今西辽河或西拉木伦河的源头处。这表明，早商的先祖曾在今辽西等地活动，并一度建城常住。

周革商命，分封诸侯，以屏藩王畿。周王封召公⑤于"燕"地，故名"燕王"。其主要用意当为依托召公威名，弹压殷商旧部。燕王封地以燕山南北为核心，东抵今大凌河流域。孤竹、令支、箕侯、亳（貊）等部族、方国，皆隶而属之。

图 2－18　喀左出土匽侯盂

注：西周时期青铜盛食器，1955 年辽宁喀左出土，高 24 厘米，侈口，附耳，深腹，内壁有 5 字铭文，作"匽侯作馈盂"。

图片来源：国家图书馆网站。

---

① 详见（清）顾祖禹著，贺次君，施和金点校《读史方舆纪要》卷 18《紫蒙川》，中华书局，2005，第 845 页。

② 佟冬主编《中国东北史》，吉林文史出版社，1987，第 154 页。

③（清）王先谦著，沈啸寰、王星贤点校《荀子集解》卷 18《成相篇》，中华书局，1988，第 464 页。

④（晋）皇甫谧等著，陆吉等点校《帝王世纪、世本、逸周书、古本竹书纪年》之《世本·居篇·殷》，齐鲁书社，2010，第 57 页。

⑤ 又作"邵公、召康公、太保召公"。姓姬名奭（shì），周文王的儿子，武王的弟弟。

其二，“貊”之踪迹。

至于“貊”的踪迹，上文已有考订，兹不赘述。这里需要强调的是，根据周王使臣言论及陈璋壶铭文，可以确认一点：至少在商末周初，“貊”就在今辽西等地较为密集地分布。这些“貊”人，或许早在殷商时期就是“燕（炎）”地土著。

综上所述，姑且搁置有关细节的争议，目前可以确定无疑的一点，就是今燕山南北及辽西地区，早在商周时期就是中原王朝的封土。传世及金石文献中的“炎”“匽亳”“燕亳”等华夏古族，同肃慎、秽貊一样，都是东北土著，是东北最资深的开拓者之一。

在追溯东北华夏族系源流的过程中，一个容易引起争议，但又不能回避的问题，就是民族与考古文化的科学比定①。考古发掘显示，商末周初，今辽西等地广泛分布、较有影响的考古学文化，先有夏家店下层文化，复有魏营子类型。它们与传世典籍、甲骨文卜辞及青铜铭文中的“炎”和“匽（燕）亳”之间，肯定存在某种关联。

就学界已取得的共识而言，上述考古学文化，既存在较为显著的中原文化的因素，也包含非常浓郁的东北地域文化的特征；既是东北土著文化的赓续，也是中国华夏文化的演绎。后来，随着山戎、东胡等族群的介入和兴起，燕亳文化逐步退出历史舞台。

（二）华夏先民

近年来，朱泓先生通过对人骨标本的体质人类学研究，提出大甸子Ⅰ组所代表的夏家店下层文化、高台山文化、顺山屯文化、夏家店上层文化②等居民的体质特征相似，均属于“古华北类型”。潘其风先生也认

① 王志丽：《夏家店下层文化族属研究综述》，《赤峰学院学报》（汉文哲学社会科学版）2008年第5期。

② 所谓“夏家店上层文化”居民的人种类型，严格来说，应称作“夏家店上层文化合并组”，其中包括：（1）红山组；（2）夏家店组；（3）南山根组；（4）龙头山组等多处遗址的多个测量数据。

为，大甸子Ⅰ组所代表的古代居民属于“古华北类型”居民。[①]

综上所述，我们认为，夏家店上层文化、高台山文化居民等均属于“古华北类型”，已有考古学和体质人类学的双重支撑[②]，可以视为定论。

人类体质学研究成果显示，古华北型是先秦东北居民的基本体质类型之一，其与后来的以鲜卑人为代表的“低颅阔面”的人种之间，存在较为显著的区别。[③] 如果将上述人种类型的时空分布与传世文献中的族系兴替相结合，我们不妨将以夏家店上层文化、高台山文化居民为代表的“古华北类型”视为“华夏族系”的先驱，或者将其归入广义的“华夏族系”的范畴。

先秦的华夏族，是汉族的前身。夏家店上层文化以后，特别是进入汉唐时期后，东北华夏族系移民日增，该族系给东北渔猎文化发展带来一系列非常重要的文化元素，其影响颇为深远。

（三）中原来客

华夏在战国已形成较为稳定的民族，但尚未统一。

许慎在《说文解字·序》中指出，当战国时，“分为七国，田畴异亩，车涂异轨，律令异法，衣冠异制，语言异声，文字异形”[④]。由此可见，当时的“华夏”虽已具备民族的基本特征，但地区差异依然比较明显。

直到秦始皇兼并六国，统一诸夏。尔后，汉继秦兴，四海一统。在

① 朱泓，王成生：《彰武平安堡青铜时代居民的种族类型》，《考古》1994 年第 2 期；朱泓：《中国东北地区的古代种族》，《文物季刊》1998 年第 1 期；潘其风：《大甸子墓葬出土人骨的研究》之《附录一》，科学出版社，1996，第 224～257 页。

② 周亚威：《内蒙古孤家子遗址高台山文化居民的体质人类学研究》，《华夏考古》2015 年第 4 期。

③ 张全超、王伟等：《吉林省白城市双塔遗址东周时期人骨研究》，《人类学学报》2015 年第 1 期。

④ （汉）许慎：《说文解字·序》，载（汉）许慎著，徐铉等校订《说文解字》第十五上，中华书局，1985，第 315 页。

前后400余年间，先秦华夏民族遗留的地区差异基本调和，华夏族系发展进入一个全新的阶段。

在中华民族发展史上，华夏民族在中原地区最先形成，这是民族大迁徙和大融合的结果。与此同时，周边地区的东夷、肃慎、秽貊、巴蜀、羌戎等族群，在各自区内发展，并与诸夏缔结多层次关联。在此过程中，与诸夏密切的夷、蛮、羌、戎等部基本“华化”，成为华夏民族的一部分。

先秦时期，在黄河中下游地区，夏人、商人、周人相继兴起，建立国家。他们虽然各有渊源，但在政权建立、巩固、更替过程中，不断推进流域内各部族的融合发展。到了东周又经历一场前所未有的民族大迁徙、大融合，直到秦始皇统一六国，国不论燕赵、楚越，地不分江淮、河洛，终于形成一个以夏人、商人、周人为主要来源，以“夏”或“华”或“华夏”为族称的民族共同体[①]。

秦统一以后，继之以两汉长达四个世纪的大统一。华夏不仅形成了统一的民族，而且在与其他民族的交往中，其族称亦因汉朝的影响深远而被称为“汉人”。

秦汉以降，“汉人”的概念进一步明确。其中，秦代的郡县，或被称为“中国”，或仍沿先秦习惯，称为“华夏”；郡县之民或被称为“中国人”。西汉初年，匈奴及西域各民族，仍称中原的郡县之民为“秦人”。到西汉中晚期，“汉人”的概念开始取代“秦人”，久之成为该族群的代指。[②]魏晋时期，郡县之民仍沿传统，自称“中国人”或“华人”或“夏人”，而其他民族则往往仍称之为“汉人”。

到了南北朝时期，“汉人”的概念传播愈广。据《南齐书·王融传》载，王融在上疏中称：“虏前后奉使，不专汉人，必介以匈奴，备诸觇

① 周人克商建国之后，常以“夏”之继承人自居，自称“有夏、区夏、诸夏、诸华”。

② 翁独健主编《中国民族关系史纲要》，中国社会科学出版社，2001，第96~116页。

获。”[①] 如王融这般“衣冠华族”，也不避“汉人”称谓，可见“汉人”作为族称已为世人所广泛认可。嗣后，文献中的“华夷”对举，逐渐变为“蕃汉”并称。应当说，南北朝以后，“汉人”作为中国主体民族的族称开始正式确定下来。[②]

秦统一后，在全国范围内推行郡县制。两汉历朝不但继续推进诸夏地域统一，还在燕秦设立辽东、辽西等边郡的基础上增设“汉四郡”，从而进一步拓展了华夏文化东传的空间范围[③]。

五胡十六国及北朝时期，中国北方战乱频仍。但由于鲜卑慕容氏等民族政权大多采取安抚流民、侨置郡县、发展农耕、效忠东晋等积极措施，所以不但取得了预期的政治目标，而且还吸引了不少中原汉人迁到辽东、辽西避难、定居，从而将燕末以来、秦汉以来的汉人迁居东北的进程，推向一个新的高度。

自此，华夏、东胡、肃慎、秽貊四大族系，在东北地区正式形成了大杂居、小聚居的时空格局。我们对“大杂居小聚居”的理解，有必要做视野拓展。

隋唐以至明清，特别是近代以来，汉族及汉文化不断流入东北。这不但强化了东北渔猎文化的族系构成，而且丰富了东北渔猎文化的精神内涵。特别是儒、道、佛的思想理念，农、工、商的文化模式，都经由汉族的示范和引导，注入东北渔猎文化的要素构成当中。这对东北渔猎文化而言，都有不可或缺的意义和价值。

---

① 《南齐书》卷47《列传第二十八·王融传》，中华书局，1972，第819页。

② 关于汉人族称的形成，参见陈述《汉人、汉子说》，《社会科学战线》1986年第1期；此外，贾敬颜《“汉人”考》及陈连开《中国·中华·中华民族》也有相关论述。这两篇文章均已收入费孝通等《中华民族多元一体格局》，中央民族学院出版社，1989，第72~113、137~152页。

③ 1974年、1975年，敖汉旗四家子、奈曼旗相继发现秦铁权、秦陶量等，说明秦统一后，东北地区同全国其他地区一样，也严格执行统一度量衡的制度。参见敖汉旗文化馆《敖汉旗老虎山遗址出土秦代铁权和战国铁器》，《考古》1976年第5期。

二 生产方式

从周初至战国末，燕国在东北西南部先后进行了长达900余年的开拓、经营，并相继设立右北平、辽西、辽东郡县，进行有效的行政管辖，使该地区的经济、社会取得长足发展，扩大了华夏文化的传播范围，并促进了孤竹、令支、山戎等部族与华夏族的互动交融。

（一）农作见长

史前及夏、商、周三代，东北农业发展水平始终不高。燕秦汉以后，随着中原移民及农耕技术的不断传入，自西而东，由南向北，东北的农作经济开始缓步发展。

以辽朝初年的辽西地区为例，当地及迁来汉人，以其所长，成为契丹贵族的佃户，对当地农业及社会发展做出一定贡献。有诗为证。苏辙在《使辽诗》中有言："奚君五亩宅，封户一成田。故垒开都邑，遗民杂汉编。不知臣仆贱，漫喜杀生权。燕俗嗟犹在，婚姻未许连。"[①] 所谓"奚君"，与契丹同源，这里代指当地的契丹小贵族。

苏辙出使期间，得见辽中京（今赤峰市宁城县）附近汉人为奚即契丹贵族佃户、从事农作的情景。此类现象在东北农业发展史上屡见不鲜。

当然，受政权更替、战火蔓延等影响，东北社会发展呈现出断续不定、起伏不平的面貌特征。尤其是农业经济，发展进程始终一波三折。直至清末民初，随着大批汉族自关内迁来，东北农业经济才取得长足发展，并长期主导区域经济发展。

（二）渔猎调剂

受农业发展水平等方面的条件制约，直到近现代，渔猎生产始终是

---

① （宋）苏辙：《使辽诗》，转引自蒋祖怡、张涤云整理《全辽诗话》，岳麓书社，1992，第313页。

东北华夏族系的重要衣食来源。而且，渔猎不但在生产层面上是东北农作经济的调剂，而且在生活层面上也为东北华夏族人所必需。

在这个问题上，无论考古发掘，还是民俗调查，都有大量例证。总而言之，渔猎在东北华夏族系中的地位和作用始终不得轻觑。

（三）工商兼营

华夏族系深谙工商之道，而且硕果累累。如白圭、子贡、吕不韦、陶朱公（范蠡）等，都是青史留名的富商巨贾。

肃慎、东胡、秽貊三族系固然也有所作为，但是，东北工商业的萌生、发展，应当主要在东北华夏族群中去追根溯源。尤其是近代以来，新式工业、商业的机器设备、运营办法、经管理念等，大都经东北汉族（包括汉军[①]）之手而在东北地区传播推广。与此同时，我们发现，近代以来，随着工商业的迅猛发展，东北渔猎文化也开始了前所未有的萎缩。

三　意义影响

先秦时期，除了特定时段的特定地区，东北依然是肃慎、秽貊、东胡等少数民族的舞台。华夏族系在渔猎文化中的作用发挥，形式较为特殊，影响较为深远。

（一）物质文化

东北华夏族系的渔猎文化，在特定时代背景和人文格局中呈现出的特征非常鲜明。以夏家店文化的双侧曲刃青铜短剑为例。该曲刃青铜短剑于内蒙古赤峰宁城南山根东区石椁墓出土，年代可以上溯到西周中晚期，是夏家店上层文化的标志。[②]

① 如在清末东北新政改革中发挥重要作用的赵尔巽，就是汉军旗人。

② 靳枫毅：《论中国东北地区含曲刃青铜短剑的文化遗存》（上），《考古学报》1982 年第 4 期；靳枫毅：《论中国东北地区含曲刃青铜短剑的文化遗存》（下），《考古学报》1983 年第 1 期。

该短剑通长 21.6 厘米，剑身呈曲刃柳叶形。柄部两面分别铸有男女裸像，男性双手下垂至腹部，女性双手交叉护胸部。男女裸像性别特征明显（见图 2－19）。

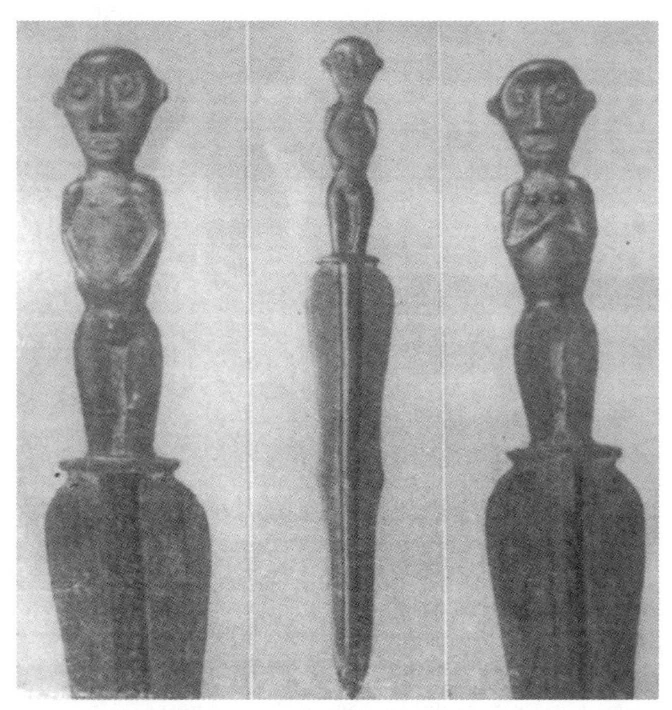

图 2－19　曲刃匕首式青铜阴阳铜剑

图片来源：靳枫毅《夏家店上层文化及其族属问题》，《考古学报》1987 年第 2 期，图版二：3。

这类人物装饰蕴含着丰富的族系文化信息，是探析该部族礼仪、信仰的重要素材。从中可以读出什么样的文化信息呢？我们认为，作为北方青铜文化的重要符号，曲刃青铜短剑与中原形制截然不同，与匈奴所制直刃刀剑也有明显区别，具有浓厚的地域和民族特征。据此判断，该文化的创造者应该是“东北化”的华夏族系，或者说是华夏族系在东北的“重要分支”。

再如汉代四神规矩铜镜。众所周知，到了汉代，铜镜已成为中原地区一种重要的室内陈列。传世及出土汉镜极多，可为佐证。汉代铜镜中，四神（青龙、白虎、朱雀、玄武）、五灵（四神之外加麒麟）的纹饰非常普遍，是汉代神仙方术、五行思想的生动表达，可以视为中原汉人文化的标志性符号。

汉镜在东北的流传与汉人的迁入有密不可分的关系，是华夏族系带给东北的一股清流。直到辽金时期，铜镜文化仍有广泛流传。

（二）生产方式

中原汉族在长期生产生活实践中，对农耕经济、农业文化情有独钟，并成为中国农耕民族、农耕文化的代表。这种文化心理也随着汉人东来，在东北地区广泛传播。

宋末的《松漠纪闻》、清初的《宁古塔纪略》，虽然前后相隔数百年，但毫无差别的一点是作者笔端洋溢的农耕文化的优越感。由于渔猎或游猎生产不足以支撑国家政权的有效运作，因此，每一个民族政权在崛起之后，势必要鼓励农耕，全面发展生产，并大力推进文化转型。这也是两汉以来东北渔猎文化在断续中发展的根本原因。而且，受此文化熏陶，无论契丹、女真还是蒙古、满洲，一旦踏足中原，大都对农耕经济及文化表现出强烈兴趣，进而不遗余力地提倡、推广，并因此而成就一代伟业。

（三）政治理性

“称王”“称帝”即“天下一统”等理念，引导东北少数民族首领积极入世，并以建国立业为职志。

战国时期，华夷统一的学说基本形成。自秦始皇统一天下，自称皇帝以后，族不论夷汉，地不分南北，“称王”“称帝”成为一种理性，撩拨着每一个政治家的心弦。而且，《礼记·曲礼》中君天下曰“天子”，《左传》中大一统曰“天下”的思想，成为驱动每一个执柄权者崛起争雄的政治理想。这是两汉以来一系列民族政权次第兴起的根本原因。

（四）文化观念

天人合一、天人感应、因果不空、业报循环等思想，也随着汉族迁入等途径传入东北，从而丰富了东北少数民族民众对“杀生”的理解。

较早接受儒、释、道文化的华夏族系，对“杀生”“人与众生”的认识和理解，与尚未“开化”的肃慎、秽貊等族系，存在较为显著的区别。上述观念，特别是佛教“慎杀业”的观念传入东北以后，对当地的渔猎文化产生了深刻影响。有关论述，详见后文。

总而言之，相较于有形的物质文化沉淀，上述无形的思想观念对东北渔猎文化、对古代东北社会发展的影响，尤其深刻且深远。

第三章

皇家文化

东北渔猎文化中的帝王色彩颇浓，本书姑且名以“皇家文化”。这是东北乃至中国文化研究中一个非常值得关注的话题。东北是一方充满活力的沃土，孕育了一批勇为人先、能为人先的民族精英。他们在开疆拓土、安邦立国之余，不忘先祖故土，不忘家国基业。在此时代及政治背景下，东北渔猎文化表现出异于寻常的风格面貌。

第一节　特殊群体

东北渔猎文化史上曾出现过一批身份高贵的“猎户”。由于他们的积极参与，本属寻常的渔猎文化平添不少贵气。契丹、女真等族崛起后，其统治者几乎无一例外地对渔猎活动情有独钟。商周以来，中原帝君也不乏畋猎爱好者，但未见有如这些来自东北的新贵对渔猎活动如此倾心。我们选择三个有代表性的群体，简述如下。

一　后燕冶游

自古以来，巡狩、渔猎就为中国帝君所钟爱，俨然是帝王文化的符号，而且不乏擅长斯事者。如夏桀“力能伸钩索铁，手能搏熊虎”[①]；商王帝辛“才力过人，手格猛兽”[②]；周代君王常行渔猎。《诗经》等经典文献多有记叙[③]。对于来自东北的少数民族统治者来说，畋猎也是非常惬意的消遣，大都乐此不疲。但是，冶游不节，靡费无度，势必玩物丧志，坏政误国。后燕末王慕容熙就是一个很好的反面教材。

（一）后燕始末

后燕是十六国时期的一个地方民族政权，为鲜卑慕容氏所建立。

东晋太元九年（384），前燕[④]降将慕容垂在荥阳（今河南荥阳）称“燕王”，废前秦年号，建立后燕政权。慕容垂始以中山（今河北定州）为都，继而迁回前燕故地，以龙城（今辽宁朝阳）为都。

后燕全盛时，其统治范围“南至琅邪，东讫辽海，西届河、汾，北暨燕、代”[⑤]，即据有今河北、山东，以及山西、河南、辽宁大部，成为十六国后期北方最强盛的国家之一。

东晋太元二十年（395），后燕对北魏用兵，结果经“参合陂（今山西阳高境）之役”，运筹不利，溃不成军。后燕自此衰落。东晋隆安元年（397），后燕与北魏角力，不料再次败北，其疆域被切断为南、北二部[⑥]。自此，后燕的实际控制范围只有今辽西一带，疆域狭小，民户不多。

东晋义熙五年（409），曾任后燕禁卫军将领的冯跋，乘机篡权称王，后燕灭亡。

---

① （晋）皇甫谧等著，陆吉等点校《帝王世纪、世本、逸周书、古本竹书纪年》之《帝王世纪第三·夏》，齐鲁书社，2010，第26页。

② 《史记》卷3《殷本纪第三》，中华书局，1959，第105页。

③ 如“狩、苗、同、蒐”，都是对特定游猎活动的标注。陈朝鲜：《〈诗经〉中的狩猎文化研究》，《农业考古》2010年第4期；姚伟钧：《中国古代畜牧渔猎经济论略》，《社会科学战线》2001年第5期。

④ 前燕（307～370），是鲜卑慕容部建立的地方民族政权，东晋太和五年（前燕建熙十一年，370）为前秦苻坚所灭。

⑤ （清）顾祖禹著，贺次君、施和金点校《读史方舆纪要》卷3，中华书局，2005，第130页。

⑥ 据文献记载，398年，慕容德在南部的滑台（今河南滑县）建立南燕政权。

（二）末王其人

慕容熙是后燕亡国之君，本为慕容垂少子，无缘王位。初封河间王，后封辽东公，又改河间公。

东晋隆安五年（后燕长乐三年，401），后燕第三代君王慕容盛为乱军所杀。群臣本想拥立慕容元（慕容盛之弟）继位。但是，慕容熙正得丁太后（慕容盛之母）宠爱。叔嫂二人合谋，慕容熙得即王位。慕容熙掌权后，索性一不做二不休，将慕容元赐死。

慕容熙借奸情而得王位，一时间忘乎所以。有人深知慕容熙品行，旋即将绝世佳丽——苻娀娥、苻训英姐妹——送到宫中，供慕容熙享乐。慕容熙对二女极为中意，荒淫无度。东晋义熙三年（后燕建始元年，407），慕容熙为慕容云所杀，仅享阳寿二十三年。顺便要说的是，符氏姐妹得宠后，丁太后愤恨异常，遂密谋废黜慕容熙，结果事泄，为慕容熙所诛杀。

（三）畋猎误国

末王慕容熙，昏庸无道，宠幸妖后，冶游无度，靡财荒政，只落得身首异处，国破家亡。

苻娀娥入宫后不久病死，苻训英得慕容熙专宠，得封皇后，史称“苻皇后”。苻皇后其人妖冶多姿，性耽游猎，且爱刀兵。慕容熙对苻皇后迷恋异常，凡有所请，从未违愿，因此春蒐冬狩，不次举行，劳民伤财，靡费无度。

据文献记载，东晋元兴三年（后燕光始四年，404）冬，苻皇后游性大发，再次行猎。此番游猎，规模浩大，曾北登白鹿山（今辽宁朝阳市喀喇沁左翼蒙古族自治县东），复东跨青岭（今辽宁义县东北），再南临沧海（今渤海湾），行程千百里。由于适逢严寒，沿途虎狼甚多，前后有五千余人，或冻馁而死，或葬身虎狼，景象凄惨异常。

苻皇后非但耽迷游猎，也喜刀兵，曾三番五次怂恿慕容熙对高句丽、契丹用兵。慕容熙依旧顺从照办。慕容熙之操国政而遂妇人私愿，动干戈有如儿戏，难免屡战屡败，结果几番战事，无不损兵折将，致使国力日衰。

东晋义熙三年（后燕光始七年，407）四月，苻皇后享尽荣华富贵，染病暴亡。慕容熙哀号不止，下令厚葬。出殡之日，由于灵车高广，不得而出。慕容熙下令，将宫门拆除。国之长者见状，扼腕长叹道："慕容氏自毁其门，将不入矣！"①

此言旋即应验！慕容熙披头散发，赤足出城，为苻皇后送葬。原中卫将军冯跋等人乘机发动叛变。不几日，慕容熙被人擒杀，后燕自此亡国。

后燕末王慕容熙荒淫无度，大肆游猎，擅动刀兵，窃权不久，便身首异处，家破国亡。

游猎刀兵，醇酒妇人。耽享淫乐，其死孰悯？可悲可叹！慕容熙其死不足惜，其事足可鉴。慕容熙以后，东北少数民族出身之君主亦不乏嗜好畋猎者，但是，无人肆意如斯，也无人凄凉如是。想来，慕容熙也是难得之警示。

二　辽主捺钵

东北少数民族汇聚，素来剽悍，驾驭诚难。燕秦汉以降，不论汉武唐皇还是辽主清帝，无不刻意经略，御边固土。其间，以巡狩为名，行治国方略，将游猎与治国有机结合的现象，颇为常见，极具民族与时代特色。其中，辽主"捺钵"尤其典型，既是东北渔猎文化的重要内容，也是辽代政治文化的重要构成。

（一）捺钵四地

"捺钵"是契丹语，意为行在、行营、行宫。"捺钵"依四季进行，分别称作春捺钵、夏捺钵、秋捺钵、冬捺钵。四时捺钵之处所相对固定。

① 《魏书》卷95《列传第八十三·慕容熙》，中华书局，1974，第2071页。

其中，春捺钵大致在今吉林省松原及白城境内，其他三季“捺钵”大致在今内蒙古东部地区。

1. 春捺钵地

春捺钵地主要在辽长春州、肇州境内的鸭子河、鱼儿泺等地。学术界曾对春捺钵的具体位置反复考订，见仁见智，议论纷纷。

我们认为，以下两份关键资料值得认真推敲。

其一，文献中有关“鸭子河泺”的记载。如《辽史·营卫志》中言：“鸭子河泺”在长春州东北35里[①]，鸭子河泺东西长20里，南北宽30里，方圆600余里，“四面皆沙埚，多榆柳杏林”[②]。综合《辽史》诸《本纪》中有关“春猎”地的描述，“鸭子河泺”应为鸭子河近旁之“泺”。

其二，乾安大型辽代遗址群的发现和发掘，已为国内学者所一致认定，当为辽帝春捺钵（驻地）之所在。

这是看似冲突的两份资料。第一，“长春州”治所，无论是松原的“塔虎城”，还是白城的“城四家子”，其东北35里，都没有规模在600里的大型“河泺”。第二，乾安遗址群所在地，就目前自然生态环境推测，当时绝非“头鱼”“头雁”的大型栖息地。

我们发现，以今天所见的乾安遗址群为中心，东北30余里，确实有规模足够的水域——查干湖，而且该水域与“鸭子河”连通，堪当“鸭子河泺”之称。

所以，我们的观点是，传世文献中所言的“春捺钵”有特指和泛指的区别。所谓“特指”，即辽帝之“驻地”；所谓“泛指”，即“驻地”（“特指”）及其近邻的“渔猎场”。传世文献中所言的“鸭子河泺……在

---

① 王易《燕北录》亦称：“（春）捺钵多于长春州东北三十里就泺甸住坐。”（宋）王易：《重编燕北录》，载《中国野史集成》编委会、四川大学图书馆编《中国野史集成》（第10册），巴蜀书社，1992，第287页。

② 《辽史》卷32《志第二·营卫志中》，中华书局，1974，第374页。

长春州东北三十五里”，应为“鸭子河泺（即“渔猎场”）……在长春州（即“驻地”）东北三十五里”。如此理解，传世文献与考古发掘之间的“隔膜”，自然可以迎刃而解。

至于“鱼儿泺”，当指另一处渔猎场。如《辽史·本纪》记载：辽统和五年（987）二月，辽圣宗耶律隆绪“如鱼儿泺”，三月复“如长春河鱼儿泺，其水一夕有声如雷”①。“长春河”又称“挞鲁河”，即今洮儿河及嫩江下游河段。“鱼儿泺”与“长春河”近邻，比照当今地理及渔业资源分布，当为“月亮泡”无疑。

辽圣宗、天祚帝时期也曾在“延芳淀”“鸳鸯泺”等地举行“春捺钵”，兹不详述。

2. 夏捺钵地

夏捺钵地相对随意，但基本集中在辽庆州、怀州境内。据《辽史》记载，夏捺钵驻地多在吐儿山②。“吐儿山”又作“犊儿山”，当在今赤峰巴林左旗西北部的乌兰坝林场附近。

黑山在辽庆州（辽庆州城位于今赤峰巴林右旗索博日嘎苏木，是辽代查干木伦河北岸的一方重地，今为国家级重点文物保护单位）境内。据考，《辽史》中所称“黑山”，有泛指，有具指。所谓“泛指”，指今赤峰巴林左旗、巴林右旗北部诸山。辽代三帝陵寝③即在其山谷之中，当地人称“王坟沟”。所谓“具指”，即特指辽帝的捺钵地。

永安山也为辽帝捺钵地。宋人王易在《燕北录》中称，辽帝“夏捺钵多于永安山住坐”④。永安山的具体位置待定，一说在今巴林左旗浩尔吐乡，一说在今西乌珠穆沁旗的朱日河山。

---

① 《辽史》卷17《本纪第十七·圣宗八》，中华书局，1974，第197页。

② 《辽史》卷32《志第二·营卫志中》，中华书局，1974，第374页。

③ “永庆陵”（辽圣宗，耶律隆绪）、“永兴陵”（辽兴宗，耶律宗真）、“永福陵”（辽道宗，耶律洪基）。

④ （宋）王易：《重编燕北录》，载《中国野史集成》编委会、四川大学图书馆编《中国野史集成》（第10册），巴蜀书社，1992，第287页。

西山在辽怀州境内，建有“清凉殿”。《辽史·地理志》中称，“西山”在怀州城以西20里[①]。据考，今巴林右旗幸福之路苏木的岗岗庙村遗址，为辽代怀州古城旧址。据此推定，西山当在今巴林右旗的岗根苏木附近。[②]

3. 秋捺钵地

秋捺钵地，主要位于辽庆州境内的伏虎林。《辽史·营卫志》中称，伏虎林在庆州[③]西北50里处。据此可知，伏虎林应与夏捺钵的“黑山”相距不远。

伏虎林的由来也有典故。据称，该林茂盛，禽兽资源丰富。后为一猛虎所盘踞，附近居民、畜牧饱受其害。某日，辽景宗耶律贤携数骑来此狩猎。该虎昔日跋扈山林，不料得见耶律贤，竟然蜷缩草际，全身战栗，不敢仰视。耶律贤仰天大笑，放它一条生路。耶律贤降服猛虎之事不胫而走，威名更盛，此地遂有“伏虎林”之名。

除了庆州伏虎林，今闪电河一带的“平地松林”“炭山”也曾是辽帝的秋捺钵之地。

4. 冬捺钵地

《辽史》称，冬捺钵在广平淀。广平淀位于永州西南（《辽史》误作“东南”，今改正）30里，原名白马淀。广平淀东西长20余里，南北宽10余里。地平坦，饶沙碛，木多榆柳，冬月稍暖，故选作捺钵地，居此过冬。[④]

辽永州城为今赤峰翁牛特旗的白音塔拉古城。该城西南30里，当为

① 《辽史》卷37《志第七·地理志一》，中华书局，1974，第443页。

② 以上参见王绵厚、朴文英《中国东北与东北亚古代交通史》，辽宁人民出版社，2016，第301～303页。

③ 《辽史》卷32《营卫志中》作“永州”。见《辽史》卷32《志第二·营卫志中》，中华书局，1974，第374页。傅乐焕先生已订正。详见傅乐焕《辽史丛考》，中华书局，1984，第56～59页。

④ 《辽史》卷32《志第二·营卫志中》，中华书局，1974，第375页。

今敖汉旗境内的“菱角泡子”（笔者按，今名“长胜镇”）。据考古工作者的实地调查实现，“菱角泡子”一带的冬季气温至今依然暖于他处。这与《辽史》中的记载吻合，宜于冬季防寒。[①] 由于冬捺钵期间要接受南宋等国礼贡，所以该驻地的建筑等级、规格等要远胜于其他捺钵地。

（二）渔猎松漠

辽国“秋冬违寒，春夏避暑”，因地制宜，“随水草就畋渔”[②]，在松漠一带，四时捺钵，各有侧重。

春捺钵，在鸭子河泺一带，设帐冰上，“凿冰取鱼”。冰泮雁来，乃“纵鹰鹘捕鹅雁”，“弋猎网钓，春尽乃还”。夏捺钵，无固定处所，多在吐儿山、黑山一带，有时也前往怀州之西山。夏捺钵多为避暑、纳凉之所在。闲暇之日，也有游猎，但规模不大。秋捺钵则入山林，“射鹿及虎”。冬捺钵，以“猫冬”（坐冬）为主，偶尔“校猎讲武”。[③]

辽帝渔猎松漠，以网牛鱼、捕鹅雁、射鹿尤具特色，略述如下。

其一，凿冰取鱼。

宋人程大昌在《演繁露》中对此有详尽描述：

> 达鲁河钩牛鱼，辽中盛礼。意慕中国赏花钓鱼，然非钓也，钩也。达鲁河东与海接，岁正月方冻，至四月而泮，其钩是鱼也，辽主与其母皆设次冰上。先使人于河上下下十里间，以毛网截鱼，令不得散逸。又从而驱之，使集辽帐。其床前预开冰穴四，名为冰眼。中眼透水，旁三眼环之，不透，第凿减令薄而已。薄者，所以候鱼，而透者，将以施钩也。鱼虽水中之物，若久闭于冰，遇可出水之处，亦必伸首吐气。放透水一眼，必可以致鱼。而薄不透水者，将以伺

① 王绵厚、朴文英：《中国东北与东北亚古代交通史》，辽宁人民出版社，2016，第305页。
② 《辽史》卷32《志第二·营卫志中》，中华书局，1974，第373页。
③ 以上引文，均出自《辽史》卷32《志第二·营卫志中》，中华书局，1974，第373~375页。

> 视也。鱼之将至，伺者以告辽主，即于已透眼中，用绳钩掷之，无不中者。既中遂纵绳令去。久（之），鱼倦，即曳绳出之。[①]

辽帝捕“牛鱼”的方法便捷有效，为后人所效法。所谓牛鱼，属鲟科大型鱼类，有的长达数米，重逾千斤。《博物志》《本草纲目》《吉林地理纪要》等传世文献均有记叙。清人方以智亦言：“牛鱼，北方之鲔类也，契丹主达鲁河钩牛鱼，以其得否为岁占。”[②]

其二，弋猎鹅雁。

《辽史》中载，捕头鱼告一段落后，河湖冰泮，乃“纵鹰鹘捕鹅雁”。大致过程如下：

> 晨出暮归，从事弋猎。鸭子河泺……四面皆沙埚，多榆柳杏林。皇帝每至，侍御皆服墨绿色衣，各备连锤一柄，鹰食一器，刺鹅锥一枚，于泺周围相去各五七步排立。皇帝冠巾，衣时服，系玉束带，于上风望之。有鹅之处举旗，探骑驰报，远泊鸣鼓。鹅惊腾起，左右围骑皆举帜麾之。五坊擎进海东青鹘，拜授皇帝放之。鹘擒鹅坠，势力不加，排立近者，举锥刺鹅，取脑以饲鹘。救鹘人例赏银绢。皇帝得头鹅，荐庙，群臣各献酒果，举乐。更相酬酢，致贺语，皆插鹅毛于首以为乐。赐从人酒，遍散其毛。[③]

宋真宗时，派使臣晁迥到辽国祝寿。该使臣曾亲见“（辽国）国主射猎”场面。据称：

---

① （宋）程大昌：《演繁露》卷3“契丹于达鲁河钩鱼”条，四库全书本第852册，第90~91页。

② （清）方以智：《通雅》卷47“鱼”，中国书店，1990，第574页。

③ 《辽史》卷32《志第二·营卫志中》，中华书局，1974，第374页。

> （辽人）始至长泊，泊多野鹅、鸭，国主射猎，领帐下骑，击扁鼓遶泊，惊鹅、鸭飞起，乃纵海东青击之，或亲射焉。国主皆佩金玉锥，号杀鹅杀鸭锥。每初获，即拔毛插之，以鼓为坐，遂纵饮，最以此为乐。[①]

上述文字对辽帝渔猎场面都有生动描述，而且言辞平易，不难理解，故不绎叙。

其三，吹角射鹿。

鹿是秋捺钵的主要狩猎物。每年秋季，适逢梅花鹿繁殖季节。鹿鸣呦呦，持续月余，雄鹿多能寻声而至。鹿性嗜食盐，每当夜半，都会聚集盐碱池旁，觅食求偶。契丹人"衣褐裘"[②]，以便于藏匿，又根据梅花鹿习性，"吹角效鹿鸣"，待群鹿麇集，即围而射之。其鹿称"舐碱鹿"，其法称"呼鹿"[③]（见图3－1）。

（三）羁縻边疆

契丹族以游猎为生，"转徙不定，车马为家"。辽朝虽以上京（位于今赤峰巴林左旗林东镇）、中京（位于今赤峰市宁城县天义镇以西）为首都，但经常在捺钵地处理政务。

辽朝君主以四时巡狩、多地捺钵的形式处理军国大事，是辽代政治文化的重要内容，也是古代东北渔猎文化的一个特色构成。

辽主四季捺钵地不同，处理事务也有所侧重。大致说来，冬季捺钵，"与北、南大臣会议国事，时出校猎讲武，兼受南宋及诸国礼贡"[④]；春捺

---

① （宋）叶隆礼著，贾敬颜、林荣贵点校《契丹国志》卷23，上海古籍出版社，1985，第226页。

② （宋）叶隆礼著，贾敬颜、林荣贵点校《契丹国志》卷15，上海古籍出版社，1985，第226页。

③ 《辽史》卷32《志第二·营卫志中》，中华书局，1974，第375页。

④ 《辽史》卷32《志第二·营卫志中》，中华书局，1974，第375页。

图 3-1　辽东陵壁画摹本

图片来源：东潮《辽代壁画资料》，日本广岛大学综合科学部《人间社会文化研究》第 14 卷（2007），第 158 页。

钵、秋捺钵期间则召见各部首领。其中，春捺钵期间，多召见高丽、五国部[①]少数民族首领，羁縻东北边疆少数民族诸部，在契丹人的议事日程

① 辽代女真多分布在今依兰以东的松花江、黑龙江沿岸，渐而形成盆奴里、奥里米、越里吉等五大部族。辽朝为加强管理，设五国部，以越里吉（位于今依兰县）为五国部头城。

中占有相当重要的地位。《辽史》中有关这方面的记载颇多。[①]

三 清帝东巡

清朝建立后，以盛京为陪都，以东北为根本，以特色渔猎资源为专享，将东北渔猎文化的皇家色彩发挥得淋漓尽致。这其中，清帝东来巡狩并谒陵祭祖，开辟围场以及封禁贡山、贡河，特色尤其鲜明。

（一）东巡始末

清帝东巡，故土重游，素有传统，而且目的多元。其中，祭祖是第一要务，武备是例行项目，渔猎则是重要内容。

首先，东北是发祥之地，有三陵（先祖之永陵、太祖之福陵、太宗之昭陵）一庙（盛京太庙）。三陵一庙均设专门管理机构，并派驻官员或特使，负责或主持四时祭奠。除此之外，自康熙十年（1671）始，康熙、乾隆、嘉庆、道光四位帝王曾先后十次来东北谒陵祭祖。其中，康熙帝三次（1671 年、1682 年、1698 年）、乾隆帝四次（1743 年、1754 年、1778 年、1783 年）、嘉庆帝二次（1805 年、1818 年）、道光帝一次（1829 年）。

其次，东北是边疆重地，自清初抗击沙俄以来，清朝中央政府对东北边疆安全始终给予高度关注。除了设立多处将军、副都统衙门，还通过多条途径增强驻防军力。其中，康熙等皇帝屡次东巡，均将检阅八旗驻防作为例行项目之一。如康熙二十一年（1682）的东巡吉林，其重要目的之一就是检查东北防务，为抗击沙俄做准备。这就是康熙御制《松花江放船歌》中何以有“貔貅”“健甲”“旌旄”“朱缨”等物象的根本原因。至于“我来问俗非观兵”的诗句，则是此番东巡意图的委婉表达，而不能仅仅视为寻常的诗歌辞令。此外，乾隆等皇帝东巡期间，也多有

① 李旭光先生有统计，可参见李旭光《辽帝春捺钵在松原地的主要活动内容》，载李旭光《查干湖畔的辽帝春捺钵》，吉林人民出版社，2011，第 79～102 页。

检阅八旗骑射的记载，恕不一一引据（见图3－2）。

最后，东北是特产之区，野生动植物资源丰富，其中如紫貂、梅花鹿、鲟鳇鱼、野山参、冷水珠等，都是皇家专供。缘此，清政府下令，相继划定了盛京围场、吉林围场、打牲乌拉所属之贡山、贡河等若干特定区域，并严格禁止一切非法猎采。清帝东巡期间，多行渔猎之事。巡狩诸帝中，以康、乾二帝尤为知名。这二位皇帝，均文武兼擅，又精力充沛、嗜好射猎，因而每有巡狩，都旌旗猎猎。随行精锐，均骑射娴熟，威武雄壮，凡遇虎跃熊突，无不将其悉数降服。康、乾二帝巡狩故土，犹存满洲遗风，也为一时盛况。

图3－2　南京博物院藏蓝釉描金粉彩开光转心瓶

注：通高70厘米，口径20厘米，底径24厘米，有“大清乾隆年制”六字篆书年款，是乾隆时期官窑精品。该转心瓶工艺极复杂。套装的内瓶可以转动，内瓶上绘有犬马、侍卫、臣民、山石、林木，以及策马而行的乾隆帝等形象。转动内瓶，透过外瓶漏窗可见一幅立体巡狩图景。反映了乾隆东巡行围的场景。

图片来源：图片及文字描述，参见南京博物院网站。

（二）谒陵祭祖

自拓跋鲜卑遣人东来寻根问祖以后，相继崛起的东北少数民族在建国立业以后，都不忘故土先祖，或亲临，或遥祭，极尽悃诚。其中以清帝的亲临祭拜尤为典型。相关研究成果较多，兹不赘述，仅就以下三个具体事例略述我们的认识和理解。

1. 顺治祭祖之志

实际上，顺治帝自定鼎北京以后，赖祖、父（太祖、太宗）庇护，遇难成祥，“以有今日”，因而“眷怀陵寝”，屡有“展谒”之意。但由于年幼，权操他手，“未获举行”。虽然如此，顺治帝眷恋故土之心不改，思慕先祖之情弥笃，每逢祭日，则瞻仰在天之灵，“徘徊几筵”，潸然泪下，甚至“寝食俱废，日夜靡宁”。顺治帝亲政以后，清除异党，根基日稳，有意东巡，“躬诣山陵，稍展孝思”，故于顺治十年（1653）五月谕令王公大臣，“详议以闻”，并责成礼部议定仪轨等事。[①] 由于时机不成熟，顺治帝终其一生都未能如愿，但在清帝东巡史上，自有其意义和影响。

2. 康熙感恩之心

如上文所述，康熙二十一年（1682）二月，康熙帝第二次东巡祭祖。在告祖陵祭文中，康熙帝自称“臣祗承鸿绪，抚莅多方”，不意吴三桂等发动叛乱，前后八载，疆宇不宁，举国震动，举国同仇敌忾，军民勠力一心，更“仰赖先德，默垂眷佑”，方“遏除乱略，获奏荡平”，故而“躬诣山陵，率诸王文武群臣，以告捷礼”，“伏惟歆鉴”云云。[②] 福陵、昭陵、永陵祭文相同。康熙帝至诚之心溢于言表，感人至深。

3. 雍正祭祖之行

康熙六十年（1721），适逢康熙帝“御极六十年大庆”，雍正帝时为皇子、和硕雍亲王，奉康熙谕旨，率领皇十二子固山贝子允祹、世子弘

---

① 以上引文均出自《清世祖实录》卷75，顺治十年五月丁丑，中华书局，1985，第592页。

② 《清圣祖实录》卷101，康熙二十一年二月甲寅，中华书局，1985，第17页。

晟等，往祭永陵、福陵、昭陵。[①] 雍正欣然领旨，圆满完成使命，并作诗咏纪。

《瞻仰盛京宫阙念祖宗创业艰难恭赋二十韵》：

奉命趋辽海，猗欤仰旧宫。
逶迤龙脉远，詄荡凤城雄。
念昔开洪造，乘时建武功。
师征方自葛，考卜重迁酆。
一剑风尘际，三陲指顾中。
神威宣率土，皇极协苍穹。
式廓弥增壮，维垣遂克崇。
八门连阛域，双阙竦高空。
曳佩千官列，输琛万国同。
兵农咸定制，礼乐渐移风。
爰及纯熙介，覃敷景历融。
寰区欣奠鼎，故里抱遗弓。
沛邑恩优渥，春陵望郁葱。
星躔争拱北，王气本从东。
绵瓞钟灵盛，凝庥后裔蒙。
圣慈殷孝享，敕谕遣微躬。
肃睹兴京胜，恭承祀典隆。
丕基劳栉沐，奕叶荷帡幪。
槚松灵祇获，檐楹肸蚃通。
祖宗光烈在，明发惕愚衷。

① 《清圣祖实录》卷291，康熙六十年正月乙亥，中华书局，1985，第826页。

《瞻仰盛京宫阙念祖宗创业艰难恭赋二十韵》中的“奉命趋辽海”句，开宗明义，所指当为康熙六十年（1721）奉旨谒陵之事。

又《谒福陵恭颂》：

一峰天柱象昆仑，圣武开基百世尊。
庙貌辉煌茂剑舄，尘氛荡涤辟乾坤。
赤龙遐举云留影，石马宵趋汗渍痕。
赫濯声灵通僾肃，春秋霜露感长存。

又《谒昭陵恭颂》：

钟灵毓秀气佳哉，宇宙从兹景运开。
帝统兼因文治广，圣基岂独武功恢。
辽韩海水涵深泽，松杏山高接上台。
虔肃奉觞恭拜毕，五云飞处久徘徊。①

《谒福陵恭颂》与《谒昭陵恭颂》当写于同时。后一首中的“虔肃奉觞恭拜毕”句，当指雍正主持昭陵祭奠事。据此推测，它也与《瞻仰盛京宫阙念祖宗创业艰难恭赋二十韵》一样，是康熙六十年雍正奉旨谒陵的实录。

（三）渔猎关东

康熙、乾隆诸帝东巡，车驾所在，多行渔猎。每当此时，都是一时盛况。其中，以康熙帝第二次东巡尤为壮观。

康熙帝此番东巡，一路行围二十余次，射虎多达四十只。其中，来

① 以上三篇诗作，均出自《世宗宪皇帝御制文集》卷23《诗·雍邸集》，影印文渊阁四库全书本第1300册，商务印书馆，1986，第173～174页。

盛京途中，行围四次，射虎八只。去兴京永陵祭祖途中，行围二次，射虎四只。巡幸吉林途中，行围九次，射虎二十二只。自吉林返盛京途中，行围三次，射虎三只。自盛京返回北京途中，又行围二次，射虎二只。（见《康熙第二次巡狩渔猎表》）此外，其他小型狩猎及捕获的小型动物，应该也不在少数。由于不能体现康熙帝之神武，《实录》中均略而不记。

康熙帝此番巡狩，还网捕多次。

一次在前往盛京途中。《康熙起居注》中记：三月初二日，康熙“于辽河网鱼，捕获颇丰，赐给扈从诸王、贝子、公等”，还赐给随行的内大臣、侍卫、部院官员。[①]

一次在驻跸盛京期间。这次网鱼规模较小，但亲情脉脉，极为感人。事见当年三月初八日康熙帝致皇太后请安书。康熙帝在请安书中这样写道：“臣（康熙帝谦称）自山海关至盛京，水土皆佳，兽多鱼鲜。每当食顷，辄念不能驰奉太皇太后圣祖母，甚歉于怀。到盛京后，身亲网获鲢鱼、鲫鱼，设法成段，浸以羊脂者一种，盐腌者一种，星驰递送。心期奉到之日，倘得味仍鲜美，庶可稍见微诚。山中野烧，自落榛实及山核桃、朝鲜所进柿饼、松子、白菓、栗子，附候安奏启同往。伏乞俯赐一笑。不胜欣幸。”[②] 康熙帝事孝庄皇太后极孝，在中国古代帝王中堪称典型。其孝心之至诚、细腻，由此可见一斑。

一次在大乌喇虞村驻跸期间。大乌喇虞村距船厂 80 里，四月初一日，康熙帝“于松花江网鱼”，并将网得鲜鱼赐给外藩诸王、台吉，以及随行的内大臣、侍卫等。[③] 此番网捕，收获最多。康熙帝欣喜异常，作御制诗一首《松花江网鱼最多颁赐从臣》，诗言：

---

① 中国第一历史档案馆整理：《康熙起居注》卷 1，康熙二十一年三月，中华书局，1984，第 828 页。

② 《清圣祖实录》卷 101，康熙二十一年三月丙辰，中华书局，1985，第 19 页。

③ 《清圣祖实录》卷 102，康熙二十一年四月戊寅，中华书局，1985，第 22 页。

松花江水深千尺，椗桅移舟网亲掷。
溜洄水急浪花翻，一手提纲任所适。
須臾收处激颒波，两岸奔趋人络绎。
小鱼沉网大鱼跃，紫鬣银鳞万千百。
更有巨尾压船头，载以牛车轮欲折。
水寒冰结味益佳，远笑江南夸鲂鲫。
徧令颁赐扈从臣，幕下燃薪遞烹炙。
天下才俊散四方，网罗咸使登岩廊。
尔等触物思比托，捕鱼勿谓情之常。[①]

该诗将“网鱼”与“网罗天下才俊”相比，强调“网鱼”并非简单的纵情娱乐。其意境、情景与《实录》记叙相吻合，当为四月初一日“于松花江网鱼”时所作。

还有一次，在距离大乌喇虞村80里的冷棚一带水域。据高士奇《扈从东巡日录》记载，四月初三日，“上（笔者按，指康熙帝）渔于冷棚，是产鲟鳇鱼处，去虞村八十里。冒雨晚归，驻跸大乌拉虞村”[②]。值得注意的是，后人据此多有附会，称康熙帝在此捕获鲟鳇鱼云云，不足凭信。

康熙此番东巡，曾在吉林检阅水军。当时的松花江，江面百舸争流，甚为壮观。江中涛声隆隆，军威雄壮（见图3－3）。康熙帝大喜，挥笔写下《松花江放船歌》：

松花江，江水清，夜来雨过春涛生，浪花迭锦绣縠明。
彩帆画鹢随风轻，箫韶小奏中流鸣，苍岩翠壁两岸横。

① （清）陈廷敬等奉敕编，张廷玉等奉敕续编《皇清文颖》卷首五，《圣祖仁皇帝御制诗·松花江网鱼最多颁赐从臣》，影印文渊阁四库全书本第1449册，台湾商务印书馆，1986，第174页。
② （清）高士奇：《扈从东巡日录》，吉林文史出版社，1986，第161页。

浮云耀日何晶晶，乘流直下蛟龙惊，连樯接舰屯江城。
貔貅健甲毕锐精，旌旄映水翻朱缨，我来问俗非观兵。
松花江，江水清，浩浩瀚瀚冲波行，云霞万里开澄泓。[①]

图 3－3　康熙东巡图

图片来源：吉林省图书馆“打牲乌拉数据库”。

表 3－1　康熙二十一年东巡渔猎表

序号	时间	活动	驻跸地点
	二月十五日癸巳	启行	
1	二月二十三日辛丑	行围。射殪二虎。	王保河
2	二月二十四日壬寅	行围。射殪二虎。	中后所
3	二月二十五日癸卯	行围。射殪二处（虎）。	宁远州

① （清）陈廷敬等奉敕编，张廷玉等奉敕续编《皇清文颖》卷首五，《圣祖仁皇帝御制诗·松花江放船歌》，影印文渊阁四库全书本第 1449 册，台湾商务印书馆，1986，第 174 页。

续表

序号	时间	活动	驻跸地点
4	二月二十八日丙午	行围。射殪二虎。	广宁县闾阳驿
5	三月初二日庚戌	于辽河网鱼	辽河西
6	三月初八日丙辰	网获鲢鱼、鲫鱼。	盛京城
7	三月初九日丁巳	行围。射殪一虎。	琉璃河
8	三月十日戊午	行围。射殪三虎。	札凯
9	三月十二日庚申	行围。射殪一虎。	嘉佑禅
10	三月十三日辛酉	行围。射殪三虎。	鄂尔铎哈达曾家寨
11	三月十四日壬戌	行围。射殪二虎。	哈达毕喇
12	三月十五日癸亥	行围。射殪一虎。	喇湖塔鄂佛罗
13	三月十六日甲子	行围。射殪五虎。	庚额
14	三月十七日乙丑	行围。射殪三虎。	库鲁
15	三月十九日丁卯	行围。射殪四虎。	夸阑毕喇
16	三月二十日戊辰	行围。射殪一虎。	阿尔滩诺门
17	三月二十一日己巳	行围。射殪二虎。	色穆恳毕喇
18	四月初一日戊寅	于松花江网鱼	大乌喇虞村
19	四月初三日庚辰	于冷棚（去虞村八十里）	捕鱼大乌喇虞村
20	四月十二日己丑	行围。射殪一虎。	噶哈达巴汉
21	四月十四日辛卯	行围。射殪一虎。	威远堡
22	四月十五日壬辰	行围。射殪一虎。	三塔堡
23	四月二十三日庚子	行围。射殪一虎。	沙岭城内
24	四月二十七日甲辰	行围。射殪一虎。	宁远州城西南
	五月初四日辛亥	回京	

资料来源：《清圣祖实录》卷101，卷102；中国第一历史档案馆编《康熙起居注》卷1《扈从东巡日录》。

第二节　特设机构

东北皇家渔猎非寻常百姓可比，除了场面宏大，参与人数众多，还有一系列附属设施和专属区域。在此，就辽、金、清三代帝王的行宫牙帐，辅助渔猎的衙署机关，以及清代皇家专享的贡山、贡河等简要介绍如下。

一　行宫牙帐

（一）辽主宿卫地

契丹是典型的东北游猎民族，素以畜牧畋渔为食，以皮毛为衣，“转徙随时，车马为家”。加上统治区“尽有大漠，浸包长城”，秋冬寒冷，夏春燥热，故而辽朝君主“因宜为治”，四季捺钵，“随水草就畋渔”，而且“岁以为常”①。辽朝君主游猎时，行宫相对简单。除了如“清凉殿”② 等固定建筑外，凡牙帐所在，就是行宫所在。

辽主诸行宫中，以冬捺钵的牙帐，宿卫尤严，规模尤大。《辽史》记载：“皇帝牙帐以枪为硬寨，用毛绳连系。每枪下黑毡伞一，以庇卫士风雪。枪外小毡帐一层，每帐五人，各执兵杖为禁围。”“南有省方殿，殿北约二里曰寿宁殿，皆木柱竹榱（cuī），以毡为盖，彩绘韬柱，锦为壁衣，加绯绣额。又以黄布绣龙为地障，窗、槅皆以毡为之，傅以黄油绢。基高尺余，两厢廊庑亦以毡盖，无门户。”“省方殿北有鹿皮帐，帐次北，又有八方公用殿。寿宁殿北有长春帐，卫以硬寨。宫用契丹兵四千人，每日轮番千人祗直。禁围外卓枪为寨，夜则拔枪移卓御寝帐。周围拒马，外设铺，传铃宿卫。”③

由此可见，以“皇帝牙帐”为中心，构成一个行宫宿卫群，其中包括省方殿、宁寿殿、鹿皮帐、八方公用殿、长春帐等。

上述殿、帐，或以枪为寨，或以毡为墙；或有彩绘，或有绣龙；或执兵为禁，或传铃宿卫。体系相对完整，民族特色鲜明。

---

① 《辽史》卷 32《志第二・营卫志中》，中华书局，1974，第 373 页。

② 《辽史》中称：“怀州西山有清凉殿，亦为行幸避暑之所。”见《辽史》卷 32《志第二・营卫志中》，中华书局，1974，第 374 页。

③ 《辽史》卷 32《志第二・营卫志中》，中华书局，1974，第 375 页。

（二）金君游猎区

金代女真也酷爱射猎，金太祖完颜阿骨打曾言：“我国中最乐，无如打围。”[①]

金朝君王每年也有巡狩，特别是迁都北京以前，四时渔猎之风甚盛，不亚于前朝之契丹。宋人所著《建炎以来系年要录》中言，宋高宗绍兴九年（金天眷二年，1139）冬，“金主亶（笔者按，即金熙宗）谕其政省：自今四时游猎，春水秋山，冬夏剌钵，并循辽人故事”。对于“剌钵”的概念，该书作者解释道：“剌钵者，契丹语‘所在’之意。”[②]南宋人张棣归正后，亦在所著《金虏图经》中写道：金人“无它技，所喜者莫过于田猎。昔都会宁之际，四时皆猎焉”[③]（见图3－4）。

其一，金太祖游猎行宫。

金太祖热衷游猎，行止所在就是“行宫”。《金史》载，收国元年（1115）“三月辛未朔，猎于寥晦城”。[④]据考，寥晦城即今黑龙江省“前后对面城遗址”，位于双城区的对面城乡，地近拉林河。

其二，金熙宗游猎行宫。

金熙宗即位后，游猎范围较广，足迹遍布上京会宁府（今黑龙江省阿城地区）、长春州（今吉林省松原地区）、东京辽阳府等多个地区，尤其是长春州“春水”的常客。金熙宗游猎行宫有以下多处。

（1）爻剌天开殿。熙宗即位伊始，即于天会十三年（1135）十一月“己丑，建天开殿于爻剌”[⑤]。《金史·地理志》明确记载，上京路有行宫、游猎地多处。其中，“爻剌”为“春水之地”，天开殿是游猎之行

---

① 金太祖在行宫召见宋使臣马扩时所言，见（南宋）马扩《茆斋自叙》，转引自（宋）徐梦梓《三朝北盟会编》卷4，上海古籍出版社，1987，第31页。

② （宋）李心传：《建炎以来系年要录》卷133《绍兴九年》，中华书局，1956，第2142页。此事不见于《金史》。

③ 转引自（宋）徐梦梓《三朝北盟会编》卷244，上海古籍出版社，1987，第1754页。

④ 《金史》卷2《本纪第二·太祖本纪》，中华书局，1975，第27页。

⑤ 《金史》卷4《本纪第四·熙宗纪》，中华书局，1975，第70页。

图 3－4　金代秋山玉

注：这类秋山玉，是指以山林、虎、鹿、熊为图案及主题，辅以山石、灵芝和柞树等形象的玉器。这块玉雕于黑龙江省绥滨县奥里米金墓出土，长 4 厘米、高 3.4 厘米，厚 0.4 厘米，两树随风摇曳，呈三角形状，树下站立一雄一雌两只马鹿。两鹿上方，有一只大雁或天鹅盘旋低回，振翅翱翔。

图片来源：图片及文物简介，参见黑龙江省博物馆网站。

宫，此外，会宁府也“有混同江行宫”[①]。金熙宗常往炃剌狩猎，并驻跸天开殿，如《金史·熙宗纪》中言：天眷元年“二月壬戌，上如炃剌春水。乙丑，幸天开殿”[②]。“炃剌”，地点不详，据考证，当在上京会宁府宜春县（今吉林省扶余市东南小城子古城）附近。[③]

（2）来流河。《金史·熙宗纪》载：皇统二年正月“己亥，上猎于来

① 《金史》卷 24《志第五·地理上·上京路》，中华书局，1975，第 550 页。

② 《金史》卷 4《本纪第四·熙宗纪》，中华书局，1975，第 72 页。

③ 谭其骧主编《中国历史地图集释文汇编·东北卷》，中央民族大学出版社，1988，第 165 页。

流河"[①]。来流河，即今拉林河。

（3）东京百泊河、沙河、海岛。《金史·熙宗纪》载：皇统四年，"二月癸未，上如东京。丙申，次百泊河春水"。又称皇统四年，"九月乙酉，上如东京。壬子，畋于沙河，射虎获之"。同年"十一月己酉，上猎于海岛。十二月甲午，至东京"[②]。东京，即今辽宁省辽阳市老城。沙河，当为今辽宁海城南之海城河[③]。另据明修《辽东志》可知，今沈阳市南也有一浑河支流，名"沙河"。[④] 若论地形及生态环境，能够"射虎获之"的"沙河"，应指今海城附近的"海城河"。百泊河、海岛，位置不详，待考。

迁都中都（今北京）以后，金代皇家渔猎又经历了短暂辉煌。以金世宗为例。到了金世宗时期，已迁都有年，世宗一度重游金源，再临春水。[⑤] 此举堪称金君游猎东北之绝唱。金章宗以后，因蒙古侵袭，狩猎之事几乎绝迹。由于迁都以后的巡狩之地大都集中在中都附近州县，故不在本书叙述范围。[⑥]

（三）清帝驻跸处

清帝巡狩路线并不固定，驻跸处也不尽相同，除了必经的盛京城、兴京城，吉林乌拉、科尔沁蒙古官邸，中后所、闾阳驿等驿站，威远堡、英额布等边门，此外就是大量不很知名的临时驻地。

每逢清帝巡狩，东北驻防将军、地方州县官员无不精神高度紧张，唯恐扈从不周，出现意外。清帝固然金口玉言，但东北毕竟僻处关外，

---

① 《金史》卷4《本纪第四·熙宗纪》，中华书局，1975，第78页。

② 《金史》卷4《本纪第四·熙宗纪》，中华书局，1975，第80~81页。

③ 《金史·地理志》言：析木县"有沙河"。

④ 明人认为，沙河"源出城东南，入浑河"。（明）毕恭等修，任洛等重修《辽东志》卷1《沈阳中卫》，辽沈书社，1985，第361页。

⑤ 《金史》中称，金大定二十五年（1185），世宗幸上京会宁府，二月"丁丑，如春水。四月己未，至自春水"。见《金史》卷8《本纪第八·世宗下》，中华书局，1975，第188页。

⑥ 需要注意的是，辽、金两代都有游猎驻跸地——"长春宫"。但是，辽代的"长春宫"位于今吉林省松原地区，金代的"长春宫"位于今河北省唐山地区。

道路交通及物资供给均不尽如人意。为此，有人斗胆进言，也有人免官受罚。

例如，康熙二十一年（1682）康熙帝东巡期间，时任奉天将军安珠瑚，听闻康熙帝有意取道辉发（今吉林省辉南县一带）前往吉林乌拉巡视，于是奏请改道威远堡，并得康熙帝同意。当时辉发一线，道路失修多年，出行极为不便。但是，由于康熙帝有言在先，群臣无可奈何。幸好有安珠瑚直言进谏，康熙帝方收回成命，扈从王公大臣无不感叹。时任左都御史徐乾学对安珠瑚说道："我内臣，不能谏。公外臣，乃能之。吾滋愧矣！"①

再如，嘉庆十年（1805）七月，嘉庆帝出山海关东巡。行至中前所行营，发现非但"御道泥泞难行"，而且"跸路数十里内，道旁并无一二官员带领民夫伺候"，更无"修道器具"置备。銮驾经过处，仅能看见盛京将军富俊等人"亲自扫除平垫"。了解情况后，嘉庆帝方知"民夫雇集维艰"、地方官"呼应不灵"② 等问题。嘉庆帝大怒，下旨追责，将盛京户部侍郎花尚阿、奉天府尹良贵均降为四品宗室，交宗人府，分别以郎中、员外郎补用。将军富俊应得赏银，也减半赏给，以示薄惩。③

二　衙署公廨

肇设专门衙署公廨以经管皇家渔猎事务，自古有之。《周礼》中的"兽人"，即专管"掌罟田兽，辨其名物"④ 等事务，即负责以网捕取野兽，并辨别它们的名称、类别。可见西周王室对狩猎之高度重视。东北渔猎文化史上也曾出现过鹰犬坊、打牲乌拉衙门等专门掌管皇家渔猎事

---

① 《清圣祖实录》卷 102，康熙二十一年四月丁酉，中华书局，1985，第 26 页。

② 《清仁宗实录》卷 147，嘉庆十年七月己卯，中华书局，1985，第 1025 页。

③ 《清仁宗实录》卷 149，嘉庆十年八月辛丑，中华书局，1985，第 1038 页。

④ （清）孙诒让著，王文锦、陈玉霞点校《周礼正义》卷 1《天官冢宰》，中华书局，1987，第 296 页。

图 3－5 清帝巡狩聚餐图

图片来源：浙江省图书馆网站。

务的机构，略述如下。

（一）辽金鹰坊

辽、金两朝均有鹰坊之设。以辽朝为例，辽不仅有鹰坊之设，而且每逢皇帝的生辰、祭日，都有放生鹰鹘之事。

据《辽史》记载，辽应历十三年（963）八月甲申，适逢穆宗生日，穆宗下令，“纵五坊鹰鹘”①。《辽史》又称，辽太平十一年（1031）十一月，即位伊始的辽兴宗，率文武百官“出大行皇帝（即圣宗）服御、玩好焚之”，并“纵五坊鹰鹘”②。几日后再将圣宗安葬于辽庆陵。辽穆宗、兴宗“放生鹰鹘”之举，显然与辽朝的佛教信仰有关。因为据佛经记载，无论寿诞、祭日，戒杀、放生都能消业增福。

此外，还应注意到，辽帝捺钵之时（尤其是春捺钵），有关部门都要携五坊鹰鹘随行。正如《辽史》中称，辽兴宗重熙七年（1038）春正月“如混同江”，二月“如春州”，二月壬午“幸五坊阅鹰鹘”。显而易见，“头鹅宴”仪式在即，辽兴宗非常关注五坊鹰鹘状态，故而亲往巡视。

金朝也有鹰坊之设，故宫博物院藏有“鹰坊之印”，可为实物之佐证。该印系铜铸，通高6.5厘米，印面6.3厘米见方。朱文叠篆印文，右上起顺读（见图3－6）。

图3－6　故宫博物院藏金代鹰坊之印

图片来源：百度。

据《新唐书》记载，早在唐武则天时期，唐政府就有“闲厩使”之

①《辽史》卷6《本纪第六·穆宗上》，中华书局，1974，第14页。

②《辽史》卷18《本纪第十八·兴宗一》，中华书局，1974，第36页。

设。该使管理“五坊”，“以供时狩”。“五坊”：一曰雕坊，二曰鹘坊，三曰鹞坊，四曰鹰坊，五曰狗坊。[①] 唐代“五坊”之中有4坊鹰雕，1坊猎犬。上文出现的辽代“五坊”，应系参仿唐“五坊”而设。如此看来，似乎也应有“狗坊”之设。

（二）布特哈八旗

布特哈八旗是清代特设管理机构，于清末裁撤，主要负责管理黑龙江及嫩江流域的“索伦”[②] 诸部。布特哈八旗与一般八旗组织，既有区别又有联系。

早在布特哈八旗编设之前，索伦诸部已先后归附，并向清（后金）政府贡献貂皮等特产。清政府将他们编设佐领，以便于管理。继而又添设索伦[③]五围（“阿巴”）、达斡尔三甲喇（“扎兰”）[④]、索伦副总管、索伦总管、布特哈总管衙门[⑤]等机构及职官。他们在向皇室及清政府进献貂皮等特产时，会得到数量不等的物质赏赐。与此同时，清政府在黑龙江

---

① 《新唐书》卷47《志第三十七·百官志二》，中华书局，1975，第1218页。

② “索伦”有广义、狭义之别。广义“索伦”，是对明清之际黑龙江中上游及嫩江流域各部族的泛称，其中以达斡尔、鄂温克、鄂伦春等少数民族为主。狭义的“索伦”特指今鄂温克族。“索伦”一词，较早见于后金天聪八年（1634）的《内国史院满文档案》。后金末年至康熙中期，鄂伦春、达斡尔自“索伦”中相继别出，各有专门称谓（如鄂伦春、俄乐春、俄罗春、俄伦春；达斡尔、打虎儿等）。嗣后，“索伦”一般特指“鄂温克”。如康熙二十二年（1683）上谕中，已将“索伦、打虎儿、俄罗春”（《清圣祖实录》卷112，康熙二十二年九月丁丑，中华书局，1985，第147页）三族并称。中华人民共和国成立后，尊重该民族意愿，将狭义的“索伦”正式命名为“鄂温克族”。

③ 应为狭义“索伦”，主要指今鄂温克族。

④ 见《理落院为布特哈索伦鄂伦春等丁编设八旗事咨黑龙江将军文》（雍正八年十二月十五日），载中国第一历史档案馆编《清代鄂伦春族满汉文档案汇编》，民族出版社，2001，第610页。由于索伦（广义“索伦”）居地产貂，索伦人也“以捕貂为役”，故而《龙沙纪略》称上述5围、3甲喇为“八围”。方式济：《龙沙纪略》，黑龙江人民出版社，1985，第204页。有学者对扎兰、阿巴的含义做了有益的探讨，参见金鑫《扎兰、阿巴额数考》，《中国边疆史地研究》2012年第3期；苏钦《关于清代布特哈八旗的几个问题》，《黑龙江民族丛刊》2005年第2期。

⑤ 有关索伦总管、布特哈总管衙门设立时间的讨论，迄今尚无定论，主要有康熙二十二年、康熙二十四年、康熙二十八年、康熙三十年四种说法。

下游、松花江、乌苏里江流域、滨海及库页岛等边疆地区的民族（主要是赫哲、费雅喀等族）中推行“姓长制”。这些民族与清政府之间也有类似的“贡·赏”关系。有研究者将其统称为“贡貂赏乌绫”。①

清雍正末年，在呼伦贝尔八旗编设之后，将抽调之余的索伦诸部，正式编设为布特哈八旗。② 布特哈旗人除非奉调出征或驻防，否则始终要担负缴纳貂皮等特产的义务。③ 这是其与驻防旗人的显著区别，故而才有“布特哈”之谓。“布特哈”是满语对音，意为渔猎、打牲。

“布特哈（八旗）旧日所辖之地最广”④，且盛产貂皮等特产。布特哈八旗及此前诸组织机构，都有向清政府及皇室缴纳貂皮的义务及传统。故而可以将它们视为有皇家色彩的特殊渔猎机构。

此外，据文献记载，由于布特哈旗人多骑射娴熟，除了选派出征，自乾隆朝开始，每年布特哈都会“派二十人随驾入哨射生”⑤。由此可见，清帝巡狩的队伍中也有布特哈旗人的身影。

（三）打牲衙门

打牲衙门，全称“打牲乌拉总管衙门”，是清朝特设机构，直属内务府的都虞司。由于档案不存，确切设立时间无考。据打牲乌拉总管英喜

---

① 布特哈八旗在进献貂皮等特产时，依然会得到清政府的部分赏赐，乾隆二十五年（1760）以后，改为发放部分钱粮。笔者认为，这种赏赐不当归入“赏乌绫”的范畴。

② 详见《理藩院为布特哈索伦鄂伦春等丁编设八旗事咨黑龙江将军文》（雍正八年十二月十五日），载中国第一历史档案馆编《清代鄂伦春族满汉文档案汇编》，民族出版社，2001，第611页；《黑龙江将军衙门为布特哈鄂伦春等丁编旗分佐领事札付署理布特哈索伦达斡尔总管文》（雍正十年六月二十一日），载中国第一历史档案馆编《清代鄂伦春族满汉文档案汇编》，民族出版社，2001，第615~616页。此外有学者对布特哈八旗佐领数量等进行了全面梳理。详见金鑫《清代布特哈八旗建立时间及牛录数额新考》，《民族研究》2012年第6期。

③ 在布特哈八旗中，“挑选一千名，令往齐齐哈尔城北本尔得地方居住，编为八旗，于打牲处现任官员内，派副总管四员、佐领八员、骁骑校八员，训练操演，归打牲处总管统辖。军械俸赏等项，照例给与，免其进贡貂皮”。见《清世宗实录》卷126，雍正十年十二月乙丑，中华书局，1985，第654页。

④ （清）屠寄：《黑龙江舆图说》卷35，辽海书社，1985，第320页。

⑤ （清）徐宗亮：《黑龙江外记》卷3，文海出版社，1969，第106页。

回忆，早在皇太极时期，就已在吉林松花江流域划定区域，安排人力“专为采捕”。[①] 直到宣统三年（1911）裁撤，该衙门前后存在200余年，几乎与清王朝相始终。

据《打牲乌拉地方乡土志》记载，打牲衙门主要负责东北特产的采集和献纳，以满足清廷陵寝、坛庙四时祭奠以及清帝和宫室皇族饮食、服饰等需要。其中鱼、貂、参、蜜、东珠等为例行品类，为此还划定贡山、贡河等专区，全力保障皇家供给。

该衙门，例设总管一名，下设翼长二名，复设骁骑校、仓官、学官、领催、珠轩大（达）、牲丁[②]，以及铁匠、弓匠、仵作等若干。分工极细，差役较多。乾隆时，打牲乌拉总管由吉林将军兼任。

总管衙署于清康熙年间重建后，规制一依吉林副都统衙门，由南北纵向排列的四进院落构成。其中，大门三间，门前设影壁一座；大堂五间，内供龙牌；川堂（穿堂）三间。川堂前，分设采珠左、右翼八旗办事房各五间。川堂后，设印务处五间。此外，又左设银库、更房各三间；右设松子、细鳞鱼、干鱼库共四间。仪门一座，仪门外分设东、西捕鱼左、右两翼八旗办事房各三间。总之，衙门内共有各式房屋四十二间，如今仅存一间半残舍。

三　捕猎专区

中国自商周以来，不乏捕猎专区之设。除了中原地区，中国东北也有一系列特定区域，专供少数民族帝王享用。其中，以清代的皇家围场、贡山贡河等尤其具有代表性。这是东北渔猎文化中非常重要的篇章。

---

① 《打牲乌拉志典全书英喜序》，载（清）云生修《打牲乌拉志典全书》，吉林文史出版社，1988，第14页。但“如何设立”情形，因为康熙三年有关档案遭火灾，“焚烧不齐”，难以稽查。一般以顺治十四年（1657）作为始设之年。原址在大乌拉虞村（一说在今吉林市龙潭区乌拉街镇的旧街村），康熙四十五年（1706）因水患而迁往旧城以东向阳高地。

② 打牲乌拉额设65个，每一珠轩设正、副珠轩大各1人，领催12人，牲丁（壮丁）30人。各处在编牲丁，每三年核实一次人数，称“编审”。

（一）皇家围场

皇家王室的“围场”之设，在中国素有传统。《逸周书》中称，“有洛氏”（以桀为首的夏王朝）“宫室无常，池囿广大”①。所言“池囿”，显然是夏王室专用渔猎场。商周时期，台囿之建，颇为盛行。《全唐文》中所谓的“百里之囿”②，即周王围场。

《诗经·小雅·吉日》中有周王在围场狩猎的描述。其言：

吉日维戊③，既伯既祷④。
田车既好⑤，四牡孔阜。
升彼大阜，从其群丑⑥。
吉日庚午，既差我马⑦。
兽之所同⑧，麀鹿麌麌⑨。
漆沮之从⑩，天子之所。
瞻彼中原，其祁孔有⑪。
儦儦俟俟⑫，或群或友⑬。

① 黄怀信等：《逸周书汇校集注》卷8《史记解第六十一》，上海古籍出版社，1995，第1036页。

② 陆贽《奉天请罢琼林大盈二库状》中有“周文之囿百里，时患其尚小；齐宣之囿四十里，时病其太大”，载周绍良主编《全唐文新编》（第4册）卷469，吉林文史出版社，2000，第5498页。

③ 维，是。戊，纪日之天干。

④ 伯、祷分别是“祃”“禂”的假借字，分别是祭师、祭马两种仪式。

⑤ 田，同“畋”，打猎。

⑥ 群丑，指群兽，后世多用以讽刺乌合之众。

⑦ 差，择选。

⑧ 同，聚集。

⑨ 麀鹿，母鹿。麌麌，众多。

⑩ 漆、沮，今陕西境内古水名。

⑪ 祁，辽阔之原野。孔有，非常多（的野兽）。

⑫ 儦儦（biāo），意疾行。俟俟，意缓步。

⑬ 或群或友，意指三三两两的野兽。

悉率左右，以燕天子[①]。
既张我弓，既挟我矢。
发彼小豝，殪此大兕[②]。
以御宾客，且以酌醴[③]。

该篇四章生动再现了周王畋猎的全过程。其中包括：选择良辰吉日，整装出发；选择水边旷野，追逐群兽；驱困兽于车驾之前，博周王一笑；周王大显身手，乘兴还朝，宴赏百官等场面。整篇铺陈，旨在突出天子形象，壮大天子威严，也使全诗有很强的感染力。

燕秦以降，中原帝王大多耽于畋猎，如上林苑等专供“走狗逐兔张罘罳”[④] 之用的捕猎专区，不胜枚举。

清代东北皇家围场之设，是清代东北渔猎文化的一大特色。在指定区域集体围猎，是建州等部女真的渔猎习俗之一，同时也是盛京、吉林、黑龙江等地设立围场的重要缘起。

盛京围场，又称大围场、奉天围场，地跨今辽、吉两省。《海龙府志》等传世文献在追溯盛京围场来历时称，清太祖努尔哈赤在征服扈伦四部期间，就将部分原辉发、叶赫部领地相继划为八旗指定“围场”，并带有“御用”色彩。盛京围场规模不断扩大，一度涵盖 105 围。这 105 围，依用途大致可为分为五类，即御围（11 处）、王多罗束围（11 处）、鲜围（14 处）、历年应捕围（63 处）、穹远围（6 处）。

其中，“皇家”色彩浓厚的是前三类。御围，顾名思义，就是专供皇帝狩猎之用，其他任何人等，不论官私，均不可进入。王多罗束围，专

---

① 燕，使某欢乐。

② 小豝，小母猪。大兕，大野牛或大犀牛。

③ 御，献食。醴，甘酒。以上译注参见周振甫译注《诗经译注》卷 4《小雅 · 吉日》，中华书局，2012，第 271 ~ 272 页。

④ 《柏梁诗》中上林令（职官名）所作诗句，转引自（唐）欧阳询著，汪绍楹校点《艺文类聚》卷 56《杂文部二 · 诗》，上海古籍出版社，1982，第 1003 页。

供盛京内务府采捕贡品之用。鲜围，为皇室等捕捉活鹿而设。其他两类：历年应捕围，为八旗兵丁演习骑射而设，这类例行训练，清代后期已多废弛；穹远围，由于所处偏远而得名。①

吉林、黑龙江等地设立之围场，主要包括吉林西围场、伯都纳围场、阿勒楚喀所属蜚克图围场、索约尔济围场、东荒围场等②。其中部分围场，康、乾二帝东巡期间，也曾居此射猎。如乾隆十九年（1754），乾隆东巡期间就曾在吉林围场狩猎。有诗为证："吉林围接盛京围，天府秋高兽正肥。本是昔年驰猎处（乾隆帝自注：癸亥年谒祖陵，亦以路便，行围于此。此处的"癸亥年"为乾隆八年，即1743年。是年，乾隆首次东巡），山情水态记依稀。"③ 此外，声名斐然的"木兰围场"，与清代蒙古盟旗接壤④，部分围猎区属于本丛书中"东北"的范围。

（二）贡山贡河

吉林打牲乌拉总管衙门为保障特产供给，奏请划定周围五百里为贡山贡河。其中，伊通河、柳春河、三吞河等专供采捕东珠⑤（见图3-7）；拉林河、舒兰河、三岔河等江河用于鲟鳇鱼类网捕。上述江河水汊，不但为清皇室提供了大量奇珍美味，也为东北渔猎文化增添了新的内涵。

第一，关于贡山。据《打牲乌拉志典全书》记载，吉林城东200里有各类贡山七座，其中包括帽儿山、烟筒砑子、珠奇山、棒槌砑子、雷

---

① 详见赵珍《光绪时期盛京围场捕牲定制的困境》，《中国边疆史地研究》2011年第3期。

② 刁书仁：《清代东北围场论略》，《满族研究》1991年第4期。

③ （清）长顺修，李桂林纂，李澍田等点校《吉林通志》卷6《即事五首》，吉林文史出版社，1986，第94页。

④ 即卓索图、昭乌达、哲里木、锡林郭勒，统称蒙古东四盟。

⑤ 东珠又称北珍珠，光彩晶莹，远胜岭南北海之珠。东珠为清朝冠冕朝服所专用，等级森严。《鸡林旧闻录》记载："东珠生蛤中，吉省江河巨流皆产此，尤以牡丹江上游为多。……但色多带绀黛，少浑圆，中半常现一纹，然佳者则光采晶莹，亦远胜南省之产物。"魏声龢著，高阁元、于泾、邢国志标注《鸡林旧闻录》，吉林文史出版社，1986，第58页。

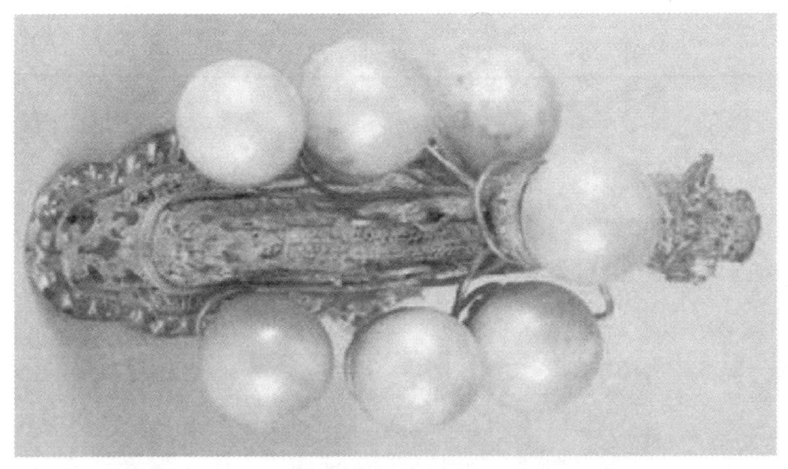

图 3－7 乾隆皇帝夏朝冠舍林

注："舍林"是满文的汉字对音，意为护额牌饰。原养心殿藏品，上嵌东珠七颗。全高 4.5 厘米，纵长 3.0 厘米，横长 5.0 厘米。

图片来源：吉林省图书馆"打牲乌拉数据库"。

击砑子、杉松岭、八台岭。这七座贡山"一脉相连"，并"勒碑刻铭"以为标记。此外，朝廷每年还派人巡查，"以杜奸民侵砍，而重国朝贡品"[①]（见图 3－8）。

第二，关于贡河。《打牲乌拉志典全书》记载，贡河包括捕珠上下各河口、堵罾鮰鱼各河，以及蓄养鲟鳇鱼渚[②]等三部分，涉及水域较广。

以网鱼诸河为例，主要包括舒兰河、霍伦河、珠奇河、拉林河、溪浪河、三岔河、牡丹江、大石头河、都林河、黄泥河。以上十条贡河，有的在"贡山界内"，也有的在"吉林五常厅所属界内"。再以"蓄养鲟鳇鱼渚"为例，清末依然使用的有龙泉、巴延、长安三处。第一处在

① 转引自赵东升《〈打牲乌拉志典全书〉补佚》，《社会科学战线》1991 年第 1 期。

② 《打牲乌拉志典全书》佚文，转引自赵东升《〈打牲乌拉志典全书〉补佚》，《社会科学战线》1991 年第 1 期。

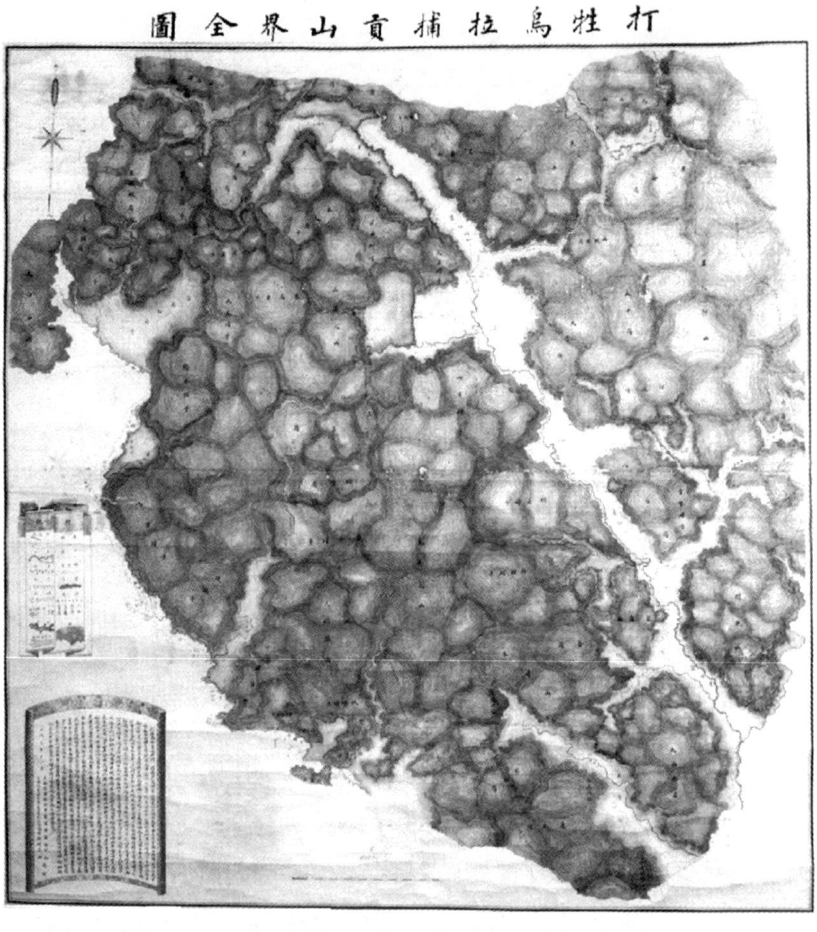

图 3－8　打牲乌拉捕贡山界全图

注：清宣统元年（1909），由打牲乌拉衙门手绘，有图例及文字说明。现存吉林省档案馆。

图片来源：吉林省图书馆“打牲乌拉数据库”。

“伯都讷所属界内”，后两处均在“蒙古扎萨克公所属界内”。[①]

东珠采捕区涉及范围较广，文繁不具（见图 3－9）。

① 以上引文，均出自赵东升《〈打牲乌拉志典全书〉补佚》，《社会科学战线》1991 年第 1 期。

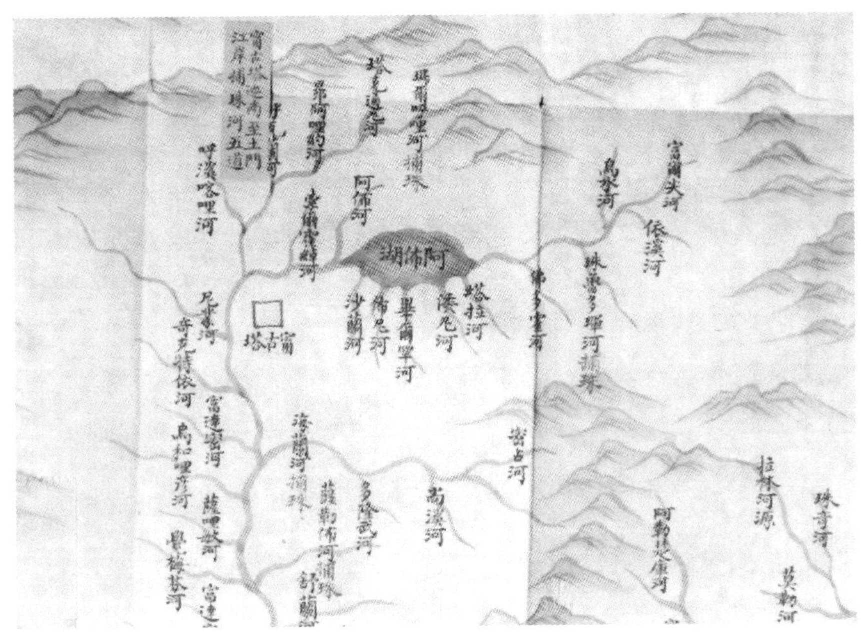

图 3－9 打牲乌拉捕珠贡河（局部）

图片来源：吉林省图书馆“打牲乌拉数据库”。

（三）贡江碑

贡江碑，位于吉林省德惠市朝阳乡朱家坨子东 0.5 公里的巴彦河畔。早在 20 世纪 60 年代，该贡江碑就被当地农民发现。“文化大革命”期间，该碑连遭厄运，四分五裂。1979 年为吉林省文物部门寻回。1982 年经重新修复，大致恢复原貌。今为省级重点文物保护单位。

贡江碑为汉白玉材质。通高 3.10 米，由碑首、碑身、碑座三部分组成。其中，碑首高 0.90 米，宽 0.76 米，厚 0.22 米，两面均雕有二龙戏珠的图案。龙珠下方，阴刻有楷书铭文，正面为“铭刻万代”，背面为“铁案千秋”。碑身高 1.72 米，宽 0.73 米，厚 0.20 米，正反两面上半部均为变形卷云纹饰雕刻，下半部则雕刻有浪花纹饰。碑座高 0.48 米，宽

0.93 米，厚 0.55 米，正面有牡丹花雕刻纹，背面是整齐的小卷云图案。

贡江碑碑文为汉、满双语。其中，碑身阴刻楷书汉字碑文 719 字，其中 137 个字已经模糊不清，难以辨认。碑身背面左侧，纵向刻有 7 行满文，右侧刻有 4 行楷书汉字，其中大部分字迹也被毁坏，无法辨认（见图 3－10）。幸有清光绪《打牲乌拉地方乡土志》，其中收录贡江碑全文。

《贡江碑碑文》

打牲乌拉总管衙门，为恪守封疆勒诸贞珉事，窃胙土而崇国体，任倚屏藩分疆而睦邻，封谊联唇齿，此国家之宪章，可监边陲之经界綦严也。

溯查本衙门设网捕鱼每岁冬间本总管奉明出边督率官弁兵丁等采捕鲟鳇鳟鱼并五色杂鱼，挂冰运署，报明将军会衔，分二次呈进，恭祭坛庙之要贡，委非内庭口味可比。嗣因边里人烟稠密，水浅鱼稀，前于乾隆二十六年，经本省将军奏明，由边外起，南至松江上掌，北至下红石砬子、石子滩等处，止其间，沿江均为捕贡晾网之区。由望波山迤下，老江身分出一岔，名曰巴彦河，河西原设鱼圈一处、鱼营二所，派员看守。惟因埋栅鱼圈，需费甚巨，即令看围官丁，在江干佐近旷地，留养条枝高大者，作栅圈樟杆，细小者为看营柴薪，按年派员，上下川查，严禁私捕侵占地址，如此办理，百有余年。敬谨奉行，委无异说。无如愚氓窥伺，通场为沃土。觊觎条甸如利薮，从未歇心。迭有案据。兹遵郭尔罗斯公，报请本省将军，请将巴彦河附近，通场撤回，招佃输租。

当经省派委员协领全福、乌拉翼领富庆，会同蒙古二品顶戴花翎梅楞吉祥等会勘，将巴彦河东岸两岔分脉之间，俗名巴彦通，此通迤北连脉，又名黄花岗、浅碟子、鲇鱼通等处，拨给蒙古公经营。并巴彦河西岸鱼营荒甸一段，自西南第二封堆起，斜向东北，长七里余，由中分界，南归蒙公，北归乌署，各得一半。其巴彦河西，五里通、张家湾、一捉毛、老牛圈、鳇并鱼圈、后花园通及杨家湾等处，拨给乌拉，永为捕贡之区。

至于家套仍断归登伊勒哲库站经理与北公输租如是拟办均以乐从等情，绘图禀请爵帅将军希批示著照所议办理是以于十三年四月，间经本衙门署总管富庆，会同蒙员吉祥，分定界址，永绝葛藤。旋蒙郭尔罗斯公来咨，并谕内云：除归蒙公之巴彦通，业已招佃开垦输租外，其拨给乌拉，附圈左右南荒场，亦令其自行招佃开垦，所收租赋津贴鱼务，以补撤出作养条场之资，永无争兢等因。遵此。足征公爷上崇国贡，下便民生，鸿恩远沛，乌郡难名，诚恐年湮代远，罔识遵行，故勒铭永志，以清蒙乌之接界，而杜永远之争端，永垂不朽云尔。

综合碑文及其他传世文献，可知该贡江碑始末。原来，早在乾隆二十六年（1761）前后，蒙古郭尔罗斯王公与打牲乌拉衙门之间，围绕捕鱼及垦荒等事发生争执。乾隆帝对此高度重视，特遣贝子瑚图灵阿奔赴吉林，会同吉林将军、哲里木盟盟长（郭尔罗斯旗是该盟旗一部）等查勘办理。乾隆帝在上谕中称：

据恒禄等奏称，松花江下游伯都讷所属地方，旗、民、驿站人夫、口外蒙古等，设网打鱼，率多争竞。请分定边界，计网征税，以杜讼端等语。吉林、伯都讷等处，满洲、蒙古、民人，多藉渔猎为生。越界捕鱼，事所不免。著派贝子瑚图灵阿，驰驿前往。与恒禄、傅良及该盟长等，秉公查勘，分定地界。严禁越境捕鱼，以杜讼端，以资伊等生计。[①]

---

① 《清高宗实录》卷638，乾隆二十六年六月辛未，中华书局，1985，第123页。

由此可见，今第二松花江下游盛产鱼虾。满、蒙、汉杂居，各色人等汇聚。由于多“藉渔猎为生”，故而争端频出。这也是吉林将军恒禄等提请划界之初衷。乾隆帝认为，“越界捕鱼，事所不免”，但又不能任其发展，频生事端，故而下旨，令有关各方协调办理，以期妥善解决。

不到一个月，喀喇沁贝子瑚图灵阿等人，就将调查结果和处理方案提交中央政府，他们指出，经查：“松花江下游，内岸属伯都讷、拉林，外岸属蒙古。应令各于本岸捕鱼，不得互越。其按网征税事宜，除拉林十网，曾给闲散满洲。蒙古十二网，亦经分给该处，均不征税外。伯都讷十八网，每网按年征税银二十两。”[①] 乾隆帝认为方案可行，下旨照准。

清光绪十三年（1887），随着移民日增，为防止类似事件发生，特勒石立碑，以昭永久，杜绝事端。是为“贡江碑”之来历。[②]

第三节　特色贡品

东北野生动植物资源丰富，自古以来，蜚声海内外。俗称的“山珍海味”，其名录虽然屡经调整，但始终有东北特产的位置[③]。而且诸如鹰隼、鹿茸、紫貂、人参、鲟鳇鱼等，还是皇家指定贡品，或为庙坛之进献牺牲，或为宫廷之珍馐名饰。谨分类概述如下。

---

① 《清高宗实录》卷 640，乾隆二十六年七月辛亥，中华书局，1985，第 154 页。

② （清）云生修《打牲乌拉地方乡土志》，《沿革・贡江碑》，吉林文史出版社，1988，第 153 ~ 154 页。

③ 不同时期，“山珍”所指有别。早期的“山珍七件”，包括熊掌、象鼻、鹿筋、驼峰、燕窝、竹荪、猴头菇七种野生动植物产品。后来又有“动物八珍”（熊掌、象鼻、鹿筋、驼峰、猩唇、鹿尾、猴脑、豹胎）和“植物四珍”（猴头、竹荪、香菇、银耳）的概念。近年来的所谓“山珍”，不再包括上述珍稀动物，而特指香菇、竹荪、口蘑、松子、栗子等野生菌类、籽实等。

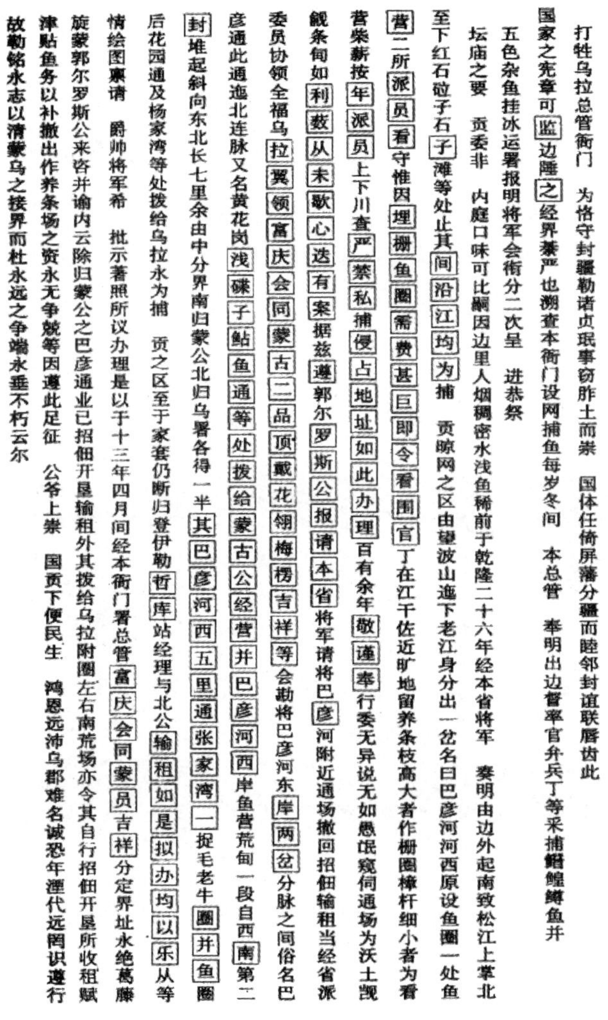

打牲乌拉总管衙门　为恪守封疆勒诸贞珉事窃胙土而祟　国体任倚屏藩分疆而睦邻封谊联唇齿此
国家之宪章可监边隆之经界綦严也溯查本衙门设网捕鱼每岁冬间　本总管　奉明出边督率官弁兵丁等采捕鲟鳇鳟鱼并
五色杂鱼挂冰运署报明将军会衔分二次呈　进恭祭
坛庙之要　贡委非　内庭口味可比嗣因边里人烟稠密水浅鱼稀前于乾隆二十六年经本省将军　奏明由边外起南致松江上掌北
至下红石砬子石子滩等处止其间沿江均为捕　贡晾网之区由鳇波山迤下老江身分出一岔名曰巴彦河河西原设鱼圈一处鱼
营二所派员看守惟因埋栅鱼圈需费甚巨即令看围官丁在江干佐近旷地留养条枝高大者作栅圈榛杆细小者为看
营柴薪按年派员上下川查严禁私捕侵占地址如此办理百有余年敬谨奉行委无异说无如愚氓窥伺通场为沃土觊
觎条甸如利薮从未歇心迭有案据兹遵郭尔罗斯公报请本省将军请将巴彦河附近通场撤回招佃输租当经省派
委员协领全福乌拉翼领富庆会同蒙古二品顶戴花翎梅楞吉祥等会勘将巴彦河东岸两岔分脉之间俗名巴
彦通此通迤北连脉又名黄花岗浅礤子鲇鱼通等处拨给蒙古公经营并巴彦河西岸鱼营荒甸一段自西南第二
封堆起斜向东北长七里余由中分界南归蒙公北归乌署各得一半其巴彦河西五里通张家湾一捉毛老牛圈并鱼圈
后花园通及杨家湾等处拨给乌拉永为捕　贡之区至于家套仍断归登伊勒哲库站经理与北公输租如是拟办均以乐从等
情绘图禀请　爵帅将军希　批示著照所议办理是以于十三年四月间经本衙门署总管富庆会同蒙员吉祥分定界址永绝葛藤
旋蒙郭尔罗斯公来咨并谕内云除归蒙公之巴彦通业已招佃开垦输租外其拨给乌拉附圈左右南荒场亦令其自行招佃开垦所收租赋
津贴鱼务以补撤出作养条场之资永无争兢等因遵此足征　公爷上祟　国贡下便民生　鸿恩远沛乌郡难名诚恐年湮代远罔识遵行
故勒铭永志以清蒙乌之接界而杜永远之争端永垂不朽云尔

图 3-10 《贡江碑碑文》

图片来源：德惠县编纂委员会《德惠县志》，长春出版社，2001，第714页。

一　隼鹿禽兽

（一）羽虫神俊

海东青系“羽族之最鸷者”，“身小而健，其飞极高”，可以擒天鹅，

“搏兔亦俊于鹰鹘”[①]，是狩猎神器。康熙皇帝曾言，“羽虫三百有六十，神俊最数海东青”[②]。有研究者指出，史前新开流遗址出土的“鹰首”，所刻画的就是为康熙帝所赞叹的“羽虫神俊”——海东青。

海东青闻名遐迩，与辽代统治者的极力褒奖有直接关系。据文献记载，海东青是辽代帝王的御用猎鹰，得皇室专宠。辽道宗对“海东青”文化有特殊理解，即位不久，就于清宁二年（1056）三月作《放鹰赋》，告诫属下为臣之道。[③] 海东青在辽代“五坊”中有特殊地位，庶民不得私自豢养。据《辽史》载，清宁七年（1061）四月，辽道宗曾为此特颁谕旨，“禁吏民畜海东青鹘”[④]。

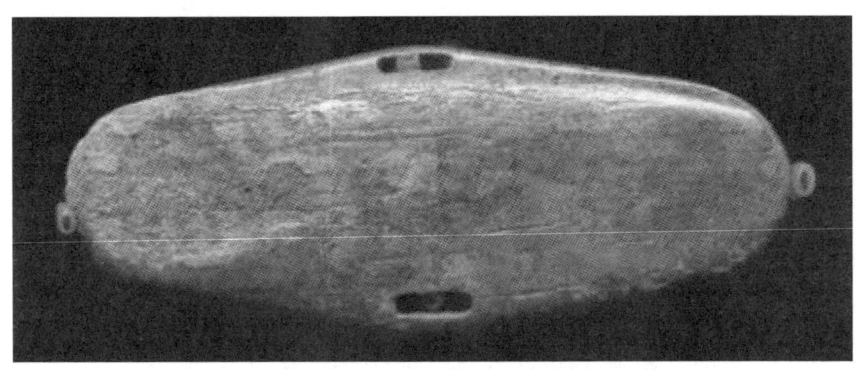

图 3-11 契丹人骨质鹰负

注：此系猎手架鹰隼用具，预防手臂为利爪所伤。今为首都博物馆藏品。

图片来源：新浪博客（罗勒叶子）。

如上文所述，康熙等清代帝王对“家乡”神俊也推崇备至。据康熙

---

① （清）阿桂等撰，孙文良、陆玉华点校《满洲源流考》卷19《国俗·海东青》，辽宁民族出版社，1988，第384页。

② （清）陈廷敬等奉敕编，张廷玉等奉敕续编《皇清文颖》卷首五，《圣祖仁皇帝御制诗·海东青》，影印文渊阁四库全书本第1449册，台湾商务印书馆，1986，第174页。

③ 《辽史》中言：“三月丁巳，应圣节，曲赦百里内囚。己卯，御制《放鹰赋》赐群臣，谕任臣之意。”见《辽史》卷21《本纪第二十一·道宗一》，中华书局，1974，第253页。

④ 《辽史》卷21《本纪第二十一·道宗一》，中华书局，1974，第258页。

时人杨宾称，“辽以东皆产鹰而宁古塔尤多，设鹰把式十八名”，每年十月后即打鹰，以得海东青为主。海东青中，以纯白者最贵。得海东青后，须与其他鹰隼一起送交内务府，有时朝廷也会派人征缴。同辽朝相仿，清朝普通百姓也不敢私自畜养，因此，凡有捕获，一概上交所在地区的梅勒章京（即八旗副都统）。如果是纯白色海东青，该梅勒章京也不敢擅自处理，“必送内务府矣”，供皇家玩赏。[①]

由此可见，海东青的“皇家贵气”令寻常百姓可望而不可即。

（二）长空鹰击

传世文献中，有关海东青猎天鹅的描述较为多见。其中，金代诗人赵秉文的《春水行》，不但生动异常，而且发人深省。其诗云：

光春宫外春水生，驾鹅飞下寒犹轻。
绿衣探使一鞭信，春风写入鸣鞘声。
龙旗晓日迎天仗，小队长围圆月样。
忽闻叠鼓一声飞，轻纹触破桃花浪。
内家最爱海东青，锦鞲掣臂翻青冥。
晴空一击雪花堕，迤延十里风毛腥。
初得头鹅夸得隽，一骑星驰荐陵寝。
欢声沸入万年觞，琼毛散上千官鬓。
不才无力答阳春，羞作长杨侍从臣。
闲与老农歌帝力，欢呼一曲太平人。[②]

这曲《春水行》细腻地刻画了金代君王以海东青等鹰隼猎鹅的场景。个中意味，读者自知。赵秉文另有一篇《海青赋》，并自注为“奉和扈从春

① （清）杨宾：《柳边纪略》卷3，上海商务印书馆，1936，第64页。

② （金）赵秉文著，马振君整理《赵秉文集》卷3，黑龙江大学出版社，2014，第58页。

水作”。该赋对海东青矫健之敷陈、勇猛之赞叹，几乎无可复加[①]。由于涉及名物典故太多，一一诠释势必连篇累牍，姑而从略。

此外，出土文物中也有相关佐证。首都博物馆中藏有两尊契丹男子立甬。其发饰（髡发）、服饰（着窄袖长袍，蹬尖头皮靴）都极为写实。除此之外，格外醒目的就是该契丹男子腰间悬挂的“刺鹅锥”。据文献记载，“刺鹅锥”为猎杀天鹅的辅助工具。陈国公主墓有实物出土，玉柄银刺，锥长17.8厘米，工艺考究，可供观瞻（见图3-12）。

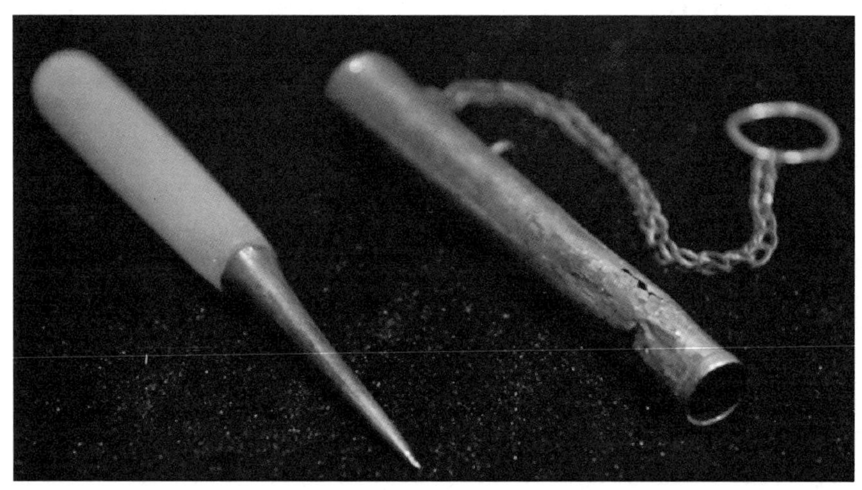

图3-12　内蒙古博物馆藏陈国公主墓出土玉柄银刺鹅锥

图片来源：新浪博客（罗勒叶子）。

清康熙帝御制《海东青》诗一首，其言：

羽虫三百有六十，神俊最数海东青。
性秉金灵含火德，异材上映瑶光星。
轩昂时作左右顾，整拂六翮披霜翎。

① （金）赵秉文著，马振君整理《赵秉文集》卷2，黑龙江大学出版社，2014，第19页。

期门射生谙调习，雄飞忽掣黄绦铃。
劲如千钧激砮石，迅如九野鞭雷霆。
原头草枯眼愈疾，砉然一举凌高冥。
万夫立马齐注目，下逐鸟雀无留形。
爪牙之任安可废，有若猛士清郊坰。
晾鹰筑台存胜迹，佳名岂独标禽经。①

（三）狍鹿珍馐

东北鹿狍资源尤其丰富，主要有马鹿、梅花鹿、驼鹿、驯鹿、狍子五种。书中其他章节已有关于进献狍鹿以佐皇室珍馐的叙述。下面，仅就几种常见狍鹿，略作介绍。

1. 马鹿

马鹿，别名八叉鹿，学名黄臀赤鹿。雄鹿体长约 2 米，肩高 1 米以上，体重 200～300 公斤，头生八角，嫩角称茸，为贵重中药材。雌鹿无角，体型略小。马鹿是重要药用动物，鹿尾、鞭、胎、茸、筋、血均可入药，鹿肉亦可食。它是清代打牲乌拉例行贡品。马鹿喜群居，三五成群，多以数百，后肢健壮，擅奔跑。长白山、完达山、大小兴安岭地区有广泛分布（见图 3－13）。

2. 梅花鹿

梅花鹿为中型鹿类，眼大而圆，耳长且直立，四肢修长。毛色随季节而变，夏季背脊两边及体侧下缘有白斑分布，状似梅花，故而得名。进入冬季则白斑淡化，不很明显。梅花鹿雌兽无角。雄兽头上生角。每年四月，老角脱落，新角生出。新生鹿角表面有棕黄色绒状薄皮包裹，

① （清）陈廷敬等奉敕编，张廷玉等奉敕续编《皇清文颖》卷首五，《圣祖仁皇帝御制诗·海东青》，影印文渊阁四库全书本第 1449 册，台湾商务印书馆，1986，第 174 页；又见（清）于敏中等编纂《钦定日下旧闻考》卷 151《物产》，北京古籍出版社，1985，第 2415 页。

图 3－13　马鹿

图片来源：吉林省图书馆“打牲乌拉数据库”。

皮下血管密布。进入九月，薄皮脱落，鹿角骨化变硬。

梅花鹿多结群活动，少则三五只，多则数十只。雄兽多单独活动。梅花鹿，听觉、嗅觉发达，但视觉稍差。胆小易惊，奔跑迅捷，尤擅跳跃，能在灌木中自由穿梭。每年秋季为繁殖季节，雌兽发情求偶，鹿鸣呦呦，持续月余，雄鹿寻声而至。东北先民根据梅花鹿习性制成“鹿哨”诱捕，屡试不爽（见图 3－14）。

乾隆曾作御制诗《鹿》一首，原诗有注，今过录如下：

地多崇山茂林，鹿蕃息而肥腯，麋鹿尤他所罕觏，扶余之鹿所以称《唐书》也。

长白神山夏育伙，

（鹿以四五月遇雨生麛，交以八九月）

携麛就暖出林窠。

图 3－14 雄性梅花鹿

图片来源：吉林省图书馆“打牲乌拉数据库”。

（长白山崇地冷，鹿以夏月山中避炎，至秋冬乃成群就暖，向盛京围场而来）

取之无尽用不竭，

赐以有常受者罗。

（将军等冬日行围所获狍鹿山积，择其肥者。以进，岁率千余。年节颁赐群臣，受者如拜割鲜之惠焉）

抱朴称来经目少，

赵高指处戒心多。

分明角解非同麈，

月令传文早定讹。

（《月令》谓仲夏鹿角解，仲冬麋角解，今试之则木兰之鹿与吉林之麋无不解角于五月，已知《月令》之讹。后见南苑所育之麈，实于冬至始解角。盖古人不便麋与麈耳，经文不可易。因改正。灵

台时宪并为鹿角解说，以订其误）①

乾隆诗中有许多东北鹿文化的知识，值得重视。

3. 狍子

狍子，又称矮鹿、野羊，长白山区常见野生动物。狍子身形似鹿但略小，体长 1～1.4 米，体重 25～45 公斤。尾短，仅 2～3 厘米，隐于毛下。雄性有角，角短，仅分三叉。夏、冬毛色有别，冬季臀部有明显的白斑。耳短宽而圆，听觉灵敏，闻声即走，旋即又返回原地，故俗称“傻狍子”。后肢略长于前肢，纵跳能力极强，故俗称“草上飞”。肉质鲜美，毛皮防潮、防寒效果极佳。制成皮囊以为露宿之用，可不畏风雪。辽代帝王冬捺钵驻地的“鹿皮帐”，实际上多为狍皮制成（见图 3－15）。

狍子分布广泛，是主要狩猎对象。20 世纪 60 年代以后，由于天灾人祸，野生狍子数量锐减。

图 3－15　东北狍子

图片来源：吉林省图书馆“打牲乌拉数据库”。

① （清）阿桂等撰，孙文良、陆玉华点校《满洲源流考》卷 19《国俗四·物产·御制盛京土产杂咏十二首（有序）》，辽宁民族出版社，1988，第 363 页。

二　鳇鱼荐祭

鳇鱼是东北特色水产。除了食用，主要用于皇家祭奠等典礼。以鳇鱼献祭，至少始于辽代，又经过金代的发展，到了清朝则更加成熟并制度化。

（一）鲟鳇之名

鳇鱼是东北特有鱼类，有多个别称，其中以“牛鱼”尤其常见，以“鱏鳇”尤其艰涩，以“鲟鳇”最易混淆。为避免歧义，仅将传世文献中诸称谓辩证如下。

其一，“牛鱼”与“鲟”有别。

“牛鱼”之名早出。晋人张华《博物志》中言：“东海中有半体鱼，其形状如牛，剥其皮悬之，潮水至则毛起，潮去则毛伏。”[①] 早在宋代，程大昌就曾指出，“鱏（xún）、鲟（xún）”音同、义同，所指均为南方常见大型鱼类。“牛鱼”，其嘴长，其鳞硬[②]，既非“鲟鱼”，也非“鱏鱼”，当“别自一种”[③]。明代医学家李时珍则认为，鲟鱼为“鳣[④]属”、牛鱼为“鱏属”[⑤]，二者有别。但是，牛鱼“鱏属”的提法往往会引起其

---

① （晋）张华撰，范宁校正《博物志校正》卷3《异鱼》，中华书局，1980，第38页。引文中的“半体鱼”，或作“牛体鱼”，当以“牛体鱼”为是。《博物志校正》一书有说明，详见（晋）张华撰，范宁校正《博物志校正》卷3《异鱼》，中华书局，1980，第43页。

② 程大昌转引宋人王易的《燕北录》中言：“牛鱼嘴长鳞硬，头有脆骨”（今本《燕北录》不见是语）。但是，明人李时珍《本草纲目》称，《一统志》与《异物志》均认为牛鱼“无鳞骨”。详见（明）李时珍著，陈贵廷等点校《本草纲目》卷44“鲟鱼”“牛鱼”，中医古籍出版社，1994，第1031页。实际上，鳇鱼通体光滑，唯两侧各有一条骨质鳞片。程大昌、王易等人在描述“牛鱼（鳇鱼）”时，侧重不同，故而一说鳞硬，一说无鳞。

③ （宋）程大昌《演繁露》卷3的这段文字，又见于（清）于敏中等编纂《钦定日下旧闻考》卷151《物产三》，北京古籍出版社，1985，第2422页。

④ 鳣，音“zhān”，古同“鳝”。如李时珍等人所言，“鳣”与“鳇（牛鱼）”有别，后世诸多混淆，殊为不当。

⑤ （明）李时珍著，陈贵廷等点校《本草纲目》卷44“鲟鱼”“牛鱼”，中医古籍出版社，1994，第1031页。

为“鲟鱼”的误会。如清代康熙年间学者杨宾，虽然注意到二者之间的差别，但仍有“牛鱼，鲟鱼也”的说法，并且指出当时存在“土人（笔者按，东北土著）直呼为鲟”，而“中土人（笔者按，中原人）或谓之为牛（鱼）”[①] 的现象。

其二，“鱏鳇”与“鲟鳇”不同。

“鲟鳇”易生歧义。清末举人徐珂在《清稗类钞》一书中提出“鱏鳇”和“鲟鳇”两个概念。所谓“鱏鳇”，徐珂特别强调其为东北特产，“出黑龙江、混同等江”[②]。所谓“鲟鳇”，徐珂认为其别名为“鱣”，无鳞，似鲟，江河及近海深水中都有分布，上海浦东渔民曾有捕获[③]。

综上所述，牛鱼即鳇鱼，系鲟“科”鳇“属”大型鱼类。程大昌、李时珍、杨宾、徐珂等人的说法各有侧重，正确但不精确。

（二）鳇鱼之捕

鳇鱼身长、体重、力大，只能智擒，不可强取。传世文献中有几则捕鳇鱼的记录，非常形象生动。

辽代“春捺钵”期间，于“达鲁河钩牛鱼”，堪称“北方盛礼”。辽朝君主，或携家眷，设帐于河冰之上。“先使人于河上下十里间，以毛网截鱼，令不得散逸”，再将截获牛鱼等驱赶到辽主“冰帐”附近。此前已在大帐内预凿四个“冰眼”。“冰眼”开凿也有讲究，中间冰眼凿透，以此为中心，旁边再凿三眼，不可凿透，只令冰薄，便于观察牛鱼动向。“鱼虽水中之物，若久闭于冰，遇可出水之处，亦必伸首吐气”，因此，值候近旁，必有所获。“鱼之将至，伺者以告”，辽主即于冰眼以系绳之钩掷之，“无不中者”。刺中牛鱼后，“遂纵绳令去”。该鱼既惊且痛，奋力疾行，直至精疲力竭，被人拖曳而出，束手就擒。是为“得头鱼”。头

① （清）杨宾：《柳边纪略》卷3，上海商务印书馆，1936，第65页。
② （清）徐珂：《清稗类钞》（第12册），中华书局，1984，第5654页。
③ （清）徐珂：《清稗类钞》（第12册），中华书局，1984，第5654页。

鱼既得，辽主方出“冰帐”，宴赏群臣，“作乐上寿”。[①]

金代迁都北京之前，也有牛鱼（鳇鱼）之捕，方法近似辽代。辽金以后，鳇鱼之捕一度蛰伏，直到清代，再次兴旺。有关捕猎方法，乾隆帝在御制诗《鲟鳇鱼》文中也有描述：“蹲岸钓难投美饵，凿冰射要系长缗。”除此之外，他还该诗注文中写道：

（鳇）鱼出黑龙等江，非钓所能得。捕之者以网围至岸边，伺鱼首向岸，挽强射之，鱼负痛，一跃而上，至陆地，即易于掩取。冬日或凿冰以捕，则必系长绳于箭，以掣取之。[②]

清末徐珂《清稗类钞》中也有类似记叙，其言：

（鲟鳇即鳇鱼）巨口细睛，鼻端有角，大者丈许，重可三百斤，冬日可食，都人目为珍品。出黑龙江、混同等江，非钓所能得，捕之以网，围之岸边，伺鱼首向岸，挽强射之。鱼负痛，一跃而上。既至陆地，即易掩取。或凿冰以捕，则必系长绳于箭以掣取之。[③]

总而言之，东北古人在长期实践中已掌握了鳇鱼习性，并发明了一套行之有效的捕猎办法。

（三）庙坛之献

鳇鱼在辽、金、清三朝的地位较为特殊。

辽朝君主将得鱼与否视为年景之写照。捕头鱼，堪称“北方盛礼”，

---

① （宋）程大昌：《演繁露》卷 3“契丹于达鲁河钩鱼”条，四库全书本第 852 册，第 91 页。

② （清）阿桂等撰，孙文良、陆玉华点校《满洲源流考》卷 19《国俗四·物产·鲟鳇鱼》，辽宁民族出版社，1988，第 365 页。

③ （清）徐珂：《清稗类钞》（第 12 册），中华书局，1984，第 5654 页。

凡有所得，便“作乐上寿”[①]，好生庆祝一番。

金代帝王，则将牛鱼当作堂庙之贡品，推崇备至。《金史》记载：“天德二年，命有司议荐新礼，依典礼合用时物，令太常卿行礼”，经议，“正月，鲔，明昌间用牛鱼，无则鲤代。……从之”。又言：“牛鱼状似鲔，鲔之类也。”[②] 所谓“荐新”，是中国古代王室祭礼之一，简单说来，就是一种以时令谷果蔬鱼禽兽等物进献祖宗、天地的祭奠仪式。

金代帝王以“牛鱼（鳇鱼）”供奉庙坛的做法，为后世，尤其是清代帝王所继承。《清实录》等文献中有明确记载，而且要求东北地区进献鳇鱼，成为一种制度性规定。

早在顺治初年，就有科尔沁王公去京城贡奉鳇鱼的记载。[③] 康熙帝也有关于鳇鱼贡的谕旨，如康熙二十一年二月，康熙帝在启程东巡之先特谕乌喇将军（后改称吉林将军）巴海等人，将捕捞“鳇鳇等鱼”所“需用诸物，悉加备办完整”[④]。同年四月，康熙帝巡狩吉林期间，确实在松花江上网鱼，并将所得赏赐扈从诸王、大臣、侍卫等，[⑤] 并作诗留念。回京后又下谕旨，调整既有捕贡鳇鱼办法：“打鳇鳇等鱼，既有专管西特库等。乌喇兵丁，应停差役。”[⑥] 该规定，除了明确打牲乌拉衙门之职责，更深层次的考虑是让吉林八旗官兵潜心操练，以期更好地效力于御边抗俄之役。

---

① （宋）程大昌：《演繁露》卷3“契丹于达鲁河钩鱼”条，四库全书本第852册，第91页。

② 《金史》卷31《志第十二·礼四·荐新》，中华书局，1975，第761页。

③ 其言“赏科尔沁国贡鳇鱼使臣多多和、敦泰、图尔开等缎布有差”。见《清世祖实录》卷30，顺治四年正月壬戌，中华书局，1985，第247页。清政府一直推行满蒙联姻政策，特别是太祖、太宗及世祖三朝，几位皇后（包括孝庄皇后）均出身科尔沁部，为尊崇该部，这几朝《实录》多称“科尔沁部”为“科尔沁国”，有时也将“哲里木盟诸部”统称为“科尔沁国”。“科尔沁国”者，非国也，实为清政权之内藩，顺治以后很少再以“国”称之。

④ 《清圣祖实录》卷101，康熙二十一年二月己丑，中华书局，1985，第12页。

⑤ 《清圣祖实录》卷102，康熙二十一年四月戊寅，中华书局，1985，第22页。

⑥ 《清圣祖实录》卷102，康熙二十一年五月丙寅，中华书局，1985，第32页。

如上文所言，打牲乌拉进贡清单中，鳇鱼及其他杂鱼始终是保留项目。《打牲乌拉志典全书》中记载的几处“鳇鱼圈”（畜养区），如扶余陶赖昭附近的如意渚，蒙古扎萨克公辖区的长安渚、巴延渚等，都为进贡鳇鱼的附属设施[①]（见图3－16）。

图3－16　鳇鱼圈

图片来源：吉林省图书馆“打牲乌拉数据库”。

作为皇家庙坛之祭的重要供品，鳇鱼的捕捞及进贡，一直持续到清朝末年。但由于鳇鱼体型较大，成熟期较晚，容易发生因过度捕捞而引起的资源匮乏。这一问题早在乾隆时期就已出现。据称，乾隆四十二年（1778）十二月下旬，京城官员发现吉林进贡的鳇鱼只有四五尺左右，不但不如往年贡品，也不如鱼市上的流通物。为此，乾隆帝大发雷霆，颁旨将打牲乌拉总管索柱以下官员，概交吉林将军福康安惩办。[②] 吉林打牲乌拉总管进献鱼品，除了鳇鱼，还有鲯鱼、细鳞鱼等（见图3－17）。

---

① 据郭尔罗斯前旗锡伯族后人关守坤先生说，今前郭县锡伯屯南农安境内有一个鳇鱼圈（该村子今名“黄鱼圈”，因为鳇鱼也有“黄鱼”的称谓），锡伯屯和七家子附近江边也有两个鳇鱼圈。转引自王迅《郭尔罗斯锡伯族》，载《郭尔罗斯文史》编委会《郭尔罗斯文史》，内部出版，1994，第12页。

② （清）云生：《打牲乌拉志典全书》卷1，吉林文史出版社，1988，第18页。另见尹郁山《乌拉史略》，吉林文史出版社，1991，第116页。

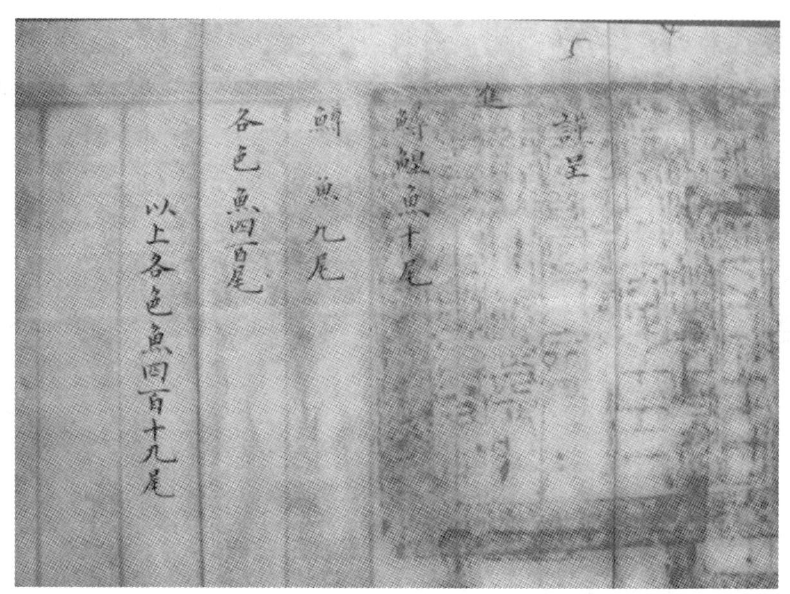
謹呈
進
鱘鰉魚十尾
鱒魚九尾
各色魚四百尾
以上各色魚四百十九尾

图 3-17　清光绪初年打牲乌拉总管衙门向朝廷进献鲟鳇等鱼呈文局部

图片来源：吉林省图书馆“打牲乌拉数据库”。

三　貂鼠皮毛

（一）貂貉名裘

貂，学名紫貂，别称黑貂，系鼬科哺乳动物。貂体形似家猫而略长，四肢短而健壮，尾大而毛蓬松。多栖息于寒山密林中，无固定巢穴。貂生性好动，喜吃腐肉。东北古族曾有以腐尸诱捕貂的习俗。

貂生于寒冷地带，皮质柔韧，毛绒丰密，无论顺抚逆拂，皆柔滑如丝。民谚中有“风吹毛更暖，雪落雪自消，雨打亦不湿”的描述，极为生动贴切。貂皮色泽亮洁，光润可人，是东北“三宝”之一（见图 3-18）。貂皮中以紫色尤为珍稀。20 世纪 20 年代以后，因捕杀过度，野生貂已鲜见乃至绝迹。

图 3－18 紫貂

图片来源：吉林省图书馆“打牲乌拉数据库”。

（二）贡貂定制

貂皮自古即为东北部族的朝贡精品，其中清代尤其发达。

明朝末年，建州女真以参貂贸易起家，继而建立政权，并问鼎中原。清朝统治者对参貂之利颇为看重[①]，故而在建国之后，通过“贡·赏”制度建立并巩固与东北臣属各部的关系，从而丰富了东北渔猎文化的内涵。

传世文献中有大量关于清代“贡貂”的记载。如后金（清）天聪元年（1627），萨哈尔察部落六十人“来朝，贡貂狐猎狸孙皮”[②]；天聪七年（1633），萨哈尔察部落头目费扬古、满代，又“率四十六人来朝，献貂皮千七百六十九张”[③]；天聪八年（1634），黑龙江地方头目巴尔达齐，“率四十四人来朝，贡貂皮一千八百一十八张”[④]。

---

① 有学者指出，后金建造赫图阿拉都城所用资金，可能通过与内地、朝鲜的毛皮、人参贸易取得。〔美〕魏斐德：《洪业—清朝开国史》，陈苏镇、薄小莹等译，江苏人民出版社，2003，第 11 页。

② 《清太宗实录》卷 3，天聪元年十一月辛巳，中华书局，1985，第 52 页。

③ 《清太宗实录》卷 16，天聪七年十一月壬辰，中华书局，1985，第 215 页。

④ 《清太宗实录》卷 18，天聪八年五月丙戌，中华书局，1985，第 239 页。

"萨哈尔察"系满语对音，意为"黑貂皮"，是当时后金（清）统治者对达斡尔族[①]的另一种称呼。鄂温克族也是清代"贡貂"的重要来源。据文献记载，清崇德二年（1637），鄂温克族首领博穆博果尔"率八人来朝，贡马匹、貂皮"，清太宗赐宴并赏赐鞍马、蟒衣等物。[②] 次年十月，博穆博果尔又来朝觐，贡献貂皮、猞猁孙等方物。[③]

清政府统一达斡尔、鄂温克等索伦诸部以后，将其编设"牛录"，进行直接管理。[④] 他们都有向清政府交纳貂皮的义务。布特哈八旗编设后，如期、如数贡貂，遂成定制。据称，布特哈人"以猎貂为事，户出一丁，以竿量身，足五尺者，岁纳一貂"[⑤]，外调出征或驻防时，该职役可免。据《黑龙江外记》《清实录》等文献可知，布特哈旗人的貂皮贡纳，以及清政府赏赐办法，屡经因革损益，不断调整变更。事繁不具。

此外，黑龙江下游及滨海地区的赫哲、费雅喀、奇勒尔等族也有贡貂的义务。三姓副都统衙门成立后，有关赫哲等部族的"贡·赏"事务，概由该衙门处理。

清中期以后，不论布特哈八旗总管，还是三姓副都统衙门，抑或清朝中央政府，都深感优质貂皮数量连年下滑，难以为继。到了清光绪年间，有关规定大多名存实亡，昔日贡貂之盛况成为永久记忆。

---

① 康熙六年（1667），《清圣祖实录》中有了"打虎儿"一称，这是最早出现的"达斡尔"的音译。随后，清代的文献中不断出现"达呼我、达呼尔、达瑚儿、达古儿、达虎里"等同音异写。

② 《清太宗实录》卷35，崇德二年闰四月庚戌，中华书局，1985，第948页；《清太宗实录》卷36，崇德二年六月壬寅，中华书局，1985，第462页。

③ 《清太宗实录》卷44，崇德三年十月丙午，中华书局，1985，第580页。

④ （清）官修《清太宗实录》卷51，崇德五年五月戊戌，中华书局，1985，第687页；《清太宗实录》卷55，崇德六年五月己丑，中华书局，1985，第746页；《清太宗实录》卷56，崇德六年六月辛亥，中华书局，1985，第751页。对于具体"牛录"数量，学者有不同观点，详见韩狄《清初索伦牛录的编立》，《内蒙古大学学报》2008年第3期；麻秀荣、那晓波《清初八旗索伦编旗设佐考述》，《中国边疆史地研究》2007年第4期；刘小萌《满族的社会与生活》，北京图书馆出版社，1998，第229页。

⑤ （清）英和：《卜魁纪略》，黑龙江人民出版社，1985，第123页。

第四章

文化内涵

东北渔猎文化源远流长，在数千年传承中创造了一系列璀璨的文化财富。渔猎对象是东北渔猎文化以何种面貌展现的物质基础，渔猎工具及渔猎方法是东北渔猎文化展现何种面貌的基本途径。这其中，以渔猎资源的丰富、渔猎技术的进步、艺术及思想等精神层面的拓展，真正标志着东北渔猎文化已然达到的高度。

第一节　渔猎对象

本书有关东北古今渔猎资源的介绍，借鉴了生物学等学科的一般做法。但是，为了简明扼要且便于阅读，大致划分为飞禽、走兽、锦鳞三类，对东北渔猎资源中的重要代表做了提纲挈领式的说明。

一　各类走兽

东北渔猎文化史上，虎豹、熊罴、狍鹿、貂貉、猪兔等都是较为常见的狩猎资源。其中，狍鹿、紫貂等详见前文。除了上述动物外，獾、狼、豹、黄羊、猞猁等野兽也是东北地区较为常见的狩猎资源。

（一）东北虎

东北虎又称满洲虎、乌苏里虎、西伯利亚虎、阿穆尔虎，是我国珍稀保护动物之一。东北虎平均体长 3.8 米（包括尾长约 1 米），平均体重 240 公斤，是世界上体重、体型最大的猫科动物。东北虎头大而圆，前额横纹极似“王”字。毛色斑斓，体魄雄健，行动敏捷，善游泳，性凶猛，可以捕食大中型哺乳动物，偶尔也以小型鸟兽为食（见图 4－1）。

东北虎基本栖居于森林、灌木及野草丛生地带，主要分布于长白山区、小兴安岭、西伯利亚以及朝鲜半岛北部。民国期间，今黑龙江省东宁等地，尚有东北虎伤害人畜的记录。20 世纪 70 年代以后，野生东北虎几乎绝迹。近年，随着生态改善，今珲春等地又有野生东北虎出没的踪迹。东北虎全身是宝，虎骨、虎血等都是名贵中药材。

图 4－1　东北虎

图片来源：吉林省图书馆“打牲乌拉数据库”。

（二）熊罴

熊有狗熊、马熊两种，统称熊罴。其中，狗熊又称黑熊，俗称黑瞎子，体形肥大，但略小于棕熊。面形似犬，毛色黑亮，性情孤僻，行动矫捷，能爬树，又会游泳。

马熊又称人熊、棕熊，别名为罴。颈短头圆，眼小吻长，体形较大，体长1.8～2米，体重可达400公斤，可谓庞然大物。马熊不会爬树，喜食蚂蚁，也食鸟、鱼。性憨猛，敢与虎斗。熊胆、熊骨均可入药，尤以熊胆最为名贵。熊掌是高级滋补品，系“八珍”之一。

据《满洲源流考》载，清代东北，“熊各处皆有，罴（笔者按，马熊）惟吉林、盛京始有，他处所无也”。狗熊、马熊主要栖息在林区、溪谷之间。狗熊、马熊均有冬季蛰伏的习惯，俗称“蹲仓”。由于形体大小不同，所以蹲仓位置也有别。据称，“熊小或居木孔，罴（马熊）大则居穴也”。鉴于上述习性，猎熊多选在冬季，而且要求一击即中，否则会遭到野蛮反击。至于夏、秋季节猎熊，则需多人合力。据称，“向于盛京围中，使力士刺熊罴，非十人不能胜，盖其力倍于虎也!”[①] 20世纪80年代，东北边远山区仍有野熊出没。现在数量日益减少。

（三）猪兔

野猪形如家猪，皮厚嘴长，毛皮无光泽。性凶猛，善跑，喜群居。雄性生獠牙，特征明显。野猪多在密林草莽之间活动。夏秋之间时常成群出没于农田，掘食庄稼。带仔野猪极为敏感，攻击性最强。自古以来，野猪就是东北地区主要狩猎对象之一。野猪獠牙是东北先民的重要饰品取材。中华人民共和国成立后，每逢隆冬深雪，东北民众多携犬持枪，围猎野猪。当时野猪资源仍很丰富，每有猎获，动辄盈百，多则数千。十余年后，野猪数量锐减。今吉林、黑龙江部分山区仍有野猪出没，但与昔年相比，已然悬若天壤。

野兔，俗称跳猫、山跳等。毛色主要有灰、白、黄白相间等多种。

① 以上均见于（清）阿桂等撰，孙文良、陆玉华点校《满洲源流考》卷19《国俗·熊罴》，辽宁民族出版社，1988，第364页。

肉可食用，毛皮可御寒。大雪前后，其皮毛质量最佳。

东北又有石兔（学名无考）、雪兔等特色品种。据称，石兔长成后，仅二寸许，体形如兔，通体洁白，东部山区仍可见。雪兔，别名兴安白兔，今为国家二级保护动物。雪兔多在夜间活动，成兔体重 2.5～4.5 公斤。肉可食用，毛皮柔软绵密，质量优于其他品种。

（四）獐鹿

驯鹿，不论雌雄，皆有角，而且分枝繁复，有的多达数十支，故名“角鹿”，俗称“四不像”。驯鹿主要分布在今环北极地区，中国东北仅见于大兴安岭东北部林区。驯鹿有耐力，可供使役，可用于驮乘。早在明清时期，鄂温克等少数民族即有驯养驯鹿的记载，即所谓“使鹿部”是也。

獐子，学名原麝，别名香獐子、山驴子，是小型鹿科动物。体重 8～13 公斤。獐子不论雌雄，均不生角。但是，雄麝有獠牙、香腺。该香腺的分泌物，俗称麝香，是名贵中药。獐子在今东北针叶林及针阔混交林区都有分布。由于过度捕猎，目前野生獐子数量较少。

驼鹿，俗称“犴”，又作堪达罕、堪达犴。因体形似驼，故而得名。驼鹿头大而长，颈下有颔囊，鼻部有隆起，上唇肥大，鼻吻部俗称“犴鼻子”。雄性生掌形角，特征鲜明。驼鹿体长逾 2 米，肩高在 1.7 米左右。成年雄鹿体重 200～300 公斤，是目前世界上最大的鹿科动物（见图 4－2）。驼鹿喜栖息于针阔混交林或阔叶幼树丛生地带，今黑龙江省漠河市的富克山等地有一定分布。驼鹿也是药用动物，心、茸、鞭、胎均可入药。驼鹿肉可食用，驼鹿鼻及驼鹿尾都是难得的名贵食材。

（五）貉狐

貉，亦称狗獾，又有狸猫、大山猫、土狗、土獾、毛狗等别称。似狐而大，长相凶恶，但性情柔弱，东北方言称“孬”，故名“孬头”，徒手即可抓捕。貉在河谷、原野之间筑巢穴居。我国东北、西南均有分布，其中

图 4-2 驼鹿

图片来源：吉林省图书馆“打牲乌拉数据库”。

以东北密度最大。貉是一种知名毛皮兽，具有板质轻韧、底绒丰厚、细柔保温等特点。若拔去针毛，只留短茸，则为上好的裘皮，俗称“貉绒”。

狐，主要有火狐、花狐、草狐三种。形似犬，性多疑，毛细密，尾粗大，皮毛亦可御寒。狐的活动范围较大，丘陵、沙地、森林、草场皆有分布（见图 4-3）。在中国古代，狐仙、狐妖的故事广为流传。东北地区也有人畜养，肆意猎取者较为少见。中华人民共和国成立后，有关禁忌逐渐消淡。东北等地猎狐谋皮之事日增，野生狐狸数量锐减。

二 诸种飞禽

东北山多林茂，水草丰美，是各种飞禽的理想栖息地。根据文献记载，并结合现存鸟类，谨将东北有史以来较为知名的捕猎飞禽，择其典型种类介绍如下。

图 4-3 白狐

图片来源：吉林省图书馆“打牲乌拉数据库”。

（一）鹰隼

东北鹰隼种类较多，以金雕最雄伟，以海东青最知名。

金雕，俗称鹫雕、金鹫、黑翅雕、金翅雕。金雕性情剽悍，体态雄伟，是东北较常见雕种之一。成鸟体长约 1 米，翼展逾 2 米，体重 2~6 公斤，系大型猛禽。

金雕体羽主要为栗褐色，上体为棕褐色，下体为黑褐色。后头、后颈等部位多长有金黄色羽毛，呈披针状分布，是区别于其他雕种的显著特征，故称“金雕”。尾羽长而圆，尾羽根部及双翼下面均有白斑，在空中翱翔时特别醒目。

金雕腿上全部披有羽毛。趾上利爪，健锐如狮虎，可刺入猎物要害，轻则皮开肉裂，重则筋断骨折。多以兔、鼠为食，也能猎杀大型哺乳动物幼仔。

海东青，又名海雕、玉雕、白鹰、海东鹘等，一说学名矛隼。海东青是东北特有猛禽之一，多栖息于长白山区及松花江流域。

海东青体长约半米，体重 1.3~2.1 公斤，身形较小，但骁勇异常，属中型猛禽。上天可啄飞鹅，入地能擒狐兔。至于獐狍及野鹿幼仔，亦难逃脱。故而其早在史前时代就备受推崇。新开流遗址出土鹰形雕件，当为海东青无疑（见图4－4）。

先秦以降直至清末，海东青是肃慎、女真、满洲等族的“御用”猎鹰。契丹人对海东青亦青眼有加，屡令女真部族进献。据称，雄鹰十万，方出海东青神鹰一只，故而有“万鹰之神”的美誉。康熙皇帝曾赋诗赞叹道：“羽虫三百有六十，神俊最属海东青。”

图4－4　海东青

图片来源：吉林省图书馆“打牲乌拉数据库”。

（二）鹑鸡

鹑鸡类野生动物资源，以野鸡尤其常见，以飞龙最负盛名。

野鸡，学名雉鸡，亦称环颈雉，为东北常见留鸟。以谷物、浆果、草虫为食。体长约0.9米。野鸡雌雄异色。雄鸡尾长且美，毛色尤其艳丽，脖颈有白色环纹，故有“环颈稚”之称。多于山陵草丛之间栖息，也常来附近村屯场院觅食（见图4－5）。

野鸡不能久飞而善走，情急避难，唯将头藏起，遂不计其余，因而极易追捕。肉质细嫩，有药用价值，是东北常见食材。入冬初雪，就进入猎捕野鸡的旺季。东北生态未破坏之前，几乎俯拾皆是。由于捕杀无度，20 世纪 80 年代以后所见甚稀。

图 4－5　雉鸡

图片来源：吉林省图书馆“打牲乌拉数据库”。

飞龙，学名花尾榛鸡，又名毛腿沙鸡、松鸡，俗名飞龙，属鸡形目松鸡科留鸟。飞龙形似沙鸡而略小，重约 0.5 公斤。喙短头小，颈短爪长，胸隆起，毛色灰褐。雄雌区别不大，头顶均有盔毛一束，唯雄鸡颌下有一块红边黑毛。

飞龙基本分布在东北地区，主要以树籽、野果、嫩叶、昆虫等为食。虽有“飞龙”名号，其实并不擅飞，一次仅能飞行 20 余米。春夏喜栖于山林深处，或在倒木、树根旁筑巢产卵，幼鸟在夏末初秋即可长成。秋冬则多见于河谷及道旁，白天在树上活动，晚间则进雪堆过夜。

飞龙肉雪白，味清香，为北方珍馐，系清宫贡品。昔年严禁民间食用，中华人民共和国成立以后，因过多捕捉，数量锐减。20 世纪 80 年代以后，已难得一见。今为国家一级保护飞禽。

沙鸡，学名斑翅山鹑，俗称沙半鸡、沙半斤。脚下生绒毛，既能栖息于高山林带，也可在浅山草甸或河畔滩涂之间生活。多群居，喜食豆、谷、高粱等谷物的籽粒。沙鸡肉质细嫩，鲜美程度不亚于飞龙、野鸡。昔年，人们常以马尾套捕捉沙鸡，屡试不爽。近年来，由于生态环境破坏，野生沙鸡已不多见，今被列为国家保护的珍稀鸟类。

鹌鹑，头小尾秃，腹赤色白，身上带有暗黄色条纹。鹌鹑其性好斗，常雌雄不离，多以谷类、草籽为食，基本栖息于丘陵或平原的杂草灌木之间。肉质细嫩鲜美，营养丰富，为野味上品。鹌鹑蛋也是高级滋补品之一。20 世纪 80 年代以后，人工孵化养殖业兴起，市场上鹌鹑蛋等制品多见。至于野生鹌鹑，在东北部分地区仍有发现。

（三）鹅雁

白天鹅，学名大天鹅，雁亚科天鹅属。由于嘴基为黄色，并且延伸到鼻部，故别名“黄嘴天鹅”。天鹅颈长体丰，体长 1.2～1.6 米，体重 6.5～12 公斤。脚短蹼厚，喜集群营巢。有固定配偶，一旦配对，则厮守终身。每逢繁殖期，雌鹅产卵，雄鹅守卫，轮流孵化。小天鹅破壳后，几日即可下水，半年足以长成。

白天鹅是东北地区的重要候鸟之一。气候转冷之际，白天鹅则飞往河南、山东等地越冬。次年初，天暖开飞，还归故地繁衍后代。白天鹅擅高飞，也能涉水浮游，主要栖息于芦苇茂密、水面宽阔的湖泊池沼。今吉林省西部的查干湖、月亮泡等地，都曾是白天鹅的重要栖息地。在辽代帝王的“春捺钵”中，白天鹅与鲟鳇鱼都是主角。白天鹅是全球易危物种，已被列为国家二级保护动物。

大雁，又称野鹅，有鸿雁、豆雁、灰雁、斑头雁、白额雁等多个品种，是东北常见候鸟之一，分布较为广泛。春秋两季，每逢迁徙，往往数十甚至上百只列队飞翔，也为时令标志。

大雁多在低湿草甸处栖息繁衍，动辄数万只群居共处。在中国古代文学作品中，“雁”是屡屡出现的文化符号，有非常广泛的影响。东北“雁”常见，但“雁文化”不发达。近代以来，随着移民日增、农作兴起，大雁多被捕杀，春秋之“雁阵”已难得一见。

东北其他禽鸟还有黑鹳、野鸭、乌鸡（学名黑琴鸡，又名乌野鸡）等多种，限于篇幅，姑且从略。

三 各色水产

东北地区水体多元，河流、湖沼众多，水质优良，水草丰美，除了部分海产品，淡水野生鱼类资源尤其丰富。诸如“三花五罗十八子七十二杂鱼”、鳇鱼等都是耳熟能详的珍品。其中既有典型的中原鱼类，也有北方著名品种。谨选取几种，简介如下。

（一）鳇鱼

鳇鱼，俗名牛鱼，学名东亚鳇鱼、黑龙江鳇鱼，系鲟科鳇属大型鱼类，是东北特产鱼类之一，黑龙江、乌苏里江、松花江等处水域均有分布。

鳇鱼，传世文献中或作“鲟鳇鱼”。实际上，按照现代生物学的分类办法，“鲟”与“鳇”同“科”但不同“属”，因此，“鲟鳇鱼”的称谓是一个容易引起混乱的“偏正词语”。

鳇鱼体形呈纺锤状，头有软骨，鼻长盈尺，呈圆锥状，粗可把握。眼极小，鳞极细，若有若无。遍体皆青，略带黄色。腹面有斜方形硬鳞，尾鳍不正。鳇鱼体长数米，重达数百，或逾千斤。有诗为证，康熙帝曾言：“更有巨尾压船头，载以牛车轮欲折。水寒冰结味益佳，远笑江南夸鲂鲫。”[①]（见图4－6）

鳇鱼肉质肥厚，口味鲜美，有“淡水鱼王”之誉，是清廷指定贡品之一，以供祭祀之用。《红楼梦》中有庄头向贾府进献“鲟鳇鱼”的记载。其事未必出现在清代权贵之家，但《红楼梦》作者必有所本，值得

① （清）陈廷敬等奉敕编，张廷玉等奉敕续编《皇清文颖》卷首五，《圣祖仁皇帝御制诗》，影印文渊阁四库全书本第1449册，台湾商务印书馆，1986，第174页。

文史互证，探明究竟。

近代以来，由于江河污染，枯水季徒增，鳇鱼资源严重萎缩。现已被列入《濒危野生动植物国际贸易公约》，属国家二级保护野生动物。

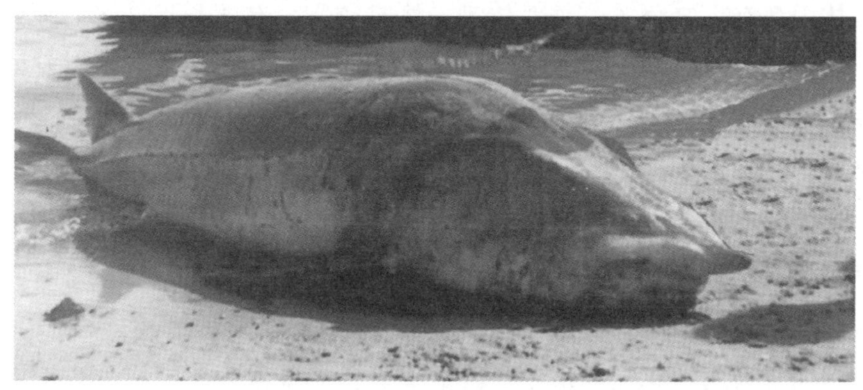

图 4-6 鳇鱼

图片来源：吉林省图书馆“打牲乌拉数据库”。

（二）“三花、五罗”

东北淡水鱼特色鲜明，有“三花、五罗、十八子、七十二杂鱼”之谓。

所谓“三花”，即鳌花、鳊花、鲫花（鲭花）；所谓“五罗”，即哲罗、雅罗、法罗、胡罗、鲷罗（俗称铜罗）。

鳌花，学名鳜鱼，又名桂鱼，在“三花五罗”中尤其名贵。肉质细嫩而刺少，味道鲜美，可益脾胃、补五脏、疗虚损，向为淡水鱼中之佳品。鳌花鱼在南方也有分布，唐朝诗人张志和笔下的“桃花流水鳜鱼肥”，所言即是。

鳊花，学名鳊鱼，系重要淡水经济鱼种，也为“三花”名鱼之一。体长 40 厘米，头小鳞细，体扁色灰。分布较广，以松花江尤多。

鲫花，又作鲫花、季花、鲭花，亦称江鲫。虽别称“江鲫”，但与一般的鲫鱼有重要区别。江鲫鳞色银白，呈椭圆形，鱼体肥大，有的重达 5

斤。其口味也非一般鲫鱼可比，故而跻身“三花”之列。

“五罗”之中，以哲罗、法罗“二罗”体形较大。

哲罗，属于典型的淡水洄游冷水鱼。在黑龙江、图们江、乌苏里江等水体中都有一定分布。哲罗体型、体重较大，有的长近2米，重约百斤。其生性凶猛，蛙蛇鱼蚌甚至水鸟，都是哲罗的美餐，故而有水下“杀手”、江里“恶霸”等诨号。渔民深知哲罗习性，每每以肉食诱捕，屡试不爽。由于哲罗体大力猛，不能硬来，与其斗智斗勇，别有一番景象。

法罗，系鲂鱼之俗称，又名三角鲂，为“五罗”之一。法罗体似鳊鱼而鳞略大，脊黑腹灰，体长可达60厘米，体丰肉肥。

“五罗”之中的其他“三罗”（胡罗、雅罗、铜罗），均为小型冷水鱼。以铜罗为例，其有黄姑鱼、黄姑子、春水鱼等俗称。一般体长20～30厘米，体重300～700克。铜罗体长，侧扁，头尖，吻钝。背部浅灰，两侧浅黄，胸腹及臀鳍基部均略带红色，还有多条黑褐色波状细纹斜向前方，较为醒目。铜罗肉嫩味鲜，是时令鱼品之一。肉和鳔均可入药，有补肾、消肿之功效。

以上均为清代打牲乌拉总管衙门进献之贡品。至于“十八子”和“七十二杂鱼”，也很有特点，但相较于“三花”或“五罗”，则略逊一筹，文繁不具。

（三）鱼类别称

表4-1　东北特产鱼类别称一览

1	鳌鲦（别名江白鱼，又名白漂子）
2	白鲢（又名鲢鱼、胖头、胖头鲢子）
3	棒花鱼（土名爬虎鱼、沙姑卢）
4	鳊鱼（鳊花）
5	鲌鱼（麻连、倒子、白鱼）
6	草鱼（又名鲩鱼、草根、草根棒子、草包鱼）

续表

7	赤眼鳟（红眼睁子）
8	大鳞鲴（黄鲴子、黄姑子、黄尾鲴、黄鱼、黄尾、黄片，“十八子”之一）
9	大马哈鱼（鲑鱼的一种，系满语“戴伊玛哈”之音转）
10	东北黑鳍鳈（花媳妇、花脸鱼、花皮鱼）
11	东北湖鲹（柳根池）
12	东北鳈（老母猪鱼、黑老婆脚）
13	鳡鱼（鳡条）
14	葛氏鲈塘鳢（沙姑鳢子、沙轱辘子，又称东北塘鳢、郎当裤、小胖子，俗名山胖头、老头鱼、还阳鱼）
15	狗鱼（勾心、狗鱼棒子、牙鱼）
16	鳜鱼（又称花鲫鱼、桂鱼、鳌花）
17	黑龙江鲤（别名江鲤子、野鲤，其幼鱼称鲤拐子、鲤子、油鲤）
18	红点鲑（花里羔子、花梨羔子）
19	红鳕子（山鲶鱼）
20	花斑副沙鳅（扁担勾）
21	花骨（花鲫、江鲫、吉勾、花吉勾、花鲫花，三花之一）
22	华鳈（又名东北鳈，俗称黑老婆或黑老头、老母猪鱼）
23	黄颡（俗名嘎牙子，或赶鸭子）
24	茴鱼（俗名斑鳟子、斑撑子、斑鳟鱼、红娘子）
25	鲫鱼（又名鲋，俗称鲫瓜子）
26	尖头红鳍鮈（麻连子）
27	江鳕（别名山鲶鱼，又称花鲶鳇，在 2.5 公斤以下者当地人称为山鲶球子，或鲶鱼球子）
28	鲤鱼（俗称鲤子、鲤拐子）
29	鲮鲴鱼（唇鲴、重唇、虫虫鱼）
30	六须鲶（怀头、怀子）
31	马口鱼（马口、红眼马口）
32	麦穗鱼（罗汉鱼、小麦穗）
33	蒙古红鲌（蒙古红鱼、红尾、赤梢）
34	泥鳅（鳅又写作“鳍”，俗称泥里勾子）
35	拟赤梢鱼（赤梢子鱼、红尾巴梢、媳妇鱼）
36	鲶鱼（年鱼、老鳶、胡子鲶）

续表

37	鳑鲏（俗名葫芦子、胡罗子，一名胡罗，“五罗”之一）
38	翘嘴红鲌（大白鱼、大眼、翘嘴岛子，俗名岛子鱼）
39	青鲮子（白嘎啦眼）
40	青鮠（又名乌苏里鮠，即大型嘎牙子）
41	三角鲂（鲂鱼、法罗）
42	三块鱼（亚细亚陆鱼，又叫远东滩头鱼）
43	黑龙江大首鮈（鮈鱼、蛇鱼、船丁鱼、川丁子）
44	鲦鱼（别名江白鱼，又名白漂子、白鳔子、青子、青鲮子、短尾白鱼）
45	乌鳢（乌鱼，俗名黑鱼，又称黑鱼棒子）
46	乌苏里白鲑（俗名雅巴沙、牙巴沙、雅巴鱼、兔子鱼）
47	乌苏里鮠（乌苏里拟鲿，俗名牛尾巴鱼、马钩子）
48	细鳞颌鲴（板黄）
49	细鳞鱼（山细鳞）
50	兴凯青梢红鲌（大白鱼、偻锅鱼）
51	鲟鱼（又名史氏鲟、东北鲟，俗名七里浮子、奇里浮子）
52	雅罗（俗名雅里红，满语，“五罗”之一，别名雅罗，又名华子、华子、沙包）
53	银鲫（鲫鱼、鲫鱼瓜子）
54	鳙鱼（花胖头、花鲢、鲢子）
55	鳇罗（学名巨鳇，又名哲罗、哲罗鲑，俗称哲哩、大口鱼、猫子鱼或大红鱼，“五罗”之一，系满语“哲罗伊玛哈”之简称，伊玛哈为鱼之通称）
56	真鳑（柳根池）
57	唇骨（似鲮鳍鱼、唇鳍、重唇、重口鱼、吉勾鱼、花吉勾子）

值得注意的是，史前以来，东北渔猎资源经历了较为深刻的消长代谢。

考古发掘资料显示，距今50万~1.2万年[①]，东北境内曾有大河狸、肿骨鹿、变种狼、北方赤狐、普氏野马、北京斑鹿、马鹿、东北狍、普

① 处于第四纪更新世的中期及晚期。第四纪是地质年代分期（约260万年前至今），以距今一万年前为界，分为更新世、全新世两个阶段。

氏原羚、青羊、东北野牛、披毛犀牛、猛犸象等大型哺乳动物活动。但是，进入全新世以后，随着末次冰期的结束，东北气候突变，诸如大河狸、肿骨鹿、披毛犀牛、中华貉、东北野牛等，由于不能适应急剧的生态变化而相继消亡。[①] 但其他水陆动物资源则日渐充沛，从而为旧石器时代晚期向新石器时代的过渡提供了有利的渔猎环境。

随着自然生态环境变迁，原来的温暖湿润变得干燥少雨，曾经的针阔混交林退化成植被稀疏的草原沙漠。其间诸如盘羊[②]等物种或消亡或迁离，渔猎文化也随之转型。

如位于今赤峰的兴隆洼遗址，在其早期层位中曾出土胡桃楸果核。这种温带乔木果实的出土，反映了距今五千年左右的赤峰即东北蒙古地区一度温暖湿润的气候特征，当为山地森林景观，与当前的生态环境迥然有别。此外，富河沟门遗址的标本测定表明，距今五千年左右，当地也非今日的草原沙漠地带，而是宜于农猎的好地方。再如今吉林省西部的长岭、乾安等地区，在许多先秦时期的文化遗址中，都有丰厚的鱼骨、蚌壳堆积。不难想见，这些风沙经年之地也曾是泡塘星布、水产资源丰富之区。[③]

人为因素的影响，同样不能忽视。东北许多野生动物资源丰富的县区，清末民初以来，受人口增加、拓荒垦殖、森林砍伐、江河污染、过度渔猎等人为因素的影响，渔猎资源遭到严重破坏。特别是毒饵猎杀、火药炸鱼、“绝户网”捕捞等看似“高效率”的渔猎方式，已然造成渔

---

① 黄万波、尤玉柱、高尚华、魏海波：《关于金牛山人遗址岩溶洞穴的探讨》，《中国岩溶》1987 年第 1 期；黄慰文编著《小孤山：辽宁海城史前洞穴遗址综合研究》，科学出版社，2009，第 93 页；董为、傅仁义、黄慰文：《辽宁海城小孤山遗址哺乳动物群的时代与古环境探讨》，《科学通报》2010 年第 14 期。

② 1984 年，黑龙江发现一块盘羊头骨化石，石化程度较好，是距今约一万年前的动物遗存，现存于黑龙江省博物馆。盘羊属偶蹄目羊亚科绵毛属，现在陕西、甘肃、新疆及中亚细亚地区尚有分布。

③ 长岭县史志编纂委员会编《长岭县志》，中华书局，1993，第 85 ~ 88 页。

猎资源的严重萎缩。为了保护资源、修复生态，各地政府采取了一系列措施，并初见成效。但是，一些不可逆、不易逆的破坏已然发生，留给子孙后代的只能是无尽的遗憾。

基于上述现实，我们不难联想到，清政府曾经的“封禁政策”，固然有诸多局限，但毕竟在客观上促进了东北的生态修复和资源保护。这对渐渐衰落的东北渔猎资源、江河日下的渔猎文化，均不无积极正面的意义。

第二节　渔猎工具

东北渔猎活动历史悠久，渔猎工具非常丰富，而且体系相对完整，颇具地域特色。渔猎工具是渔猎文化的重要构成，也是渔猎活动的重要支撑。陶、石、骨、玉、铜、铁、木等器具的制作和使用，既是东北渔猎文化发展程度的标志，也是东北手工业发展、生产力进步的体现。

一　狩猎工具

东北渔猎工具种类繁多，器型复杂，并有不同划分办法。若按材质划分，有陶石、牙骨、金属之别；若按时代划分，有史前、古代、近代、现代之别；若按用途划分，有射、投、砸、网之别。本书就其中颇具特色的几种，略作说明如下。

（一）石（骨）矛

石（骨）矛，又称投矛器、投枪器，既可作为刺杀用具，也可作为投掷用具，在狩猎活动中较为常见。用于投掷的石（骨）矛，一般是由矛头和木头构成的，是一种颇具创意的器具。这种器具，不但延长了狩猎者的臂膀，而且加大了猎杀时的冲击力，可以显著提高成功率。

魏晋早期的东康遗址，曾有多件石矛出土。其中由黑色板岩磨制的石矛较有特点。这两件石矛的矛身均呈扁平状，有铤。铤部先经琢制，再粗磨加工。矛身通体磨制，刃部格外精细。而且扁平面与板岩纹理方向一致，以提高器身的韧度。石矛身部可见两组磨痕，呈棱形斜交。这两件石矛是对金属矛的仿制，但工艺比较细腻，有一定的代表性。

（二）箭镞

弓箭是一种强有力的复合渔猎工具。由于材质的缘故，箭弓、箭杆、弓弦鲜见实物，箭镞则有大量出土。若以材质为标准，箭镞可以划分为骨镞、牙镞、石镞、铁镞四种。

弓箭的发明，是人类渔猎史上一件有划时代意义的事件。史前文化研究表明，旧石器时代早期、中期的人类，基本采用集体围攻、自然陷阱等办法狩猎，不但手段有限，而且效率低下。到了旧石器时代晚期，随着鱼镖、投矛，特别是弓箭的发明，人类的狩猎技术发生了前所未有的改善（见图 4－7）。

图 4－7　旧石器时代法国尼奥洞窟壁画中箭的野牛

注：据称，这是旧石器时代晚期壁画。

图片来源：新浪微博。

东北出土的石镞，有压制、磨制等多种加工方法。其中，如赵宝沟文化敖汉旗赵宝沟遗址、河口四期出土的石镞，多为压制①，属细石器的范畴。东北出土的石镞，有许多是用玛瑙、绿燧石制成的，非唯精致，亦甚美观（见图4-8）。

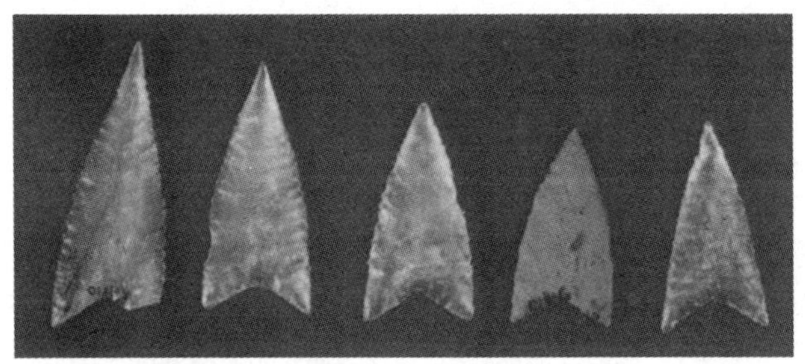

1.镞（从左至右：Bb型，采：79；Bc型，采：71；Bc型，采：85；Bc型采：72；Bc型，采：82）

2.Ac型镞（采：75）

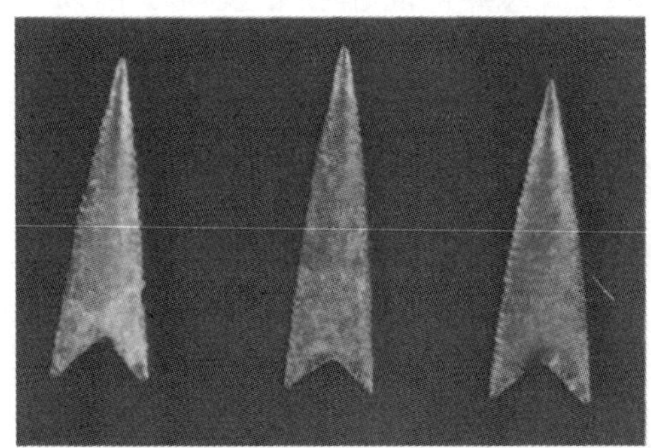

3.Aa型镞（从左至右：采：73、采：67、采：69）

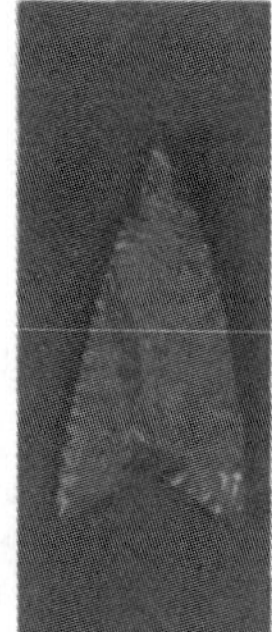

4.Ab型镞（采：77）

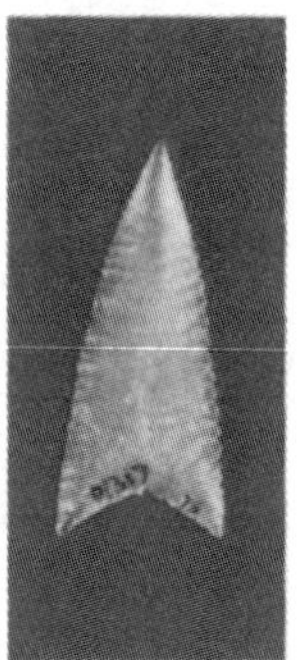

5.Ab型镞（采：66）

图4-8 新石器时代海拉尔市团结遗址箭镞

图片来源：中国社科院考古研究所内蒙古工作队《内蒙古海拉尔市团结遗址调查》，《考古》2001年第5期，图版三。

进入青铜时代、铁器时代，各类金属箭镞开始在各地遗址中出土②。如辽宁西丰的西岔沟出土了多枚西汉时期的铁镞、铜镞、鸣镝。其中的

① 黑龙江省文物考古研究所、吉林大学考古学系编著《河口与振兴：牡丹江莲花水库发掘报告（一）》，科学出版社，2001，第40页。

② 有学者曾就先秦时期东北地区出土的铜镞，从“杀伤性武器”的角度进行了系统研究，详见石岩、贾素娟《东北地区先秦时期青铜镞研究》，《北方文物》2009年第3期。

鸣镝为铜制球形，中空有孔。射出后，因气流急速通过空隙而发出响声，故有此名，又称“响箭头”或“号箭”。这类特型箭镞多用于战争，也可用于大规模围猎时的信息沟通。

唐宋时期，金属箭镞更加普及，而且形制非常丰富。位于今黑龙江省宁安市的渤海上京龙泉府遗址，目前已出土19件铁镞，可以细分为7个种类（见图4－9）。

1~6. Ⅰ式T001：90、T001：86、T001：98，Ⅱ式T502：3，Ⅲ式T305：62、T302：6

7~12. Ⅳ式T110：4、T602：14、Ⅴ式T202：5，Ⅵ式T222：3，Ⅶ式T119：9、T222：1

图4－9　渤海墓葬出土的箭镞

图片来源：中国社会科学院考古研究所编著《六顶山与渤海镇：唐代渤海国的贵族墓地与都城遗址》，中国大百科全书出版社，1997，图版106。

（三）鹿笛、狍哨

骨哨是一种诱捕用具。猎人借用骨哨，模拟动物鸣叫来吸引动物，再伺机捕获。早在新石器时代，骨哨就已经发明。余姚河姆渡遗址曾出土多件骨哨，长 6～10 厘米，均为禽类的骨管制成。一侧刻孔，有的骨管内还插一根可以移动的肢骨，用于调节声音。在河姆渡遗址中出土的动物骨骼以鹿科动物居多，仅鹿角就有 400 多件。可以推断，鹿类是当时河姆渡人的主要狩猎对象，骨哨可能就是用来捕获鹿类的辅助工具（见图 4－10）。

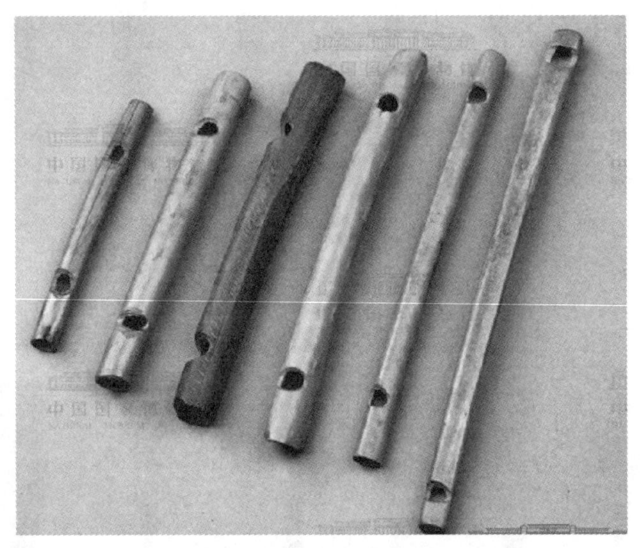

图 4－10　河姆渡遗址出土的骨哨

图片来源：国家博物馆网站。

鹿笛和狍哨也是两种常用的诱捕猎具。鹿笛，鄂伦春语又称“乌力安”，系松木削成，呈牛角形。将牛角形松木纵向锯开，将木心挖除，复合上，用绳缚紧。使用时，将其牛角细端置于唇边吸吮，以力度控制音色、音高。鹿笛可以模拟雄鹿鸣叫之声，用来引诱雌鹿等动物循声而至，便可捕杀。

狍哨，系桦树皮制成的诱捕用具，在鄂伦春语中称作“皮卡兰”。狍哨制法简单，用法全凭经验。凡有需要，可就地剥取桦树薄皮一段，宽约 1 厘米，叠成扁圆形，含在口中，模拟狍崽叫声，母狍或仔狍闻声，欢愉而来，即可猎获。或有猞猁等肉食动物闻声而来，亦成了猎人囊中之物。因此，可以说，狍哨实际上也是一种口技辅助器具。

（四）其他用具

除了上述用具，东北地区还有许多狩猎工具，都比较有特色。其中如布鲁、签子、罗网、夹子（蒙语称“哈布哈”）等，不论制作手法还是使用方法，至今仍有传承。

如大名鼎鼎的布鲁。这是蒙古人最常用的狩猎工具之一。布鲁有多种形制，其中常见的一种布鲁，柄由榆木削制，通体呈弯月或镰刀状，摆锤多用铜、铁等金属制成。利用布鲁狩猎，全靠眼疾手快。布鲁使用手法有别，大致说来，一种是布鲁不离手，俗称“扣打”；另一种是布鲁需抛出，故称“投打”。投打的多为奔跑的狼、兔等猎物。

值得注意的是，除了渔业，以网猎捕野兽的历史同样悠久。早在《诗经》时代即有应用，且有“罗、罦、毕”等称谓，可见当时之兴盛。

《诗经·王风·兔爰》：

有兔爰爰，雉离于罗。
我生之初，尚无为；
我生之后，逢此百罹。尚寐无吪！
有兔爰爰，雉离于罦。
我生之初，尚无造；
我生之后，逢此百忧。尚寐无觉！
有兔爰爰，雉离于罿。
我生之初，尚无庸；

我生之后，逢此百凶。尚寐无聪！①

二 渔捞工具

《诗经》《尔雅》《国语》等传世文献中记载了许多古代渔猎工具的名物。其中如罭（yù），《诗经·豳风·九罭》："九罭之鱼，鳟鲂。"所谓"九罭"，即小鱼之网②。《国语·鲁语上》言："水虞于是禁罝罜罹。"③ 罜罹（zhǔ lù），指小鱼网。《史记·陈涉世家》中有置符篆于人所"罾"鱼腹中的记载。《史记》中所言的"罾"，是一种用木棍或竹竿做支架的方形渔网。东北古代渔猎工具的形制也很丰富，略述如下。

（一）网具

网坠，使用时将其系于渔网的正中下端或四角边缘，借助其配重，拽网下沉。网坠的材质、大小、轻重，与网具的功能定位有直接关系。

从出土遗物可以看出，陶网坠小而轻，适用于在近海、河边等小规模捕捞；石网坠则大而重，辽东半岛双砣子遗址出土的大型石网坠，重达2公斤左右，可称"巨型"网坠。这种大型网坠，显然是在离岸较远的深海进行大规模作业的用具。这说明当时半岛渔业已经进入比较发达的阶段。

陶网坠，河口四期已出土8件，均由陶片磨制而成。这些陶网坠，有梯形、规则椭圆形、不规则长方形等多种形制。长度（或直径）多为4~8厘米（见图4－11）。比较起来，绥滨县蜿蜒河遗址出土的陶网坠，制作更加精良（见图4－12）。

因为水域特征不同，渔具也相应衍生出多种类型。其中，主要包括张网（又名待获网）、挂网、铁脚网（兜网）、小拉网、拖网、围网、箔旋，

① 周振甫译注《诗经译注》卷2《王风·兔爰》，中华书局，2012，第101~102页。

② 周振甫译注《诗经译注》卷3《豳风·九罭》，中华书局，2012，第225页。

③ （春秋）左丘明著，上海师范大学古籍整理组校点《国语》卷4《鲁语上》，上海古籍出版社，1978，第178页。

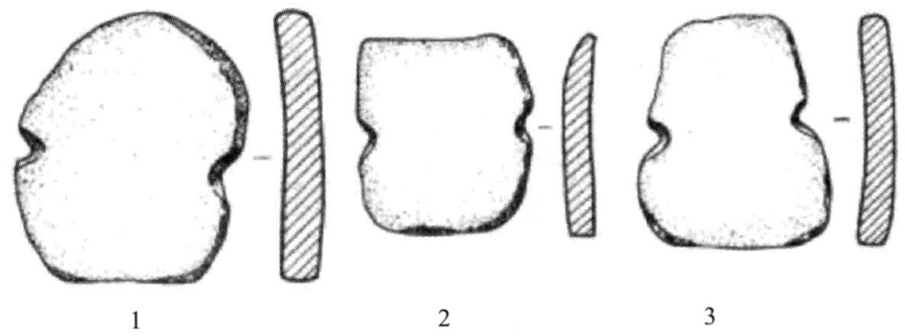

图 4-11　河口四期出土的陶网坠

图片来源：黑龙江省文物考古研究所、吉林大学考古学系编著《河口与振兴：牡丹江莲花水库发掘报告（一）》，科学出版社，2001，第 39 页，图三五。

图 4-12　蜿蜒河遗址陶网坠

图片来源：黑龙江省博物馆、中国社会科学院考古研究所《黑龙江省绥滨县蜿蜒河遗址发掘报告》，《北方文物》2006 年第 4 期，图版三：6（F1：8）。

以及一些钓鱼用具。不同渔具有不同的使用环境及方法。大致说来，主要有冰下拉网法、打冰槽法、明水拉网法、打呆哈网法（挂网的一种）、打铁脚网法、打旋网法、放滗法（网箔法的一种）、卡鱼法（这种捕鱼法颇有特色，多用以诱捕大鱼）、插旋法、挂网捕鱼法、罩鱼法、绳钓法等。[①]

---

① 《吉林省扶余县事情》，满洲帝国地方事情大系第 12 号，满洲帝国地方事情大系刊行会，吉林省社科院满铁资料馆藏，第 43～45 页。

上述渔具及用法是数千年生产实践的继承和发扬，多因地制宜地进行了必要的改良，非常便捷有效。如冰下拉网法。

冰下拉网，有大小之分，也分有囊网和无囊网两种。每趟拉网均由若干个单片网连接而成，并根据江河、泡沼等水域深浅、鱼的大小及种类等确定拉网长度、网幅高低、网目大小等。

冰下大拉网的主要器具有冰崩、冰镩、走钩、拧矛、马轮子（马拉绞盘）、压纲叉、小钩子、穿杆或穿索器等。每年冬季，待到冰层达到一定厚度时，即可开网捕鱼。首先，由有经验的鱼把头根据经验，在预先选定的渔场将小旗等标志物插在下网眼、出网眼及拐角处。然后，由专人根据划定的范围，先打好足够大的下网眼和出网眼。再从下网眼处，分别向左右方向，成一定角度，每隔一穿杆或穿索器的距离，打一个冰眼，直到出网眼。继而借助拧矛，使带水线的穿杆按照预定方向前进，而且每隔一段距离拉出水线牵引的大绦。如是推进，直至出网眼。待大绦全部进水后，安置马轮子，用大绦牵引拉网前进，再通过一个出网轮子将两头一起绞出来，并将绞出网片上的鱼翻到冰面上，最后从网肚捞鱼。[①] 这种捕捞办法，总体特点是网具大，作业面积宽，参与人力多，特别是捕获量大。据记载，冰下大拉网捕鱼，一次少则数千斤，多则数万斤。

鱼梁与网配合使用，是一种甚有渊源的捕鱼方法。历史文献曾有明确记载。如《夏小正》中曾有“虞人入梁”的形象比喻。《周礼·天官》记载：“𩵋（yú）人掌以时𩵋为梁。”就此，《月令》中有言：季冬“命渔师为梁”。汉儒郑玄认为：“梁，水偃也。偃水为关空，以笱承其空。”[②] 郑玄所言的“笱”，系一种渔网，与修筑的鱼梁配合使用。清末以降，这种

① 前郭尔罗斯蒙古族自治县志编纂委员会：《前郭尔罗斯蒙古族自治县志》，辽宁民族出版社，1993，第292页；前郭尔罗斯蒙古族自治县志编纂委员会《前郭尔罗斯蒙古族自治县志（1986—2000）》，吉林文史出版社，2006，第260～261页。

② 转引自（清）孙诒让著，王文锦、陈玉霞点校《周礼正义》卷1《天官冢宰》，中华书局，1987，第300页。

捕鱼办法在东北地区较为常见。

（二）渔舟

渔舟是从事捕捞的必备工具，在东北渔业文化中的地位和作用非常重要。由于器身较大、材质易朽等原因，尚未发现年代久远的渔舟实物。但是，辽南沿海、松花江、牡丹江等地出土的“舟形器”为我们深入了解东北古人的渔业生产、渔业文化，提供了不可或缺的重要实物依据。

位于今吉林省舒兰市的杨屯下层文化遗存（相当于西周末期到战国晚期），出土了3件平底舟形器。依形制，可以分为两种。一种口径22.3～29厘米，高20.2厘米。圆唇，深斜腹，器口呈弧边矩形，底近似圆角长方形，腹部两端有对称桥状竖耳。另一种口径17～29厘米，高12.5厘米。尖唇，浅直腹，器口呈椭圆形，腹部两端有对称桥状竖耳（见图4－13）。

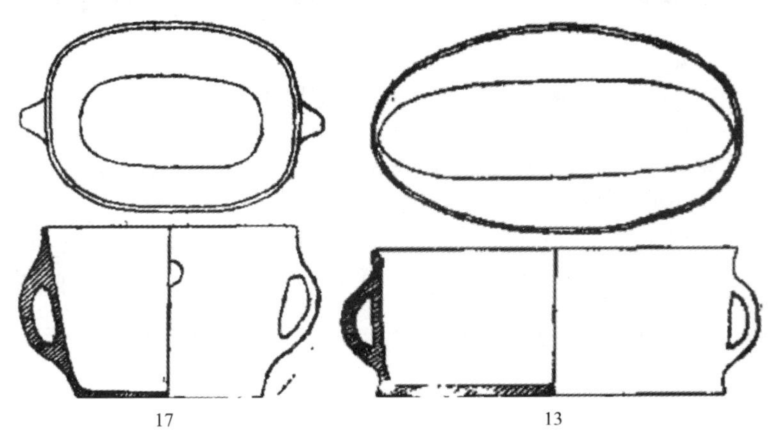

图4－13　吉林杨屯遗址舟形器

图片来源：吉林省文物工作队等《吉林永吉杨屯遗址第三次发掘》，载《考古》编辑部编《考古学集刊》（第7期），科学出版社，1991，图九：17，13。

位于牡丹江流域的海林河口遗址第三期（东汉末至魏晋），也出土了一只带柄舟形器（见图4－14）。该遗址的第五期文化层（渤海时期），又出土了一件夹细砂灰褐陶舟形器。这件灰褐陶舟形器，口径10.4～15.5厘米，底径4.6~8.6厘米，高4.6厘米。圆唇，斜直壁，平底，口与底均为椭圆形。该舟形器口部中间平，两端上翘，与独木船相仿（见图4-15）。

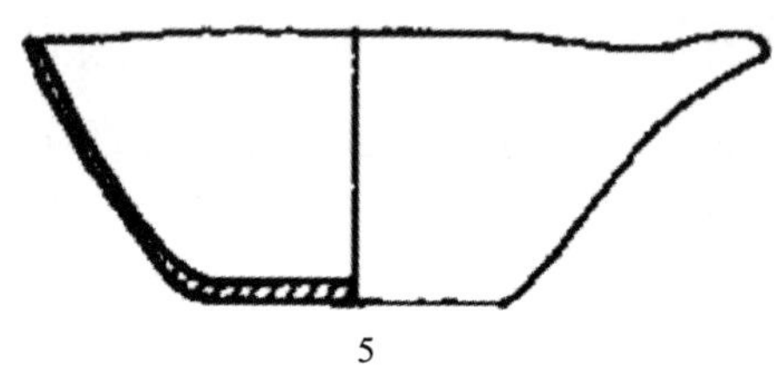

图4-14　河口遗址带柄舟形器

图片来源：黑龙江省文物考古研究所、吉林大学考古学系编著《河口与振兴：牡丹江莲花水库发掘报告（一）》，科学出版社，2001，第30页，图片5（H1001：8）。

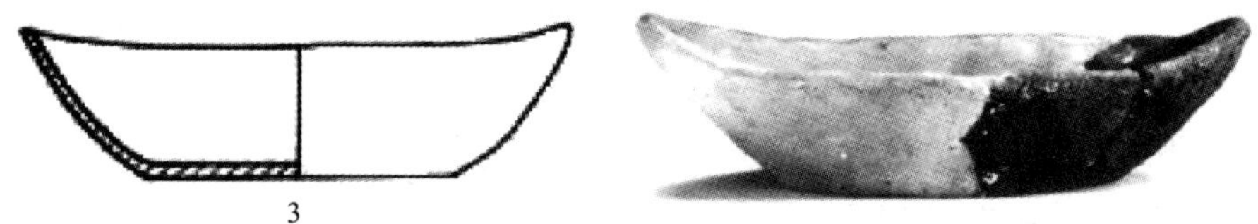

图4-15　河口遗址第五期舟形器

图片来源：黑龙江省文物考古研究所、吉林大学考古学系编著《河口与振兴：牡丹江莲花水库发掘报告（一）》，科学出版社，2001，第50页，图四六：3；图版一九：1（H2045：1）。

上述舟形器的出土，很容易让人联想到当地居民借助渔舟捕捞的景象。当然，与中原文化相比（见图4-16），东北的舟形器，无论造型还是装饰，都略显简单粗犷。

（三）骨鱼镖

骨鱼镖也是一种常见的捕鱼工具。一般认为，骨鱼镖最早出现在旧石器时代晚期。在中国新石器时代遗址中，骨鱼镖较为多见，但在旧石器时代晚期遗址中并不多见。直到1983年，方在海城小孤山遗址中首次发现一件较为完整的骨鱼镖，从而填补了我国旧石器文化考古的空白。

图 4－16　国家博物馆藏仰韶文化船形彩陶壶

注：该陶壶于 1958 年出土于陕西宝鸡北首岭，宽 25 厘米。器身犹如两头上翘的小船，故而得名。值得关注的是壶身绘制的渔网纹。这是仰韶文化时代当地渔捞文化的生动展示。今藏国家博物馆。东北有多处遗址也出土了“船（舟）形器”，相较于这只，都显得尤其简单朴素。

图片来源：国家博物馆网站。

小孤山骨鱼镖分头、主干、根三个组成部分。仅头部尖端及根部末端略有残缺。除此之外，基本完好。今残长 18.01 厘米。该鱼镖的头部为扁锥体；主干为棱柱体，一侧有一个倒钩，另一侧有上下分布的两个倒钩，两侧倒钩不对称。鱼镖主干中部一侧突起，中间有一切口。根部已削薄，剖面呈楔状（见图 4－17）。

民族学研究显示，骨鱼镖分为死柄鱼镖和脱柄鱼镖两种。前者将鱼镖固定在木柄上使用；后者将鱼镖插在木柄夹銎中，这类鱼镖刺中猎物后，虽然镖与柄分离，但猎物挣扎愈烈，倒钩刺入愈深，猎物力竭就范。据此考察，小孤山鱼镖或为脱柄鱼镖。

鱼镖与骨标枪、鱼叉等使用原理相同，应有一定渊源。江西万年仙人洞、浙江余姚河姆渡以及陕西西安半坡等新石器文化遗址，都有脱柄

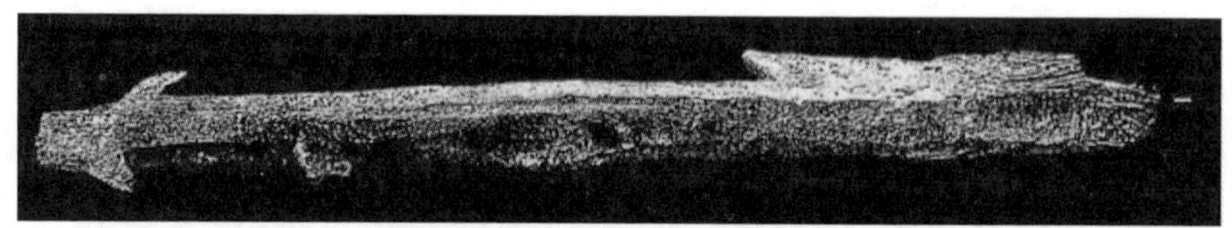

图 4－17　小孤山骨鱼镖

图片来源：黄慰文编著《小孤山：辽宁海城史前洞穴遗址综合研究》，科学出版社，2009，图版三。

鱼镖出土。由此可以推断这种复合型渔具的传播范围和流行程度。

此外，在兴隆洼文化中发现了用石叶制作的复合工具。制作办法是，将石叶嵌入骨梗凹槽内，作为石刃。这种骨梗石刃的复合工具，主要有刀匕形器、鱼镖两种，是一种颇具特色的渔猎工具。在我国东北至西南的多个文化遗址中，都有实物出土。①

（四）卡针钩叉

骨鱼卡是一种较有特色的渔具。1972 年，在辽宁大连于家村遗址曾出土一枚骨鱼卡。该鱼卡长 2.4 ~ 4 厘米，中间粗，两头尖。研究表明，鱼卡的使用办法是：在鱼卡中部拴上鱼线，复插进诱饵内。鱼吞食后，即卡住两鳃。捕鱼者可以缘线求鱼。

钓针是一种常见钓具，外形与鱼卡相似，作用则与鱼钩相似。钓针一般两头尖似针，故而得名。钓针中间略粗，且有凹槽。使用时，将鱼线系在凹槽上，复将饵料穿在针上。鱼食饵时，钓针遂入鱼口。这种渔具在辽东半岛于家村遗址下层、大嘴子遗址一期均有发现，而且形制相似。

鱼叉，一般有 2 ~ 3 个叉头，或有倒钩。这些叉头在根部合为一体，复插在木柄上。这类鱼叉往往系有绳索，以便刺中猎物后遥控，可以用来捕获鲟鳇鱼等大型鱼类。1958 年，伊春市大青川金代遗址出土一柄铁

① 云翔：《试论石刃骨器》，《考古》1988 年第 3 期。

质鱼叉。该鱼叉系锻铁加工而成，全长220毫米，由叉、銎两部分组成。銎呈圆锥形，便于安柄。銎下平肩，分出两叉。每个叉上又各有两个倒刺和一个尖锋。该鱼叉现存黑龙江省博物馆。到了明清时期，赫哲族也常用鱼叉捕鱼。

三 其他工具

除了上述用具外，还有一些值得关注的渔猎工具，主要包括手斧、砍斫器等较为原始的渔猎工具，以及尖状器、刮削器等较为常见的食材加工器具等。

（一）尖状器、刮削器

尖状器主要利用其尖部刺入物体并加以分割。其既可以用来加工肉类，也可以用来切割植物块茎。一般来说，石制尖状器硬度大，骨制尖状器用途广，各有千秋。

刮削器，又称边刮器，一般有骨、石两种材质。该器具的制作方法相对简单，即对石（骨）片的一个或两个侧边甚至周边进行修整，以获得锋利刃口；再借助这些刃口发挥切割、刮削等功能。往往用于食材或木质器具加工，用途与刀相似。刮削器是人类最早发明的工具之一（见图4-18）。除了中国东北，在旧石器时代中期的欧洲也非常流行[①]。

（二）石叶（或称石片）

石叶，又称石片，在新石器遗址中有大量出土。在东北今天所见的诸遗址中，赵宝沟文化遗址出土的数量最多，共计3154件。其中，敖汉旗小山遗址出土的石叶也达3074件。这些石叶，一般可以分为规整的窄长石片和不规则石叶两种。

---

① 黄慰文编著《小孤山：辽宁海城史前洞穴遗址综合研究》，科学出版社，2009，第110页。

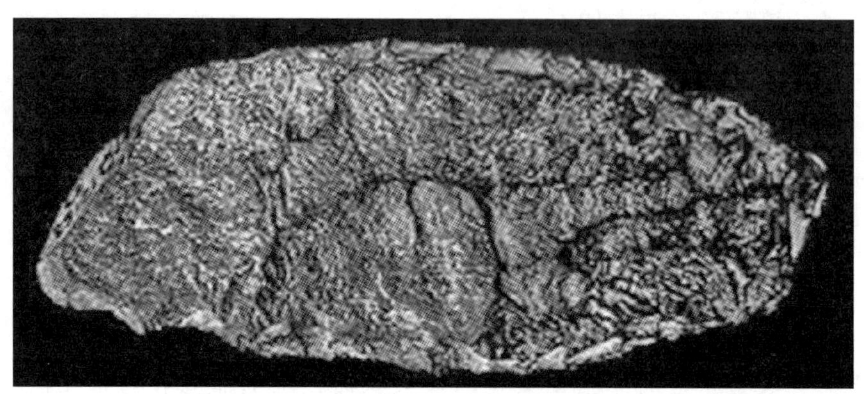

图 4－18　海城小孤山遗址出土双刃边刮器

图片来源：黄慰文编著《小孤山：辽宁海城史前洞穴遗址综合研究》，科学出版社，2009，彩板六。

近年来，在海拉尔团结遗址①也采集到多枚新石器时代的石叶。这些来自海拉尔的石叶，材质优良，制作尤其考究（见图 4－19）。

石叶可做复合工具的刃部，若镶嵌在骨、木器中，可以制成骨柄石刃刀或木柄石刃刀等，是一种复合小型切割用具。骨柄石刃刀的骨柄，常为动物肋骨磨制而成，一侧挖有凹槽，一端磨成尖部，凹槽镶有石叶。根据实际需要，石刃刀的石叶或大或小，没有定制（见图 4－20）。

（三）石球、石核

石球是旧石器时代遗址常见的石器。据研究，石球最早出现于旧石器时代早期，但加工得十分粗糙，可能主要用来砸击坚果。旧石器时代中晚期，石球开始大量出现，制作也比较规整、精致。这类石球在形态上由大变小，在功能上可能更主要用于狩猎。

---

① 团结遗址，位于内蒙古自治区呼伦贝尔盟海拉尔市哈克乡团结村东平地上，该遗址于 1985 年文物普查时首次发现，1999 年 10 月对团结遗址进行了第四次调查，发现了一批有价值的文物。据学者推测，团结遗址应是呼伦贝尔草原新发现的一种新石器时代的文化遗存。距今 6000～5500 年。详见中国社科院考古研究所内蒙古工作队《内蒙古海拉尔市团结遗址调查》，《考古》2001 年第 5 期。

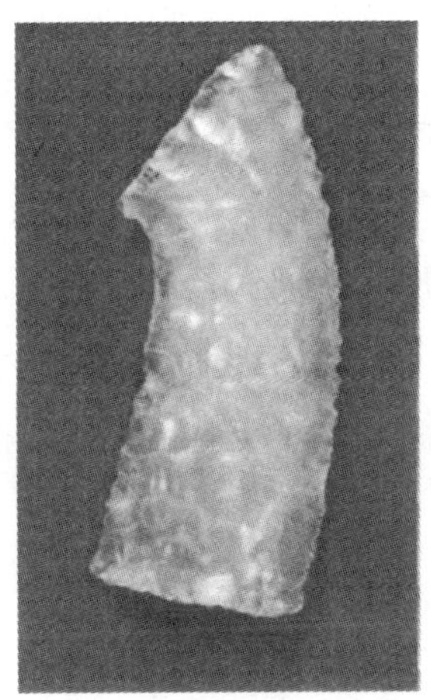
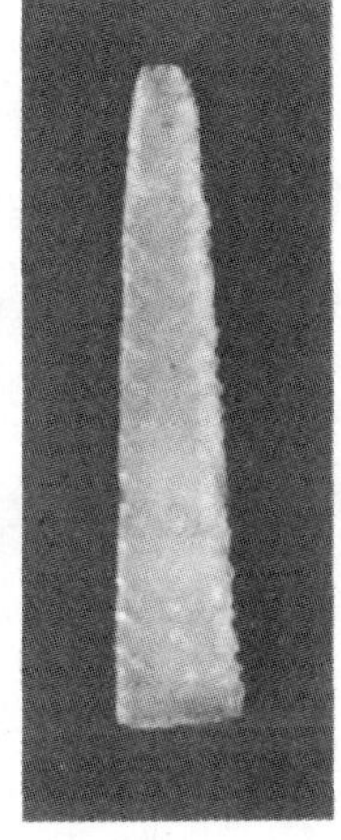
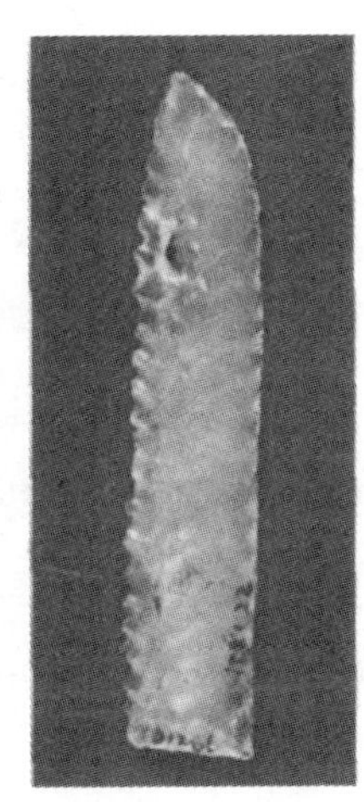

图 4－19 新石器时代海拉尔市团结遗址石叶

图片来源：中国社科院考古研究所内蒙古工作队《内蒙古海拉尔市团结遗址调查》，《考古》2001 年第 5 期，图版三。

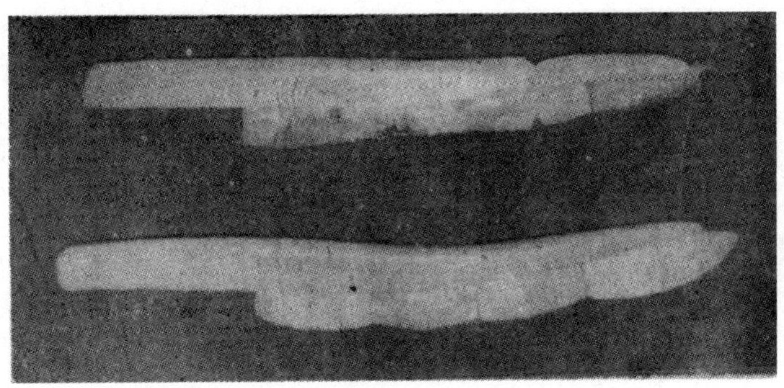

图 4－20 李家岗墓葬骨梗石刃刀

注：李家岗墓地，位于黑龙江省杜尔伯特蒙古族自治县烟筒屯镇新合村老地房屯东北 1.5 公里处的李家岗南坡，1989 年 5 月发现，1990 年 4 月进行了初步清理。随葬器物中未见农业生产工具，而狩猎工具却极丰富。由此可以确定，其经济形态是狩猎经济占主体地位，距今 5500～5000 年。详见杜尔伯特蒙古族自治县博物馆《黑龙江省杜尔伯特李家岗新石器时代墓葬清理简报》，《北方文物》1991 年第 2 期。

图片来源：杜尔伯特蒙古族自治县博物馆《黑龙江省杜尔伯特李家岗新石器时代墓葬清理简报》，《北方文物》1991 年第 2 期，图版一：4。

石球作为投掷用的狩猎工具，除了用手直接投掷外，据分析，还有两种使用方法。一种作为绊兽索，即将一个长木杆的一端用绳拴系石球，另一端拴系一段绳索。需要时，将绊兽索向野兽猛甩过去，杆与球形成巨大的冲力，若打中野兽要害，野兽自然倒下，即使未击中要害，也可将兽足绊住。另一种是作为飞石索，即用兽皮或植物纤维做一个网兜，兜的两头各拴一根绳子，兜里放石球。使用时，将两根绳子用力甩起，轮转石球，而后松开一根绳索，使兜中的石球飞出。飞石索的有效射程有时可达 50～60 米。一般而言，小型石球可能更适于制作飞石索。

石核是利用自然形成的锐利刃面制成的，多用来刮削鱼鳞、兽皮等，也可以用来修理木质或骨质工具的把柄等，是新石器时代一种比较常见的用具（见图 4－21）。

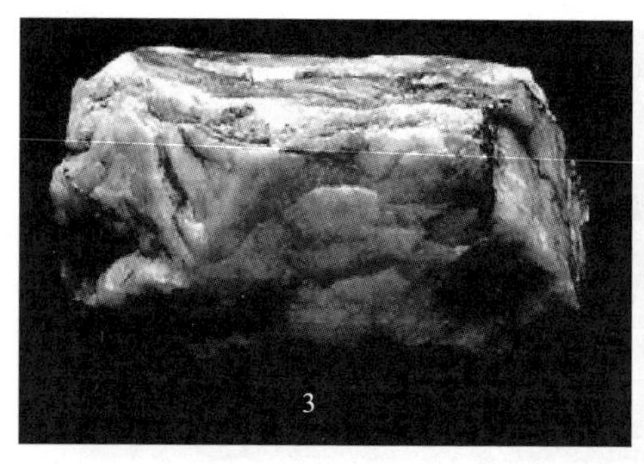

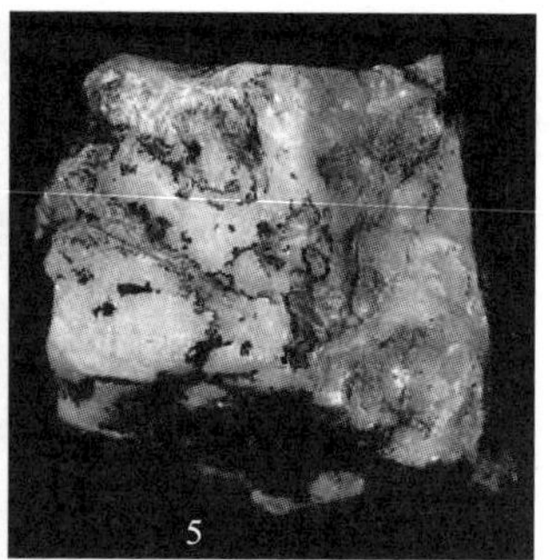

图 4－21　海城小孤山石核

图片来源：黄慰文编著《小孤山：辽宁海城史前洞穴遗址综合研究》，科学出版社，2009，彩板三。

其他诸如铲、斧（又称手斧）、锛、凿、刀（石刀、蚌刀）等，受材质等因素限制，在动物类食材加工方面或有应用，但效率不高，不属于严格意义上的“渔猎工具”（见图 4－22）。至于雕刻器等器具，其实际功能尚未明确，有待进一步分析。火铳火枪、机械船只、炸药毒药等渔猎工具、渔猎方法，虽然效率很高，但不可持续，也非东北渔猎文化的主流，故而从略。

图 4－22　小孤山手斧

图片来源：黄慰文编著《小孤山：辽宁海城史前洞穴遗址综合研究》，科学出版社，2009，彩板十一。

需要说明的是，除了传承至今的布鲁，东北地区还有多种木制工具用于渔猎，而且最早可以追溯到史前时代。虽然迄今尚未发现实物，但通过农具的演进发展可以推测，至少在夏商周时期，木质渔猎工具已有广泛使用。

纵观东北渔猎文化发展史，不难发现，渔猎工具加工及变革的幅度始终保持在可以预见的范围。这既是渔猎文化发展特征的客观呈现，也是渔猎文化发展路径的内在要求。我们通过对这些渔猎工具的介绍，不难体会到，工具及使用工具的人如何正确处理生存与发展的关系、平衡物欲与生态的关系，是渔猎文化可持续发展的关键所在。

第三节　渔猎艺术

在漫长的生产生活实践中，东北渔猎艺术取得了辉煌成就。特别是在岩画绘制、器乐制作、民族歌舞等领域，其所创造的文化遗产，不但丰富多彩，而且表现出鲜明的地域或民族特征；不但是东北地域文化之珍品，也是中国区域文明之瑰宝。

一　主题绘画

以渔猎为题材的绘画，是东北渔猎文化的重要内容，是中国艺术宝库的神来之笔，特色鲜明，尤为珍贵。

（一）岩石上的绘画

目前，东北已发现多处展现渔猎生活的岩画作品，既是当时社会生活的艺术呈现，也是先民精神追求的美好寄托，还是当地区域文化的剪影定格，非常珍贵，也非常值得深入剖析。

以榆树广彩绘岩画为例。该岩画位于内蒙古克什克腾旗万合永镇榆树广村西 200 米，在百岔河西岸的崖壁上。岩画面向东方，彩绘面积约 5 平方米，总共描绘了 32 个人物、2 只飞鸟、10 只走兽、1 个人物头像特写、3 个手印、1 条河溪、2 条道路，以及不能确认的 5 个物象（见图 4 - 23）。

这幅岩画中表现的动物形象，至少有野猪、犬、鹿、鸵鸟、飞鸟 5 种。画面人物与上述动物，特别是与野猪、鸵鸟、野鹿之间，有充分互动，其中既有围绕跳跃，也有奔跑驱逐，还有僵持拉扯，基本呈现出当时以狩猎为生的生产及生活场景。有研究者推断，这是红山文化时代的彩绘岩画。[①] 该观点虽然值得商榷，但也能成一家之言。

再以黑山头岩画为例。该岩画位于克什克腾旗新井乡，南距西拉木伦河 0.5 公里。岩画刻在黑山头东部南侧半山腰的黑褐色砂石上，可以划分为三个区域或组成部分。

一区画面由梅花鹿、禽鸟、两组星球组成。二区刻画了一只粗犷古

---

① 吴甲才：《解读西辽河上游一幅罕见的上古人类活动的彩绘岩画》，《赤峰学院学报》（汉文哲学社会科学版）2008 年第 S1 期。

图 4 - 23　榆树广彩绘岩画拓描图（吴甲才绘制）

图片来源：吴甲才《解读西辽河上游一幅罕见的上古人类活动的彩绘岩画》，《赤峰学院学报》（汉文哲学社会科学版）2008 年第 S1 期，图二，第 91 页。

朴的马鹿形象（或认为是“变形马”）（见图 4 - 24）。三区画面是一个半身人像，似负重物。这组岩画的年代、族属不详。或有人推测其为契丹人时代，鹿、禽、马鹿为当时射猎对象。星球形图案与契丹人的“日月崇拜”有关。[①] 这是一个颇有想象力的判断，可供读者参考。

在东北岩画中，百岔河（又名白岔河）[②]、永兴、板石房等处岩画，发现最早、规模较大、知名度颇高。有关研究成果较多，兹不赘述（见图 4 - 25、图 4 - 26）。

---

① 赤峰市博物馆：《赤峰地区又发现两处岩画》，《内蒙古文物考古》1992 年第 Z1 期。

② 1981 年，昭盟文物工作站及克旗文化馆对百岔河流域进行了岩画专题调查，共发现九处四十八组岩画。百岔河这类题材的岩画延续时间较长，其时代上限可能与这一地区的夏家店下层文化有关。详见张松柏、刘志一《内蒙古白岔河流域岩画调查报告》，《考古》1984 年第 2 期。

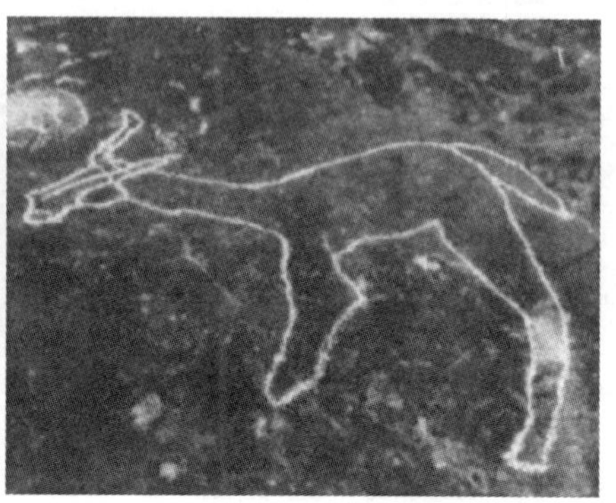

图 4－24　黑山头岩画（一区、二区局部）

图片来源：赤峰市博物馆《赤峰地区又发现两处岩画》，《内蒙古文物考古》1992 年第 Z1 期，图一、图二。

图 4－25　永兴岩画

图片来源：张松柏、刘志一《内蒙古白岔河流域岩画调查报告》，《考古》1984 年第 2 期，图版六。

近年来，在赤峰市北部的百岔河两岸又发现了六幅岩画。这六幅岩画中，人物与动物之间的互动较多，非常有特色。其中第三幅（位于裕顺广村东北部的悬崖底部），其所表现的场面尤其宏大，内涵极为丰富（见图 4－27）。

据初步统计，这幅岩画中描绘的人物、动物个体多达 53 个。除了野猪、猎犬、雄鹿以外，一条大型卷曲的龙蛇尤其引人关注。可见，图腾崇

图 4-26 板石房岩画

图片来源：张松柏、刘志一《内蒙古白岔河流域岩画调查报告》，《考古》1984 年第 2 期，图三。

图 4-27 百岔河岩画

图片来源：张松柏《赤峰市白岔河两岸的人物岩画》，《内蒙古文物考古》1998 年第 2 期，图二。

拜即原始宗教在当时的狩猎生产及渔猎生活中，已经占有相当重要的位置。

至于群力崖画，前文已有述及。该岩画的年代，目前有新石器时代至渤海①、西汉末年②、唐宋时期③三种观点。笔者较为倾向第三种意见。群力崖画中刻画了人、舟、鹿、网、鹰等形象，直观地展示了当地部族的渔猎生活，是东北古代渔猎文化中难得一见的艺术珍品。

通过上述岩画，我们不但可以对当时人们的生活水平一目了然，也可以直观感受到他们的审美水平和艺术造诣。

（二）墓室上的绘画

集安山城下墓区332号封土石室壁画墓的角道两壁各绘一个射骑人物形象，朝墓门方向奔驰。东壁骑青马，身佩箭囊，内装箭四支，正张弓欲射（见图4－28，左图），坐骑前方及下部均湮没不清。西壁骑赤马，骑者头戴红折风，束发脑后，转身向后，张弓射击追扑而来的猛虎，虎身已大部剥落，但雄风不减（见图4－28，右图）。

图4－28　集安壁画墓射猎图

注：左为东壁骑射图；右为西壁骑射图。

（三）器物上的绘画

树皮上的绘画，民族特色尤其鲜明。在东北多个少数民族中，桦树

---

① 黑龙江省文物管理委员会文博处：《黑龙江省第三批文物保护单位简介》，《北方文物》1991年第3期。

② 详见王禹浪《牡丹江群力岩画地理环境及其年代、族属研究》，《黑龙江民族丛刊》2014年第5期。

③ 详见陶刚、王清民《海林群力再研究》，《北方文物》1990年第3期。

皮制作技艺较为流行。如鄂伦春、鄂温克、达斡尔、赫哲等族，他们在一些桦树皮容器上，多刻画以渔猎为题材的具体形象或抽象纹饰，从而赋予这些实用器以渔猎美的文化要素，并展现该民族独特的面貌和风情。

陶瓷金石器上的绘画，由于材质等缘故，刻画尤其精美。这里重点介绍金代“双鱼铜镜”（见图4－29）。

需要说明的是，早在先秦时期，东北就有铜镜传入。但直到汉唐以后，铜镜才由权贵之门流入民间。东北铜镜中，飞禽①、游鱼的形象特征鲜明，是东北渔猎文化的另一种艺术表达。以尤其精美的金代“大双鲤鱼纹铜镜”为例。这枚铜镜，1964年于黑龙江省阿城出土。圆形，半环形钮，无钮座，直径43厘米，重12.4公斤。镜背铸造的两条鲤鱼互相追逐，活灵活现，周边以水波纹、浪花、蔓草纹装饰。这面双鲤纹铜镜，铸造精细，纹饰灵动，堪称金代铜镜之极品，或为金代御用之物。今藏中国国家博物馆。

二 语言文字

语言文字是东北渔猎艺术的另一种表达方式，同时也是东北渔猎文化的重要组成部分。东北渔猎文化创造的主体是少数民族，这些民族的语言文字既是渔猎文化内容的重要构成，也是东北渔猎文化的重要载体。

（一）语言文字是重要构成

蒙古、女真、赫哲、鄂伦春等东北少数民族，都有一系列标注渔猎资源、渔猎生产、渔猎生活的语言或文字。

如达斡尔人素有食鱼的习惯，称常吃的鲫鱼为“克洛特格”，称嘎牙

---

① 肇州司侯司鸾鸟镜，1978年在黑龙江省巴彦县出土。铜镜铭文中有“肇州司侯司”和“肇州司侯王”的字样，故而得名。这面铜镜直径13.3厘米，镜背图案由4组共12只鸾鸟构成，4组鸾鸟由连珠纹分割，形成四个相等的扇面。

图 4－29　金代双鱼铜镜

图片来源：上海博物馆网站。

子鱼为“爱快”等。鄂伦春人曾以狩猎为生，食肉方法多种多样，如“乌罗仁”（带骨煮肉，八分熟即食）、“席拉兰”（篝火烤肉条）、“库胡拉”（狍、鹿等肉煮熟晒干）、“阿斯根”（生吃鹿、狍的肝、肾、心等脏器）等。

蒙古族有多种分配猎物的习俗，分别称作“甘吉干好必”（分给一份精肉或一肢骨肉）、“失如勒合”（分给篝火烤肉）、“珠勒都”（猎物的头、心等特殊部位，一般不分享）等。①

赫哲族的渔捞经济发达，有关渔具的词语特别丰富，而且特别细腻。如鱼叉，就有“卓布固（鱼叉）、珠借伊卓布固（两齿鱼叉）、金金（叉绳）、那伊（叉杆）”等词语，其渔捞文化之丰富可见一斑。

① 扎格尔：《蒙古族狩猎习俗》，《内蒙古师范大学学报》（哲学社会科学版）2002 年第 1 期。

受时代及社会变迁等因素影响，上述词语及其所标注的渔猎文化，许多已经僵化、消亡。

（二）语言文字是重要表达

蒙古、女真、赫哲、鄂伦春等东北少数民族，都有描绘渔猎生产、生活的文学作品。渔猎文化往往需要借助语言文字，才能完整或者完美地展现出来。

在这个问题上，诸如达斡尔族的“乌钦（乌春）”、鄂伦春族的“摩苏昆”、赫哲族的“伊玛堪”等，都是值得发掘的民族文学资源。其中，乌钦是达斡尔族的叙事诗，由该族民间艺人口耳相传，内容大多反映达斡尔族的生产生活。“摩苏昆”是鄂伦春语，意为“讲唱故事”，是清末形成的曲艺说书形式，对追溯和了解鄂伦春族的渔猎生活、历史文化、宗教传统等均有特别重要的文化价值。

三　音乐歌舞

东北地域文化中的音乐歌舞，雅俗共赏。其中，诸多与渔猎文化密切关联的部分，受各种条件制约，一直存在发掘不够深入、表现不很充分的问题。笔者略叙概要，以期抛砖引玉。其中有关音乐的内容，谨以史前乐器为例。

（一）乐器制作

乐器是情感表达的手段，同时也是东北渔猎社会中音乐艺术发展水平的标志。东北地区应有、曾有、现有的乐器多种多样，其中最有代表性的是兴隆洼的骨笛和夏家店的石磬。这两处文化遗址的物质基础是确定无疑的渔猎经济，因此，这两件乐器与渔猎文化的关系尤其直接，其所展现的艺术造诣就显得尤其可贵。

据研究，兴隆洼骨笛已有 8000 年的历史。经测定，这件古老的笛乐器，依然可以准确表现一个八度音域内的七个音级，并能音调和谐、音色纯正地演奏出完整乐曲。可以说，兴隆洼骨笛不但是中国北方的“笛中鼻祖”，而且是东北先民音乐天赋的完美诠释。[①]

考古资料显示，夏家店下层文化遗存中发现多件石磬[②]（见图4-30），而且这些石磬的材质、形制与河南、山西等地出土的石磬基本一致。[③] 应该说，夏家店石磬本身已非单纯的打击乐器，其所代表的礼乐制度在东北乃至中国文化发展史上，均具有特别重要的位置。

图4-30　大山前遗址出土的石磬

注：该石磬长37.5厘米，宽17.8厘米，厚4.5厘米。灰色，主要部位皆经过磨制，长边的两侧留有较多的打制痕迹。

图片来源：中国社会科学院考古研究所、内蒙古自治区文物考古研究所、吉林大学考古系、赤峰考古队《内蒙古喀喇沁旗大山前遗址1996年发掘简报》，《考古》1998年第9期，图版捌：6。

（二）民族歌曲

在东北生活的少数民族，大多能歌善舞。仅就表现渔猎生活的民族歌曲而言，蒙古族的《狩猎斗智歌》，模拟野生动物的《布谷鸟》《黑走熊》；赫哲族的“嫁令阔（加林阔）”；达斡尔族的“扎恩达勒”等，都

① 石琳、张国强：《兴隆洼文化、骨笛及巫文化研究》，《赤峰学院学报》（汉文哲学社会科学版）2016年第12期。

② 李凤举：《喀喇沁旗出土的夏家店下层文化石磬》，《内蒙古文物考古》2007年第1期。

③ 李恭笃、高美璇：《夏家店下层文化若干问题研究》，《辽宁大学学报》（哲学社会科学版）1984年第5期。

有一定的代表性。

以赫哲族的“嫁令阔”为例。“嫁令阔”有小曲、小调的意思，后来用作赫哲族的民歌总称，大致包括儿歌、情歌、号子、小调等题材或类别。流传甚广的《乌苏里船歌》，即以“嫁令阔”的《找情郎》为曲调原型。

图 4-31　清代费亚喀人（今赫哲族人）

注：清代金标绘《职贡图卷》（局部）。

图片来源：国家博物馆网站。

（三）民族舞蹈

东北各族在长期生产生活实践中发明创造了多种多样的民族舞蹈。除了流传至今的鄂伦春族的斗熊舞、达斡尔族的“哈肯麦”（又称“鲁日格勒”）、满族的“东海莽式舞”以外，出土文物中也有相关例证。

1968 年，黑龙江省伊春市的横山古墓中出土了一具金代女真人乐舞浮雕石幢。这具乐舞石幢，全高120厘米，由汉白玉雕琢而成。主幢浮雕人物，姿态各异，形象逼真，惟妙传神，是金代女真文化生活的真切写照。鄂伦春人狩猎归来，在篝火旁酣畅进食之际，往往要情不自禁地跳起“斗熊舞”。所谓“斗熊舞”，因舞者动作模拟黑熊，故而得名，是一种集舞蹈、体育、歌谣为一体的民间娱乐形式，有较高的民俗和艺术价值。

“东海莽式舞”是满族人家在节庆之际经常举行的歌舞活动，可以表现狩猎、战斗等情境。虽然可以即兴表演，但有较为固定的格式及动作，故有“九折十八式”之谓。东海莽式舞的传承人孟秀霞，曾概况整理出一个“总歌诀”：

东海蟒式最为先，九折十八记周全。
起式穿针摆水步，身手步肩紧相连。
吉祥步稳是关键，每折之间用此连。
单双奔马是武步，弓马刀枪临阵前。
怪蟒本为杂耍段，爬抖扭甩翻跳欢。
盘龙戏水更出色，恰如丰收庆丰年。①

东北渔猎文化历史悠久，渔猎艺术内涵特别丰富。除了上述方面之外，饮食、服饰等方面也有一系列成就。前面章节，已有述及，本丛书且有专论，兹不赘谈。

第四节　渔猎思想

在处理人与自然、人与人、人与社会、人与信仰等关系的过程中，

① 参见百度百科“满族东海莽式舞”。

东北渔猎形成了一系列颇有特色的思想观念。其中以万物有灵、崇祀先祖、因缘果报的寓意尤为突出，影响特别深远。

一 万物有灵

东北渔猎文化中一个极其鲜明的特征就是相信“万物有灵”，从而对鸟兽鳞虫、山林草木、海川湖泊等都给予足够的畏服、礼敬。

这种思想观念与近代以来流行的“唯人独尊”“斗地战天”之间存在本质差别。东北渔猎文化中的“万物有灵”思想，表现在以下三方面。

（一）充满敬畏之心

在长期的渔猎活动中，东北各族形成了诸多带有“共性”的禁忌，较为鲜明地表现出对众神，特别是山神的敬畏之心。

如出猎前要举行必要的祭奠仪式。这是一个较为普遍的传统，除了东北，中原地区同样非常重视。如《诗经・吉日》有言：“吉日维戊，既伯既祷。”[①] 所谓“既伯既祷”，综合毛《传》、朱熹《集传》中的注解[②]，就是畋猎前的马祭。《诗经・七月》又言：“一之日于貉。”[③]

根据清代学者马瑞辰的考订[④]，“貉”当为文献记载中的“祃”，即所谓“祃祭”。祃祭是出猎前的祭山仪式。东北狩猎活动中也有祷告山林祈请佑护的活动。猎户进山，凡遇山神坛庙、牌位，均须敬献、磕头、祷告，以求庇护，保佑平安。

另外，狩猎禁忌中还包括：既不能讨论狩猎计划，也不能预先估计

① 周振甫译注《诗经译注》卷4《小雅・吉日》，中华书局，2012，第270页。

② 《诗经》毛《传》中称：“伯，马祖也。重物慎微，将用马力，必先为之祷其祖。”朱熹《集传》则认为，“马祖”就是“天驷房星之神也”。转引自（清）马瑞辰著，陈金生点校《毛诗传笺通释》卷18《吉日》，中华书局，1989，第558页。

③ 周振甫译注《诗经译注》卷3《豳风・七月》，中华书局，2012，第215页。

④ 马瑞辰在《毛诗传笺通释》中指出，《七月》所言的“貉”，当与“祃”字互通，并引郑玄注《周礼・大司马职》“有司表貉”时的“貉读为祃。书亦或为祃”为证。详见（清）马瑞辰著，陈金生点校《毛诗传笺通释》卷16《七月》，中华书局，1989，第459页。

狩猎所得。因为，在他们看来，一切都有安排，如果言行不当，势必会触犯神灵，带来诸多不便甚至横祸灾殃。亦不许猎杀处于孵卵或哺乳期的禽兽，以表示对滋生之神的敬重，否则会受到禽兽、山神的诅咒，余生不得安宁。这个禁忌在客观上起到了保护渔猎资源的效果，是近代以前东北渔猎文化可持续发展的重要机制之一。此外，无论是否得手，都不能对猎物肆意谩骂。否则，一定会遭到司兽诸神的诅咒及报复。

（二）感恩天地之赐

感恩天地之赐的方式有很多，除了向山神进献财物、珍惜渔猎所得，还包括修筑坛庙、刻立神主等较为隆重、复杂的工程及仪式。

为表示对个别神灵的敬重，需要构筑专门的祭坛、祭殿。较早的如红山女神庙，就有这方面的功能。清代的长白山望祭殿也有这方面的作用。望祭殿位于今吉林市老城西南的小白山（原称温德亨山）。该望祭殿始建于清雍正十一年（1733），是清政府专为遥祭长白山神而建的。乾隆十九年（1754），高宗皇帝东巡吉林，曾亲临该殿祭祀，盛况空前。民国后停祭，伪满时期恢复。“文革”初期，望祭殿遭毁，山上古木被悉数砍光。

鄂伦春族有“古伦木沓节”民俗。“古伦木沓”为鄂伦春语，意为火神祭祀。每逢年节或吉日，鄂伦春族家家户户都要在自家门前燃起篝火，自行焚香跪拜或请萨满举行专门仪式。饭前，依例向火塘抛肉、奠酒，借此供奉火神，以示不忘恩典，并祈请火神庇护，保家人如意平安。该民俗已被列入第一批国家级非物质文化遗产名录。

（三）探索和谐之路

探索人与有灵万物的和谐共处之路，是东北先民的一个永恒主题，同时也是古代东北渔猎文化的重要内容。

一般来说，人们往往将这项探索的任务交由“萨满”来完成。这与东北渔猎文化发展的实际出入不大。张光直认为，萨满教的重要作用就在于通神，并对萨满的作用给予了充分肯定。[①] 但是，必须强调一点，即形式上的人神沟通确实主要由萨满等“专职人员”从事。内心中的人神沟通，则是每一个渔猎实践者必须身体力行的必修功课。

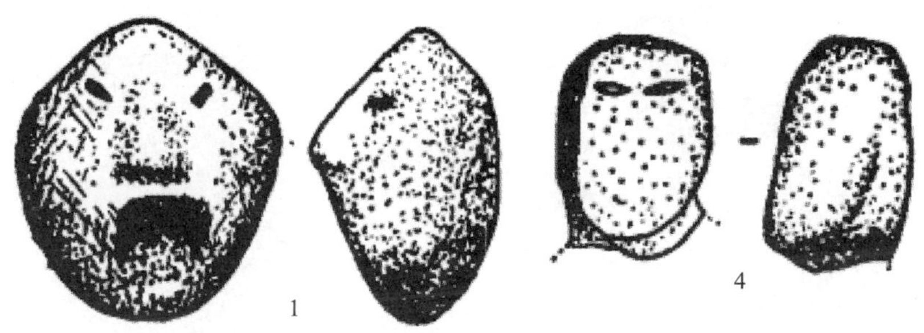

图 4-32 左家山上层熊首陶塑（左）；左家山上层人面陶塑（右）

图片来源：吉林大学考古教研室《农安左家山新石器时代遗址》，《考古学报》1989 年第 2 期，图二十《第三期文化陶器》。

能够反映探索之路的例子有很多，限于篇幅，仅举一个非常有特点的例子——夏家店上层遗址出土的双性四面人陶壶。

这件造型奇异的陶壶，是库伦旗一个牧民在挖寻中草药时发现的，后为国家文物部门所征集。该陶壶除把手破碎外，整体基本完好。

该壶为夹砂灰陶质，通高 47.4 厘米，腹部以上为手制，袋足部分为模制，将人体形态融入器形之中，制作技术较熟练。壶的口、颈部，实则也是人的头、颈部。头由四个人面组成，每个人面均有镂空的双眼和口，并有堆塑的鼻子。壶腹呈圆球形，也是人的肩、臂和胸腹部，一侧有短流，另一侧有桥形双扳手，扳手下端刻有手指。下部是壶的四个袋足，表现出人体的腰、臀及下肢。袋足底部的足尖塑造得不明显。袋足分裆处分别有表现男女生理特征的刻画（见图 4-33）。

由于这件陶器不是考古发掘物，所以其具体年代不能明确判定。但是，从陶质、陶色、器形及制作技术、烧造火候等方面综合分析，可认

① 张光直：《美术、神话与祭祀》，辽宁教育出版社，2002，第 35 页。

图 4 - 33 夏家店上层双性四面人陶壶

注：系从内蒙古库伦旗征集而来，属夏家店上层文化。

图片来源：王晓田《双性四面人陶壶初识》，《中国历史文物》2003 年第 6 期。

定其为夏家店上层文化之遗物。

需要说明的是，阴阳人是一种罕见的器官畸形人，很容易成为沟通天地人神的中介。一些民族地区的萨满仪式，其神职人员往往披挂表示异性特征的器具，这与出土文物中的“阴阳人”形象当有密切关联。

萨满教信仰万物有灵，相信动物的灵魂和人的灵魂可以借助“阴阳人”等途径实现互转、互通。当某种神灵附体时，人与神之间的交流，人与众生之间的和谐共处，就有了不可多得的办法和途径。应该说，这种特殊的心理体验，在平衡人心与天道之间发挥了不可或缺的重要作用，这是文化研究中应该给予高度关注的。

二 先祖崇祀

先祖崇祀的社会现象为一切哲学和宗教学研究所关注，但有关东北渔猎文化中的上述现象，似乎还有非常广阔的探讨空间。笔者认为，如法安葬、神异表彰等仪式背后，灵魂不死、万物有灵才是崇祀先祖、祭奠亡灵的文化密码。

（一）如法安葬

考古发掘表明，早在旧石器时代，东北早期智人当中就出现了尊重亡人、安葬死者的迹象。新石器晚期以来，以红山文化为代表，东北各地的葬俗仪式日趋规范。夏代以后，虽然有民族、地域、时代的差异，但“如法安葬”几乎成为通例。虽然各个族群对何谓“如法”有不同的理解，但是，几乎无一例外地“慎重其事”，对亡人表达了前所未有的恭敬和虔诚。

东北葬俗中，二次葬、男女合葬、火葬、毁葬、厚葬等习俗非常值得关注。以新开流遗址为例，该遗址已出现“整齐划一”的现象。首先，随葬品当中，陶器多放在亡人头部，其他器具则或置于头部，或放在体侧。其次，一次葬者均为男性，随葬品丰富；二次葬有男有女，随葬器甚少，甚至全无。①

考古工作者在翁牛特旗的石棚山墓地发现了男女合葬墓，而且安置办法均是脚相对、头相反，下肢屈而相互交错。这种特殊的埋葬方式在我国新石器时代的墓葬中颇为罕见，这对于探索男女合葬的风俗有重要价值。②

辽代墓葬中出土的金属面具是契丹族的特色葬俗。有学者对其背后

---

① 黑龙江省文物考古工作队：《密山县新开流遗址》，《考古学报》1979 年第 4 期。

② 陈国庆：《东北地区新石器时代至青铜时代葬俗试析》，《吉林大学社会科学学报》1989 年第 4 期；索秀芬、李少兵：《小河沿文化聚落形态》，《内蒙古文物考古》2009 年第 1 期。

的文化意蕴进行了多种猜测和解说①（见图 4－34）。其中，以萨满信仰等说最为流行。笔者认为，若与夏家店上层文化中的类似用具②联系起来，我们对此或有更加切合实际的理解。

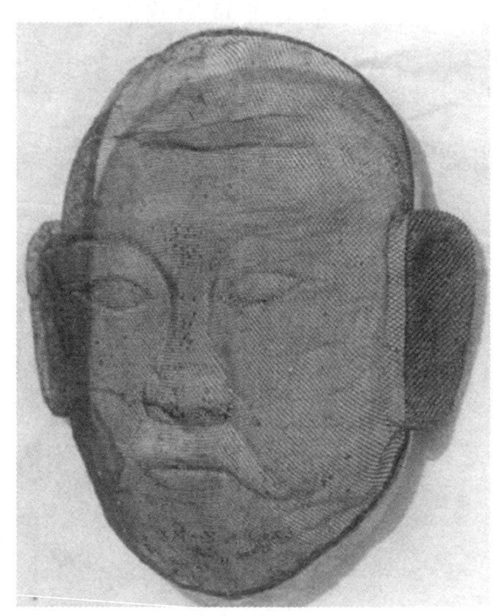

图 4－34　南京博物院藏辽代金丝覆面

图片来源：杨海涛《罕见的辽代金丝面具》，《北方文物》2006 年第 4 期，图版四。

（二）神异表彰

契丹、蒙古、女真等族在崇祀先祖的过程中，近乎默契地采用了“神异其事”的方式，以表彰其先祖的经天纬地之力、开疆拓土之功。

如《辽史》记载了契丹始祖的“神异”事迹。其言：有神人乘白

① 刘冰：《试论辽代葬俗中的金属面具及相关问题》，《内蒙古文物考古》1994 年第 1 期；郭淑云：《北方丧葬面具与萨满教灵魂观念》，《北方文物》2005 年第 1 期。

② 敖汉旗周家地夏家店上层 45 号墓主人的面部有钉缀铜泡及绿松石的麻布覆面，而且还加盖一片巨大的蚌壳；2 号墓主人面部也覆盖一片巨蚌壳，只是没有前者那般奢华。

马，有神女驾青牛车，在木叶山（翁牛特旗的海金山）[1] 相遇，两情相悦，生子八人，“其后族属渐盛，分为八部”，契丹王焉。[2] 又如《蒙古秘史》，开篇即称：成吉思汗的祖先是“承受天命而生”的孛儿帖·赤那（“苍色狼”）和妻子豁埃·马兰勒（“惨白山鹿”），他们越过大湖（又称腾汲思海，今贝加尔湖），来到斡难河源头的不儿罕山（今肯特山），扎营住下，生子，名巴塔赤罕。[3] 再如满洲贵族，在追溯民族渊源时，则讲述了一段神女吞红果感而成孕的故事。详见《满洲实录》等清代文献。

凡此种种，在叙述各自民族渊源时，无不与仙男、神女“攀亲带故”。实际上，这是世界民族文化史上一个较为普遍的现象，有关研究成果，可谓林林总总，兹不枚举。笔者的看法是，从敬天法祖的角度解读契丹等族神异其祖的文化现象，不难体会其背后的文化诉求。

（三）适时祭奠

东北各民族祭奠先祖的方式、时节略有不同，但表达敬畏、寄托哀思的初衷一般无二。但凡提及东北民族的敬天法祖，“嘎仙洞”与拓跋鲜卑的事迹就不得不提。嘎仙洞遗址，位于呼伦贝尔市鄂伦春自治旗阿里河镇西北 10 公里的一道峭壁上，为北魏官方认定的鲜卑拓跋部起源地（见图 4－35）。

据文献记载，北魏太武皇帝拓跋焘，听闻先祖庙堂尚在“大鲜卑山”，而且当地部族前往祈祷，有求必应，神护如初。拓跋焘感恩先祖庇护，且愿基业长青、代代相传，故于太平真君四年（443）特遣中书侍郎李敞，自王都平城（今山西省大同市）出发，远涉数千里，专程祭奠。李敞由乌洛侯使臣引导，找到“石庙”，并举行盛大的祭典。礼毕，李敞又命匠人在洞内石壁上刻下祝文，以期鲜卑“子子孙孙，福禄永延”。此

① “木叶山”的具体位置，目前尚有争论，主要有巴林左旗的辽祖陵说、翁牛特旗的海金山说、阿鲁科尔沁旗的天山说等。笔者比较倾向于第二种说法。

② 《辽史》卷 37《志第七·地理志一》，中华书局，1974，第 445 页。

③ 余大钧译注《蒙古秘史》，内蒙古大学出版社，2014，第 3、5 页。

举在当地百姓中反响强烈，“其民益神奉之。咸谓魏国感灵祇之应也”[①]。

1980年，当地文物工作者发现嘎仙洞祝文，此举在国际学术界引起强烈反响。祝文为竖行汉字，共19行，每行字数不等，大小不一，全文201字，与传世文献的记载出入不大。字体介乎隶、楷之间，古朴苍然，至今仍清晰可辨。[②]

嘎仙洞的发现，证明了大兴安岭北段就是鲜卑山。鲜卑山确实就是鲜卑人东迁到此的聚居地。嘎仙洞祭祖遗迹的发现，为拓跋鲜卑的敬天法祖找到了实物佐证。正可谓其心昭昭，神人共鉴；其心拳拳，天地长存。

图4－35　鲜卑祖庙——嘎仙洞

图片来源：百度百科·嘎仙洞。

再如契丹族，自立国后，便在发祥地“木叶山”上建“始祖庙”。其中，“奇首可汗在南庙，可敦在北庙”。除了建庙，他们还“绘塑二圣

① 《魏书》卷108《礼志一》，中华书局，1974，第2738～2739页。

② 嘎仙洞及北魏祭祖遗迹始末，详见米文平《鲜卑石室寻访记》，山东画报出版社，1997，第26～39页。

(奇首可汗、可敦) 并八子 (契丹先祖所生八子) 神像”，以供契丹族人瞻仰祭奠。后来，契丹皇帝将“冬捺钵”地选在永州 (今翁牛特旗的白音他拉古城，被认定为永州城旧址)[①]，由于地近圣地“木叶山”，所以每年驻留捺钵时，自然少不了亲临或遣人祭奠。

另外，民俗调查资料显示，锡伯族在每年农历的三月、七月、十月都要举行一次祭奠先祖的仪式。其中，三月的祭奠与“清明节”近似。值得注意的是，清明祭祖的习俗从中原传来以后，除了汉族，东北其他族群都有传承。

清代历朝帝王对先祖的供奉，无论规格还是层次，都在东北四大族系中首屈一指。今辽宁境内有著名的“三陵一宫”(即永陵、福陵、昭陵和沈阳故宫)。除了例行祭奠外，从康熙朝开始，直至道光朝，清帝都曾亲临东北祭拜先祖。有关内容，前面章节已有专论，兹从略。

三 因缘果报

近代以来，“因缘果报”的观念一度遭到持续激烈的社会批判。但是，作为一种文化现象或文化观念，“因缘果报”确实在东北地区长期存在，而且深度融入社会生产和生活的方方面面，并给东北渔猎文化打上了鲜明的时代烙印。

(一) 文化传播

汉唐以来，佛教在东北地区广泛传播。以唐代东北为例，佛教不但在中土盛行，东北的边府、边州也有广泛流传，[②] 更不必说渤海上京、中

---

① 王绵厚、朴文英：《中国东北与东北亚古代交通史》，辽宁人民出版社，2016，第 306 ~ 307 页。

② 考古发掘显示，位于克罗乌诺夫卡河 (夹皮沟河) 右岸的马蹄山寺遗址，当为公元 8 世纪滨海边区最早的一处佛教庙址。该寺近旁还有两处寺院遗迹。除此之外，位于克拉斯基诺古城内的克拉斯基诺寺，应当是目前为止滨海边区发现的最大的渤海庙址，出土青铜鎏金坐佛一尊、岩雕佛像残部若干。林树山：《俄罗斯滨海边区的渤海文化遗存》，《东北师大学报》1993 年第 2 期。

京等繁华地带了。

除了各类造像，壶、盘等出土器物中的“摩羯鱼”形象也是佛教在东北传播的反映。摩羯鱼，又称摩羯，是佛教文化中的神鱼之一，有利齿、长鼻。《一切经音义》言：“摩羯者，梵语也。海中大鱼，吞啗一切诸水族类及吞船舶者是也。”①

以今赤峰出土的一件鎏金摩羯形提梁银壶为例。据辨析，这件提梁银壶当为唐代遗物。该壶通高 33 厘米，口径 5.4 厘米。其中摩羯鱼的造型极为生动鲜明，宗教文化的气息扑面而来。今藏于内蒙古博物馆。

相较于提梁银壶，摩羯形三彩陶壶的民族特色更加鲜明。这把三彩陶壶出土自通辽市科左中旗保康镇，今藏通辽市博物馆。该壶长 30 厘米，底径 9 厘米，高 22.3 厘米，整体呈宝莲托飞摩羯形象。该摩羯鱼口含圆珠，珠孔为流，鱼背注水。翼尾之间以提梁相连。壶与摩羯融为一体，复施以黄绿白三色釉，简直巧若天成，系辽三彩中难得一见之精品（见图 4－36）。

如上文所述，辽代、元代时，东北佛教均盛行一时。再如明末建州女真，也有佛教信仰的迹象。据朝鲜人申中一描述，当时努尔哈赤头戴貂皮帽，帽前“掩额”处饰有“人造莲花台，台上作人形”，而且“诸将所戴，亦一样矣”②。以莲台佛像为帽饰，说明以努尔哈赤为首的建州女真，在创业之初③就已经接触并接受了佛教文化。后来，这种帽饰成为定制，在朝冠上一直保留。

---

① （唐）释慧琳：《一切经音义》卷 41《六波罗蜜多经卷第二》，上海古籍出版社影印本，1986，第 1614 页。

② 〔朝鲜〕申中一著，徐恒晋校注《建州纪程图记校注》，辽宁大学历史系（内部出版），1978，第 24 页。

③ 明万历二十三年（1595），朝鲜人申中一来到努尔哈赤驻地。当时的努尔哈赤，击溃“九部联军”不久，盛威正盛。21 年后即万历四十四年（1616），努尔哈赤称汗建国，国号后金，年号天命。

图 4－36 辽三彩摩羯形陶壶

图片来源：雅昌艺术网。

（二）文化理念

佛教特别强调“因缘果报”的观念。隋唐帝君都曾下旨“断屠”。其中以唐高祖李渊的《禁行刑屠杀诏》①、唐玄宗李隆基《每月十斋日禁宰杀诏》② 影响最大。

当然，“断屠”只是特定月份、特定时日的特殊规定，并非经年累月都要执行的规定。而且据称，当时的破禁犯斋者屡见不鲜，但法令所在，教义煌煌，不论有无信仰，心中难免都有几分禁忌。随着佛教的传入，劝善戒杀、积善培福、因缘果报的观念为诸多部族所接纳。东北渔猎文化的内涵渐渐丰富，其走向也因此出现了缓慢却深刻的变化。

---

① 李渊诏书中言：“自今以后，每年正月、五月、九月及每月十斋日，并不得行刑，所在公私，宜断屠杀。”见周绍良主编《全唐文新编》卷1《高祖皇帝》，吉林文史出版社，2000，第7页。

② 李隆基诏书中言：“自今已后，每月十斋日，不得辄有宰杀。又间阎之间，例有私社，皆杀生命，以资宴集。仁者之心，有所不忍，永宜禁断。”见李希泌主编《唐大诏令集补编》（下），上海古籍出版社，2003，第1399页。

（三）文化事件

《饶河县志》记载了一桩真人真事，谨节录如下：

> 永幸村张敬发，吉林榆树县人。早年加入东北军，曾参加直奉战，后退役回家娶亲，生一女，后妻亡，落拓下江一带，入饶境，专以穿林爬山，猎捕貉、獾、鼬、猞猁、狐、兔、灰鼠等中小动物为生。具碓、夹、熏、掘窠穴……多种绝技，能一日循雪迹捉捕三貉；一穴可擒三獾，无论老小，可尽谋之；能施索机套野狍；1953年，只身于树杈间捉捕二只猞猁狲。无论大小动物，入其目即难得脱，世谓无犬猎手。年逾七旬，仍可只身入山拿鼬。
>
> 1975年以还，张年及耆耋，已列入“五保”户，气力渐衰，不能依从旧业。翌年春时忽染疾，一病不起。夜多呓语，忽而惊呼；“速拿住此猞猁”，忽而嘶喊“劈洞捉狐狸！”时而呼拿鼬貂……无时可止。赤脚医生鲁凤英，精心治疗弗瘳。某日饭后，忽举刀剖腹，欢言曰：“此猞猁，余追至三日，方始擒拿，速给我剥皮！”遂腹裂而肠出，竟不知痛。医生报知生产队长，派人舁至县城医院缝合之。
>
> 越十数日，刀口渐愈，允以抬回村中疗养。三日后，复将刀口撕开，狂喊道：“我用铁夹子夹得一只黄鼠狼，速拿刀给我扒皮！”由此气力渐弱。再送至县，已气息奄奄，三日而卒。因张无家室子孙，经生产队允可，其遗体交付县医院留为人体解剖标本。村传谓：张因嗜杀生物，而反及其身，实一迷信之传闻也。
>
> 撰者按：张氏毕生以猎捕为业，病重后，精神恍忽，常施捉捕之举，萦绕脑际使焉也，刀刃加诸其身，而不觉痛，因神志错乱之故也。以上论断，当为科学。①

① 饶河县地方志编纂办公室：《饶河县志》，黑龙江人民出版社，1992，第727～728页。

这则题为“嗜杀野生物者记”的故事，发生在饶河县西南32公里处的永幸村。由于近傍永幸农场，野生动物资源极为丰富。张敬发其人早年从军，有野战经验，入山林狩猎，自然得心应手。此人一生猎杀不断，“碓、夹、熏、掘”，诸种绝技，无不精通；貉狐獾鼬，兔鼠猞猁，“无论老小”强弱，鲜能幸免。张敬发赖有绝技在身，且不知禁忌，故而经年猎杀，剥皮锉斩，尽情食啖。及年老体弱，诸种病症出现眼前，甚至发生抽刀自残、腹破肠流之事故，简直触目惊心，惨不忍睹。由于无家室收尸，更无子孙祭祀，而且死因蹊跷，不得善终，村民以为不祥，故留作医学标本，任人切剖宰割，与昔年猎杀之禽兽无异。

此事在饶河地区轰动一时。有好事者，视之为“奇异祯孽”，将其编入《饶河县志》，供世人种种论说。应当说，我们固然对其人、其事进行诸种诠释，但有三点认识，当无异议。

其一，张氏生前狩猎，其肆意程度已超出谋食营生的范畴，与生态保护、可持续发展理念相悖，非但不能提倡，而且要严格禁止。

其二，张氏生前狩猎，“无论大小动物”，凡入其目，即难逃一死。如此“全天候”“全族类”的猎杀办法，显然与古来种种禁忌相违背，是东北渔猎文化之异端，非但不能提倡，而且要教导世人引以为戒。

其三，张氏生前嗜杀，毫无忌惮，乐此不疲。只落得临终惊狂，凄惨命毙，与佛教经典中“畋猎恣情者，惊狂丧命报”的记叙丝毫不爽。这可以作为“因缘果报”观念的注脚，增益广大读者之见闻。

需要强调的是，“恣情狩猎”一直为东北渔猎旧俗所禁忌，“因缘果报”一直为东北渔猎文化所认同，这是一个非常值得深入探讨的文化现象。过去，我们冠以“迷信”二字，倨傲视之，草率论之。实际上，这既不是实事求是的态度，也不是科学研究的做法。

第五章

遗址撷珍

东北现存著名渔猎文化遗址，大都属于史前时代，其中较有代表性的有180余处。就整体而言，这些文化遗存，数量丰富，分布规律，内涵丰富，是东北渔猎文化的根基和标志。本书撷取其中有代表性的10余处，特辟一章，略述始末，姑且称之为渔猎文化遗址撷珍。

第一节 旧石器时代

据不完全统计，东北共有省级及省级以上旧石器时代文物保护单位34处[①]。此外，呼伦贝尔地区的西山遗址，其考古学年代暂定为“中石器时代”[②]，姑且也划入旧石器时代的范畴。就现有发掘及调查资料显示，上述30余处文物保护单位所体现的生产生活方式，均立足于“渔猎·采集”或“采集·渔猎”，可以较为充分地反映出格局草成阶段东北渔猎文化的基本特征。仅就其中几处典型遗址，简要介绍如下。

---

① 其中，辽宁省5处，吉林省12处，黑龙江省14处，内蒙古东部3处。

② 中石器时代以“细石器”为代表，大致处于旧石器时代与新石器时代的过渡，距今12000～7000年，是一个较有争议的时代定名。本书以距今一万年为界，分为旧石器时代、新石器时代。

一 庙后山遗址

庙后山人是东北的第一代开拓者，是东北渔猎文化的先驱。

庙后山人从本溪庙后山走来。庙后山位于本溪满族自治县山城子村东侧，周边环境较好，适宜古人类生存。1978～1980 年，先后经过 4 次发掘，此地出土了 4 件古人类化石，其中包括牙齿化石 2 枚、股骨残段 1 段，被命名为“庙后山人”。按照人类学的一般划分标准[①]，本溪庙后山人处在旧石器时代早期阶段，是东北地区最古老、最知名的“直立人”[②]，体质上保存着“亦猿亦人”的显著特征。

古人类遗址的界定，必须同时具备以下三个条件：使用工具（如石器），用火，人类化石。庙后山遗址完全达标。世界直立人遗址中，周口店“北京人”遗址是其中最丰富的一处。东北直立人遗址中，本溪庙后山是其中最有特点的一处。庙后山遗址距今约 50 万年，是我国最靠东北部的旧石器时代早期洞穴遗址。

庙后山遗址已发现石制品 76 件、古动物化石 76 种，以及少量的骨制品，此外还发现用火遗迹。据报道，此处在 2012 年 7 月开始的第二次考古发掘中又出土石器 110 件，以及尖类、刃类骨质器物若干。一同出土的还有万余件动物骨骼及动物化石。其中，所有骨器均由大型哺乳动物的肢骨制成，这足以说明庙后山人已掌握制作、使用骨器的技能。

此外，火塘遗址及烧焦炭化的动物碎骨表明，庙后山人已经掌握了

---

① 人类发展史可以做如下划分：腊玛古猿，距今约 1200 万年；南方古猿，距今 400 万～100 万年；能人，距今 200 万～150 万年；直立人，距今 150 万～20 万年；早期智人，距今 20 万～5 万年；晚期智人，距今 5 万～1 万年；现代人，1 万年以后至今。

② 直立人化石分布于亚洲、非洲和欧洲。亚洲的直立人化石主要集中在中国大陆。诸如元谋人、蓝田人、北京人、和县人、郧县人都属于直立人的范畴。对庙后山遗址含人类化石层位铀系测年，位于第 6 层上部的臼齿至少 20 万年，第 6 层下部的股骨残段可能为 30 万～40 万年，第 5 层的犬齿至少 50 万年。参见张丽、沈冠军、傅仁义、赵建新《辽宁本溪庙后山遗址铀系测年初步结果》，《东南文化》2007 年第 3 期；刘武、邢松、张银运《中国直立人牙齿特征变异及其演化意义》，《人类学学报》2015 年第 4 期。

用火加工肉食的办法。可以这样认为，庙后山人是史前东北第一代开拓者，是东北渔猎文化的先驱。由于该文化遗址的发现，本溪庙后山被誉为“东北第一缕炊烟升起的地方”以及“东北第一人故乡”。

值得一提的是，在东北其他地区，与庙后山人同期或稍晚的人类遗址尚有多处。如在大连复州湾的骆驼山上，近年又发现一处旧石器时代早期遗址。据初步判断，该遗址的时代与北京猿人遗址相当，其地质时代距今50万~30万年。该遗址是东北南部地区年代最久的文化遗址，目前已发现数十件人工石制品、一些角器（基本由鹿角、羚羊角制成），以及大量有人工砍砸痕迹的大型食草动物骨骼。此外还发现上万件动物碎骨（如巨河狸、纳玛象、巨颏虎和李氏野猪等）。另外，位于今吉林省西部的前郭王府屯遗址，据称也是一处旧石器早期遗址[①]。或有人断言，该遗址距今100万年左右，是东北地区最早的文化遗存。由于披露的考古信息有限，聊备一说，以待详考。

庙后山人在体质上保存着“亦猿亦人”的特征。庙后山人时代，渔猎、采集并行。虽然带有一定的偶然性，但作为一种重要的生产方式，渔猎依然发挥了不可或缺的重要作用。

二　金牛山遗址

金牛山人是旧石器时代中期东北渔猎文化的重要拓荒人。

金牛山位于辽宁省营口市大石桥南8公里处，是永安镇田屯村西侧的一个孤立山丘，东距渤海湾20公里。1974~1978年，考古工作者曾对该遗址先后进行了四次考古发掘[②]。在1984的第五次发掘中，出土50余

① 有人将其视为旧石器早期遗址，见姜鹏《吉林省旧石器时代考古概说》，《东北亚历史与考古信息》1993年第1/2合刊，转引自赵海龙《谈吉林省旧石器时代考古调查》，《东北史地》2008年第6期。有关观点，也可参见宋艳花《20世纪90年代以来中国旧石器考古学》，《考古与文物》2005年第4期。

② 吕遵谔：《金牛山猿人的发现和意义》，《北京大学学报》（哲学社会科学版）1985年第2期。

件人类头骨及体骨化石，引起学界高度重视[①]。按惯例，学界将其命名为“金牛山人”。金牛山人作为东北早期智人[②]的代表，其所生活的时代，姑且可以称为“金牛山时代”。

对于金牛山人的分类及年代，学界曾有截然对立的观点。有研究者根据铀系测年，提出金牛山人距今约为28万年[③]。但又有研究者通过比较金牛山人化石形态，认为金牛山人较距今23万年的“北京人”进步，与处于早期智人阶段的大荔人接近，应归入早期智人的范畴[④]。后者是目前多数学者的主张，笔者亦然其论。

必须强调一点：中国旧石器时代文化分期，依据“地质—古生物学”的标准，“可以说是不得已而为之”[⑤]。本书借用早、中、晚的三段式划分，并依据这样一个惯例——早期智人化石的石器地点应归属旧石器时代中期。当初，依据地层和动物化石资料将金牛山遗址确定为旧石器时代早期的观点，其所依据的理论本身没有问题，但问题出在其所依据的材料上。因为有研究者指出，该遗址受自然外力影响，存在中更新代动物化石叠压晚更新代动物化石的现象[⑥]。而且通过对部分出土石器进行分析可知，金牛山人的加工技术与“北京人”有密切关系[⑦]。所以，可以继续依照惯例将其定性为旧石器时代中期。

---

① 黄万波、尤玉柱、高尚华、魏海波：《关于金牛山人遗址岩溶洞穴的探讨》，《中国岩溶》1987年第1期。

② 在人类演化史上，继直立人之后，智人出现了。智人分为早期智人和晚期智人。早期智人距今25万~5万年，处于旧石器时代中期。中国发现的大荔人、马坝人、许家窑人等都是早期智人的代表。

③ 吕遵谔：《金牛山猿人的发现和意义》，《北京大学学报》（哲学社会科学版）1985年第2期。

④ 吴汝康提出：依据金牛山人头骨的总的形态类型，它只能归属于早期智人而不是猿人，其年代距今28万年的论断是值得商榷的。详见吴汝康《辽宁营口金牛山人化石头骨的复原及其主要性状》，《人类学学报》1988年第2期。

⑤ 高星：《关于中国旧石器时代中期的探讨》，《人类学学报》1999年第1期。

⑥ 详见黄万波、尤玉柱、高尚华、魏海波《关于金牛山人遗址岩溶洞穴的探讨》，《中国岩溶》1987年第1期。

⑦ 金牛山联合发掘队：《辽宁营口金牛山旧石器文化的研究》，《古脊椎动物与古人类》1978年第2期。

人们在对金牛山遗址发掘的过程中发现了丰富的动物化石，主要有狼、肿骨鹿、大河狸、鼢鼠、仓鼠、拟布氏田鼠、蒙古黄鼠、野兔、东北鼠兔、沙狐、棕熊、斑鹿、野猪等10余类哺乳动物；此外还发现部分鸟类、爬行类和软体动物（如丽蚌）的化石。这些动物骨骼有的还完整叠压在一起①。

此外，考古工作者还在该遗址发现两处灰堆，灰堆中有烧土、炭屑以及烧过的动物骨骼。在两处灰堆之间散布着大量动物管状骨碎片。一些碎片还有明显的人工敲碎的印记。这说明它们当是敲骨吸髓后的遗弃物②。有研究者根据出土的兽类化石多为哺乳动物碎骨，而且人类文化遗物稀少的现象，认为该遗址或许是屠宰、肢解猎获野兽的场地。

综上所述，我们认为，金牛山人时代，狩猎已是一种重要的获取食物的途径，而且狩猎技术、能力也有了显著提高。

三　鸽子洞遗址

在东北渔猎文化研究中，处于旧石器时代中期偏晚的鸽子洞遗址同样值得关注。鸽子洞遗址是辽西地区一处古人类居住址，“鸽子洞人”是迄今发现的辽西大凌河流域最早的古人类。

鸽子洞位于辽宁省朝阳市喀左蒙古族自治县的水泉乡，是大凌河西岸峭壁上的一处天然石洞。因洞中多有野鸽子栖息，故称“鸽子洞”。1956年，考古工作者在文物普查时发现了该遗址。1973年、1975年，辽宁省博物馆先后两次主持发掘，总计发现280余件石制品、大量动物化石、人类用火痕迹以及部分人类化石残片。

对于鸽子洞文化时代，学界曾有分歧。1973年发掘报告认为，鸽子

---

① 详见黄万波、尤玉柱、高尚华、魏海波《关于金牛山人遗址岩溶洞穴的探讨》，《中国岩溶》1987年第1期。

② 以上出土情况及分析，参见吕遵谔《金牛山猿人的发现和意义》，《北京大学学报》（哲学社会科学版）1985年第2期。

洞遗址的地质年代处于“旧石器时代早期向中期过渡”的阶段，“大体与周口店第十五地点相当”[①]。吕遵谔先生从1975年发掘出土的动物化石碎片中拣出3块人类骨骼化石，认为当为晚期智人，同时认定鸽子洞文化时代当为旧石器时代晚期。[②] 傅仁义先生综合石器、动物化石、人类化石等方面研究，提出该遗址年代处于“旧石器中期之末”及“距今5万年前”的观点。[③] 继而，日本学者又提出“距今7万年”的观点。[④]

综上，我们认为将鸽子洞文化年代定位为旧石器时代中期偏晚，应该是比较妥当的。鸽子洞人应该是早期智人与晚期智人过渡之际带有部分早期智人特征的晚期智人。

鸽子洞人生活的年代，以狩猎为主，采集、捕鱼为辅。这在该洞穴遗址动物化石构成中可见端倪。

1973年发掘报告指出：“鸽子洞动物群，从生态上划分，主要是森林型和草原（半草原）型的动物。大多数食肉类动物属森林型；啮齿目、兔形目、奇蹄目和偶蹄目动物常栖息于干旱或半沙漠草原区，其中无骆驼化石，表明这里无大的沙漠，没有水生和沼泽动物化石的发现，意味着附近缺水和比较干旱。”

此外，该报告还指出：“有些羊牙等有火燎的痕迹，为当时人类从事狩猎活动提供了证据。由不同种属的动物数量多寡分析，当时人狩猎的主要对象是羊；多数肉食类动物主要是以人的敌人在遗址附近活动着。”[⑤]

即便如此，我们仍要注意到，鸽子洞人的生活区邻近辽河，鱼虾贝

---

① 1973年的发掘情况，参见鸽子洞发掘队《辽宁鸽子洞旧石器遗址发掘报告》，《古脊椎动物与古人类》1975年第2期。

② 详见吕遵谔《鸽子洞的人类化石》，《人类学学报》1992年第1期。

③ 傅仁义：《鸽子洞遗址时代的再研究》，《北方文物》1992年第4期。

④ 〔日〕加藤真二：《中国辽宁省鸽子洞石器文化小考》，苗丽英译，《辽海文物学刊》1995年第2期。

⑤ 1973年的发掘情况，参见鸽子洞发掘队《辽宁鸽子洞旧石器遗址发掘报告》，《古脊椎动物与古人类》1975年第2期。

类资源丰富，唾手可得，因此，“渔”必然是鸽子洞人生活、生产中的重要组成部分。总而言之，鸽子洞人的渔猎活动是旧石器中期东北渔猎文化的重要构成。

四　小孤山遗址

小孤山时代的东北先民，为东北渔猎文化揭开了帷幕。

小孤山遗址是一处旧石器时代文化遗存，该遗址位于辽宁省海城市的东南角。1981～2007 年，考古工作者先后对该遗址进行了 5 次考古发掘，出土了大量石制品、骨制品、灰烬、哺乳动物化石，以及人类化石（1983 年发现，经测定，当为新石器中期人类遗骸[①]）。经过认真论证，可以肯定，该遗址是一处以旧石器时代中期、晚期为主体的文化遗存[②]（见图 5－1）。

小孤山时代的东北先民，当为人类学研究中的“晚期智人”[③]。

晚期智人在工具制作、生产劳动、社会生活、习俗信仰等方面的特征，在小孤山文化遗址中都有体现。特别是在渔猎文化发展史上，小孤山时代的作用和意义特别重要。根据小孤山遗址所显示的一系列信息，可以肯定，东北渔猎文化经过数千年酝酿，自此终于正式揭开帷幕。

如已出土的 40 种哺乳动物化石，主要位于堆积下部的第二层，属于

---

① 此前曾做出属于“晚更新世”的推测。详见张镇洪《辽宁海城小孤山遗址发掘简报》，《人类学学报》1985 年第 1 期。而后，有研究者根据科学仪器测定，得出新的论断：处于“全新世地层”，距今 6000～5500 年，系新石器时代中期人类化石。详见黄慰文编著《小孤山：辽宁海城史前洞穴遗址综合研究》，科学出版社，2009，第 162～169 页。上述两个观点，前后时间差异较大。

② 小孤山遗址的洞穴堆积分两部分，堆积下部共 4 层，为旧石器中期（中段、后段）至晚期（前段和中段）。连续堆积，厚度较大，年代从距今 8 万年持续到距今 1.7 万年，前后长达 6 万多年。上部 1 层，厚度较薄，为新石器时代。详见黄慰文编著《小孤山：辽宁海城史前洞穴遗址综合研究》，科学出版社，2009，第 174 页。

③ 晚期智人生活在距今 5 万～1 万年前，足迹已遍及欧、非、亚、大洋洲诸大洲。中国发现的柳江人、山顶洞人都属于晚期智人的范畴。“现代人”是指距今一万年前至今的人类。也有研究者根据形态上的基本一致，将“现代人”归入“晚期智人”的范畴。

图 5-1 小孤山洞穴遗址远景

图片来源：黄慰文编著《小孤山：辽宁海城史前洞穴遗址综合研究》，科学出版社，2009，彩板一。

晚更新世早期至中期的动物群。① 由此可见，当时小孤山周边的狩猎资源非常丰富。该遗址地层内的厚层灰烬以及大量烧土与烧骨，同样值得关注。根据山顶洞遗址发掘情况推测，小孤山人或许也已经掌握了人工取火的方法。

小孤山遗址出土的骨角器，除了两枚钻孔兽牙属于旧石器时代中期外，其他有标志性意义的骨角器物，通过同位素测定可知，均距今 3 万 ~2 万年，属旧石器时代晚期②。因此可以说，这些骨角器是东北渔猎文化萌生的重要标志，也是中国旧石器时代文化发展水平的重要代表。

作为一种新型工具，鱼镖的出现使人们能够更有效地狩猎和捕鱼。小孤山鱼镖（或称“鱼叉”）由叉头、叉身、叉柄三部分构成，残长

① 黄慰文编著《小孤山：辽宁海城史前洞穴遗址综合研究》，科学出版社，2009，第 93 页；董为、傅仁义、黄慰文：《辽宁海城小孤山遗址哺乳动物群的时代与古环境探讨》，《科学通报》2010 年第 14 期。两者行文略有差异，笔者依前者。

② 黄慰文编著《小孤山：辽宁海城史前洞穴遗址综合研究》，科学出版社，2009，第 148 页。

180.1 毫米。其中，叉头宽 10.6 毫米，厚 5.9 毫米。叉身最宽处 16.2 毫米，厚 11.5 毫米。叉柄最宽处 18.2 毫米，厚 10.5 毫米，末端厚 1.0 毫米。两侧倒钩展幅 24.2 毫米。腹面露出骨松质结构。器身布满横向的切削痕迹及纵向的刮削条痕。有研究者认为该鱼镖由偶蹄类“狍骨”制成，也有研究者认为该鱼镖由鹿角制成。

鱼镖是欧洲旧石器时代晚期较为流行的骨器，大致有单排倒钩、双排倒钩两种类型。小孤山鱼镖属于双排倒钩型，但制作年代要早于欧洲同类型[①]。该鱼镖的出现，标志着狩猎活动在人们的经济生活中已占有重要地位，也标志着渔猎文化时代的正式揭幕。

对于骨尖状器，最初的发掘报告给了一个贴近实际用途的名称——“标枪头”。但是，“骨尖状器”是一个便于与国际接轨的分类名称。该尖状器由动物肢骨制成，器身呈扁椎体，背面稍凸，腹面较平。背面布满纵向的刮削条痕，腹面露出骨松质结构。器身通体磨光，残长 76.3 毫米，近柄部宽 17.2 毫米，厚 7.6 毫米（见图 5－2）。

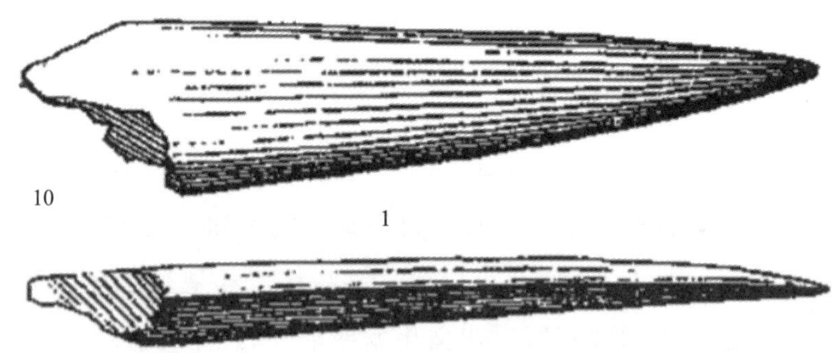

图 5－2　小孤山骨尖状器

图片来源：黄慰文编著《小孤山：辽宁海城史前洞穴遗址综合研究》，科学出版社，2009，第 147 页，图 5－1：10。

① 黄慰文编著《小孤山：辽宁海城史前洞穴遗址综合研究》，科学出版社，2009，第 145、149 页。

小孤山遗址出土了3件骨针，长度为77.4毫米~60.9毫米，针柄宽度为4.5毫米~3.4毫米，针眼孔壁内径为1.6毫米~2.1毫米。3件骨针中，仅有1件在一侧有未钻透的针眼，其余2件均有针眼。[①] 这应当是世界上最古老的骨针。

北京山顶洞遗址也曾出土1枚骨针，可惜出土时针眼缺失。小孤山遗址出土的骨针，采用对钻法制作针眼，工艺应好于山顶洞遗址。

骨针的出土可以说明，小孤山人已经掌握了缝制兽皮衣服的技能。这不仅是御寒手段的改进，也是审美意识甚至道德观念的某种反映。

垂饰及装饰小圆盘（装饰小骨盘），更加形象地反映了小孤山人的精神世界。垂饰是一类穿孔饰品的统称，最常见的有穿孔小石珠、穿孔小卵石、穿孔兽牙等。其中，仅穿孔牙齿，小孤山遗址就出土了4枚。装饰品的出现，表明小孤山时代的晚期智人已形成较为强烈的审美观念，而且这种审美还带有浓郁的渔猎经济因素，属于史前渔猎文化的范畴。

装饰小圆盘中心穿孔，也可以归为垂饰的范畴。其所刻画的图案较为抽象，或许还是图腾崇拜的器具。[②] 若果真如此，其所蕴含的文化信息将会更加耐人寻味。我们知道，旧石器晚期的人类已形成原始宗教信仰和原始艺术。如山顶洞人已经懂得埋葬死者，并形成了一定的习俗。他们会在死者周围撒上赤铁矿粉，同时还用石器和装饰品随葬。这大概是山顶洞人表达灵魂信仰的一种方式。

在漫长的旧石器时代，东北多地均有古人类活动。特别是到了旧石器晚期，出现多支并存、各有千秋的空间布局。

东北地区还发现多处晚期智人化石及其文化遗存。其中较为知名的有“榆树人”（1954年发现于吉林榆树周家油坊遗址）、“安图人”（1964

---

① 黄慰文编著《小孤山：辽宁海城史前洞穴遗址综合研究》，科学出版社，2009，第146页。

② 黄慰文编著《小孤山：辽宁海城史前洞穴遗址综合研究》，科学出版社，2009，第154页。

年发现于吉林省安图县石门山村洞穴遗址)、“哈尔滨人”(1982 年发现于黑龙江哈尔滨阎家岗遗址)、“学田人”(1986 年发现于黑龙江五常学田遗址)、“青山头人”(1983 年发现于吉林前郭尔罗斯蒙古族自治县穆泉乡查干泡北岸的青山头)[①]、“前阳人”(1982 年发现于辽宁省丹东市东港市前阳镇山城子村白家沟前阳洞穴遗址)等。这些古人类大多属于晚期智人的范畴,是东北旧石器时代晚期文化的重要创造者。

上述古人类都为东北渔猎文化的酝酿和形成做出了积极贡献。以其中的“学田人”为例。考古工作者在学田遗址中先后发现 3 件石制品、2 件骨器,以及 45 件带有人工打击痕迹的兽骨化石。[②] 由此可知,当时的“学田人”不但以狩猎谋生,而且谱就了黑龙江地区旧石器时代区域文化的新篇章。

再如从阎家岗遗址中识别出来的“哈尔滨人”。他们不但已经掌握了猎捕大型野兽的技术,而且学会了构筑营地、定居生活。此外,在今黑龙江省漠河县、呼玛县也先后发现几处旧石器时代晚期遗址(如老沟河旧石器文化遗址、十八站旧石器文化遗址等)。这表明,距今 3 万 ~ 1 万年前,渔猎文化就已经在黑龙江上游即大兴安岭地区传播,而且呈现出中原文化的某些元素。[③]

综上所述,南起大连,北迄漠河,西自朝阳,东达丹东,都有旧石器时代人类遗址、遗迹分布。这些渔猎文化的开拓者,在极为艰苦的条件下,用最简单的工具,以不寻常的智慧、无比坚韧的毅力,缔造了史前东北渔猎文化的空间布局,进而为东北区域文化发展、地域文明传播做出了积极贡献。

---

① 有关上述古人类文化的讯息,可参见赵宾福《东北旧石器时代的古人类、古文化与古环境》,《学习与探索》2006 年第 2 期。

② 黑龙江省文物管理委员会文博处:《黑龙江省第三批文物保护单位简介》,《北方文物》1991 年第 3 期。

③ 据研究,十八站出土的石器的制作风格与华北地区虎头梁等遗址的同类石器相近。

第二节　新石器时代

东北地区共有省级及省级以上新石器时代文物保护单位150处[①]，其中辽宁省32处[②]，吉林省57处，黑龙江省30处，内蒙古东部地区31处。限于篇幅，兹不枚举，仅就兴隆洼、赵宝沟、红山等几处重点文化遗址简要说明如下。

一　兴隆洼文化

兴隆洼等遗址的渔猎文化以狩猎、采集经济为基础，以宗教祭祀为特色。

兴隆洼文化因兴隆洼遗址而得名，该遗址位于内蒙古赤峰市敖汉旗东约70公里的兴隆洼村。1982年文物普查时发现该遗址。1983~2003年又相继进行多次发掘。在1985年发表的发掘报告中正式提出“兴隆洼文化”的命名。

经过多年调查发掘，发现该文化类型遗址数量颇多，广泛分布在今内蒙古东南部、辽西、河北东北部、天津北部、北京北部的燕山南北[③]。此外，吉林省通榆县张俭坨子、敖宝（包）山所见戳印坑点纹陶片[④]也有兴隆洼文化的特征，可以作为探索该文化向东北方向传播的线索。[⑤]

---

① 其中包括黑龙江省4处使用年代延续到新石器时代的旧石器时代遗址：东山农场遗址、老卡一号遗址、黎明遗址、桦阳遗址。

② 其中高台山遗址的主要文化遗存，应属夏商时期。参见赵宾福《高台山文化再论》，《华夏考古》2012年第3期。

③ 国家文物局主编《中国文物地图集·内蒙古自治区分册》，西安地图出版社，2003；国家文物局主编《中国文物地图集·辽宁分册》，西安地图出版社，2009；国家文物局主编《中国文物地图集·天津分册》，中国大百科全书出版社，2002；国家文物局主编《中国文物地图集·北京分册》，科学出版社，2008；国家文物局主编《中国文物地图集·河北分册》，文物出版社，2012。

④ 王国范：《吉林通榆新石器时代遗址调查》，《黑龙江文物丛刊》1984年第4期。

⑤ 吕昕娱：《试论兴隆洼文化的分布范围及发展传承》，《赤峰学院学报》（汉文哲学社会科学版）2010年第12期；索秀芬、李少兵：《兴隆洼文化的类型研究》，《考古》2013年第11期。

目前，该文化类型中经大面积发掘的文化遗存，除了兴隆洼遗址，还有林西县的白音长汗、阜新县查海、克什克腾旗的南台子等。

兴隆洼文化类型划分办法不尽相同。有西拉木伦河以北、西拉木伦河以南、滦河三个类型说①，又有兴隆洼、查海和白音长汗三个类型说②，还有查海、白音长汗、东寨三个类型说③。兴隆洼文化是一处不可多得的“聚落”遗址。住房为半地穴式的方形或长方形建筑，排列有序，环绕聚落有一条防御用的沟壕。这是我国古代建筑史上的重要发现之一。

（一）狩猎主导的经济

兴隆洼文化中，狩猎经济占主导地位，采集、捕捞经济都是重要补充。

以兴隆洼遗址为例，该遗址出土了大量的动物骨骼，其中以鹿、猪为主。在少数房址的居住面上还发现了聚组摆放的动物头骨。出土石器中，由石片嵌入骨柄凹槽的刮刀很有特色，加工兽皮用的石刀和渔猎工具也比较多。骨器有锥、镖、针等，磨制都比较精良。

从这些出土的动物骨骸及器具可以看出狩猎的重要地位。与狩猎形成鲜明对比，农业的元素微乎其微。2001～2003 年，中国社会科学院考古研究所在遗址挖掘中进行了系统的浮选工作。在兴隆洼遗址第一地点④发现了炭化黍 10 余粒，不但为数不多，而且“野生祖本”的特征比较“浓厚”，应该属于“栽培作物进化过程中的初期品种”⑤。

---

① 赵宾福、刘伟、杜战伟：《富河文化与赵宝沟文化的地方类型》，《考古》2012 年第 11 期。此前，赵宾福先生提出白音长汗、查海两类型说。赵宾福：《兴隆洼文化的类型、分期与聚落结构研究》，《考古与文物》2006 年第 1 期。

② 有关更具体的分期，可参见索秀芬、李少兵《兴隆洼文化的类型研究》，《考古》2013 年第 11 期。

③ 索秀芬、李少兵：《兴隆洼文化的类型研究》，《考古》2013 年第 11 期。

④ 其中，第一地点属于兴隆洼文化、第二地点属于红山文化、第三地点属于夏家店下层文化。

⑤ 赵志军：《探寻中国北方旱作农业起源的新线索》，《中国文物报》2004 年 11 月 12 日，第 7 版，

因此，兴隆洼文化与其说是以渔猎为主、原始农业为辅的混合型经济①，不如说是以狩猎为主、采集等生产方式为辅的混合型经济。

（二）崇拜与祭祀风俗

兴隆洼文化中的祭祀文化较有特点。在白音长汗遗址的一处房址中，室内栽立石雕人 1 具，位于坑灶与西壁之间。在石人与西壁之间有 1 具蛙形石雕，卧于居住面上（见图 5－3）。此外，除了散落的骨针、骨镞各 1 枚外，该房址没有任何生产或生活用具。据此推测，该房屋应当专作祭祀之用。② 这为此前诸遗址所未见，是东北渔猎文化的新发展和新内容。

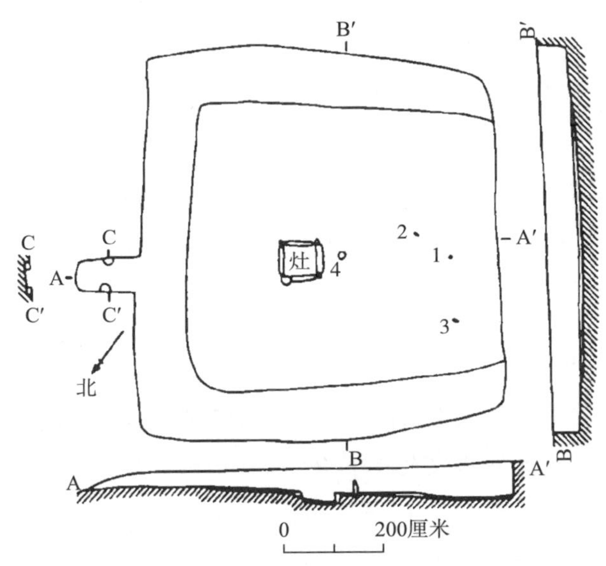

图 5－3　白音长汗遗址剖面图

注：1. 蛙形石雕；2. 骨针；3. 骨镞；4. 石雕人

图片来源：索秀芬、李少兵《兴隆洼文化聚落形态》，载吉林大学边疆考古研究中心等主编《边疆考古研究》（第 8 辑），科学出版社，2009，第 23 页。

---

① 韩英：《兴隆洼文化的生产工具与经济形态》，《赤峰学院学报》（汉文哲学社会科学版）2013 年第 8 期。

② 索秀芬、李少兵：《兴隆洼文化聚落形态》，载吉林大学边疆考古研究中心等主编《边疆考古研究》（第 8 辑），科学出版社，2009，第 23 页。

特征鲜明的葬俗也是兴隆洼渔猎文化的一个重要内容。目前，兴隆洼文化遗址已发现30余座居室墓葬（其中，兴隆洼遗址30余座，查海遗址6座），具有鲜明的宗教意义。① 在上述居室墓葬中，墓坑均选在室内的特定位置，而且一座房屋内通常仅安葬一位死者。我们推测，墓主生前想必身份较为特殊，因而在死后被族人或家人安葬在室内，成为生者朝夕可见甚至崇拜顶礼的偶像。

兴隆洼118号居室墓，是该遗址二期聚落中规格最高的一座。该居室墓大体位于聚落的中心部位，墓穴一侧紧依房址的东北侧墙壁。墓内出土的随葬品数量较多，而且种类颇为丰富。墓主右侧葬有两头整猪。这两头随葬的整猪，一雌一雄，均呈仰卧状，占据墓穴底部将近一半的位置。该居室墓是祭祖活动与祭祀猎物活动合二为一的例证，可能还具有图腾崇拜的意义。

这种居室墓中的“人猪同穴”，带有浓郁的渔猎色彩。据称，这种祈求猎物繁盛与狩猎活动成功的祭祀传统，为后继的赵宝沟文化所承继和发扬。②

（三）璀璨的玉石文化

兴隆洼文化中的玉文化灿烂夺目。兴隆洼玉文化既是红山玉文化的源头，也是东北史前渔猎文化的精华。

到目前为止，兴隆洼文化诸遗址已出土各类玉器百余件。这是我国境内发现的年代最早、工艺水准最高的一批真玉制品。这个年代的真玉制品，在长江流域尚未发现；而在黄河流域，仅在大地湾文化遗存中，偶有零星发现。③

---

① 刘国祥：《兴隆洼文化居室葬俗再认识》，《华夏考古》2003年第1期。

② 刘国祥：《关于赵宝沟文化的几个问题》，《北方文物》2000年第2期。

③ 刘赫东、田广林：《兴隆洼文化查海遗址出土玉器发微》，《赤峰学院学报》（汉文哲学社会科学版）2014年第1期。

所有兴隆洼文化遗址中，查海遗址[①]发现的玉器数量最多，其梯形玉斧、长柱状玉凿、深绿色玉匕、蜡色钻孔玉环、蜡色玉管、乳白色玉玦等，无论形制还是工艺，均已达到相当高的水准（见图5-4）。

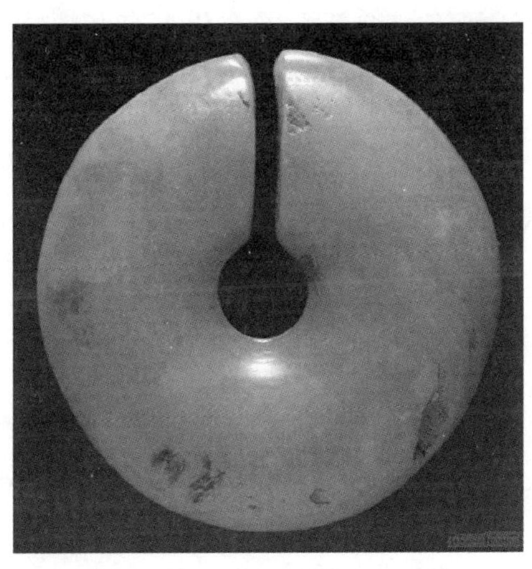

图5-4 兴隆洼墓葬出土的玉玦

注：该玉玦，直径3.5厘米。

图片来源：国家博物馆网站。

此外，查海遗址发现的“龙形堆石”，系用大小均等的红褐色砾岩摆塑而成。该石龙全长19.7米，大致呈西北—东南向摆放。“龙”的头、腹、尾、足均清晰可辨。龙头部最宽处约2米，呈昂首张口、弯身弓背状。这是中国迄今为止发现得最早的与龙有关的堆塑图案[②]，对后世产生了重大影响，堪称中国龙的原型。[③]

人们普遍认为，以玉为代表的查海文化是红山文化的源头，是东北

① 查海遗址位于阜新蒙古族自治县沙拉镇查海村西南2.5公里处，距今8000~7600年。查海遗址总面积超过1.2万平方米。经多次发掘，出土了大量珍贵文物。

② 赵宾福：《兴隆洼文化的类型、分期与聚落结构研究》，《考古与文物》2006年第1期。

③ 1987年，濮阳市文物工作队在一座墓葬中发现蚌壳摆塑的龙虎图案。其中蚌壳龙长1.78米。龙昂首、曲颈、弓身、前爪扒、后爪蹬，状似腾飞。2004年，河南偃师二里头发现了一个大型的绿松石龙形器。以上两处，均晚于查海石龙。

步入文明时代的临门一脚。

综上所述，兴隆洼文化最早可追溯到公元前6200年，是目前东北地区发现的年代最早的新石器文化①，是北方三大文化系统之一。兴隆洼文化的发现，表明西辽河流域的新石器文化自有渊源，而且也解决了红山文化的源头问题，对整个东北地区的文化发展和文化研究都发挥了有力的促进作用。

二 赵宝沟文化

赵宝沟文化以狩猎经济为主导，以渔捞、采集经济为补充，是东北史前渔猎文化发展的新坐标和新高度。

赵宝沟文化，因首先发现于内蒙古敖汉旗高家窝铺乡的赵宝沟村而得名，是20世纪80年代初新识别出来的考古学文化（见图5-5）。

图5-5 赵宝沟聚落遗址全景

图片来源：中国社会科学院考古研究所编著《敖汉赵宝沟——新石器时代聚落》，中国大百科全书出版社，1997，彩版一。

赵宝沟文化的分布区域与兴隆洼文化的分布区域大体相似，只是两种文化的遗存数量在燕山南北略有不同。② 赵宝沟文化的重要遗址有赵宝

① 赵宾福：《兴隆洼文化的类型、分期与聚落结构研究》，《考古与文物》2006年第1期。

② 陈国庆：《试论赵宝沟文化》，《考古学报》2008年第2期。

沟、小山、白音长汗（以兴隆洼遗存为主）、南台地、水泉、西寨、安新庄、后台子①等多处。其中，以赵宝沟遗址、小山遗址为等为典型代表。②该文化年代在公元前 5200 ~ 公元前 4470 年。③

（一）狩猎支撑的定居

赵宝沟文化先民已过着定居生活。房屋均为单间半地穴式建筑（见图 5 - 6）。

赵宝沟文化的房址多成排分布，布局规整。最大的房址一般位于聚落中部，显然是经过统一规划、集中组织建造的。根据功用，赵宝沟文化的房屋大致可以分为三类，即居住性房屋、进行公共活动的房屋、祭祀性房屋。赵宝沟文化的祭祀区从居住区分离出来，并出现了专门承载祭祀功能的房屋，这是史前社会聚落形态的进步。

---

① 详见中国社会科学院考古研究所内蒙古工作队《内蒙古敖汉旗小山遗址》，《考古》1987 年第 6 期；内蒙古文物考古研究所《内蒙古林西县水泉遗址发掘简报》，《考古》2005 年第 11 期；河北省文物研究所、唐山市文物管理处、迁西县文物管理所《迁西西寨遗址 1988 年发掘报告》，《文物春秋》1992 增刊；河北省文物管理处《河北迁安安新庄新石器遗址调查和试掘》，载《考古》编辑部编《考古学集刊》（第 4 集），1984，第 96 ~ 110 页；承德地区文物管理所、滦平县博物馆《河北滦平县后台子遗址发掘简报》，《文物》1994 年第 3 期。

② 有学者建议对赵宝沟文化做如下类型划分：将分布在西拉木伦河以北地区的赵宝沟文化遗存（包括“富河文化”）统称为“西拉木伦河以北类型”，将分布在西拉木伦河以南地区的赵宝沟文化遗存统称为“西拉木伦河以南类型”，将分布在滦河流域的赵宝沟文化遗存统称为“滦河类型”。详见赵宾福、刘伟、杜战伟《富河文化与赵宝沟文化的地方类型》，《考古》2012 年第 11 期。

③ 参见陈国庆《试论赵宝沟文化》，《考古学报》2008 年第 2 期；中国社会科学院考古研究所实验室《放射性碳素测定年代报告》（一三），《考古》1986 年第 7 期；中国社会科学院考古研究所内蒙古工作队《内蒙古敖汉旗小山遗址》，《考古》1987 年第 6 期。部分数据或因排印有误，已更正。在赵宝沟文化年代问题上，杨虎、刘国祥、索秀芳等人都曾发表过不同看法。公元前 5200 ~ 公元前 4470 年说，见杨虎《辽西地区新石器——铜石并用时代考古文化序列与分期》，《文物》1994 年第 5 期。距今 7000 ~ 6400 年说，见刘国祥《西辽河流域新石器时代至早期青铜时代考古学文化概论》，《辽宁师范大学学报》（社会科学版）2006 年第 1 期。公元前 5500 ~ 公元前 4500 年说，见索秀芬《燕山南北地区新石器时代文化研究》，博士学位论文，吉林大学，2006，第 79 页。笔者个人比较认同杨虎先生的观点。

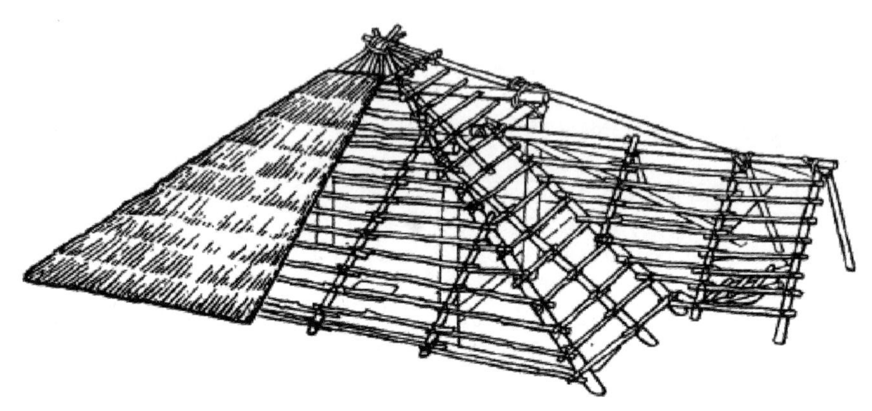

图 5－6 赵宝沟文化房址 F9 复原图

图片来源：中国社会科学院考古研究所编著《敖汉赵宝沟——新石器时代聚落》，中国大百科全书出版社，1997，第 205 页。

（二）狩猎主导的生产

赵宝沟文化中，狩猎、采集、渔捞、农业四种元素齐备，孰轻孰重，目前学界依然见仁见智。这不是一个简单的经济模式问题，因为对赵宝沟文化生产力形态的正确判断，关系着东北史前时代渔猎文化的界定和内涵。

目前主要有以下三种观点：一种观点认为以耜耕农业为主导，以狩猎和采集为补充；① 一种观点认为以狩猎经济为主导，以采集、捕捞为补充，农业经济相当原始；② 一种观点认为以渔捞、狩猎为主导，农业经济处于相对原始的阶段。③

综上可见，大多数学者主张客观评估赵宝沟文化的“农业”因素，

① 刘晋祥、董新林：《浅论赵宝沟文化的农业经济》，《考古》1996 年第 2 期。

② 刘国祥：《赵宝沟文化经济形态及相关问题探讨》，载刘国祥《东北文物考古论集》，科学出版社，2004，第 87～96 页。另可参见刘国祥《关于赵宝沟文化的几个问题》，《北方文物》2000 年第 2 期；崔岩勤《赵宝沟文化生产工具初析》，《赤峰学院学报》（汉文哲学社会科学版）2008 年第 1 期。

③ 孙永刚：《西辽河上游地区与中原地区史前生业方式比较研究》，《辽宁师范大学学报》（社会科学版）2015 年第 2 期。

但在“渔”与“猎”关系问题上依然存在不小的分歧。笔者比较认可“狩猎主导论”，主要理由如下。

第一，动物遗骸数量大。

赵宝沟遗址未经全部发掘，就已发掘部分而言，出土的动物骨骼比重较大。出土可鉴定的动物骨骼标本538件，其中猪骨138件。鹿的残骸数量最多。其中，马鹿骨骼179件，斑鹿39件，狍129件。此外还有牛骨2件，狗骨1件，貉骨18件，獾骨9件，熊骨4件，东北鼢鼠骨4件，蒙古黄鼠骨1件，天鹅骨1件，雉骨11件，鱼脊椎残骨1件。总计14种。

根据相关动物体重资料，可粗略估算上述动物体重总计4592.39公斤，能提供纯肉量2296.19公斤[①]。出土软体动物，可鉴定标本约215件，可鉴定出7个种类，隶四科五属。其中蚌科、蓝蚬科均为淡水水产，蛤蜊科为海水水产。[②]

关于赵宝沟遗址的猪是“家猪”还是“野猪”，学界目前意见不一。经数据对比，刘国祥先生认为“赵宝沟遗址的猪无疑应为野猪”[③]。笔者认为，应该是野猪向家猪的过渡，而且驯化程度不高。赵宝沟遗址中还发现了狗的骨骼残骸。根据遗址中许多动物骨骸有被狗啃咬的痕迹判断，狗在当时可能已经被驯养[④]。综合有关信息推断，赵宝沟遗址已处于定居生活聚落形态。

第二，植物遗存极少见。

赵宝沟文化应该存在植物栽培或种植。在赵宝沟文化较为丰富的出

---

① 中国社会科学院考古研究所编著《敖汉赵宝沟——新石器时代聚落》，中国大百科全书出版社，1997，第182~198页。

② 中国社会科学院考古研究所编著《敖汉赵宝沟——新石器时代聚落》，中国大百科全书出版社，1997，第180~181页。

③ 刘国祥：《关于赵宝沟文化的几个问题》，《北方文物》2000年第2期。

④ 中国社会科学院考古研究所编著《敖汉赵宝沟——新石器时代聚落》，中国大百科全书出版社，1997，第182~201页。

土石器中，确实有诸如磨盘、磨棒等用于农业生产或加工的器具，其中以石耜和石斧等为特色。通过微痕分析，上述石器多数被认定为农业用具。[①] 但是，或者由于产量低，或者由于难保存，至今尚未发现有关农作物的残存。小山遗址还出土胡桃楸果核2枚，均出自F1居住面上深腹钵内[②]，当为采集经济的写照。然而，无论是采集的植物还是可能存在的农作物，与上述动物类遗存相比，其比例微乎其微，甚至可以忽略不计。基于此，笔者认为，不宜过高评估农业在赵宝沟遗址，甚至赵宝沟文化中的作用和地位。

（三）灵动的动物纹饰

“狩猎”的文化要素，在赵宝沟出土的陶尊灵动的动物纹饰中有生动直观的表现。

赵宝沟文化遗址中已出土多件动物纹饰陶尊。其中，有的以鹿为主，有的集鹿、猪、鸟等为一体。上述纹饰均采取抽象写实相结合的表现手法。

其一，小山陶尊。

1985年，著名考古学家杨虎先生在主持内蒙古赤峰市敖汉旗小山遗址发掘时，于二号房址内清理出一只陶尊（编号F2②：30）。经修复发现，该陶尊通高25.5厘米，口径25.5厘米，底径10.6厘米，系夹砂灰褐陶，圆唇直领，腹部扁鼓，下接一凹底假圈足。该陶尊器表经打磨后，光亮平滑。尤其惹人关注的是腹部的动物形纹饰（见图5-7）。

有研究提出，作为主要填充物的网格纹，其所表现的是蟒蛇的形象。网格纹衬托的是鹿、猪、鸟三种动物的头部图像。鹿、猪、鸟均朝同一方向，绕器一周（见图5-8）。上述动物头部均采用写实的艺术手法来

① 中国社会科学院考古研究所编著《敖汉赵宝沟——新石器时代聚落》，中国大百科全书出版社，1997，第211页。

② 中国社会科学院考古研究所内蒙古工作队：《内蒙古敖汉旗小山遗址》，《考古》1987年第6期。

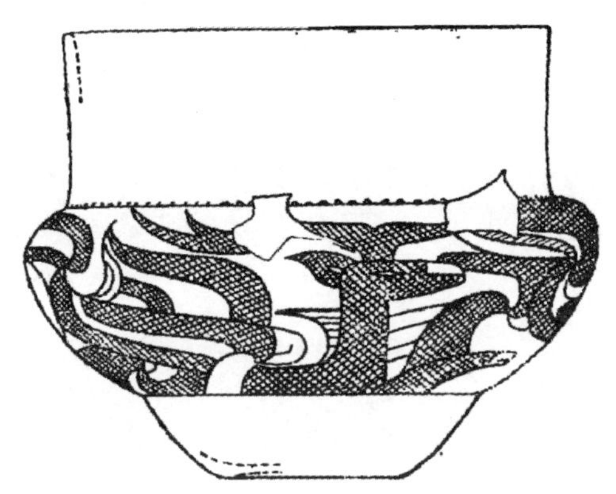

图 5－7　小山尊形器线描图

图片来源：中国社会科学院考古研究所内蒙古工作队《内蒙古敖汉旗小山遗址》，《考古》1987 年第 6 期，图一二（F2②：30）。

表现，刻画得形象逼真，惟妙惟肖（见图 5－9）。关于以上纹饰，有两种解释：一种是猪龙（猪首蛇身）、飞鹿、神鸟“三灵”说；一种是鹿、猪、鸟祭蟒神说。

这件陶尊的出土引起社会高度关注，或有人称之为“中华第一艺术神器”。

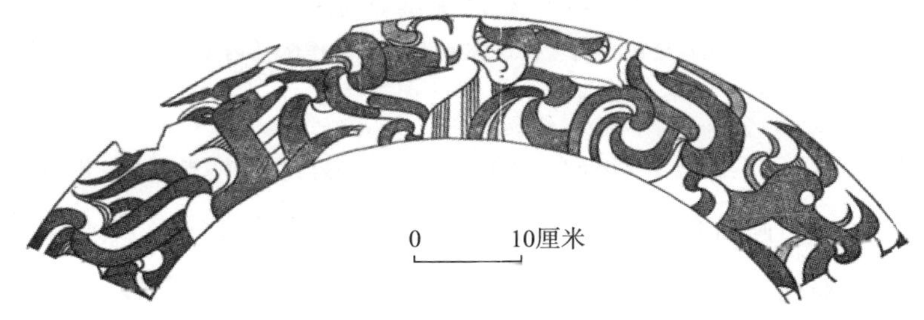

图 5－8　小山尊形器纹饰展开图

图片来源：中国社会科学院考古研究所内蒙古工作队《内蒙古敖汉旗小山遗址》，《考古》1987 年第 6 期，图一四。

其二，南台地陶尊。

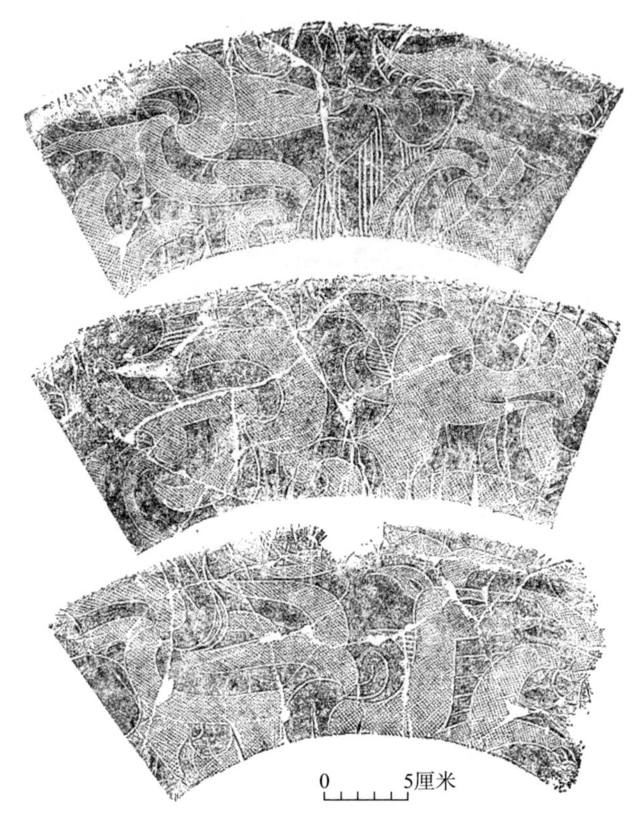

图 5-9 小山尊形器纹饰拓片

图片来源：中国社会科学院考古研究所内蒙古工作队《内蒙古敖汉旗小山遗址》，《考古》1987 年第 6 期。

南台地陶尊（编号 3456F1：1），与小山陶尊风格相似，但刻画得更加形象、直观。陶尊腹部刻画的是一幅蟒蛇噬鹿全景画。整个画面犹如连环画，将蟒蛇吞噬的分解镜头一一表现出来，自头至脚，形象鲜明，栩栩如生（见图 5-10）。

《山海经·大荒北经》记载："有人名曰大人。有大人之国，厘姓，黍食。有大青蛇，黄头，食麈。"① 该陶尊所表现的与《山海经》中所言

① 袁珂：《山海经校注》卷 12《大荒北经》，上海古籍出版社，1980，第 422 页。

的“青蛇食麈”暗合，可见传世文献多有所本。

艺术源于生活，又高于生活。赵宝沟文化的动物形纹饰，充分展现了当时的自然生态与以狩猎为主的生产模式，同时也充分展现了赵宝沟文化先民的艺术理解力和表现力都已经达到相当高的水平。

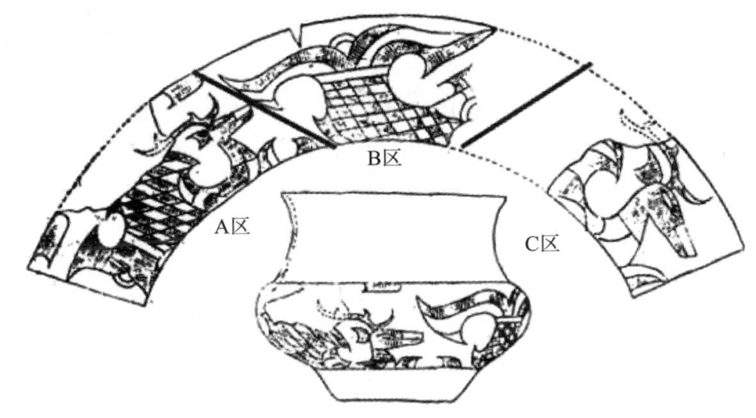

图 5－10　南台地遗址尊形器及纹饰展开图

图片来源：马海玉《赵宝沟文化两件尊形器上的动物形图案研究》，《辽宁师范大学学报》（社会科学版）2017 年第 3 期，图 4（3546F1：1），第 130 页。

（四）古朴的宗教信仰

赵宝沟文化中的宗教信仰，也非常值得关注。

第一，如上文所述，小山、南台地出土的纹饰陶尊与日常生活用具有别，应是一种礼器或祭祀用品。[①] 其所表现的，不论是蟒神还是猪龙，都是有超凡能力的“灵物”。赵宝沟文化先民借此要表达的是保人身平安、保狩猎顺利等愿望。这种有所依托的沟通神人、天人关系的行为及理念，可以纳入史前东北原始宗教研究的范畴。[②] 此外，尤其值得关注的是赵宝沟文化中将此前活生生的动物牺牲转变为通过艺术刻画的形式实

① 刘国祥：《赵宝沟文化聚落形态及相关问题研究》，《文物》2001 年第 9 期；马海玉：《赵宝沟文化两件尊形器上的动物形图案研究》，《辽宁师范大学学报》（社会科学版）2017 年第 3 期。

② 杨学政：《原始宗教论》，云南人民出版社，1991，第 87～109 页。

现。这本身未尝不是一个蕴含着人文关怀的社会进步。

第二，除了上述器具，赵宝沟、小山遗址还出土了人面石斧、陶质人面像等特殊器物。这类异于生产、生活的特殊器具，除了要表达宗教等方面的观念外，不会有合理的解释。以人面石斧为例。该石斧出土于小山遗址的一处房址（F2）。通体磨光，长 18.2 厘米，最宽处 5.5 厘米，厚 2.4 厘米，表面灰色，杂以黑斑。在靠近顶端处钻一圆孔，当为安装木柄之用。在圆孔和顶端之间的一面刻有一人面纹，纹痕浅细，圆脸，鼻、嘴皆近三角。[①] 这件石器制作精良，刃部平钝，为实用器具，当为宗教活动用品。

赵宝沟遗址出土的陶质人面像总共两件。这两件陶人面，制作方式及表现手法均不相同（见图 5－11）。人面陶像在新开流等多处遗址都有发现。在渔猎主导的人类社会中，这类带有宗教信仰色彩的文化符号非常值得深入解读。

1.陶质刻划人面像（F103①:5）

2.陶塑人面像（F103①:6）

图 5－11　赵宝沟遗址出土人面像

图片来源：中国社会科学院考古研究所编著《敖汉赵宝沟——新石器时代聚落》，中国大百科全书出版社，1997，图版 36。

---

① 崔岩勤：《赵宝沟文化生产工具初析》，《赤峰学院学报》（汉文哲学社会科学版）2008 年第 1 期。

赵宝沟遗址第二区的坡顶有一个面积约 323.75 平方米的平台。[①] 学界对其看法不同，有人主张这是一处“石砌祭坛”，是辽西地区“祭祀区”与居住区首次正式分开的证据。有人认为证据不足，具体功能有待商榷。[②]

三 红山文化

红山文化是新石器时代中晚期一支重要考古文化，在跨进文明门槛过程中甚至“先走一步”。[③] 红山文化距今 6700～5000 年。大多数学者将其分成早、中、晚三期。[④] 红山文化分布广泛，核心区位于今赤峰和朝阳境内。据报道，在赤峰地区发现的红山文化遗址有 725 处，但绝大多数遗址没有经过系统发掘。[⑤]

（一）经济模式

科学定性红山文化的经济基础，是探究渔猎文化诸要素的前提和基础。

目前，学界对红山文化经济基础的认识并不一致，而且基本围绕农业之有无、多少而展开。主要观点可归纳如下。

一种观点认为，红山文化时期的农业生产规模大，水平高，比较发达。[⑥] 甚至还有学者认为，红山文化时期的农业经济已“彻底取代狩猎采

---

① 据称，1998 年，该“祭坛”已被修成现代式花坛。

② 刘国祥：《赵宝沟文化聚落形态及相关问题研究》，《文物》2001 年第 9 期。对此，赵宾福提出质疑，他认为，二区房屋东部，虽然有一处建筑规模较大的石头堆祭祀遗迹，但很难据此将与之相邻的整个二区房屋看作具有祭祀性质的建筑遗迹。另外，从二区房址的自身情况来看，其与一区房址没有什么明显区别，无论是房屋结构还是出土物品，均看不出具有祭祀性遗迹的特点。因此，赵先生认为，在现有条件下判定二区属于祭祀区，还缺乏足够证据。详见赵宾福《关于赵宝沟文化的聚落形态问题》，《华夏考古》2008 年第 3 期。

③ 郭大顺语。详见郭大顺《红山文化》，文物出版社，2005，第 223 页。

④ 杨虎、林秀贞：《内蒙古敖汉旗红山文化西台类型遗址简述》，《北方文物》2010 年第 3 期。

⑤ 索秀芬、李少兵：《红山文化研究》，《考古学报》2011 年第 3 期。

⑥ 赵宾福：《东北石器时代考古》，吉林大学出版社，2003，第 436 页。

集经济”[①]，成为经济部门的主导。另一种观点认为，红山文化时期的农业固然有较大发展，但采集、狩猎、渔猎仍占有一定比例。[②] 还有一种观点认为，红山文化早期出现的旱作农业在经济生活中所占比重较小，是辅助性的、次要的生产活动[③]，采集、渔猎是当时经济生产活动的主体构成。[④]

红山文化的经济生活究竟是何种面貌，渔猎在其中究竟处于何种地位？笔者的观点，基于以下几点考虑。

第一，样品浮选不支持农业高度发展的判断。

有学者对魏家窝铺、兴隆沟第二地点、哈民忙哈三处遗址（分别处于红山文化早、中、晚三期）的浮选样品进行了认真分析，同时还对具有相对普遍性的杜力营子、七家南梁、敖包山、小洼子、大窝铺等五处遗址进行了取样与浮选。研究结果显示，当时的农业还处于发展的早期阶段。[⑤] 特别是魏家窝铺遗址，发现的炭化谷物微乎其微[⑥]，不足以说明农业生产的存在。

第二，出土的农具未发现精耕细作的迹象。

红山文化中与农业有关的工具，多为石耜等翻土工具、大型砍伐器，鲜见精耕细作的农具。这说明当时的农作依然非常粗犷。与此形成鲜明对比的是用于切割兽类骨肉的刀具、用于射猎的石镞等器具的大量出现，并且加工细腻、类型丰富、功能多元。比较而言，上述器具的出土，非

① 刘国祥：《赵宝沟文化聚落形态及相关问题研究》，《文物》2001 年第 9 期；刘国祥：《论红山文化建筑与手工业技术进步》，《东北文物考古论集》，科学出版社，2004，第 144 页。

② 田广林：《中国东北西辽河地区的文明起源》，中华书局，2004，第 93 ~ 94 页。

③ 孙永刚、赵志军：《魏家窝铺红山文化遗址出土植物遗存综合研究》，《农业考古》2013 年第 3 期。

④ 孙永刚、曹建恩、井中伟、赵志军：《魏家窝铺遗址 2009 年度植物浮选结果分析》，《北方文物》2012 年第 1 期。

⑤ 孙永刚：《西辽河上游地区新石器时代至早期青铜时代植物遗存研究》，博士学位论文，内蒙古师范大学，2014，第 121 页。

⑥ 有关测量数据，详见孙永刚、赵志军《魏家窝铺红山文化遗址出土植物遗存综合研究》，《农业考古》2013 年第 3 期。

但没有精耕细作的迹象，反而说明渔猎生产的普遍。

第三，动物骨骸大量存在与谷物残存对比鲜明。

红山文化遗址，除了牛、羊、猪等家畜的残骸，还发现野生的鹿、獐、狍子等动物的骨骼。[①] 魏家窝铺等遗址浮选结果显示，检测样品中有大量鱼骨、软体动物甲壳及部分动物骨骼。其中鱼骨的数量很大。[②] 兴隆沟遗址第二地点的17号灰坑中，还发现290余枚蚶类贝壳，“这是迄今所知红山文化遗址中出土海贝类最多的一个地点”[③]，说明近海水产可能也是红山先民的食材来源。既然都是随机性的发掘和筛选，自然不必特意强调某类样品之是否易得。但是，显而易见，红山文化诸遗址的“有限”谷物残存，与上述动物残骸的“相当丰富”之间，已然形成了鲜明对比。若以绝对数量衡量，农作物残存“微乎其微”，不足以支撑“农业高度发展”的观点。

综上所述，笔者倾向于这样的观点，即红山文化的经济模式以渔猎为主、采集为辅，间或农作。

（二）玉文化

红山玉古朴稚拙。红山玉文化充满了魅力，意蕴隽永。有关研究成果比较丰富，我们这里仅从渔猎文化的角度切入，主要谈以下两点认识。

第一，玉器是渔猎生活的艺术呈现。

红山出土的玉器数量较为丰富。按用途划分，大致有日常配饰、随葬用品、祭典重器三类。无论如何划分，都不能掩饰其中极为鲜明的渔猎文化特征。

---

① 郭大顺：《红山文化》，文物出版社，2005，第16~17页。

② 孙永刚、赵志军：《魏家窝铺红山文化遗址出土植物遗存综合研究》，《农业考古》2013年第3期。魏家窝铺遗址本身就出土了大量蚌壳以及动物骨骼。详见成璟瑭、塔拉、曹建恩、熊增珑《内蒙古赤峰魏家窝铺新石器时代遗址的发现与认识》，《文物》2014年第11期。

③ 刘国祥、贾笑冰、赵明辉、邵国田：《赤峰兴隆沟遗址发掘可望解决多项学术课题》，《中国文物报》2001年11月16日，第1版。

首先，玉玦、玉璧、玉珠等吊坠配饰，是对前代容饰习俗的继承发展。在红山文化的一些高等级墓葬中，往往能见到一种称作“玉发箍”的饰品。此前，由于认识不足，这类饰品一度被称作“玉护臂”或“马蹄形器”等。直到在红山文化遗址发掘中发现其与发笄等头饰同时出现，才知道当为束发用品，故得名“玉发箍”。该玉发箍，高14.8厘米，系征集物，今藏国家博物馆。

红山玉饰品中有一类器型较小的玉猪龙、玉龟。这类玉器往往在墓主身上发现，当为生前佩戴之用。就出土的玉猪龙而言，其头尾之间往往留有空隙，或为玉玦的变形。国家博物馆有一个牛河梁玉卷龙，高7.2厘米，宽5.2厘米，器形较为典型。有关文物图片，可登录国家博物馆网站查看。

其次，动物是红山玉器的常见类型。其中，除了玉龙、玉猪龙、马蹄形玉发箍，还有玉鸟、玉蝉、玉龟、玉鱼等，而且表现出鲜明的“礼器”趋势。① 如赤峰市翁牛特旗出土的玉龙。这件蜷体玉龙高达26厘米，龙头既似马，又似猪；背脊既似鬃，又似翅；身形既似蟒，又似蛇。其造型张扬恣意，跃跃欲试。②

值得注意的是龙背上有一钻孔。据称，以绳系孔悬挂时，龙头向下，并与龙尾在同一水平线上，虽然有饰品的印记，但明显是礼仪用具的功能。

第二，红山玉是东北渔猎文化的精粹。

继兴隆洼文化之后，红山玉文化达到东北史前玉器文化的巅峰境界。在以渔猎经济为基础的社会条件下能够达到如此程度的成就，确实令人叹为观止。

---

① 对于红山玉多出土于墓葬的现象，有学者称之为“唯玉为葬”，见郭大顺《红山文化的“唯玉为葬”与辽河文明起源特征再认识》，《文物》1997年第8期。

② 参见国家博物馆网站。

玉制品在东北史前时代文化考古中屡有发现。但是，无论材质之优、工艺之精还是器型之大、类型之全、数量之多，均未发现有何处遗存或文化类型能出其右者。即便是较为传统的饰品，如玉璧，在红山玉中都有了新的发展（见图 5－12）。

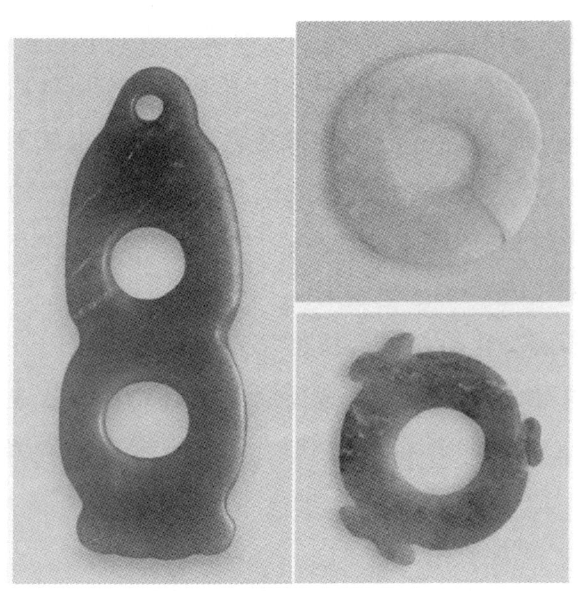

图 5－12 红山玉璧

注：左一：双联玉璧，长 8.2 厘米，宽 3.1 厘米；右上：椭圆形玉璧，长轴 6.6 厘米，短轴 5.9 厘米；右下：异形玉璧，直径 4.3 厘米，孔径 2 厘米。

图片来源：辽宁省文物考古研究所、朝阳市龙城区博物馆《辽宁朝阳市半拉山红山文化墓地的发掘》，《考古》2017 年第 2 期，图一四，图五〇，图五一。

需要说明一点。此前，过分依据中原文化发展的尺度，造成了对东北史前农业发展水平的认识偏差。实际上，若立足于科学的考古发掘和资料分析，不难发现，直到新石器晚期，包括“最发达”的红山文化在内，农业生产在东北各地的发展程度始终有限。

如果以谷物遗存数量论高低，魏家窝铺、兴隆沟等遗址少则数粒、多不盈百的炭化谷物残存，显然与良渚、河姆渡等遗址动辄数尺的谷物遗存不成比例。所以，我们必须正视这个史实，即东北玉文化是渔猎经济滋养下的花朵，是东北渔猎文化的瑰宝。

（三）祀文化

红山文化中的“祀文化”，建立在以渔猎为主导的经济基础之上。这一点非常重要，也非常值得深入讨论。

三十余年来，在西台、东山嘴、牛河梁、马架子等红山文化遗址中，相继出土多件女性陶塑像残件、整身陶塑人像、小型孕妇陶塑像残件等珍贵文物，每每引起社会各界高度关注，研究成果也相继推出。人们多从祈求生育、保氏族繁衍、女性祖先崇拜、史前巫觋活动等角度切入探讨，有重要参考价值。[①] 笔者在此重点讨论其中的“独尊”现象，借此拓展我们对“渔猎文化”的想象空间。

第一，积石冢文化的“一人独尊”。

红山墓葬文化的一个最显著特征就是中心大墓的营建以及“一人独尊”的观念。这是东北新石器时代一个前所未有的“新现象”。这个“新”文化现象以牛河梁遗址第 5 地点 1 号冢中心大墓、第 16 地点中心大墓为代表。

这主要体现在两个方面。其一，墓室营建非一朝一夕。尤其是第 16 地点的中心大墓，墓穴深凿于花岗岩体内部。在缺少金属器具的当时，其施工之艰难可想而知。其二，墓主随葬品不同寻常。例如，第 5 地点 1 号冢中心大墓，墓主人左右手各握一件玉龟[②]；第 16 地点中心大墓则有一件玉人随葬（见图 5－13）。上述玉器的意义不同寻常，已有许多学者进行过专门讨论。[③]

---

① 其中，有学者提出，红山文化东山嘴祭坛之裸女神主，应是源于祖神的天神，与生育女神或地母等无关。见田广林《论东山嘴祭坛与中国古代的郊社之礼》，《辽宁师范大学学报》（社会科学版）2008 年第 1 期。

② 辽宁省文物考古研究所：《辽宁牛河梁第五地点一号冢中心大墓（M1）发掘简报》，《文物》1997 年第 8 期。

③ 郭大顺：《红山文化“玉巫人”的发现与“萨满式文明”的有关问题》，《文物》2008 年第 10 期。

图 5－13　牛河梁玉人

注：淡绿色软玉，高 18.5 厘米，牛河梁十六地点 M4 出土。

图片来源：郭大顺《红山文化“玉巫人”的发现与“萨满式文明”的有关问题》，《文物》2008 年第 10 期，图三。

显而易见，上述中心大墓的葬法、葬具，与其他墓葬，尤其是周边墓室形成鲜明对比。姑且不论其掌握何种权力①，至少可以说明一点：红山文化的世间生活中已出现“一人独尊”的现象和观念。

第二，神庙文化的“一神独尊”。

红山文化的一个重要内容是广为人知的“神庙文化”。红山神庙文化的出现，是各种社会条件共同作用的结果。红山神庙文化的突出特征是“一神独尊”局面的形成。就此，已有郭大顺等先生进行过系统论述。②笔者要强调的是，从兴隆沟到东山嘴，再到牛河梁③，不但展现了红山祭祀文化中“家祭—族祭—公祭”④的发展历程和基本构成，而且突出了牛河梁神庙在整个红山文化的中心位置。墓祭先祖、坛祭天地、庙祭神灵，这种以天、人、神为要素，以神为核心的祭祀模式，反映了东北的原始宗教已经发展到相当高的水平。

姑且不论是否有人通过对神庙的把控而实现操控世间权柄的目的，我们都可以通过这样的神庙格局发现以女神庙为标志的红山神庙文化，已经形成“一神独尊，众神尚飨”的祭祀文化。《礼记·郊特牲》中有关“家主中霤而国主社”⑤的记载，在东北红山文化中有生动写照。

总而言之，上述世间、出世间的等级观念、祭祀制度，反映了红山

---

① 有研究者主张，因为掌握神权，故而享受殊遇。详见郭大顺《红山文化与中国文明起源的道路与特点》，载赤峰学院红山文化国际研究中心《红山文化研究——2004年红山文化国际学术研讨会论文集》，文物出版社，2006，第45~54页。

② 详见郭大顺《辽河文明的提出与对传统史学的冲击》，《寻根》1995年第6期。

③ 有关上述遗址的具体情况，详见辽宁省文物考古研究所、朝阳市文化局《牛河梁遗址》，学苑出版社，2004，第1~8页。

④ 田广林等先生认为，红山文化盘坐和高坐形象均为神像，有“家主、国主”之分，而且分别是家族和国主的保护神。详见田广林、周政、周宇杰《红山文化人形坐像研究》，《辽宁师范大学学报》（社会科学版）2015年第5期。

⑤ （汉）郑玄注，（唐）孔颖达等正义，龚抗云整理《礼记正义》卷25《郊特牲》，北京大学出版社，2000，第918页。

文化先民中已经产生较为显著的阶层分化。[①] 而且尤其值得关注的是，红山文化时期，农作经济的绝对地位尚未确立，但“神・人独尊”的格局已经形成。

图 5－14　兴隆沟陶人像

注：2012 年 5 月，考古工作者在对兴隆沟遗址第二地点进行复查时，发现了一尊较为完整的泥质红陶人像。修复后，该红陶人像通高 55 厘米。挽发，顶冠，弧背，盘坐，略前倾，双手交叉，置于两足之上。五官协调，颧骨凸起，眼窝深陷，目圆睁，嘴伸张。塑造逼真，形神兼备。这是迄今为止国内最大最完整的红山时期陶人像，被誉为“中华祖神”。

图片来源：搜狐网，http://www.sohu.com/a/121233590_115368。

---

① 吴汝祚先生通过对老哈河及大凌河地区农业生产、坛庙建筑、积石冢群、玉器、冶铜等考古资料分析，提出红山文化可能形成“金字塔”式统治模式和一定礼仪制度的论断。详见吴汝祚《论老哈河、大凌河地区的文明起源》，《北方文物》1995 年第 1 期。

四　其他遗址

新开流、昂昂溪、新乐下层、小珠山等遗址也是东北史前渔猎文化的重要代表。虽然发展程度略逊一筹，但同样特色鲜明。

（一）新开流遗址

新开流遗址位于黑龙江省密山市大、小兴凯湖之间的山岗上。遗址东西长300米，南北宽80米，面积约2.4万平方米。1972年夏发现，同年秋发掘。

通过对所出土人骨的测定，并结合对俄罗斯滨海地区同类遗存研究成果，研究者推定新开流遗址年代为公元前5500～公元前4500年①。同类文化遗址的大致分布范围，东到今日本海沿岸，西至于老爷岭一带，南至穆棱河下游以北，北到黑龙江下游一带。

新开流遗址的社会生产以渔猎为主，渔业经济相当发达。诸如驯化海东青狩猎（一说鱼鹰捕鱼）、挖鱼窖贮藏等，均为中国新石器时代文化所罕见。

1．鱼窖储存

新开流鱼窖为东北史前遗址所仅见，是东北渔猎文化园林中的一朵奇葩。考古工作者在该遗址前后共发现鱼窖10座，有圆形和椭圆形两种，均为储藏鲜鱼的场所。上述鱼窖一般口径0.6～1米，深0.6米左右。清理现场显示，上述窖穴内填满鱼骨，逐层叠压。根据今见形制推测，鱼窖填满鲜鱼后，再施以生土等覆盖物。据称，在鱼窖发掘中，至今依然可以清晰看到完整的鱼骨以及连片的鱼鳞。

据当地老渔民介绍，直到近代，捕鱼旺季仍有人在湖畔沙岸的树荫下挖鱼窖（或鱼坑）贮鱼。放置时，一般将鱼腹朝上，逐层摆放，不必

---

① 黑龙江文物考古研究所编著《考古·黑龙江》，文物出版社，2011，第60页。

加盐。填满后，在窖口（或坑口）盖木板或树枝，再覆一层土。夏、秋季节，三五日内可保持新鲜。冬季则可以长期存放。若窖坑深度合适，放一层鱼便浇一次水，窖口盖土，可保存到第二年化冻时（大约公历 5 月）。在冬季，赫哲族至今还有利用冰窖贮鱼的习俗①。

2. 渔猎工具

在新开流遗址出土的 2000 余件文物中，有鱼镖、鱼叉、鱼钩、鱼卡、矛、网坠等相当丰富的渔猎工具。材质有石、陶、骨、角、牙等多种。具体包括以下几种。

骨鱼镖 11 件。这些骨鱼镖形制略有区别。其中 1 枚鱼镖，长约 19 厘米，呈椭圆柱体，一端呈扁圆尖，另一端为圆锥形。该鱼镖两端均有凹槽，以便于系绳投掷（见图 5－15）。

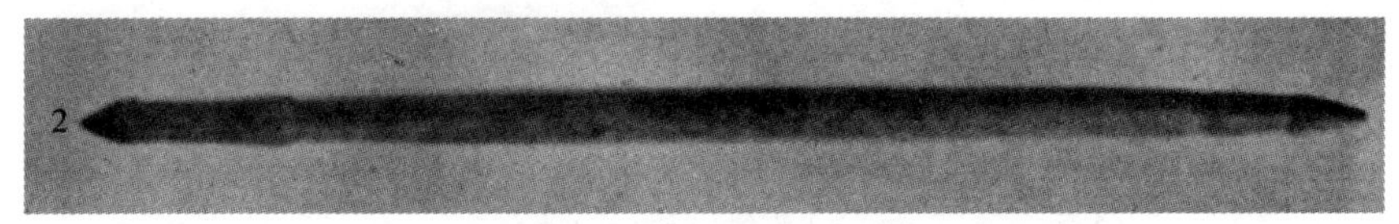

图 5－15　新开流骨鱼镖

图片来源：黑龙江省文物考古工作队《密山县新开流遗址》，《考古学报》1979 年第 4 期，图版五：2。

骨鱼卡 7 件。这 7 件鱼卡，大致有三个类型（见图 5－16）。鱼卡一端系绳，置水中，似小鱼游动。若有肉食鱼类将其吞食，或横亘鱼口，或横卡鳃外，均可收绳捕获。

骨投枪头 3 件。其中一件锋刃横切面呈菱形，宽长铤，长 11 厘米。骨锥 14 件，骨穿针 2 件。骨穿针与近代织渔网用穿针相似，其中一支长 14.3 厘米，另一支长 13.3 厘米。骨刀梗 3 件。骨刀梗上镶嵌石叶，即可制成复合刀具——骨梗刀，为史前渔猎文化中常见切割工具之一。

① 这段民俗调查资料，转引自黑龙江省文物考古工作队《密山县新开流遗址》，《考古学报》1979 年第 4 期。

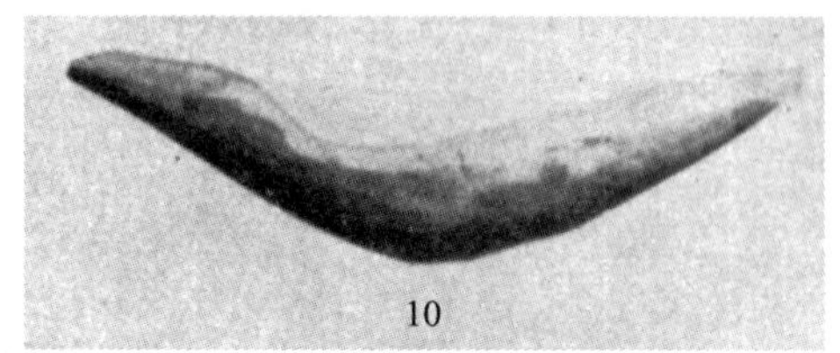

图 5-16　骨鱼卡

图片来源：黑龙江省文物考古工作队《密山县新开流遗址》，《考古学报》1979年第4期，图版四：10，11，12。

骨鱼钩2件，均有倒刺（见图5-17）。角鱼叉2件，均残。这两件鱼叉，均有双排倒刺。其中一件尖锋呈三角形，两侧各有4枚倒刺，残长7厘米（见图5-18）。

图 5-17　骨鱼钩

图片来源：黑龙江省文物考古工作队《密山县新开流遗址》，《考古学报》1979年第4期，图版四：9。

图 5-18　角鱼叉

图片来源：黑龙江省文物考古工作队《密山县新开流遗址》，《考古学报》1979年第4期，图版四：14。

骨匕11件，其中一件（M3：6）利用长骨的自然弯曲磨制而成，前端扁平，呈匙状，刀柄两侧刻成锯齿状，中间钻刻窝纹，柄端穿孔，有穿绳摩擦的痕迹，长8.9厘米（见图5-19）。

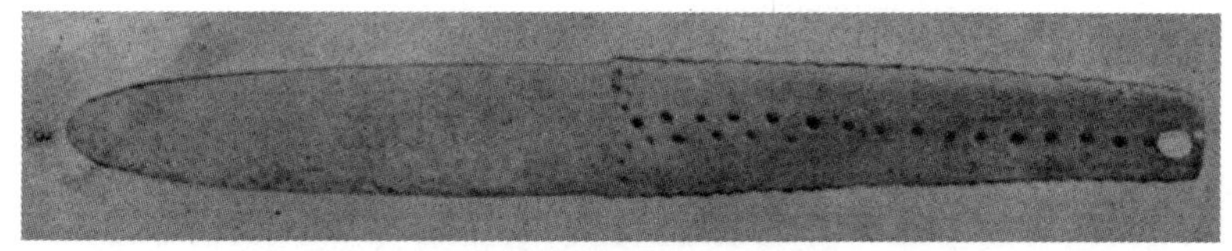

图 5-19 骨匕

图片来源：黑龙江省文物考古工作队《密山县新开流遗址》，《考古学报》1979 年第 4 期，图版五：3。

此外还发现 1 件牙镞，背面隆起，镞锋有脊，中穿一孔，长 4.3 厘米，当为弋射禽鸟所用。牙投枪头 1 件，磨制，三角形，宽铤，两侧各刻三道凹槽，长 6 厘米。[①] 此外还出土角刀、角锥、角矛，以及牙锥、牙匕、牙刀若干件。

新开流遗址发现石质渔猎工具百余件。以石镞为大宗，约计 120 枚。其中，磨制石镞 9 枚，压制石镞 111 枚。新开流石镞在形制上大致可分为平底、圆底、凹底、桂叶、带铤等多种款式。[②]

除了石镞，该遗址还出土石矛 5 件、石制投枪头 3 件。石投枪多为压制，横切面呈菱形或近椭圆形，弧形底。其中一件长 6 厘米，一件长 6.9 厘米。[③] 此外还发现有脊长石片（叶）33 件，多为碧玉或蛋白石材质，当为骨梗刀的配件。石质网坠发现数量有限，目前仅出土打制石网坠 1 枚。

上述器具形制规则，加工精细，种类齐全，功能多元，反映了当时的渔猎生产已达到一个相当高的水准。

---

① 文物图片见黑龙江省文物考古工作队《密山县新开流遗址》，《考古学报》1979 年第 4 期，图版五。

② 文物图片见黑龙江省文物考古工作队《密山县新开流遗址》，《考古学报》1979 年第 4 期，图版四：1；图版六：1；图版六：2。

③ 文物图片见黑龙江省文物考古工作队《密山县新开流遗址》，《考古学报》1979 年第 4 期，图版六：3/4。

3. 渔猎资源

新开流遗址出土了大量动物骨骸。其中，除了鹿、野猪、狗獾、狼等野生动物，就是大量鱼骨，目前尚未发现家畜遗骸。新开流鱼窖中层层堆积的鱼骨，是当地丰富的渔业资源的直观写照。新开流遗址中发现的鱼类，可以辨认的有青鱼、鲤鱼、鲇鱼、鲑鱼等。它们至今仍为黑龙江流域渔业资源中较为常见的品种。

综合上述文化遗存，我们可以确认：新开流时代，当地渔猎资源非常丰富，渔猎生产，尤其是捕鱼，是当地居民的主要生产方式，是新开流文化的物质基础。

4. 艺术信仰

新开流遗址出土的骨雕鹰、角雕鱼、陶塑人、陶纹饰，可以充分展示时人的艺术修养和信仰观念。骨雕鹰首、鱼形角雕、陶人首像详见前文。这里仅就新开流出土的陶质器皿纹饰，略作说明如下。

新开流出土的陶器的器型比较简单，仅见罐、钵两类（见图5－20）。但是，陶器纹饰非常有特点，特别是其中的鱼鳞纹、鱼形菱纹、凸弦纹、网纹等，将新开流人与水结缘、以渔捞为生的生活状态形象生动地展现了出来（见图5－21）。这些纹饰，显然来源于生活，又高于生活，既是当地居民艺术造诣的体现，也是新开流时代人文素养的表达。有研究者根据上述器物探究当时的宗教观念和民间信仰，这未尝不可。

（二）昂昂溪文化

昂昂溪文化因昂昂溪遗址而得名。该文化类型分布范围较广，大致以嫩江流域为中心，东至张广才岭西麓，南抵洮儿河一线，西止于大兴安岭，北到小兴安岭脚下。[①] 昂昂溪文化是新石器中晚期嫩江流域渔猎文

① 昂昂溪五福遗址，位于齐齐哈尔市昂昂溪区以西6公里的五福火车站南端的沙丘上。1930年，考古学家梁思永先生率先主持发掘，出土并采集几百件文物及动物碎骨标本。有关细节，可参见梁思永《昂昂溪史前遗址》，载《梁思永考古论文集》，科学出版社，1959。中华人民共和国成立后又继续对小拉哈、滕家岗等遗址展开调查发掘。

图 5－20　新开流陶罐

图片来源：黑龙江省文物考古工作队《密山县新开流遗址》，《考古学报》1979年第4期，图版二：3。

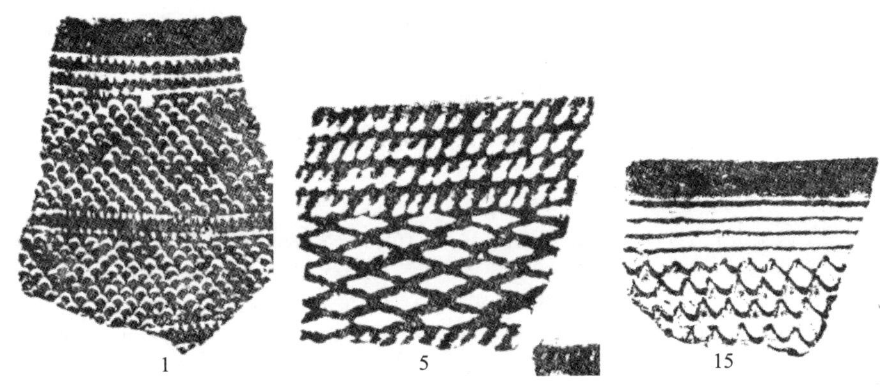

图 5－21　新开流陶器纹饰（三个类型）

图片来源：黑龙江省文物考古工作队《密山县新开流遗址》，《考古学报》1979年第4期，图一三《上层陶器纹饰：1，5，15》。

化的典型代表。[①] 在昂昂溪文化诸遗址中，渔猎生产所占比重较大，渔猎

① 昂昂溪文化绝对年代当不晚于公元前2000年。小拉哈一期乙组陶片和动物骨骼的测年数据，初步确定了昂昂溪文化的年代大致距今4000年。参见黑龙江省文物考古研究所等《黑龙江肇源县小拉哈遗址发掘报告》，《考古学报》1998年第1期。

文化的特征较为鲜明。

1. 渔猎工具出土较多

石镞、石叶（片）、刮削器等狩猎工具不但占比大，而且加工工艺成熟，处于细石器工艺的发达阶段。① 此外，穿孔鱼镖等骨质渔具②，磨制也颇为细腻，特色较为鲜明③。

2. 全民从事渔猎生产

滕家岗墓葬④中，不但在男性墓中发现有骨枪头、骨鱼镖、骨刀梗等渔猎工具随葬，而且在女性墓葬中发现凹底石镞、切割器等狩猎工具。这说明当地居民，不论男女，都从事渔猎或狩猎劳动。

3. 发现大量动物碎骨

早在1930年梁思永先生主持五福遗址发掘时，即发现鱼、鸟、猪、鹿等7类动物碎骨。⑤ 2010年，考古工作者在滕家岗遗址发掘中又清理出土了牛、马、羊、鹿等哺乳动物，以及蚌壳、鱼骨等残骸。⑥ 青肯泡遗址所见各种生物碎骨，大致以鱼骨最多。其他能辨认的还有狼、狐、狍、

① 由该遗址出土石镞可见一斑。马利民：《黑龙江省齐齐哈尔市滕家岗遗址三座新石器时代墓葬的清理》，《北方文物》2005年第1期，图版二：3/5。

② 白城靶山墓地出土的骨鱼镖，器身无穿孔，与昂昂溪遗址的穿孔鱼镖有较大区别。白城靶山墓地距今5500~5000年。详见吉林省文物考古研究所《吉林白城靶山墓地发掘简报》，《考古》1988年第12期。

③ 范文澜曾言："昂昂溪遗址有镑、刀等石器，有大小枪头、鱼镖、锥等骨器。石器中没有发现石斧，骨器多属渔猎工具，陶器全用手制，多是棕色，花纹简陋，数量极少。依据这些器物，推测当时农业生活正在开始，主要还是渔猎生活。"见范文澜《中国通史简编》（第1卷）之《远古时代到上古时代》，中国民主法制出版社，2013，第7页。需要补充说明的是，后来在昂昂溪诸遗址中也发现了石斧等农作用具，但尚不足以推翻范老的论断。

④ 滕家岗遗址，位于昂昂溪区东南1公里的固定沙丘上，是昂昂溪文化诸遗址中遗迹较为丰富的一处。1980~2010年相继进行了五次发掘。根据墓葬年代测定数据可知，该遗址年代距今6900~4700年。详见马利民、项守先、傅维光《黑龙江省齐齐哈尔市滕家岗遗址三座新石器时代墓葬的清理》，《北方文物》2005年第1期。

⑤ 可参见梁思永《昂昂溪史前遗址》，载《梁思永考古论文集》，科学出版社，1959，第58~90页。

⑥ 姚建平：《滕家岗遗址考古发掘结束》，《黑龙江日报》2010年9月20日，第12版。

獐、猪、牛、羊、鸟等数种。[①] 说明当时渔猎兼营，或有农牧的生产格局。[②]

4. 信仰等文化习俗

除了器具加工、生产技术等物质文化，昂昂溪居民的信仰、风俗等精神文化也有一些值得关注的“亮点”。其中，特征尤其鲜明的是所谓的“毁葬”习俗。考古发掘显示，滕家岗墓地的随葬品中有玉环、玉璧等物品。这在当时、当地堪称“奢侈”。但是，我们发现，这些较为珍贵的器具均呈断裂状态，应为毁葬风俗的体现。这种习俗渊源有自，也为后来的诸多游猎、渔猎民族所传承。

（三）新乐遗址下层

新乐遗址下层文化是新乐遗址的核心构成。该遗址位于沈阳市北陵公园西侧的新开河两岸。1973 年、1978 年、1980～1982 年，考古工作者曾先后三次对其进行发掘，出土了一批文物。同类型文化遗址大致分布在今下辽河流域，统称新乐下层文化。文化年代为公元前 5500～公元前 5000 年。[③]

1. 多种生产方式

新乐下层文化的生产模式应当是农作、渔猎、采集兼有，其中农作的成分较为突出。

首先，炭化谷物印证了农作的存在。

---

① 青肯泡遗址，位于黑龙江省安达市青肯泡乡，文化类型与昂昂溪相似，也可归入昂昂溪文化的范畴。赵善桐：《黑龙江安达县青肯泡遗址调查记》，《考古》1962 年第 2 期。

② 昂昂溪等遗址中还发现石锛、石凿、石刀、石斧、石铲、石杵、石磨盘棒等器具，有研究者认为，这是昂昂溪文化中“原始农业”的遗存。参见李龙《试谈昂昂溪遗存的原始农业》，《黑河学刊》1988 年第 2 期。

③ 沈阳市文物管理办公室、沈阳故宫博物院：《沈阳新乐遗址第二次发掘报告》，《考古学报》1985 年第 2 期；沈阳市文物管理办公室：《沈阳新乐遗址试掘报告》，《考古学报》1978 年第 4 期；李晓钟：《沈阳新乐遗址 1982－1988 年发掘报告》，载武振凯主编《新乐文化论文集》，沈阳新乐遗址博物馆，2000，第 78～102 页。

1978 年的考古发掘显示，F2 房址东南角柱附近散布着部分炭化谷物。这些谷物未经加工，谷壳完整，颗粒饱满。经鉴定，其与东北大葱黍近似。[①] 此外，诸如石斧、磨盘、磨棒、陶器等农作或农产品加工器具的发现[②]，也可以作为农作经济的存在。

其次，渔猎是不可或缺的社会生产。

有一定数量的动物类骨骼遗存，特别是鹿、野猪等野兽牙齿较为多见。这些兽牙，有的单个出现，有的成排出土。姑且不论排列次序中的隐喻，单就数量而言，至少可以说明狩猎是时人的重要食物来源。从出土的动物骨骸看，以小型的动物为最多[③]，鲜见大型猛兽，这也是下辽河地区自然生态及渔猎资源状况的真实写照。

有一定数量的石制渔猎工具出土，器型包括网坠、石片、尖状器等。其中的石镞制作尤其精良，反映了当时射猎活动较为频繁（见图 5－22)。值得注意的是，石叶、尖状器、刮削器等细石器多用燧石、碧玉、玛瑙等制成，有紫红、浅黄、浅绿、乳白、暗灰等颜色[④]，可谓色彩斑斓，令人赏心悦目。

最后，采集也是一个重要的食物来源。在 1978 年的考古发掘中，发现两种炭化果核，其中一种是榛子，另一种形似山樱桃。[⑤] 在 1980～1982 年的考古发掘中，同样发现了炭化榛壳、橡子仁、山里红籽等，但数量不多。[⑥]

---

① 沈阳市文物管理办公室、沈阳故宫博物馆：《沈阳新乐遗址第二次发掘报告》，《考古学报》1985 年第 2 期。

② 沈阳新乐遗址博物馆、沈阳市文物管理办公室：《辽宁沈阳新乐遗址抢救清理发掘简报》，《考古》1990 年第 11 期。

③ 沈阳新乐遗址博物馆、沈阳市文物管理办公室：《辽宁沈阳新乐遗址抢救清理发掘简报》，《考古》1990 年第 11 期。

④ 沈阳新乐遗址博物馆、沈阳市文物管理办公室：《辽宁沈阳新乐遗址抢救清理发掘简报》，《考古》1990 年第 11 期。

⑤ 沈阳市文物管理办公室、沈阳故宫博物院：《沈阳新乐遗址第二次发掘报告》，《考古学报》1985 年第 2 期。

⑥ 沈阳新乐遗址博物馆、沈阳市文物管理办公室：《辽宁沈阳新乐遗址抢救清理发掘简报》，《考古》1990 年第 11 期。

图 5－22　新乐遗址下层出土的石镞

图片来源：沈阳市文物管理办公室《沈阳新乐遗址试掘报告》，《考古学报》1978 年第 4 期，图版二。

以上坚果、浆果类遗存，说明采集也是当时一种不可或缺的经济构成。

2. 两项特色文化

新乐下层文化房址多为长方形半地穴式建筑，堆积物较丰富，是当时定居生活的集中写照。新乐下层文化有两件“珍宝”，足以令其彪炳史册。

其一，鸟形木雕。

考古工作者在 1978 年的发掘中取得的一项重大突破，就是鸟形木雕的发现。这件木雕出土时断为 3 节。复原后，通长 40 厘米，残宽 4.5 厘米。该木雕，除柄外，全身双面雕刻，部分镂空。两面阴刻纹饰基本一致，　面保存较好，另一面较差（见图 5－23）。

这件木雕一经发现，就引起社会高度关注。有关其用途、意义的讨论，一度非常热烈。诸如权杖说、图腾说、鱼鹰说、鸱鸮说等主张，不一而足。综合上述阐发，可以确认的是，这件木雕大致由嘴、头、身、尾、柄五部分组成。通体设计构思巧妙，刀法娴熟，线条细腻，气韵灵动。

新石器时代的木制雕件，能够保存至今的寥寥无几。新乐遗址出土的这件鸟形木雕，不但在东北渔猎文化史上有重要位置，而且在中国新石器时代的文化丛林中也是凤毛麟角，是一件不可多得的艺术珍品。

图 5-23 新乐遗址鸟形木雕

图片来源：沈阳市文物管理办公室、沈阳故宫博物馆《沈阳新乐遗址第二次发掘报告》，《考古学报》1985 年第 2 期，图版十二：4。

其二，煤精制品。

新乐下层遗址前后出土了 128 件煤精制品。器形有圆泡形、耳珰形、圆饼形、帽盔形、椭圆形、圆锥形等多种。其中较有代表性的是圆泡、圆珠、耳珰三种。

圆泡形饰，规格不一，大多通体磨光，顶部圆厚，边缘如刃；圆珠形饰磨制光滑，直径 1~2 厘米；耳珰形饰，一般长度为 3~3.5 厘米，呈束腰圆锥状，形如现代跳棋子，更肖似石器时代较为常见的耳珰，故而姑且命名为耳珰形饰（见图 5-24）。

对于煤精制品的用途，目前尚无定论。有人认为是装饰品，但又无孔、无鼻。有人认为是“玩具”，但也缺乏有力的证据。

笔者认为，上述煤精制品，或许与原始宗教信仰有密切关系。很可能是“占卜”用具或祭祀用具，借此预测“吉凶祸福”或“求神祭天”。这一认识还需要做进一步探讨。[①]

（四）小珠山等遗址

辽东半岛是东北渔猎文化的重要分布区，文化遗址广布，文化类型

① 沈阳新乐遗址博物馆、沈阳市文物管理办公室：《辽宁沈阳新乐遗址抢救清理发掘简报》，《考古》1990 年第 11 期。

图 5－24　新乐遗址下层出土的煤精饰品：圆泡形饰（上）；圆珠（下左）；耳珰形饰（下右）

图片来源：国家博物馆网站。

丰富。[①] 其中，以小珠山遗址为代表的小珠山文化尤为著名。

小珠山遗址，位于长海县广鹿岛吴家村西的小珠山上。该遗址出土遗物丰富，层位关系清晰，文化内涵复杂。[②] 小珠山文化即因该遗址而命名，是新石器中晚期辽东半岛渔猎文化的重要代表[③]，是辽东半岛新石器时代的

---

① 以辽宁省长海县广鹿岛为例。新石器时代早期至晚期，该岛相继出现小珠山、柳条沟东山、吴家村、南窑、蛎碴岗、东水口等多处文化遗址。1978 年，辽宁省有关部门曾进行小规模调查、试掘。详见辽宁省博物馆、旅顺博物馆、长海县文化馆《长海县广鹿岛大长山岛贝丘遗址》，《考古学报》1981 年第 1 期。

② 杜战伟等人认为，小珠山遗址从早期至晚期，实际包含了五种文化遗存：小珠山下层文化、后洼上层文化、小珠山中层文化、偏堡子文化（晚期）、小珠山上层文化。详见杜战伟、苏军强《小珠山遗址材料再分析——辽东南部地区新石器文化序列标尺的构建》，《学问》2017 年第 1 期。

③ 有学者利用 C－14 等技术对小珠山遗址做了测年分析，详见张雪莲《辽宁长海小珠山遗址考古学文化的年代序列》，《考古》2016 年第 5 期。又有赵宾福等学者对小珠山下层文化的绝对年代进行推测。详见赵宾福、刘伟、杜战伟《小珠山下层文化新论——辽东半岛含之字纹陶器遗存的整合研究》，载中国考古学会编辑《中国考古学会第十五次年会论文集 2012》，文物出版社，2013，第 110～128 页；杜战伟、赵宾福《小珠山中层文化的分期与年代》，载吉林大学边疆考古研究中心等主编《边疆考古研究》（第 21 辑），科学出版社，2017，第 114～129 页。

文化坐标。[①] 小珠山文化深受偏堡子文化和山东龙山文化的强烈影响，这一观点已为学界所认同，有学者甚至将其视为山东龙山文化的范畴。[②]

小珠山遗址，除了发现较为丰富的贝壳堆积及鲸鱼骨外，还发现较多的猪、鹿、狗、獐子等兽骨。此外，出土遗物还有石、陶、骨、玉、牙、角等类器具。[③] 其中多为网坠、刀、镞、锥、梭、叉、镖等渔猎工具或渔猎产品的副产品。这表明渔猎，特别是渔捞，在当时社会生活和生产中占优势地位。

出土渔具表明，当时的渔捞业较为发达。捕捞方式至少有网、叉、钓三种。其中值得注意的是巨型网坠（重达2公斤）的出土。一般网坠只用于浅水河川。这类大型网坠的出土，说明当时的广鹿岛渔民已具备远洋航行以及深海捕捞的能力。

骨鱼叉、骨鱼镖应为叉鱼工具，这两种渔具在小珠山等遗址中较为常见。此外，出土的骨鱼卡，特色较为鲜明。民俗学研究表明，这种钓具的用法与现代金属鱼钩相仿，即将鱼卡系线、挂饵，投入水中。待鱼吞饵后，鱼卡或横亘嘴中，或别出鳃外，从而将鱼捕获。

出土兽骨及箭镞（石镞和骨镞）表明，狩猎依然是当时较为重要的经济形态。此外，小珠山遗址中又出土了黍、粟等少量植物种子遗存[④]，

---

① 经过多年发掘研究，20世纪80年代，以小珠山遗址为线索，初步构建了辽东半岛新石器时代的文化序列。参见许玉林《辽东半岛新石器时代文化初探》，载苏秉琦主编《考古学文化论集》（2），文物出版社，1989，第96~112页；许玉林《东北地区新石器时代文化概述》，载孙进己等主编《中国考古集成·东北卷·新石器时代2》，北京出版社，1997，第36~55页。近年来，又有考古工作者对此前的文化分期做了进一步细化和修订。详见中国社会科学院考古研究所、辽宁省文物研究所、大连市文物考古研究所《辽宁长海县小珠山新石器时代遗址发掘简报》，《考古》2009年第5期。2012年，大连市文物考古研究所又对广鹿岛东水口遗址进行抢救性发掘。参见大连市文物考古研究所《辽宁长海县广鹿岛东水口遗址发掘简报》，《北方文物》2016年第4期。

② 栾丰实：《海岱地区考古研究》，山东大学出版社，1997，第375页。

③ 发掘简报显示，小珠山遗址共发现4件玉器，其中斧2件、凿1件、坠1件。参见中国社会科学院考古研究所、辽宁省文物研究所、大连市文物考古研究所《辽宁长海县小珠山新石器时代遗址发掘简报》，《考古》2009年第5期。

④ 张轶：《小珠山遗址最新重大发现》，《大连日报》2008年6月10日，第1版。

说明粟已成为先民们的重要农作物。当然，由于海岛的土壤并不适合农作的大规模开展，所以小珠山等海岛遗址的农业经济要明显落后于郭家村等同期陆地遗址。

小珠山遗址（文化）以外，诸如位于大连市长兴岛的三堂遗址①，位于辽宁东港市马家店镇后洼屯的后洼遗址②，以及位于辽东半岛北部、千山东麓、鸭绿江下游及其支流地区的北沟文化③等，都是新石器时代辽东半岛及其邻近地区有代表性的文化遗址。

以后洼遗址为例。该遗址出土的鱼、鸟、虎等禽兽形坠饰，形态古朴，堪称新石器时代辽东半岛渔猎文化之珍品（见图 5－25）。此外，北沟文化中出土的长条形有刃石镞，也是当时辽东半岛的首次发现。

图 5－25　后洼遗址滑石鸟

注：该滑石鸟长 4.1 厘米。

图片来源：许玉林、傅仁义、王传普《辽宁东沟县后洼遗址发掘概要》，《文物》1989 年第 12 期，彩色插页：2。

---

① 辽宁省文物考古研究所、吉林大学考古学系、旅顺博物馆：《辽宁省瓦房店市长兴岛三堂村新石器时代遗址》，《考古》1992 年第 2 期。有关三堂遗址的文化分期，可参见陈全家、陈国庆《三堂新石器时代遗址分期及相关问题》，《考古》1992 年第 3 期。

② 许玉林、傅仁义、王传普：《辽宁东沟县后洼遗址发掘概要》，《文物》1989 年第 12 期。

③ 有关北沟遗址、北沟文化的发掘及命名，参见许玉林、金石柱《辽宁丹东地区鸭绿江右岸及其支流的新石器时代遗存》，《考古》1986 年第 10 期；许玉林、杨永芳《辽宁岫岩北沟西山遗址发掘简报》，《考古》1992 年第 5 期。

第三节 空间分布

一 辽宁地区

（一）遗址统计

目前，辽宁地区已有海城仙人洞遗址、庙后山遗址、金牛山遗址、新乐遗址、高台山遗址、查海遗址、牛河梁遗址、东山嘴遗址 8 处旧石器或新石器时代文化遗址跻身国家重点文物保护单位之列。

除了以上 8 处，辽宁省还有 29 处史前省级文物保护单位。其中旧石器时代遗址 2 处：朝阳市鸽子洞旧石器文化遗址、丹东市前阳洞穴遗址。

新石器时代遗址 27 处，包括沈阳市康平县顺山屯遗址、东港市后洼遗址、东港市桦木山遗址、朝阳市敖包山遗址、朝阳市黑山头遗址、凌源市田家沟积石冢、朝阳县老山洼积石冢、朝阳县马莲桥积石冢、葫芦岛市沙锅屯遗址、兴城市红毛山遗址、大连市四平山积石墓、大连市双砣子遗址、大连市文家屯遗址、长海县小珠山遗址、长海县上马石贝丘遗址①、长海县吴家村遗址、旅顺口郭家村遗址②、庄河市北吴屯遗址、锦州市大吴台遗址、锦州市四道沟遗址、昌图县白沙滩遗址、昌图县后山冈子遗址、建昌县山咀子洞穴遗址、盖州市石棚山石棚（新石器时代晚期或青铜时代）等。

其中，彰武县平安堡遗址、调兵山市太平山遗址、旅顺口小黑石村积石墓群 3 处新石器时代遗址，一直延续到青铜时代。抚顺市、辽阳市、盘锦市 3 市目前尚未发现史前国家级或省级遗迹遗址。

① 在该遗址的中层文化层中发现骨锥、骨镞、尖状器等骨器。角器仅有一件鹿角磨制的角锥。参见辽宁省博物馆、旅顺博物馆、长海县文化馆《长海县广鹿岛大长山岛贝丘遗址》，《考古学报》1981 年第 1 期。

② 辽宁省博物馆、旅顺博物馆：《大连市郭家村新石器时代遗址》，《考古学报》1984 年第 3 期。

（二）分布规律

就整体而言，辽宁地区石器时代遗址、墓葬的分布特征较为明显。

就遗址数量而言，辽宁基本呈现出辽西、辽东、辽南三足鼎立的局势。

其中朝阳共有牛河梁遗址、东山嘴遗址、鸽子洞旧石器文化遗址、敖包山遗址、黑山头遗址、田家沟积石冢、老山洼积石冢、马莲桥积石冢8处；阜新有3处：查海遗址、山咀子洞穴遗址、平安堡遗址；葫芦岛有2处：沙锅屯遗址、红毛山遗址；锦州有2处：大吴台遗址、四道沟遗址。以上可统称“辽西地区”[①]，总计15处。

“辽东地区”的概念较为宽泛。我们认为，今沈阳、丹东、营口等地都可划入辽东的范畴。若依此划分办法，辽东地区的渔猎文化遗址分布较为集中。其中，沈阳市3处：高台山遗址、新乐遗址、顺山屯遗址（珍珠山，天龙山）；铁岭市3处：白沙滩遗址、后山冈子遗址、太平山遗址；丹东3处：前阳洞穴遗址、后洼遗址、桦木山遗址；营口2处：金牛山遗址、石棚山石棚；鞍山、本溪各1处：海城仙人洞遗址、庙后山遗址。以上总共13处。

此外，地处辽南的大连共有四平山积石墓、双砣子遗址、小珠山遗址、上马石贝丘遗址、吴家村遗址、郭家村遗址、北吴屯遗址、文家屯遗址、小黑石村积石墓群9处石器时代遗址、墓葬，它们相继被列入省级文物保护单位的范畴。[②]

值得注意的是，辽宁省市、县级别的史前遗迹遗址，数量尤其丰富。以大连地区为例。目前已确定的文物保护单位多达250余处。其中有老

---

① 以上为行政区划的“辽西”，与考古学的“辽西”范围不同。一般来说，考古学意义上的“辽西”地区，包括行政区划上的辽宁西部的阜新和朝阳地区，内蒙古东南部的赤峰南部及通辽南部部分地区，河北北部的张家口、宣化、承德、唐山一带，以及京津地区。参见杨虎《辽西地区新石器、铜石并用时代考古文化序列与分期》，《文物》1994年第5期；成璟瑭、塔拉、曹建恩、熊增珑《内蒙古赤峰魏家窝铺新石器时代遗址的发现与认识》，《文物》2014年第11期。

② 根据辽宁省省级文物保护单位第1－9批名单整理。

铁山—将军山积石墓地、朱家村城址及贝丘遗址、蛤皮地遗址3处市级文物保护单位，以及将军山遗址、大潘家贝丘遗址、王家贝丘遗址、石灰窑贝丘遗址、官家积石墓、大东山遗址、老鹞山积石墓群、层山遗址、锅底山遗址、山南头遗址、汀山遗址、唐嘴子遗址、小白楼遗址、北洼遗址、蛎碴岗遗址、英杰村遗址、姚家沟遗址、石沟遗址、李墙村遗址、石城山遗址、大架地遗址、西沟遗址、大山嘴北山遗址23处县级文物保护单位。以上均可以确定是新石器时代的古墓葬、古遗址，而且大多以渔猎为经济基础和文化特征。

二 吉林地区

（一）遗址统计

吉林省共有石人沟遗址、新屯子西山遗址、寿山仙人洞遗址、后太平遗址群、双塔遗址、向阳南岗遗址6处石器时代遗址，先后被列为全国重点文物保护单位。其中，旧石器时代遗址3处，新石器时代遗址3处。

此外，吉林省已先后有63处石器时代遗址、墓葬相继被列入省级文物保护单位。其中，新乡砖厂、白沙滩旧石器地点、榆树人遗址、抚松仙人洞遗址、大安洞穴遗址、老道洞遗址、学字井东南遗址、大洞遗址、下白龙遗址9处，属于旧石器时代遗址。其余54处属于新石器时代遗址（部分遗址年代下延至青铜时代，甚至辽金时期）。

上述遗址的社会生产基本建立在渔猎经济的基础之上，属于渔猎文化的研究范畴。

（二）分布规律

吉林省的旧石器时代遗址，较为均匀地分布在长春、吉林、延边、通化、白山、松原、白城等地区。此外，新石器时代遗址或墓葬则较为集中地分布在白城、四平、通化等地区。就各地遗址分布数量而言，初步统计数据如下。

白城19处：坦途北岗子、那其海北山遗址、敖包山遗址、后套木嘎遗址、四海泡遗址、西混都冷遗址、新立村西南岗遗址、潘家洼遗址、西北坨子遗址、长坨子遗址、孙家堡遗址、韩家烧锅东北岗遗址、洪根敖包西北岗遗址、胜利遗址、老山头墓群、小泡子遗址、黄家围子遗址、白音河遗址、二井子遗址；

四平14处：东河北遗址、西坨子遗址、二里界遗址、黑山头遗址、大架坨子遗址、四楞格子山城址、向阳屯遗址、八里铺北山遗址、同乐东北坨子遗址、新立屯遗址、冷家屯遗址、谷家坨子遗址、长山遗址、羊草沟遗址；

通化市6处：庆阳河东遗址、鸭园西沟南山遗址、南大桥东山遗址、西关遗址、岬山头遗址、向阳西山遗址；

长春市5处：大青嘴遗址、元宝沟遗址、侯家沟遗址、五台山遗址、庆阳遗址；

松原市4处：腰井子遗址、传字井南岗遗址、五道营子遗址、浩特芒哈遗址；

吉林市3处：二道岭子遗址、李家堡遗址、五道砬子遗址；

白山市2处：民主遗址、三人班遗址。

辽源市1处：西断梁山遗址；

就整体情况而言，吉林省西部、中部、东部的新石器时代遗址的分布相对均匀；就绝对数量而言，各地区分布并不均匀，白城、四平、通化分别是吉林省西部、中部、东部的“文化中心”。

三 龙江地区

（一）遗址统计

目前，龙江地区已有40处省级或国家级石器时代文物保护单位。

其中，阎家岗遗址、学田遗址、蛇洞山遗址、清河屯遗址、十八站遗址、红光二号遗址、运建农场一号遗址、景星缸窑遗址、桃山遗址、小龙山遗址、东山农场遗址、老卡一号遗址、黎明遗址、桦阳遗址14处，为旧石器时代遗址，均属省级文物保护单位。

此外，诸如莽格吐遗址、乌裕尔河桥南遗址、莺歌岭遗址、亮子油库遗址、常家围子遗址、查拉杆遗址、新开流遗址、小南山遗址、大砬子遗址、老道沟遗址、望海遗址、金山遗址、西山头遗址、渔丰南城址、东方红村西南遗址、东翁根山遗址、群力崖画、后新遗址、大山种羊场遗址、无风浪遗址、涌泉南遗址、洪河遗址22处，均为新石器时代遗址，属省级文物保护单位。

另外，还有4处全国重点文物保护单位，即王脖子山遗址群、小拉哈遗址、刀背山墓地、昂昂溪遗址，均为新石器时代的遗址、墓葬。需要说明的是，东山农场遗址、老卡一号遗址、黎明遗址、桦阳遗址4处遗址，其年代下限已进入新石器时代。

与辽宁、吉林类似，上述史前文化遗址也以渔猎生产和渔猎文化为基本特征。

（二）分布规律

龙江地区石器时代渔猎文化遗址，就省级及省级以上遗址（或墓葬等）数量而言，呈现出相对集中、相对均衡的分布态势[①]。

具体而言，今大兴安岭地区、黑河、大庆、齐齐哈尔等“西部地区”，有各类遗址、遗迹22处，占了半壁江山。

其中齐齐哈尔11处：昂昂溪遗址（具体包括39处）、蛇洞山遗址、清河屯遗址、红光二号遗址、运建农场一号遗址、景星缸窑遗址、莽格

---

① 这种分布，只是相对而言。如哈尔滨市尚志市、佳木斯市同江市、鹤岗市萝北县、黑河市孙吴县、黑河市五大连池市、绥化市绥棱县、大兴安岭地区加格达奇7个地区，目前尚未发现有石器时代遗址、遗迹跻身省级或国家级文物保护单位。

吐遗址、乌裕尔河桥南遗址、望海遗址、东翁根山遗址、洪河遗址；

大庆市 7 处：常家围子遗址、查拉杆遗址、金山遗址、西山头遗址、后新遗址、大山种羊场遗址、小拉哈遗址；

大兴安岭地区 2 处：十八站遗址、老卡一号遗址；

黑河地区 2 处：东山农场遗址、黎明遗址。

此外的“中部地区”和“东部地区”，则分布较为均衡。

其中哈尔滨市 6 处：王脖子山遗址群（共 5 处）、阎家岗遗址、学田遗址、老道沟遗址、无风浪遗址、涌泉南遗址；伊春市 4 处：桃山遗址、小龙山遗址、桦阳遗址、大砬子遗址。以上所谓“中部地区”共 10 处。

其他所谓“东部地区”，泛指小兴安岭以东、长白山以北的广阔区域。东部地区目前发现 8 处新石器时代遗址。具体包括鸡西市 2 处：新开流遗址、刀背山墓地；佳木斯市 2 处：亮子油库遗址、东方红村西南遗址；牡丹江市 2 处：莺歌岭遗址、群力崖画；双鸭山市 2 处：小南山遗址、渔丰南城址。黑龙江东部地区发现的新石器时代晚期遗存，其早段大致相当于西部的昂昂溪文化或略早①。

此外一个值得注意的现象，大兴安岭地区、黑河、齐齐哈尔等“西部地区”，共有 9 处旧石器时代遗址：十八站遗址、老卡一号遗址、东山农场遗址、黎明遗址、蛇洞山遗址、清河屯遗址、红光二号遗址、运建农场一号遗址、景星缸窑遗址。

伊春市、哈尔滨市等“中部地区”，共有 5 处旧石器时代遗址：桃山遗址、小龙山遗址、桦阳遗址、阎家岗遗址、学田遗址。鸡西、佳木斯、牡丹江等“东部地区”，迄今未见有旧石器时代文化遗址。不难发现，龙江地区的旧石器遗址分布，呈现自西向东、由北而南梯度递减的态势。

就今天所见的文化遗存而言，石器时代的龙江地区，渔猎生产是重

---

① 黑龙江省文物考古研究所、吉林大学考古学系编著《河口与振兴：牡丹江莲花水库发掘报告（一）》，科学出版社，2001，第 153 页。

要的经济形态，渔猎文化是当地文化的基本构成之一。

首先，以渔猎为主，兼营农作的生产方式。

以莺歌岭遗址的下层文化为例。该遗址位于宁安市镜泊乡学园村西南 1.5 公里处。考古工作者根据莺歌岭上层的测定数据，推测莺歌岭下层文化的年代距今约 4000 年。[①] 出土的房址、狍子等动物残骸，以及陶石、骨角等各类器具表明，时人过着比较稳定的定居生活，以渔猎为生，兼营农业。莺歌岭下层文化是新石器时代牡丹江流域最早出现的文化形态。

又如亚布力遗址。该遗址位于黑龙江省尚志市亚布力镇东北 1.5 公里的岗地上，南距蚂蜒河 2 公里。遗址出土了石锄、石斧、石铲、磨盘、磨棒、石镞等生产工具若干[②]，可以推测当地先民过着以农业为主、狩猎为辅的定居生活。对于亚布力遗址年代，学界目前尚有分歧[③]，定为新石器中晚期或许较为妥当[④]。有学者认为，该遗址在分布及面貌上与莺歌岭下层文化或许是同一性质的文化。[⑤]

再如小南山遗址。该遗址位于黑龙江省饶河县饶河镇南端的小南山之巅，俯临乌苏里江西岸。1971 年，黑龙江省博物馆曾进行试掘。这是中华人民共和国成立以后乌苏里江流域第一次考古发掘工作。出土的生产工具多为矛、镞之类，无农业工具。反映出新石器时代当地居民过着

---

① 黑龙江省文物考古研究所：《黑龙江尚志县亚布力新石器时代遗址清理简报》，《北方文物》1988 年第 1 期。

② 黑龙江省文物考古研究所：《黑龙江尚志县亚布力新石器时代遗址清理简报》，《北方文物》1988 年第 1 期。

③ 黑龙江省文物考古研究所：《黑龙江尚志县亚布力新石器时代遗址清理简报》，《北方文物》1988 年第 1 期；中国社科院考古研究所内蒙古工作队：《内蒙古海拉尔市团结遗址调查》，《考古》2001 年第 5 期。

④ 该遗址系年问题，可参见冯恩学《俄罗斯远东博伊斯曼文化与倭肯哈达、亚布力遗址的联系》，《北方文物》2003 年第 2 期；金旭东、褚金刚、王立新《吉林通榆县长坨子四处遗址的调查》，《北方文物》2011 年第 3 期。

⑤ 思晋：《倭肯哈达洞穴遗存试析》，《北方文物》1994 年第 3 期。

以渔猎为主的经济生活。①

其次，玉石等饰品的出现，表明远在史前时代，以渔猎为重要或主要构成的社会生产也能培育出艳丽的文化花朵。

玉石类“高级”饰品并非“农业”经济所独有。考古发掘显示，亚布力遗址有锛、凿、佩等玉质饰品出土，总计5件。② 倭肯哈达洞穴遗址也发现10余件玉石饰品，此外还发现部分穿孔骨片。③ 再以小南山墓葬为例。该墓葬位于小南山之巅。1991年7月发现该墓地，当时的随葬文物已散失。前后追缴各类随葬品126件。

其中，包括一级文物7件，二级文物13件，三级文物51件（见图5－26）。已追缴玉器的数量，“几乎相当于中华人民共和国成立以来黑龙江省各地出土史前玉器之总和”。由于墓葬被破坏，地层不清，所以只能推测其文化年代大体相当于红山文化晚期，不晚于辽宁牛河梁红山文化的积石冢。④

四 东蒙地区

（一）遗址统计

东蒙地区有省级及省级以上石器时代遗址35处。其中包括蘑菇山北遗址、哈克遗址、兴隆洼遗址、赵宝沟遗址、红山遗址群等14处国家重点文物保护单位，这几乎是辽、吉、黑三省的总和。因此，就遗址等级而言，东蒙地区普遍高于东北其他省区。

此外，东蒙地区还有小孤山遗址、大兴安岭岩画群、翁牛特旗岩画

① 黑龙江省博物馆：《黑龙江饶河小南山遗址试掘简报》，《考古》1972年第2期。

② 黑龙江省文物考古研究所：《黑龙江尚志县亚布力新石器时代遗址清理简报》，《北方文物》1988年第1期。

③ 倭肯哈达洞穴遗址位于黑龙江省依兰县的倭肯河畔，1950年由李文信先生主持清理发掘。详见李文信《依兰倭肯哈达的洞穴》，《考古学报》1954年第1期。

④ 佳木斯市文物管理站饶河县文物管理所：《黑龙江饶河县小南山新石器时代墓葬》，《考古》1996年第2期。

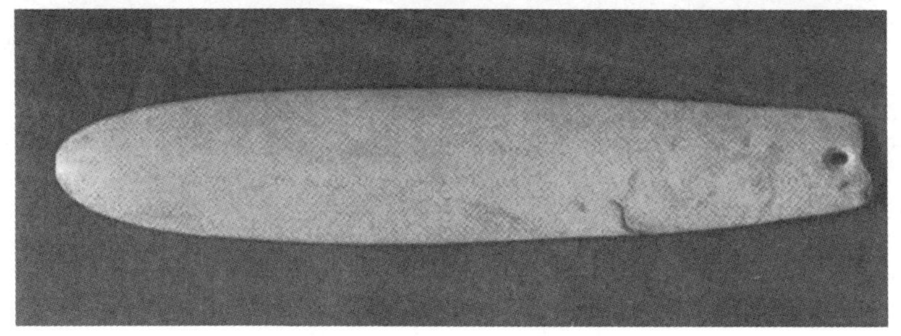

图 5-26　饶河小南山玉斧（上）；饶河小南山玉匕（下）

图片来源：佳木斯市文物管理站饶河县文物管理所《黑龙江饶河县小南山新石器时代墓葬》，《考古》1996 年第 2 期，图版二。

群、马架子南房申遗址、北城子遗址等 21 处省（自治区）级文物保护单位。这些遗址分布较为集中，文化内涵非常丰富，是史前东北渔猎文化研究中不可多得的素材。

（二）分布规律

东蒙地区史前时代文化遗址（遗迹）的分布，就时间、空间、等级而言，均呈现由北而南梯度增加的态势。

第一，就遗迹的年代构成而言，东蒙地区年代较为久远的遗址（遗迹），包括旧石器时代和中石器时代，基本集中在呼伦贝尔地区。其他较为“年轻”的新石器时代遗址则在通辽、赤峰地区如雨后春笋般次第分布。由此可见，上述遗址在时代序列上已呈现出由北而南梯度拓展的态势。

第二，就遗址的空间分布而言，东蒙地区的遗址分布也表现出由北而南、梯度增多的态势。具体而言，呼伦贝尔市有6处石器时代文化遗址，其中国家级文物保护单位3处（蘑菇山北遗址、哈克遗址、辉河水坝遗址）、省级文物保护单位3处（小孤山遗址、西山遗址、大兴安岭岩画群）。通辽有阿木斯尔遗址、小泡子遗址、哈民遗址等8处石器时代遗址，均为省级文物保护单位。赤峰市则有各类文化遗址21处，其中包括国家级文物保护单位11处、省级文物保护单位10处，在东蒙地区独领风骚。

第三，就遗址的等级构成而言，位于东蒙北部的呼伦贝尔市，有国家级文物保护单位3处（蘑菇山北遗址、哈克遗址、辉河水坝遗址）、省级文物保护单位3处（小孤山遗址、西山遗址、大兴安岭岩画群）。

位于东蒙北部的通辽，虽然没有全国重点文物保护单位，但省级文物保护单位的数量明显增多，达到8处。

至于位于东蒙南部的赤峰市，堪称东蒙史前文化的中心。该市有省级及省级以上文化遗址21处，其中国家级文物保护单位11处、省级文物保护单位10处，在东蒙地区独领风骚。

值得注意的是，这一特征在赤峰地区也有突出表现。在该市21处省级及省级以上遗址中，位于赤峰北部的巴林左旗、克什克腾旗及林西县仅有3处；位于赤峰中部的赤峰市区则有5处；位于赤峰南部的敖汉旗则多达9处，其中全国重点文物保护单位4处、省级文物保护单位5处。

第六章

文化展望

渔猎文化曾是东北地域文化意蕴尤其丰富的构成，是东北地域文明中色彩尤其斑斓的篇章。但这些在20世纪以后都已渐成往事。当“西方文明”所造成的生态失衡由幽幽隐患变成切肤之痛，当“工具理性”所触发的文化反思由精英理论变成国民自觉，在此时代和文化背景下展望东北渔猎文化方向，不但意义非凡，而且别有一番滋味。

第一节　全面保护

东北渔猎文化是不可复制的宝贵财富、不可多得的文化遗产，必须下大力气、加大投入，给予全面科学的保护，否则，一切发掘、传承都无从谈起。

一　资源萎缩

近代以来，受人口激增、环境破坏、无序开发等因素影响，东北渔猎资源出现了严重萎缩，这是东北渔猎文化发展史上前所未有的危机。

（一）人口激增

鸦片战争以后，“移民实边”思想为朝野所认同。东北相继解禁，移民不断迁入（见图 6－1）。到了清末民初，东北多地出现了人口激增的态势。中华人民共和国成立后，到改革开放以前，东北大地上的人口承载达到了历史峰值。

这类研究成果较为多见，统计数据也不胜枚举。我们要说的是，随着人口激增，除了发展生产所引发的空间压缩和环境破坏外，潜在的、不断膨胀的肉食需求也必然给相对有限的野生动物资源带来前所未有的压力。而这一切都不可避免地，确切地说，都“触目惊心”地成为现实。

图 6－1　民国年间来东北淘金的山东妇幼

图片来源：国家图书馆网站“数字图书馆推广工程”。

（二）环境破坏

与西方“文明”的生产生活方式相比，中国传统农业对环境的考验相对温和，破坏不大，而且容易修复。但是，从 20 世纪 30 年代开始，山林砍伐的规模越来越大，对农药化肥的依赖性也愈来愈强，工业污水排放的范围亦越来越广。上述诸多外力叠加，给东北自然生态造成了一系列不可逆的严重破坏。

以渔猎资源颇为丰富的松花江流域为例。大小兴安岭、张广才岭、长白山脉，是该流域生态环境的天然屏障；嫩江、第二松花江、松花江干流等水系，是该流域生态环境的天然修复平台。但是，这些屏障和平台，都因为沙俄、日本的殖民侵略而开启了严重破坏的进程。其中，沙俄修筑的中东铁路，日本推进的重工业生产，对林木、水源的破坏和污染尤其严重，影响尤其恶劣。

有学者主张，可以“一分为二”地评价清末以来日俄对东北的殖民侵略。姑且不论其文化理论或民族立场如何，仅就其话语表述的形式逻辑而言，无疑是较为典型的“西方路径依赖”。社会变迁一定要以世界征服为手段吗？文明发展一定要以生存失衡为代价吗？人类发展只有西方路径一种前途吗？显然未必。

但是，过去因为列强征服后的“文化卑微”，我们对上述问题的判断，或许都缺少一些心平气和。随着21世纪的中国崛起，随着新时代的文化复兴，我们对生态平衡、环境保护、和谐发展等都有了新的理解和判断。

此时，揭开尘封的记忆，我们不禁唏嘘感叹。日本在发动侵华战争之前，曾对东北资源进行深入调查，他们发现，“满洲森林之广大，令人惊愕”，“满洲全部山峰，皆有森林覆盖之”，东北为大片原始森林所覆盖，“苍苍郁郁，若黑云横天，一望无际，数千里不见涯溪”①。但是，这一切在日本殖民结束后，永远成为只能言传的记忆（见图6－2）。

再如第二松花江流域。20世纪30年代以后，日本相继启动并建成第二松花江丰满、牡丹江镜泊湖等水电工程。以1943年建成的丰满水电站

① 上述资料，分别参见《富饶的满洲》《满洲地志》《白山黑水录》，转引自张传杰、孙静丽《日本对我国东北森林资源的掠夺》，《世界历史》1996年第6期。

图 6-2 日伪统治期间兴安岭的伐木工（1935 年）

图片来源：国家图书馆网站“数字图书馆推广工程”，原题“（1935 年时的）兴安岭森林”。

为例。该水电工程极为浩大，在当时号称“亚洲第一”。电站大坝建成后，几乎垄断了第二松花江上游的全部水源，对当地及整个松花江流域的生态环境影响极大。

就洄游鱼类而言，由于通道阻隔，水位异常，沿江植被、水体浮游生物等都发生巨大变化。诸如鳇鱼等珍贵水产资源迅速萎缩，直至绝迹。大型水利工程之修筑，利弊兼有。社会变迁之步伐，自有节奏。但是，如果漫无边际，以战天斗地之盲目，以攫取资源之用心，其影响之恶劣必然昭昭，且为天下人所唾弃。

尤其严重的是，日本殖民者在开启了东北重工业发展模式以后，对传统农业发展也进行“跨界”经营，推进大机械耕作、大剂量施肥等“工业化”生产模式。一时间形成了工业、农业“你追我赶”的发展格局，从而造成了严重透支资源及生态红利的恶劣后果。东北亿万年资源之集聚，数千年文化之沉积，不足百年，满目疮痍。孰是孰非，孰得孰失，自有公论。

图 6－3　吉林省森林工业（20 世纪 50 年代）

图片来源：国家图书馆网站“数字图书馆推广工程”，原图简介是：“吉林省森林工业正在逐步走向机械化，采伐工人们正逐步地从笨重的体力劳动中解放出来”。

（三）恶性攫取

近代以来，人们对东北渔猎资源的攫取是史无前例的。在消费日增、利益驱动等因素的共同作用下，渔猎工具革新高歌猛进，过度捕捞成为风尚，破坏性渔猎屡禁不止。

以 20 世纪 60～70 年代为例。在无比高昂的生产热情驱动下，有“渔”无类、有“猎”无类盛行一时，用毒、使药成风。以水产捕捞为例，当时违反渔业规定，擅自用炸药、五氯酚钠、鱼藤精等炸鱼、毒鱼的现象，一度屡禁不止。再加上机动渔船日增、网眼越来越密，不节制、

图 6 – 4 日军在康平南泡子湖拉渔网场景（1905 年）

图片来源：国家图书馆网站“数字图书馆推广工程”。

全天候、高效率的渔业捕捞，使自然水域中的鱼类锐减，珍稀渔业资源几近灭绝。野猪、野兔、野鸡、鹿狍等野生动物资源，也同样遭遇厄运。此类事例不胜枚举。

恩格斯早年曾指出：“像书籍中所描写的纯粹的打猎民族，即专靠打猎为生的民族，是从未有过的；靠猎物来维持生活，是极其靠不住的。”①恩格斯的这段经典论述，虽然有特定针对，但对于我们考察东北渔猎发展及社会变迁，不无重要启示。

20 世纪初期以来，随着生产及生活方式的巨大变革，东北渔猎资源获取及消费的方式及模式都发生了巨大变革。在人口暴涨、消费激增的过程中，东北渔猎资源被过度消耗，生态平衡被严重破坏。渔猎曾是东北最重要的生产方式，是推动区域社会发展的原动力，是地域文化及区域文明的创造者和揭幕人。这一切在工业化浪潮下都不堪一击，黯然退场。

① 《马克思恩格斯全集》第 21 卷《家庭、私有制和国家的起源 · 蒙昧时代》，人民出版社，2003，第 18 页。

二　资源普查

东北渔猎资源得天独厚，品质优异。渔猎文化历史悠久，积淀厚重。这两点均殊为难得，值得倍加珍重。近百年来，受各种因素的干扰和冲击，东北渔猎资源、渔猎文化迅速残破，亟须深入实际进行系统普查。

（一）植物资源

东北植物资源不但是东北动物资源的重要依托，也是东北渔猎文化的重要依托。东北是天然植物乐园、特色中药材宝库。

根据《新唐书》《康熙御制广群芳谱》《伯都讷副都统衙门档案》等文献记载，东北的人参、卢城稻、铃铛麦、丸都李子、扶余蘊梨等均曾享誉海内外。其中如稗子粉、铃铛麦、蘊梨果等，都曾作为吉林土产进献清代皇室。肃慎族系狩猎用的“乌头”、清皇家祭祀用的安息香，都是品质上乘的中药材。

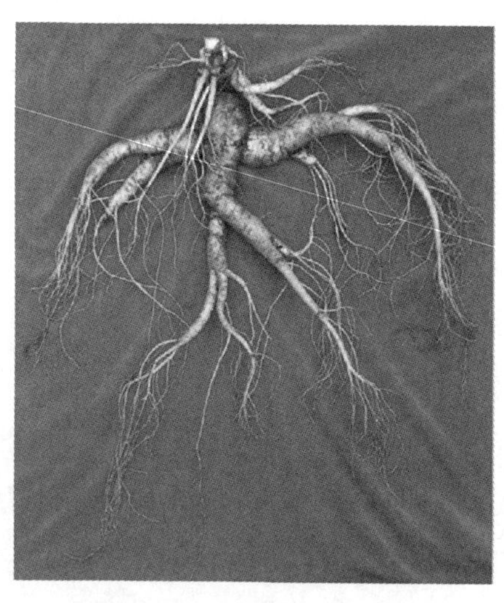

图 6－5　长白山舞女形人参

图片来源：吉林省图书馆“打牲乌拉数据库”。

上述特色植物资源，不但品质上乘，而且文化积淀厚重，地域特色鲜明，开发前景广阔。但是，除了个别学者偶有述及外，大部分仍为璞玉，在荒山野岭间湮没无闻。值得注意的是，随着世界各国对中国传统中医认识的加深，药食同源、返璞归真必将成为一种发展趋势。东北特色植物，特别是植物类中药材，必将焕发青春，造福后人。

（二）动物资源

东北特色渔业资源比较丰富，除了大名鼎鼎的鳇鱼（牛鱼），还有三花五罗；除了十八子，还有七十二杂鱼。淡水资源之外还有一系列特色近海鱼类。

东北野生珍禽异兽资源尤其丰富，除东北虎外，还有熊罴、狍鹿、野猪、野兔、紫貂、猞猁、鹰隼、鹅雁、沙鸡、飞龙等。上述动物资源，有的可供食材，有的可供药物，有的可供观赏。

图 6－6　鳇鱼

图片来源：吉林省图书馆“打牲乌拉数据库”。

由于环境污染、过度捕捞等原因，上述特色动物资源现状如何？发展前景如何？各地渔业、林业等部门都曾做过一系列调查工作。[①] 如20世纪50~80年代，中国科学院动物研究所和大兴安岭地区政府，曾先后三次（1954~1956年、1974~1976年、1983~1985年）对大兴安岭地区野生动物资源进行调查，获得了许多重要数据，但受各种条件制约，尚不足以精确反映情况，因此，有必要开展一场全方位、系统深入的野生动物资源普查工作。

（三）文化资源

东北渔猎文化资源积淀厚重，传承久远，完全可以独步海内，傲视群英。过去，受研究视野、研究热点、研究资料等方面制约，虽然我们对东北渔猎文化始终予以关注，但从未取得实质性突破。这种局限，其一表现为缺乏系统全面的资源调查，其二表现为缺少深入扎实的理论思考。行动的滞后和盲目，理论的肤浅和缺位，不但严重制约文化资源的整理发掘，也间接影响东北渔猎文化的发展方向。

我们认为，一场全面系统的渔猎文化资源调查，应以系统研究为前提和指导，全面涵盖传说、故事、民俗、信仰、文物、古迹、遗存、遗址等方方面面。应当承认，包括文化在内的所有资源调查，如果没有党和国家的领导和引导，没有社会各界的支持和投入，没有广大社会科学和自然科学工作者的潜心探索，终究是一句聊发感叹而已。

三　系统研究

如上文所述，理论研究的价值和意义在于指导实践，并在实践中不断检验、丰富、提高理论认识的深度和高度，从而形成科学完善的理论体系。就东北渔猎文化发展而言，理论研究至少需要涉及以下三个领域。

① 冯代英：《深入开展松花江渔业环境调查，利用资源特点，搞好增殖放流》，《渔业经济研究》1996年第1期。

图 6-7 神秘的新开流加砂陶人首

图片来源：黑龙江省文物考古工作队《密山县新开流遗址》，《考古学报》1979 年第 4 期，图版六：8。

（一）文化价值

对东北渔猎文化价值的认识，需要理论认识的升华。我们对东北渔猎文化价值的认识，不仅长期停留在“器物”的层面，而且缺乏深刻的人文关怀和思考。

我们注意到，数万年来，直至近代以前，东北渔猎文化始终诠释一个非常重要的主题：虽为猎取，不忘初心。

众所周知，近代以前的东北渔猎生产，虽然以野生渔猎资源为对象，但刻意避免沦为所谓“攫取型经济”的发展陷阱。这是“渔猎思想”与“工业思维”的最大不同。为了维系人与自然之间的微妙平衡，数万年间，东北人始终通过信仰、风俗、禁忌等手段将人们对“肉食”和“美

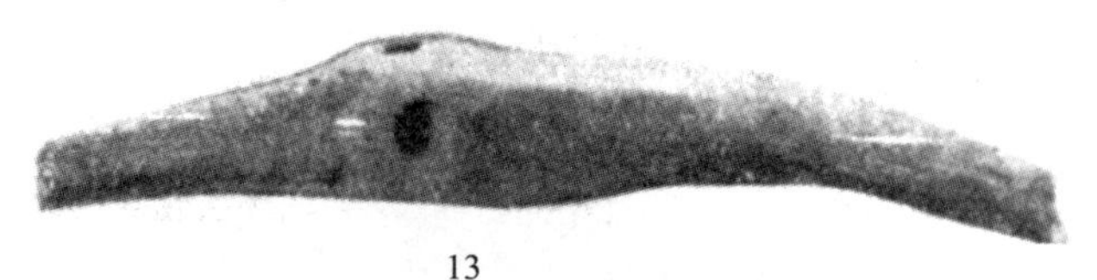

13

图 6-8 新开流骨雕鹰首

图片来源：黑龙江省文物考古工作队《密山县新开流遗址》，《考古学报》1979年第4期，图版四：13。

味”的欲望，克制在有限的范围内，因此，靠天赏食、有限猎取成为常态。

应当说，这种生活、生产理念，不仅与现代社会的诸多理念格格不入，而且严重制约了社会发展的节奏和步伐。但是，如果过分发挥“工具理性”，对人力干预的范围不加限定，那么人类在有限的空间内肆意狂飙的尴尬只有一个，即加速到达人类历史的“终点”。这是个严肃的伦理问题，我们无意深入探究。

但有一点，我们都会注意到。即近代以来，特别是20世纪初期以来，我们借助“先进工具”从事“大规模”生产之时，也是渔猎资源急剧萎缩、渔猎生产戛然而止之日。此时，渔猎文化只能成为人们聊以遣怀的谈资，而不再具有安身立命的意义。

东北渔猎文化的文化价值，确实是一个值得严肃思考的论题。

（二）文化理论

对东北渔猎文化研究的深入，需要适宜的理论观点的指导，这是毋庸置疑的。但是，目前存在的问题是条块化的学科、程序化的思考、快餐化的考评，不足以产生有足够高度的文化理论。由于缺乏必要的素材做支撑，同时囿于篇幅的空间有限，我们不揣谫陋，略述几点研究心得，以期抛砖引玉，希冀将来。

首先，考古资料的文化解读。

这是一个较为老套的话题，却是一个迄今无解的困局。笔者在本书撰写中对此深有体会。东北渔猎文化研究，若没有扎实的考古资料做支撑，不仅不能顺利结撰，而且势必瑕疵迭见。考古发掘资料的学术价值毋庸置疑，但如果不将其置于合适的文化背景下解读，难免会出现各式各样的问题。

如兴隆洼、赵宝沟、夏家店等遗址的发掘材料，如果没有对东北渔猎文化的整体把握，在定性、定位过程中显然要出现各种偏颇。当然，如果没有上述考古材料的支撑，仅凭有限的传世文献，我们对东北渔猎文化的整体把握也很难实现系统深入。这是一个辩证统一的矛盾，值得在实践中不断探索，以期加深认识和理解。

其次，传世文献的正确评估。

受西方实证主义、近代疑古思潮的影响，许多人对传世文献的意义和价值似乎“惯于”大打折扣。这是可以理解，却又很不正常的文化现象。在东北渔猎文化研究中，我们同样遇到了这样的问题。

于是出现了两个极端。有些史学研究者对最新考古发掘资料和考古学研究成果所知甚少。他们在有限的传世资料中浮想联翩，成果乏善可陈。与此同时，也有部分考古学研究者对传世文献的释读和理解，特别是古代学者对传世文献的训读，存在诸多不了解、不理解的问题。学术研究是一个继往开来、推陈出新的过程。违反基本学术规律，难免在文化视野、文化站位上遇到各种各样的障碍。

最后，人文关怀的终极思考。

对渔猎文化的认识和解读，可以百花齐放、不拘一格。但是，繁华看遍，总要叩问人心，因此，以何种人文关怀审读历史文化，是任何一个学者都必须直面的问题。

就东北渔猎文化研究而言，我们无论著书立说，还是撰写研究报告、演绎文学作品，通过语言文字的媒介，终究要向读者表达某种观念。是冶游有理还是法祖敬天？是个性张扬还是和谐发展？显而易见，无论何种形式，其背后都有一个“立场”和“关怀”。这是对东北渔猎文化的终极思考，也是人文社会科学研究的天然使命。

（三）文化实践

对东北渔猎文化实践的拓展，需要理论方法的引导。文化实践是实现人类发展的必由之路。当生态保护与可持续发展，成为当代世界关注的焦点，当中国文化大繁荣、大发展的步伐成为举世瞩目的亮点，我们在渔猎文化研究中，总要为文化实践提供必要的路线、方针、方法。

这是一个严肃的论题，同时也是一个开放的论题。笔者的观点是，应该深入发掘东北渔猎文化的人类学和文化学意义，全面保护东北渔猎文化中不可复制的资源和遗产，科学引导世人树立正确的生活、生产和生态观念。以上是探究类似文化实践理论中都必须给予高度关注的三个问题。

第二节　潜心传承

渔猎文化在东北社会发展及文化塑造中发挥了不可或缺的重要作用。渔猎不是人类的饕餮盛宴，这是东北渔猎文化中最动人的个性、最深刻的启示。21 世纪以来，人们在越来越严肃、深刻的文化反思和路径探索中重温东北渔猎文化的历史、品味其所蕴含的人文精神，去粗取精，潜心传承，发扬光大，具有特别重要的理论价值和社会意义。

一　稽古撷珍

东北渔猎文化散佚各地，犹如明珠蒙尘，亟待稽古撷珍，以期发扬光大。将散佚的文化片段拼成一幅全息图景，绝非一朝一夕之事，也非单枪匹马可为。我们认为，可以从以下三个方面着手。

（一）文献梳理

文献梳理是区域文化研究的基础，也是发掘东北渔猎文化资源的基础。在漫长的时代变迁中，可以留存的实物可能寥寥无几，但通过载诸青史的素材依然可窥豹斑。尤其值得一提的是，随着现代科技的日新月异，弹指间读书万卷、掘隐发微，已由不可想象成为常用手段。缘此，设定检索主题，将载诸史籍的渔猎文化资源收罗殆尽，已然是易如反掌。

图 6－9 刘建封：《长白山江岗志略》书影

（二）考古发掘

考古发掘之于东北渔猎文化资源整理发掘的意义，如何表扬都不为过。马克思在分析劳动工具与社会形态关系时曾有一段非常形象的比喻："动物遗骸的结构对于认识已经绝种的动物的机体有重要的意义，劳动资料的遗骸对于判断已经消亡的经济社会形态也有同样重要的意义。"① 实际上，在考古发掘与文化研究之间同样存在这种关系。

在当前区域文化研究领域，如果没有考古资料做支撑，已经很难取得实质性突破了。笔者在本书撰写中深刻体会到：考古发掘，为窥视东

① 《马克思恩格斯全集》卷 23《资本论 · 绝对剩余价值和相对剩余价值的生产》，人民出版社，第 202 页。

图 6－10　夏家店下层文化角锥

注：该角锥残长 4.8 厘米，宽 0.8 厘米，厚 0.3 厘米。

图片来源：辽宁省文物考古研究所《辽宁阜新县界力花青铜时代遗址发掘简报》，《考古》2014 年第 6 期，图四十二。

北渔猎文化的历史提供了不可或缺的视角；考古发掘，为重现东北渔猎文化的风采提供了最有说服力的素材。至于如何推进考古发掘进程，加大考古发掘投入力度，已非我等所能掌控的范畴，唯有高声呼吁，热忱企盼。

（三）乡土调查

乡土文化调查为人类学、社会学研究所常用，这种方法对于东北渔猎文化资源的排查摸底而言，同样具有特别重要的价值和意义。

东北文化起伏发展，连绵不断。如果史前以来太久，先秦以来过长，那么，我们就把乡土调查的镜头拉近到清末民初以后。这方面的重要代表，就是凌纯声先生于 1934 年推出的《松花江下游的赫哲族》。这是一部在赫哲族文化研究中具有划时代意义的文化巨著。其所开辟的乡土调查模式，对于今天东北渔猎文化的乡土调查依然有重要的参考价值。本书限于篇幅，对凌纯声的研究成果，未做过多引述。感兴趣的读者可以拿来详读。

二　面向未来

东北渔猎文化研究，固然要有“研”无类，不故步自封，但也要有轻重缓急，讲究方式方法。文化发微，非唯复古，当着眼未来，做长远考虑。换言之，东北渔猎文化研究的根本目的终究是面向未来的文化传承。

（一）方向判断

面向未来的文化传承，首先，需要正确判断命运攸关的“未来面向”。其次，需要正确把握“面向未来”与“未来面向”的辩证关系。

实事求是地讲，东北渔猎文化的精髓，就是正确判断了方向，并在“有限范围内”以非常自然的方式较为成功地处理了上述复杂矛盾。但是，不得不承认，该文化的最大局限就是不能以“文化的强权”抵御“强权的文化”。在农业文化的挤压下，它选择了退避。在西方文化的挤压下，它依然选择了退避，直至无路可退、无处可避。这是渔猎文化的悲哀吗？还是人类文化的悲哀？

（二）方向调整

东北渔猎文化的传承，必须要高度重视“方向调整”的问题。否则，不能顺应发展，不能适应环境，只有被淘汰出局，成为“博物馆文化”。

文化发展自有其内在逻辑，特别是东北渔猎文化，历史太过久远，程式难免固化，因此，在朝既定目标迈进的过程中，客观上要求对既有的发展方向进行适时调整。

（三）方向引导

文化传承的意义，在于以“文化的经验”不断塑造“经验的文化”，因此，在社会文化发展的十字街头，东北渔猎文化应当充分发挥“过来人”的优势，给予必要的方向引导。

必须承认，人类社会发展虽然不可用“循环论”的观点来解释，但由于“共性”使然，在诸多问题的处理上，人类确实是在不断重复中成长，在不断成长中重复。因此，东北渔猎文化传承得空前持久，其所积累的经验教训，在某些“重复”问题的处理中，势必能够发挥引领性作用，以降低“试错”成本。如当前饱受诟病的“先污染后治理”的发展

图 6－11　民国时代镜泊湖上的捕鱼人

图片来源：国家图书馆网站“数字图书馆推广工程”，原题“镜泊湖中的打渔船”，约在 20 世纪 20 年代。

模式，有关部门及个人显然缺乏“以史为鉴”的观念，故而犯下代价如此高昂的错误。

因此，东北渔猎文化传承的使命之一，就是发掘隐逸，大力弘扬尊重自然、和谐发展的优秀理念。通过喜闻乐见的方式，加强宣传教育，进行必要的方向引导。

三　潜心弘扬

东北渔猎文化一度由前台退居幕后，但在新一轮文化大繁荣、大发展中，它正在焕发生机，并以新的面貌呈现给世人。在此进程中，切实做到潜心弘扬，是实践文化自觉的内在要求。

（一）去粗取精

同任何文化类型一样，东北渔猎文化中也有所谓的“糟粕”，因此，在文化弘扬的过程中，需要认真甄别，去粗取精，撷得异彩，照耀前程。

这是一个看似简单的问题，实际不然。首先遇到的就是“标准”问题，何为精粗？孰属优劣？如对于东北渔猎文化中的慎取、慎杀，文化背景不同、信仰主张不同的人，其认识或有天壤之别。社会是发展的，标准是变动的，不唯人，不唯事，不唯教条，与时俱进，以国家、人民、社会发展大局为重，才是去粗取精、潜心弘扬之道。

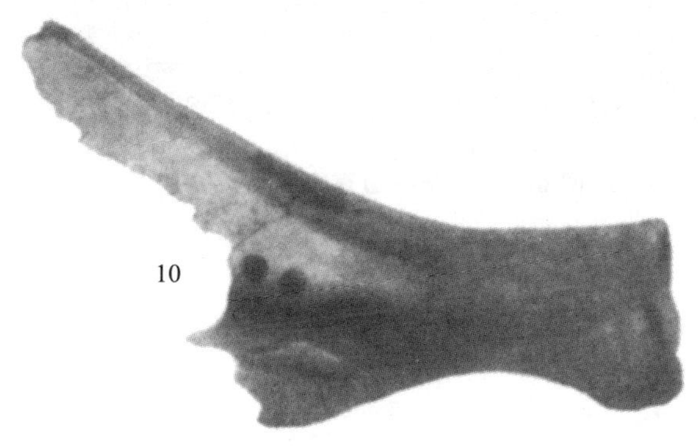

图 6－12　赤峰药王庙卜骨

注：该卜骨，一面有钻有灼，一面有兆。时人用以占卜吉凶，以定行止。

图片来源：中国科学院考古研究所内蒙古发掘队《赤峰药王庙——夏家店遗址试掘报告》，《考古学报》1974 年第 1 期，图版四：10。

（二）因地制宜

在东北优秀渔猎文化弘扬过程中，懂得因地制宜、择时推广非常重要。当今时代，各种文化泛滥，各地品位不同。若时机不当，方法不当，难免流于说教，引来抵触，故而不能做到“因地制宜”，非但事倍功半，甚至出现事与愿违的矛盾。

（三）灵活多样

随着人们阅读习惯、审美标准、休闲娱乐方式的日新月异，采取灵活多样的方式来弘扬历史久远的文化，是一项颇有挑战性的工作，也是一项综合性较强的工作。

在此过程中，政府、社会、学者都要发挥各自的作用。在利益追逐的当下，弘扬东北渔猎文化，难免会遭遇尴尬，因此，将“社会公益”

图 6－13　城子山夏家店遗址全貌

图片来源：邵国田《城子山遗址》，《内蒙古文物考古》2001 年第 2 期。

与“社会功利”有机结合，也是“灵活多样”地弘扬东北渔猎文化的内在需求。

第三节　科学开发

东北渔猎资源的科学开发，是东北渔猎文化推陈出新、赓续绵延的必由之路。与渔猎文化的潜心弘扬相辅相成，科学开发的任务更侧重于渔猎资源的科学开发。所谓“科学开发”，笔者认为，主要包括以下三个方面的工作。

一　合理规划

受环保意识、政策法令、生活方式等因素影响，当今及以后的“渔猎”，与其说是为了解决口腹之欲，不如说是为了丰富文化体检，因此，科学开发东北渔猎资源的思路，应该由物质供给切换为以精神为主、物质为辅、物质与精神综合供给。

（一）看出风情

通过书刊、报纸、多媒体等形式展现东北渔猎文化的过去今生，是科学开发东北渔猎文化资源的基础性工作。

东北渔猎文化的内涵极为丰富，应该针对当前民众的文化需要，将有风情、有格调的文化遗存、文化故事、文化传说生动地展现出来。在宣传东北渔猎文化历史的过程中宣传东北、服务社会。

图 6－14　清末大连老虎滩别墅及渔村一瞥

图片来源：国家图书馆网站“数字图书馆工程”。原题“日俄战争时期的大连老虎滩别墅和渔村”。

（二）走出文化

通过发展全域旅游等形式拓宽游客的文化体验渠道，让游客在人与自然、人与人的互动中深刻体验东北渔猎文化中的信仰风俗、伦理观念等文化因素，近距离观摩东北渔猎文化的悠久历史和厚重积淀。让人们走进文化、走出文化。

近年来，江浙一带在休闲旅游中植入渔业文化，取得了可喜的进展，[①] 类似的成功经验，可以为我所用。

（三）吃出品质

东北特色渔猎小吃颇多，有关部门应当严格监督食品安全，不断提高产品附加值。同时，通过文化宣传使人们正确认识东北古人的渔猎习

---

① 宁波：《试论渔文化、鱼文化与休闲渔业》，《渔业经济研究》2010 年第 2 期。

图 6-15　清末辽阳城外的捕鱼男子

注：据介绍，这是清光绪三十年（1904）日俄战争期间，一名中国人在辽阳城外钓鱼的情景。

图片来源：国家图书馆网站“数字图书推广工程”。

俗和环保观念。正确认识渔猎产品的来之不易，正确认知西方饮食理念。吃出东北的民族文化、地域风情。珍惜口中物，莫负命中福。切莫酒池肉林，穷奢极欲。

二　严格管理

（一）机构整合

东北历史上不乏各种渔猎管理机构的设立，其中以日伪殖民东北期

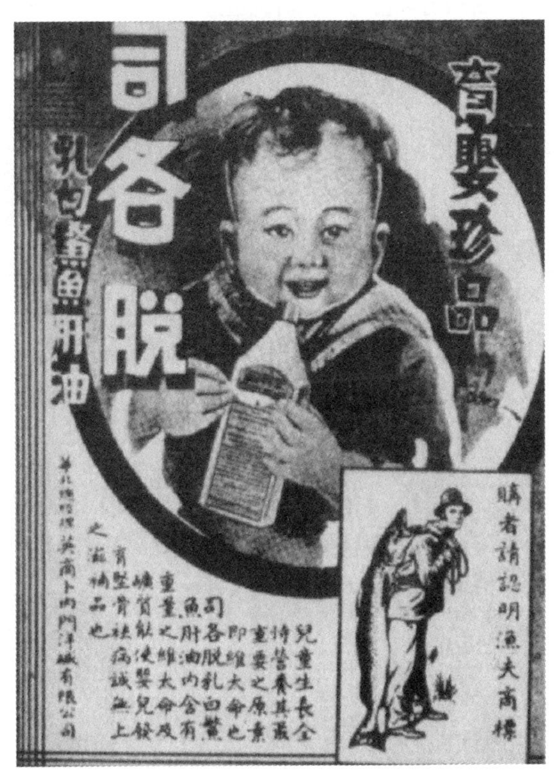

图 6－16　民国期间在中国投放的“司各脱鱼肝油”广告

图片来源：国家图书馆网站“数字图书馆推广工程”。

间尤其绵密严格，从 1944 年前后日伪当局对今吉林省前郭地区渔场使用情况的调查统计中可见一斑（见表 6－1）。

中华人民共和国成立后，人民当家做主。东北各地又相继设立一系列新的机构部门，以加强对各地渔猎（特别是渔业）生产的经营和管理。应该说，上述机构部门一度发挥了较为积极的作用。但是，随着环境变化，特别是近年来渔猎资源的新变化，我们还应当进行必要的机构整合，提高行政效率和管理水平，以适应新时期渔猎资源开发的客观需要。

表6-1 日伪时期前郭尔罗斯地区渔场使用情况（1944年）

渔场使用者	使用者住所	渔场位置	渔具类型、数量（个）	使用费（元）	预计年产量（千克）
刘清泉	老马圈	西查干泡	大拉网1	1500	150000
		达子河	簗子1	500	30000
刘传桐	新立屯	西查干泡	大拉网1	1500	130000
潘德家	新立屯	西查干泡	大拉网1	1500	160000
包八宝	八狼屯	西查干泡	大拉网1	1500	150000
宝金山	八狼屯	西查干泡	大拉网1	1500	100000
陈玉珍	八狼屯	西查干泡	大拉网1	1500	180000
包金镛	三家子	西查干泡	大拉网1	1500	140000
		羊营泡	簗子1	300	10000
戴祥	三家子	西查干泡	大拉网2	3000	400000
包玉田	三家子	西查干泡	大拉网2	3000	400000
包彦山	三家子	西查干泡	大拉网2	3000	300000
包铁和勒	三家子	西查干泡	大拉网1	1500	170000
包福祥	三家子	西查干泡	大拉网1	1500	150000
包福财	北上台子	西查干泡	大拉网1	1500	150000
包青山	三家子	西查干泡	大拉网1	1500	130000
包福盛	三家子	西查干泡	大拉网1	1500	120000
包金海	三家子	西查干泡	大拉网1	1500	100000
高国勤	三家子	西查干泡	大拉网1	1500	150000
吴凤山	东洞努库	西查干泡	大拉网1	1500	130000
饭盛常则	新庙	东、西查干泡	大拉网6	9000	580000
		西查干泡 老实王 章古台 土尔夏	簗子5	3400	580000
			冰槽子2	200	
陈国宽	八狼屯	嘎不拉 五克马	簗子2	1800	300000
		汤头亮子	簗子1	600	80000
		达子河	冰槽子2	200	150000

续表

渔场使用者	使用者住所	渔场位置	渔具类型、数量（个）	使用费（元）	预计年产量（千克）
杨惠芳	前郭旗街北区29牌20户	三岔河	簗子 1	1000	180000
		牛粪滩	冰槽子 1	100	20000
胡振海	三家子	夹信子	冰槽子 1	100	15800
高士魁	库里	小鱼圈	簗子 1	300	30000
高福海	库里	大鱼圈	簗子 1	300	30000
吴恒义	老马圈	干口面	冰槽子 1	100	30000
		官财河子	簗子 1	500	
胡扎把	牙不吐屯	松花江八道湾	簗子 1	300	*
高国泰	三不管	三不管小新店	冰槽子 1	100	*
总计：27 户			各类渔具 50 件	税款 50300	5245800

资料来源：1.《郭尔罗斯前旗公署关于具体概况》档，第 2 “旗有渔场使用料调定表”，前郭县档案馆全宗号 12，案卷号 6，第 2～5 页；2.《郭尔罗斯前旗公署关于具体概况》档，第 8 “（康德十一年）渔场使用者调查”，前郭县档案馆全宗号 12，案卷号 6，第 22～26 页；3.《郭尔罗斯前旗公署关于具体概况》档，第 9 “康德十一年度定置渔具水产出荷契约量调查表”，前郭县档案馆全宗号 12，案卷号 6，第 27～30 页。

（二）法规完善

渔猎资源繁衍自有其规律，渔猎资源开发亦不可盲目。东北近代以来渔猎资源的急剧萎缩，同法规缺失、肆意妄为之间有密切关联。

近年来，随着环境治理力度的不断加大，松花江等流域的水质持续改善。大小兴安岭、长白山等山区，植被日渐茂密。一度绝迹的野生动物又出现在山林江河之间。东北生态环境的初步修复，其成绩来之不易。我们应当再接再厉，持续推进法规完善工作，不断规范新时期渔猎资源的科学开发。

（三）严肃落实

毋庸讳言，严肃落实、溯源追责的意义尤其重要。20 世纪 50 年代以来，我国中央和东北各级政府出台了一系列旨在打击非法渔猎、保护生态平衡的法令法规。但是，如上文所述，诸如炸鱼、毒鱼、电鱼等现象依然屡有发生。污水肆意排放、农药超标投放等事件依然屡见报端。直到近年来，由于严肃追责，打击力度加大，此类现象才得到根本遏制。

反观这段代价沉重的历史，人们不能不在严肃落实既有政策、严厉打击一切不法行为方面，给予持续的关注和不懈的努力，否则，新时代的科学开发将无立足之地。

三 科学增殖

通过人为干预等方式实现东北渔猎资源的增殖，必须考虑以下三个因素，或者说把握以下三个原则。

（一）物种平衡

保持物种平衡，既是科学增殖的目的，也是科学增殖的原则。近年来，有些政府部门以及一些报备的公益机构，在特定范围内采取了政府组织、人工放养等方式，以期达到野生动物增殖的效果。[①] 与此同时，东北民间自发的放养增殖行为，也有益发频繁的态势。

与政府组织不同，民间自发的放生增殖带有较大的随意性和不确定性。这些民众，尤其是一些养殖户、慈善机构，不定期地向山林、川泽投放多种活体动物，而且数量颇为可观。这些放养的活体动物，有的不适应野生环境，自生自灭；有的顺利存活，转为野生状态。必须指出，上述投放，初衷甚好，但必须科学规范，否则难免有破坏物种平衡之隐患。

（二）实际承载

科学增殖的另一项原则，就是必须考虑当前、当地环境的承载能力。以曾经遭受严重污染的松花江为例。经过多年治理，松花江各江段水质

---

① 《肇源县开展渔业资源增殖放流活动》，黑龙江农业信息网，2011 年 6 月 28 日，http://www.moa.gov.cn/fwllm/qgxxlb/hlj/201106/t20110628_2039682.htm。

已有显著改善，总汞含量基本符合渔业水质的标准要求。[①] 但是，肇源、哈尔滨、依兰、佳木斯、同江等江段鱼体的含汞量继续保持在相对较高的水平，而且波动幅度不大。[②] 在此情况下，如果不考虑实际，盲目增殖，非但不能取得预期效果，反而会造成循环污染、毒素累积等不良后果。

（三）经验借鉴

渔猎资源的科学开发，是生态保护、可持续发展的内在需要，必须高度重视对既有经验的学习和汲取。

就水产养殖而言，东北起步较晚，经验明显不足。大致说来，东北严格意义上的水产养殖，当始于现代，晚于中原地区不下两千年。中原两千余年的经验积淀，对东北的水产养殖而言，极具参考价值，有必要认真汲取，消耗吸收。

除此之外，东北渔猎文化发展史上亦不乏有限开发、和谐发展方面的成功经验。这对于当前的科学增殖而言，也有重要参考价值。

---

① 翟平阳：《中国松花江甲基汞的生态污染防治二十年》，《北方环境》2004 年第 2 期。

② 覃东立、牟振波、赵吉伟、陈中祥：《松花江流域渔业生态环境汞污染调查》，《环境与健康杂志》2011 年第 6 期。

余　论

数十万赘言之后，笔者还想略述些许心得和体会。

东北渔猎文化是不同渊源、风格、部类的文化要素在特定时代、生态及人文环境下的融合和积淀。品读东北渔猎文化，是一个饶有趣味的心路历程。其所蕴含的人文情怀，对当代社会不无价值和意义。

首先，就文化历程而言，东北渔猎文化历史悠久，发展历程特征鲜明。概括来说，其大致经历了以下四个阶段：二十万年酝酿形成；二千年鼎盛发展；二千年拓展转型；一百年迅速衰微。这是一个辉煌灿烂的节目栏，同时也是一个触目惊心的时间表。

通过对东北渔猎文化的梳理，我们不难发现，史前以降，一代代东北先民，有的崛起，金戈铁马，逐鹿中原大地；有的驻留，返璞归真，在休养中积蓄力量。如此循环反复多次，直到中原移民和近代文明大规模植入。在此过程中，东北渔猎文化几经沉浮，生住坏灭，不断编织东北历史文化的经纬，也不断拓展中国地域文明的维度。

在东北渔猎文化研究中，为了揭示其阶段性变化，也为了表达对其意蕴的理解，我们进行较为粗率的文化分期。实际上，真正决定“分期”的并非研究者的思维和取向，而是渔猎文化发展过程中自然而然的起伏跌宕。特别是东北地区较为频繁的民族崛起、政权变更、人口迁徙，虽然一次次打断了渔猎文化发展的进程，但必须承认，这种看似生硬的

“停摆”，在客观上一次次挽留下屡屡谢幕的渔猎文化，也修复了频频示警的生态平衡。

其次，就文化形成而言，东北渔猎文化在形成过程中的一个显著特征是“农进我退，农退我进；绝对分散，相对集中”。换言之，人口比较密集、传承较为有序的文化区，或者以农耕为主、渔猎为辅，或者以游牧为主、渔猎为辅。而人口相对稀少、传承断续不定的文化区，或者以渔猎为主、耕牧为辅，或者以渔猎为主、采集为辅。非线性发展的东北渔猎文化，跋涉在漫长的历史长河中，在一系列复杂因素的共同作用下呈现出风格鲜明的文化特色。

由于特殊的自然和人文环境，渔猎文化在东北有得天独厚的发展条件。东北渔猎文化是一种兼收并蓄的文化，是一种化民成俗的文化，是一种以朴为真的文化。东北渔猎文化是四大族系、不同部族共同创造的文化财富，这充分体现出东北渔猎文化兼收并蓄、内涵丰富的文化特性。在农业文化、工业文化、商业文化的多方角力和挤压中，东北渔猎文化逆来顺受，不怒不争，以其特有的方式衍生不息，为中华民族呵护着这方不可多得的生态净土，也为人类文明发展积攒着一份不可多得的精神遗产。

最后，就文化传承而言，毋庸置疑，东北渔猎文化如此辉煌灿烂，如此意蕴隽永，需要继续传承。但是，今非昔比，如何传承，不仅是复杂的理论问题，更是严肃的现实问题。

一个必须思考的问题，就是如何处理生存与发展的辩证关系。为了生存而发展，还是为了发展而生存？在生存中发展，还是在发展中生存？这不是绕口的文字游戏，而是非常严肃的现实问题。这不是看似简单的逻辑问题，而是非常复杂的路径抉择。因为众所周知，过去一百年间，我们在看似绕口、简单的游戏及抉择中下错过注，也走错过路。我们为了所谓的“文明”体验，让渡了许多宝贵的记忆；为了所谓的“文明”进程，葬送了无数辉煌的文化沉积。抚今追昔，颇令人扼腕叹息。

一个必须做出的抉择，就是如何平衡发展过程与发展目的的关系。显而易见，东北渔猎文化发展同“生产力主导下”的区域文明发展之间，存在一个较为明显的反差。如果从可持续发展的角度思考，我们很有必要对所谓的“文明发展”“社会进步”进行“适度”反思。在生产力“高度”发展、欲望值“无度”提升、自然生态“深度”透支的轨道上，人类“文明发展”的“大尺度”未必不是人类“文明毁灭”的“加速度”。这不但是一个非常复杂的文明模式问题，还是一个非常严肃的文化伦理问题，更是一个非常现实的人类命运问题。

笔者相信，对这一切，在掩卷之余，大家都将有更为理想的判断。

参考文献

《史记》，中华书局，1959。

《后汉书》，中华书局，1965。

《三国志》，中华书局，1964。

《晋书》，中华书局，1974。

《南齐书》，中华书局，1972。

《魏书》，中华书局，1974。

《北齐书》，中华书局，1972。

《隋书》，中华书局，1973。

《北史》，中华书局，1974。

《新唐书》，中华书局，1975。

《辽史》，中华书局，1974。

《金史》，中华书局，1975。

《清高宗实录》，中华书局，1985。

《清仁宗实录》，中华书局，1985。

《清圣祖实录》，中华书局，1985。

《清世宗实录》，中华书局，1985。

《清太宗实录》，中华书局，1985。

《世宗宪皇帝御制文集》，影印文渊阁四库全书本第1300册，台湾商务印书馆，1986。
（春秋）左丘明：《国语》，上海古籍出版社，1978。
（春秋）左丘明撰，杨伯峻编著《春秋左传注》，中华书局，1990。
（汉）戴德撰，（清）王聘珍解《大戴礼记解诂》，中华书局，1983。
（汉）刘安等撰，张双棣校释《淮南子校释》，北京大学出版社，1997。
（汉）刘熙：《释名》，中华书局，1985。
（汉）王充著，黄晖校释《论衡》，中华书局，1990。
（汉）许慎著，徐铉等校订《说文解字》，中华书局，1985。
（汉）郑玄注，（唐）孔颖达等正义，龚抗云整理《礼记正义》，北京大学出版社，2000。
（后魏）崔鸿：《十六国春秋》，商务印书馆，1937。
（晋）干宝著，汪绍楹校注《搜神记》，中华书局，1979。
（晋）皇甫谧等著，陆吉等点校《帝王世纪、世本、逸周书、古本竹书纪年》，齐鲁书社，2010。
（晋）张华撰，范宁校正《博物志校正》，中华书局，1980。
（唐）欧阳询撰，汪绍楹校点《艺文类聚》，上海古籍出版社，1982。
（唐）释慧琳：《一切经音义》，上海古籍出版社，1986。
（宋）程大昌：《演繁露》，影印文渊阁四库全书本第852册，台湾商务印书馆，1986。
（宋）洪皓著，翟立伟标注《松漠纪闻》，吉林文史出版社，1986。
（宋）李心传：《建炎以来系年要录》，中华书局，1956。
（宋）徐梦梓：《三朝北盟会编》，上海古籍出版社，1987。
（宋）叶隆礼著，贾敬颜、林荣贵点校《契丹国志》，上海古籍出版社，1985。
（金）赵秉文著，马振君整理《赵秉文集》，黑龙江大学出版社，2014。
（明）毕恭等修，任洛等重修《辽东志》，辽沈书社，1985。
（明）李辅等修：《全辽志》，辽沈书社，1985。

（明）李时珍著，陈贵廷等点校《本草纲目》，中医古籍出版社，1994。
（清）阿桂等著，孙文良、陆玉华点校《满洲源流考》，辽宁民族出版社，1988。
（清）陈廷敬等奉敕编，张廷玉等奉敕续编《皇清文颖》，影印文渊阁四库全书本第 1449 册，台湾商务印书馆，1986。
（清）方式济著，董慧敏标注《龙沙纪略》，黑龙江人民出版社，1985。
（清）方以智：《通雅》，中国书店 1990 年影印本。
（清）高士奇：《扈从东巡日录》，吉林文史出版社，1986。
（清）顾祖禹著，贺次君、施和金点校《读史方舆纪要》，中华书局，2005。
（清）马瑞辰撰，陈金生点校《毛诗传笺通释》，中华书局，1989。
（清）孙诒让著，王文锦、陈玉霞点校《周礼正义》，中华书局，1987。
（清）汤球著，王鲁一、王立华点校《十六国春秋辑补》，齐鲁书社，2000。
（清）屠寄：《黑龙江舆图说》，辽海书社，1985。
（清）王先谦著，沈啸寰、王星贤点校《荀子集解》，中华书局，1988。
（清）王引之著，钱文忠等整理《经义述闻》，上海书店出版社，2012。
（清）吴桭臣：《宁古塔纪略》，凤凰出版社、上海书店、巴蜀书社，2006。
（清）徐珂：《清稗类钞》（第 12 册），中华书局，1984。
（清）徐松辑录，刘琳、刁忠民、舒大刚点校《宋会要辑稿》（第 16 册），上海古籍出版社，2014。
（清）徐宗亮：《黑龙江外记》，台北文海出版社，1969。
（清）杨宾：《柳边纪略》，上海商务印书馆，1936。
（清）英和：《卜魁纪略》，黑龙江人民出版社，1985。
（清）于敏中等编纂《钦定日下旧闻考》，北京古籍出版社，1985。
（清）云生修《打牲乌拉地方乡土志》，吉林文史出版社，1988。
（清）云生修《打牲乌拉志典全书》，吉林文史出版社，1988。
（清）长顺修，李桂林撰，李澍田等点校《吉林通志》，吉林文史出版社，

1986。

〔美〕C. 恩伯、M. 恩伯：《文化的变异——现代文化人类学通论》，杜杉杉译，辽宁人民出版社，1988。

〔美〕魏斐德：《洪业——清朝开国史》，陈苏镇、薄小莹等译，江苏人民出版社，2003。

〔波斯〕拉施特主编《史集》（第二分册），余大钧、周建奇译，商务印书馆，1983。

〔英〕道森编《出使蒙古记》，吕浦译，中国社会科学出版社，1983。

〔朝鲜〕申中一著，徐恒晋校注《建州纪程图记校注》，辽宁大学历史系（内部出版），1978。

《郭尔罗斯文史》编委会编《郭尔罗斯文史》（第4辑），内部资料，1986。

《考古》编辑部编《考古学集刊》（第7期），科学出版社，1991。

《中国野史集成》编委会、四川大学图书馆编《中国野史集成》（第12册），巴蜀书社，2000。

北京市文物研究所编《北京文物与考古》（第6辑），民族出版社，2004。

陈青荣、赵缊：《海岱古族古国吉金文集》，齐鲁书社，2010。

赤峰学院红山文化国际研究中心：《红山文化研究——2004年红山文化国际学术研讨会论文集》，文物出版社，2006。

德惠县《德惠县志》编纂委员会：《德惠县志》，长春出版社，2001。

董濮、韩新君编著《兴凯湖新开流肃慎文化研究》，黑龙江人民出版社，2014。

董学增：《西团山文化研究》，吉林文史出版社，1993。

都永浩：《鄂伦春族游猎·定居·发展》，中央民族大学出版社，1993。

范文澜：《中国通史简编》，中国民主法制出版社，2013。

费孝通等：《中华民族多元一体格局》，中央民族学院出版社，1989。

傅乐焕：《辽史丛考》，中华书局，1984。

耿铁华、李乐营：《通化师范学院藏好太王碑拓本》，吉林大学出版社，

2014。
耿铁华：《高句丽古墓壁画研究》，吉林大学出版社，2008。
郭大顺、张星德：《早期中国文明：东北文化与幽燕文明》，江苏教育出版社，2005。
郭大顺：《红山文化》，文物出版社，2005。
国家文物局主编《中国文物地图集·北京分册》，科学出版社，2008。
国家文物局主编《中国文物地图集·河北分册》，文物出版社，2012。
国家文物局主编《中国文物地图集·辽宁分册》，西安地图出版社，2009。
国家文物局主编《中国文物地图集·内蒙古自治区分册》，西安地图出版社，2003。
国家文物局主编《中国文物地图集·天津分册》，中国大百科全书出版社，2002。
何光岳：《东夷源流史》，江西教育出版社，1992。
河北省文物研究所编《环渤海考古国际学术讨论会论文集》，知识出版社，1995。
黑龙江省文物考古研究所、吉林大学考古学系编著《河口与振兴：牡丹江莲花水库发掘报告（一）》，科学出版社，2001。
黑龙江省文物考古研究所编《平洋墓葬》，文物出版社，1990。
黑龙江文物考古研究所编著《考古·黑龙江》，文物出版社，2011。
黄怀信等：《逸周书汇校集注》，上海古籍出版社，1995。
黄慰文编著《小孤山：辽宁海城史前洞穴遗址综合研究》，科学出版社，2009。
吉林大学边疆考古研究中心等主编《边疆考古研究》第1辑，科学出版社，2002。
吉林大学边疆考古研究中心等主编《边疆考古研究》第2辑，科学出版社，2003。
吉林大学边疆考古研究中心等主编《边疆考古研究》第5辑，科学出版社，2006。

吉林大学边疆考古研究中心等主编《边疆考古研究》第6辑，科学出版社，2007。

吉林大学边疆考古研究中心等主编《边疆考古研究》第7辑，科学出版社，2008。

吉林大学边疆考古研究中心等主编《边疆考古研究》第8辑，科学出版社，2009。

吉林大学边疆考古研究中心等主编《边疆考古研究》第12辑，科学出版社，2012。

吉林大学边疆考古研究中心等主编《边疆考古研究》第19辑，科学出版社，2016。

吉林大学边疆考古研究中心等主编《边疆考古研究》第21辑，科学出版社，2017。

吉林大学考古学系编《青果集》，知识出版社，1993。

吉林省文物考古研究所：《榆树老河深》，文物出版社，1987。

蒋祖怡、张涤云整理《全辽诗话》，岳麓书社，1992。

金毓黻：《东北通史》，《社会科学战线》杂志社，1986。

李民、王健：《尚书译注》，上海古籍出版社，2004。

李希泌主编《唐大诏令集补编》（下），上海古籍出版社，2003。

李旭光：《查干湖畔的辽帝春捺钵》，吉林人民出版社，2011。

李钟洙：《夫余文化研究》，博士学位论文，吉林大学，2004。

梁思永：《梁思永考古论文集》，科学出版社，1959。

辽宁省博物馆：《辽宁省博物馆馆刊》（第3辑），辽海出版社，2008。

辽宁省文物考古研究所、朝阳市文化局：《牛河梁遗址》，学苑出版社，2004。

辽宁义县奉国寺管理处主编《慈润山河：义县奉国寺》，天津大学出版社，2017。

林幹：《东胡史》，内蒙古人民出版社，1989。
林乃燊：《中国饮食文化》，上海人民出版社，1989。
林沄：《林沄学术文集》，中国大百科全书出版社，1998。
刘国祥：《东北文物考古论集》，科学出版社，2004。
刘小萌：《满族的社会与生活》，北京图书馆出版社，1998。
栾丰实：《海岱地区考古研究》，山东大学出版社，1997。
米文平：《鲜卑石室寻访记》，山东画报出版社，1997。
内蒙古自治区文物考古研究所、吉林大学边疆考古研究中心：《林西井沟子——晚期青铜时代墓地的发掘与综合研究》，科学出版社，2010。
内蒙古自治区文物考古研究所：《白音长汗——新石器时代遗址发掘报告》，科学出版社，2004。
潘其风：《大甸子墓葬出土人骨的研究》，科学出版社，1996。
前郭尔罗斯蒙古族自治县档案馆藏《郭尔罗斯前旗公署档（1944—1945）》，全宗号12，案卷号13。
前郭尔罗斯蒙古族自治县志编纂委员会：《前郭尔罗斯蒙古族自治县志（1986—2000）》，吉林文史出版社，2006。
前郭尔罗斯蒙古族自治县志编纂委员会：《前郭尔罗斯蒙古族自治县志》，辽宁民族出版社，1993。
饶河县地方志编纂办公室编《饶河县志》，黑龙江人民出版社，1992。
邵汉明等主编《松原历史文化研究》，人民出版社，2013。
苏秉琦：《中国文明起源新探》，商务印书馆（香港）有限公司，1997。
苏秉琦主编《考古学文化论集》（2），文物出版社，1989。
孙进己等主编《中国考古集成·东北卷·秦汉至三国（一、二）》，北京出版社，1997。
孙进己等主编《中国考古集成·东北卷·青铜时代3》，北京出版社，1997。

孙进己等主编《中国考古集成·东北卷·新石器时代2》，北京出版社，1997。
孙进己等主编《中国考古集成·东北卷·元明清》，北京出版社，1997。
孙进己等主编《中国考古集成·东北卷·综述2》，北京出版社，1997。
孙永刚：《西辽河上游地区新石器时代至早期青铜时代植物遗存研究》，博士学位论文，内蒙古师范大学，2014。
索秀芬：《燕山南北地区新石器时代文化研究》，博士学位论文，吉林大学，2006。
谭其骧主编《中国历史地图集释文汇编·东北卷》，中央民族大学出版社，1988。
汤卓炜：《中国东北地区西南部旧石器时代至青铜时代人地关系发展阶段的量化研究》，博士学位论文，吉林大学，2004。
田广林：《中国东北西辽河地区的文明起源》，中华书局，2004。
佟冬主编《中国东北史》，吉林文史出版社，2006。
王国维：《今本竹书纪年疏正》，附方师铭，载王修龄《古本竹书纪年辑证》，上海古籍出版社，1981。
王绵厚、朴文英：《中国东北与东北亚古代交通史》，辽宁人民出版社，2016。
王玺明：《从渤海遗址遗物看渤海国的社会经济》，硕士学位论文，黑龙江省社科院，2014。
王钟翰主编《中国民族史》，中国社会科学出版社，1994。
伪满洲帝国地方事情大系刊行会：《吉林省扶余县事情》（伪满洲帝国地方事情大系第12号）吉林省社科院满铁资料馆藏。
魏声龢著，高阁元、于泾、邢国志标注《鸡林旧闻录》，吉林文史出版社，1986。
翁独健主编《中国民族关系史纲要》，中国社会科学出版社，2001。
武振凯主编《新乐文化论文集》，沈阳新乐遗址博物馆，2000。

小横香室主人：《清朝野史大观·清人逸事》，上海书店，1981。
许倬云，张忠培主编《中国考古学的跨世纪反思》（上册），商务印书馆（香港）有限公司，1999。
许倬云、张忠培：《新世纪的考古学——文化、区位、生态的多元互动》，紫禁城出版社，2006。
杨学政：《原始宗教论》，云南人民出版社，1991。
尹郁山：《乌拉史略》，吉林文史出版社，1991。
于长春：《拓跋鲜卑线粒体 DNA 的遗传学分析》，博士学位论文，吉林大学，2007。
袁珂：《山海经校注》，上海古籍出版社，1980。
余大钧译注《蒙古秘史》，内蒙古大学出版社，2014。
张光直：《美术、神话与祭祀》，辽宁教育出版社，2002。
张佳生：《满族文化史》，辽宁民族出版社，1999。
张璇如等：《北方民族渔猎经济文化研究》，吉林人民出版社，1999。
长岭县史志编纂委员会编《长岭县志》，中华书局，1993。
赵宾福：《东北石器时代考古》，吉林大学出版社，2003。
赵宾福：《中国东北地区夏至战国时期的考古学文化研究》，科学出版社，2009。
赵志军：《植物考古学：理论、方法和实践》，科学出版社，2010。
中国第一历史档案馆编《清初内国史院满文档案译编》（上），《光明日报》出版社，1989。
中国第一历史档案馆编《清代鄂伦春族满汉文档案汇编》，民族出版社，2001。
中国第一历史档案馆整理《康熙起居注》，中华书局，1984。
中国古代书画鉴定组编《中国绘画全集·元代·第1卷》，文物出版社，1999。
中国考古学会编《中国考古学会第八次年会论文集（1991）》，文物出版社，1996。

中国考古学会编辑《中国考古学会第十五次年会论文集2012》，文物出版社，2013。

中国社会科学院考古研究所编著《敖汉赵宝沟——新石器时代聚落》，中国大百科全书出版社，1997。

中国社会科学院考古研究所:《双砣子与岗上——辽东史前文化的发现和研究》，科学出版社，1996。

中国社会科学院考古研究所编《殷周金文集成》（修订增补本），中华书局，2015。

中国社会科学院考古研究所编著《大甸子——夏家店下层文化遗址与墓葬发掘报告》，科学出版社，1996。

中国社会科学院考古研究所编著《六顶山与渤海镇：唐代渤海国的贵族墓地与都城遗址》，中国大百科全书出版社，1997。

《马克思恩格斯全集》（第21卷），人民出版社，2003。

周绍良主编《全唐文新编》，吉林文史出版社，2000。

周振甫译注《诗经译注》，中华书局，2012。

网络资源

《殷周金文集成》在线检索数据库（国学大师网站，http://www.guoxuedashi.com/）。

百度百科。

国家博物馆网站。

国家图书馆网站“数字图书馆推广工程”。

南京博物院网站。

上海博物馆网站。

搜狐网。

新浪博客。

雅昌艺术网。

浙江省图书馆网站。

吉林省图书馆“打牲乌拉数据库”。

黑龙江省博物馆网站。

后　记

这是一项颇具挑战性的研究工作。首先，该选题牵涉广泛，以“渔猎”为线索，将史前以来东北历史文化诸要素进行重新架构。其次，该选题见仁见智，历史、考古、经济、地理、生物等领域专家都有各自的认识和判断。最后，该选题预设路径，要求在规定时间内完成所有既定目标。

但是，有困难才有提高，笔者乐于迎接挑战。

基于对“东北渔猎文化”的理解，我在前后约一年时间里，相继于万余份文献资料中拣选出较有代表性的五百余种，并以尽量通俗的语言表达自己的严肃思考。诸如长白山、黑龙江等文化符号，受体例等限制，暂时存而不论。当然，如何界定、诠释“东北渔猎文化”，本人的理解和判断仅仅是一家之言。至于其中值得商榷的问题或出现的失误，都是因为自己的浅薄与狭隘，与时间、篇幅、体例等客观因素无关。

欢迎广大读者批评指正，先向大家致以衷心的感谢！

本书图片主要采自《考古》《考古学报》《北方文物》等刊物。此外还有一些图片来自国家博物馆、国家图书馆、浙江省图书馆、黑龙江省博物馆、吉林省图书馆等单位的网站。“罗勒叶子”先生的博客贴图，真的给本书增色不少。但由于沟通渠道有限，对于个别图片的发表单位及原作者，笔者未能及时取得联系，对此深表歉意。如果有可能，我们将第一时间按照国家稿酬标准支付相应稿费。再次对上述机构及作者对中国文化的贡献，致以最诚挚的敬意与谢忱！

作为一名青年研究者，能得到这么宝贵的学习和锻炼机会，笔者真的特别幸运。特别感谢吉林省社科院领导的信任、理解和支持。

该书在提纲推敲、结构调整、文字润色过程中，相继得到东北师范大学刘厚生教授、李德山教授、曲晓范教授，吉林大学衣保中教授、程妮娜教授，吉林省文物考古所安文荣所长，以及吉林省知名民俗学家曹保明先生的悉心指导。在此，对各位先生致以诚挚谢忱。

特别感谢本书外审专家程妮娜教授。程先生得著名辽金史、地方史学家张博泉先生之真传，治学严谨，学术视野广阔，在辽金史、东北区域史、北方民族史、中国边疆史等领域都有重要论著发表。程教授拨冗，对如何修订提出大量建设性意见，令拙稿避免了许多不必要的瑕疵和争议，同时还以数十年研究之积淀，提示了拓展研究的思路和方法。值此，向程先生的扎实严谨、呵护后学，致以最衷心的感谢！

本书在校对过程中得到我院《地域文化研究》编辑部祝立业研究员的鼎力支持。社会科学文献出版社的责任编辑，不辞辛苦，逐页修订，向他们的敬业精神致敬！

佟大群

2018 年 5 月 1 日

图书在版编目（CIP）数据

东北渔猎文化 / 佟大群著. -- 北京 ：社会科学文献出版社，2018.9

（东北文化丛书）

ISBN 978－7－5201－3357－9

Ⅰ. ①东… Ⅱ. ①佟… Ⅲ. ①捕捞－地方文化－文化研究－东北地区②狩猎－地方文化－文化研究－东北地区 Ⅳ. ①G127.3

中国版本图书馆 CIP 数据核字（2018）第 199856 号

东北文化丛书

东北渔猎文化

著　　者 / 佟大群

出 版 人 / 谢寿光

项目统筹 / 宋月华　韩莹莹

责任编辑 / 韩莹莹　李帅磊

出　　版 / 社会科学文献出版社·人文分社（010）59367215

地址：北京市北三环中路甲 29 号院华龙大厦　邮编：100029

网址：www.ssap.com.cn

发　　行 / 市场营销中心（010）59367081　59367018

印　　装 / 三河市东方印刷有限公司

规　　格 / 开 本：787mm×1092mm　1/16

印 张：23.25　字 数：321 千字

版　　次 / 2018 年 9 月第 1 版　2018 年 9 月第 1 次印刷

书　　号 / ISBN 978－7－5201－3357－9

定　　价 / 168.00 元